Das Grundrecht auf Wehrgleichheit

Europäische Hochschulschriften
Publications Universitaires Européennes
European University Studies

Reihe II
Rechtswissenschaft

Série II Series II
Droit
Law

Bd./Vol. 5389

PETER LANG
Frankfurt am Main · Berlin · Bern · Bruxelles · New York · Oxford · Wien

Thomas Blome

Das Grundrecht auf Wehrgleichheit

Eine systematische Untersuchung eines Grundrechts und seiner denkbaren Erfüllung durch das soziale Pflichtjahr und die Wehrabgabe

PETER LANG
Internationaler Verlag der Wissenschaften

Bibliografische Information der Deutschen Nationalbibliothek
Die Deutsche Nationalbibliothek verzeichnet diese Publikation in der Deutschen Nationalbibliografie; detaillierte bibliografische Daten sind im Internet über http://dnb.d-nb.de abrufbar.

Zugl.: Köln, Univ., Diss., 2012

D 38
ISSN 0531-7312
ISBN 978-3-631-63475-2

www.peterlang.de

Meinen Eltern und Großeltern

Vorwort

Diese Arbeit wurde von der Rechtswissenschaftlichen Fakultät der Universität zu Köln im Wintersemester 2011/2012 als Dissertation angenommen.

Die Ausarbeitung befindet sich auf dem Stand von Juli 2011. Sie ist während meiner Tätigkeit als Wissenschaftlicher Mitarbeiter am Lehrstuhl für Staats- und Verwaltungsrecht von Herrn Professor *Dr. Michael Sachs* entstanden. Ihm gebührt an erster Stelle mein Dank für die äußerst konstruktive Betreuung während des gesamten Promotionsvorhabens und die besondere Unterstützung auch in schwierigen Zeiten. Herrn Professor *Dr. Wolfram Höfling, M.A.* danke ich für die rasche Erstellung des Zweitgutachtens.

Mein Bruder *Christof Blome* hat die Mühe auf sich genommen, das vollständige Manuskript gegenzulesen und so manche fruchtbare Anregung zu geben – nicht nur in stilistischen Fragen.

Stella Schröder hat mich besonders gewissenhaft mit technischer Hilfe unterstützt und für ein gelungenes äußeres Erscheinungsbild der Arbeit gesorgt.

Besonderer Dank gebührt schließlich *Anna-Ricarda Ibald* für Ihren fortwährenden Beistand während der Entstehungszeit der Dissertation.

Bonn, im Juli 2012 Thomas Blome

Inhaltsverzeichnis

Abkürzungsverzeichnis

a. A.	andere(r) Ansicht (Auffassung)
a. D.	außer Dienst
a. E.	am Ende
a. F.	alte Fassung; alte Folge
Abg.	Abgeordnete(r)
abgedr.	abgedruckt
AbgG	Gesetz über die Rechtsverhältnisse der Mitglieder des Deutschen Bundestages (Abgeordnetengesetz – AbgG) (FNA 1101–8)
AbgG NRW	Abgeordnetengesetz des Landes Nordrhein-Westfalen
abl.	ablehnend
Abs.	Absatz
abw.	abweichend
abw. M.	abweichende Meinung
AEUV	Vertrag über die Arbeitsweise der Europäischen Union v. 1. 12. 2009, BGBl 2008 II 1038
AG	Amtsgericht
AK-GG	*Denninger*, Erhard/*Hoffmann-Riem*, Wolfgang/*Schneider*, Hans-Peter/*Stein*, Ekkehart, Kommentar zum Grundgesetz für die Bundesrepublik Deutschland Reihe Alternativkommentare, Loseblatt, 3. Aufl., Neuwied, 2. Aktualisierungslieferung August 2002
allg.	allgemein
Alt.	Alternative
ÄndG	Änderungsgesetz
Anm.	Anmerkung(en)
AO	Abgabenordnung (FNA 610–1-3)
AöR	Archiv des öffentlichen Rechts
ArbPlSchG	Gesetz über den Schutz des Arbeitsplatzes bei Einberufung zum Wehrdienst (FNA 53–2)
Art.	Artikel
Aufl.	Auflage
ausf.	ausführlich
Az.	Aktenzeichen
BAGE	Entscheidungen des Bundesarbeitsgerichts
Bay, bay	Bayern, bayerisch
BayObLG	Bayerisches Oberstes Landesgericht
BayVBl	Bayerische Verwaltungsblätter
BBG	Bundesbeamtengesetz (BBG) (FNA 2030–2)
BeamtStG	Gesetz zur Regelung des Statusrechts der Beamtinnen und Beamten in den Ländern (Beamtenstatusgesetz BeamtStG) (FNA 2030-1-9)
Begr.	Begründer
BFHE	Sammlung der Entscheidungen des Bundesfinanzhofes
BGB	Bürgerliches Gesetzbuch (BGB) (FNA 400–2)
BGBl	Bundesgesetzblatt
BGH	Bundesgerichtshof
BGHSt	Entscheidungen des Bundesgerichtshofes in Strafsachen

BGHZ	Entscheidungen des Bundesgerichtshofes in Zivilsachen
BImSchG	Gesetz zum Schutz vor schädlichen Umwelteinwirkungen durch Luftverunreinigungen, Geräusche, Erschütterungen und ähnliche Vorgänge (Bundes-Immissionsschutzgesetz – BImSchG) (FNA 2129–8)
BK	*Dolzer,* Rudolf/*Kahl,* Wolfgang/*Waldhoff,* Christian/*Graßhof,* Karin (Hrsg.): Bonner Kommentar zum Grundgesetz, Loseblatt, 1950 ff., Stand: 149. Aktualisierung, Dezember 2010
BPolG	Gesetz über die Bundespolizei (Bundespolizeigesetz – BPolG) (FNA 13–7-2)
BT-Drs	Bundestagsdrucksache
Buchholz	*Buchholz, Karl* (Begründer), Sammel- und Nachschlagewerk der Rechtsprechung des Bundesverwaltungsgerichts, Loseblatt, Folge 8, Stand: Ergänzungslieferung Dezember 2010
BVerfG	Bundesverfassungsgericht
BVerfGE	Entscheidungen des Bundesverfassungsgerichts
BVerfGG	Gesetz über das Bundesverfassungsgericht (Bundesverfassungsgerichtsgesetz – BVerfGG) (FNA 1104–1)
BVerfGK	Kammerentscheidungen des Bundesverfassungsgerichts, hrsg. vom Verein der Richter des Bundesverfassungsgerichts, Bd. 1 ff.
BVerwG	Bundesverwaltungsgericht
BVerwGE	Entscheidungen des Bundesverwaltungsgerichts
BWahlG	Bundeswahlgesetz (FNA 111–1)
BWV	Bundeswehrverwaltung
bzw.	beziehungsweise
ca.	circa
can.	canon
CDU	Christlich-Demokratische Union Deutschlands
CIC	Codex Iuris Canonici
d.	das, der, die
d. h.	das heißt
DDR	Deutsche Demokratische Republik
DIHK	Deutscher Industrie- und Handelskammertag
Diss.	Dissertation
DöD	Der öffentliche Dienst
DÖV	Die Öffentliche Verwaltung
DStZ	Deutsche Steuer-Zeitung
DVBl	Deutsches Verwaltungsblatt
ebda.	ebenda
EGMR	Europäischer Gerichtshof für Menschenrechte
EGV	Vertrag zur Gründung der Europäischen Gemeinschaft v. 25. 3. 1957, BGBl II 766 (Vertrag zur Gründung der Europäischen Wirtschaftsgemeinschaft), zul. geänd. durch die Akte zum Beitrittsvertrag v. 16. 4. 2003, BGBl II 1410
Einl	Einleitung
EKMR	Europäische Kommission für Menschenrechte

EMRK	Konvention zum Schutze der Menschenrechte und Grundfreiheiten v. 4. 11. 1950, BGBl II 1952, 686, 953, zul. geänd. durch Prot. Nr. 11 v. 11. 5. 1994 (G v. 24. 7. 1995, BGBl II 578) („Europäische Menschenrechtskonvention“)
ErsDiG	Ersatzdienstgesetz
EuGH	Gerichtshof der Europäischen Gemeinschaften
EUGrundRCharta	Charta der Grundrechte der Europäischen Union, ABlEG 2000 C 364/01
EuGRZ	Europäische Grundrechte-Zeitschrift
EUV	Vertrag über die Europäische Union v. 7. 2. 1992, BGBl II 1253 („Maastricht-Vertrag“), i. d. F. v. 8. 10. 2008, BGBl II 1038 („Lissabon-Vertrag“)
EWG	Europäische Wirtschaftsgemeinschaft
EvStL	*Heun*, Werner/*Honecker*, Martin/*Morlok*, Martin/*Wieland*, Joachim (Hrsg.), Evangelisches Staatslexikon, Stuttgart 2006
f.	folgende
FamRZ	Zeitschrift für das gesamte Familienrecht
FDP	Freie Demokratische Partei Deutschlands
ff.	folgende
FinArch	Finanzarchiv
Fn.	Fußnote(n)
FNA	Fundstellennachweis A, Bundesrecht ohne völkerrechtliche Vereinbarungen
FNB	Fundstellennachweis B, Völkerrechtliche Vereinbarungen, Verträge zur Vorbereitung und Herstellung der Einheit Deutschlands
FRV	Verfassung des deutschen Reiches (v. 28. 3. 1949, Reichs-Gesetz-Blatt, 16. Stück, ausgegeben am 28. 4. 1849, S. 101)
FS	Festschrift
FwG	Feuerwehrgesetz
geänd.	geändert
GewArch	Gewerbearchiv
GG	Grundgesetz für die Bundesrepublik Deutschland (GG) (FNA 100–1)
ggf.	gegebenenfalls
GS	Gedächtnisschrift
GVBl	Gesetz- und Verordnungsblatt
HGR	*Merten, Detlef/Papier, Hans-Jürgen* (Hrsg.), Handbuch der Grundrechte in Deutschland und Europa
HGrR	*Bettermann*, Karl August/*Nipperdey*, Hans Carl/*Scheuner*, Ulrich (Hrsg.), Die Grundrechte, Handbuch der Theorie und Praxis der Grundrechte
Hrsg.	Herausgeber
Hs.	Halbsatz
HStR	*Isensee, Josef/Kirchhof, Paul* (Hrsg.), Handbuch des Staatsrechts der Bundesrepublik Deutschland
i. d. F.	in der Fassung

i. d. R.	in der Regel
i. E.	im Ergebnis, im Einzelnen
i. e. S.	im engeren Sinne
i. S. d.	im Sinne des
i. V. m.	in Verbindung mit
insbes.	insbesondere
JA	Juristische Arbeitsblätter
JFDG	Gesetz zur Förderung von Jugendfreiwilligendiensten (Jugendfreiwilligendienstgesetz – JFDG) (FNA 2160–3)
JGG	Jugendgerichtsgesetz (FNA 451–1)
JR	Juristische Rundschau
Jura	Juristische Ausbildung
JuS	Juristische Schulung
JZ	Juristenzeitung
KAG	Kommunalabgabengesetz
Kap.	Kapitel
KatSchG	Gesetz über die Erweiterung des Katastrophenschutzes (FNA 215–9)
KDVG	Gesetz über die Verweigerung des Kriegsdienstes mit der Waffe aus Gewissensgründen (Kriegsdienstverweigerungsgesetz – KDVG), BGBl 1983 I, 203; aufgehoben durch Art. 4 Satz 2 G v. 9. 8. 2003 I 1593 m. W. v. 1. 11. 2003, abgelöst durch G 50–5 v. 9. 8. 2003 I 1593 (KDVG 2003) m. W. v. 1. 11. 2003 (FNA 50–5)
KJ	Kritische Justiz
Komm.	Kommentar
KStZ	Kommunale Steuer-Zeitschrift
KWahlG	Kommunalwahlgesetz
LG	Landgericht
lit.	littera
LKV	Landes- und Kommunalverwaltung
LS	Leitsatz
LWahlG	Landeswahlgesetz
m.N.	mit Nachweisen
NATO	North Atlantic Treaty Organization
NdsVBl	Niedersächsische Verwaltungsblätter
NJ	Neue Justiz
NJW	Neue Juristische Wochenschrift
NJW-RR	NJW-Rechtsprechungs-Report Zivilrecht
NJWE-FER	NJW-Entscheidungsdienst Familien- und Erbrecht
Nr.	Nummer(n)
NVA	Nationale Volksarmee
NVwZ	Neue Zeitschrift für Verwaltungsrecht
NVwZ-RR	NVwZ-Rechtsprechungs-Report Verwaltungsrecht
NRW	Nordrhein-Westfalen
NWVBl, NWVBL	Nordrhein-Westfälische Verwaltungsblätter

NZWehrR	Neue Zeitschrift für Wehrrecht
OVG	Oberverwaltungsgericht
ParlRat	Der Parlamentarische Rat 1948–1949, Akten und Protokolle, Bd. 1 bis 14, 1975–2009
Prot.	Protokoll(e)
RAO	Reichsabgabenordnung, RGBl 1919, 1993; aufgehoben durch Art. 96 Nr. 1 (iVm Dritter Abschn.) G 610–1-4 v. 14. 12. 1976 I 3341 m. W. v. 1. 1. 1977
RiA	Recht im Amt
Rn.	Randnummer(n)
RegE	Regierungsentwurf
RGBl	Reichsgesetzblatt, Reichs-Gesetzblatt
RK	Konkordat zwischen dem heiligen Stuhl und dem deutschen Reich v. 20. 7. 1933, RGBl II 679 („Reichskonkordat“)
RL	Richtlinie
RV 1871	Verfassung des Deutschen Reichs (Anlage zum Gesetz, betreffend die Verfassung des Deutschen Reichs. Vom 16. 4. 1871, Bundes-Gesetzblatt des Deutschen Bundes No. 16 [Jahrgangstitel: Reichs-Gesetzblatt] 1871, S. 63)
S.	Seite(n); Satz, Sätze
s.	siehe
SächsVBl	Sächsische Verwaltungsblätter
SG	Soldatengesetz (FNA 51-1)
SGB II	Sozialgesetzbuch (SGB) Zweites Buch (II) Grundsicherung für Arbeitssuchende (FNA 860–2)
SGB IX	Sozialgesetzbuch (SGB) Neuntes Buch (IX) Rehabilitation und Teilhabe behinderter Menschen (FNA 860-9)
SLV	Soldatenlaufbahnverordnung
sog.	so genannt
SoldGG	Gesetz über die Gleichbehandlung der Soldatinnen und Soldaten (FNA 51-8)
SPD	Sozialdemokratische Partei Deutschlands
StGB	Strafgesetzbuch (StGB) (FNA 450–2)
StPO	Strafprozessordnung (StPO) (FNA 312–2)
StuW	Steuer und Wirtschaft
ThürVBl	Thüringer Verwaltungsblätter
THW	Technisches Hilfswerk
u. a.	und andere, unter anderem; unter anderen
usw.	und so weiter
v.	vom; von
Var.	Variante(n)
VBl	Versorgungsanstalt des Bundes und der Länder
VBlBW	Verwaltungsblätter für Baden-Württemberg

Verf.	Verfassung
VerfGHE	Entscheidungen des Bayerischen Verfassungsgerichtshofs, s. BayVGHE (Abt II)
Verh.	Verhandlung(en)
VG	Verwaltungsgericht
VGH	Verwaltungsgerichtshof
vgl.	vergleiche
VO	(Rechts-)Verordnung
Vorb.	Vorbemerkung
VVDStRL	Veröffentlichungen der Vereinigung der Deutschen Staatsrechtslehrer
VwGO	Verwaltungsgerichtsordnung (VwGO) (FNA 340–1)
VwVfG	Verwaltungsverfahrensgesetz (VwVfG) (FNA 201–6)
Wahlp.	Wahlperiode
WBeauftrG	Gesetz über den Wehrbeauftragten des Deutschen Bundestages (Gesetz zu Artikel 45 b des Grundgesetzes – WBeauftrG) (FNA 50–2)
WDG-DDR	Wehrdienstgesetz der Deutschen Demokratischen Republik
WG	Wehrgesetz
WPflG	Wehrpflichtgesetz (WPflG) (FNA 50–1)
WRV	Weimarer Reichsverfassung
WSG	Gesetz über die Geld- und Sachbezüge und die Heilfürsorge der Soldaten, die auf Grund der Wehrpflicht Wehrdienst leisten (Wehrsoldgesetz-WSG) (FNA 53–1)
WStG	Wehrstrafgesetz (WStG) (FNA 452–2)
z. B.	zum Beispiel
z. T.	zum Teil
zahlr.	zahlreich
ZDG	Gesetz über den Zivildienst der Kriegsdienstverweigerer (Zivildienstgesetz – ZDG) (FNA 55–2)
ZG	Zeitschrift für Gesetzgebung
Ziff.	Ziffer(n)
ZRP	Zeitschrift für Rechtspolitik
ZVSG	Zivilschutzgesetz (ZVSG) (FNA 215–12)

Literaturverzeichnis

Absolon, Rudolf, Wehrgesetz und Wehrdienst 1935-1945, Boppard am Rhein 1960

Ahammer, Andreas/Dorner, Clemens, Allgemeine Dienstpflicht – Begründung durch das Sozialstaatsprinzip?, in: Ahammer, Andreas/Nachtigall, Stephan (Hrsg.), Wehrpflicht – Legitimes Kind der Demokratie, Berlin 2010, S. 361 ff.

Alexy, Robert, Theorie der Grundrechte, Baden-Baden 1985

Anschütz, Gerhard, Die Verfassung des Deutschen Reichs vom 11. August 1919, 14. Aufl., Berlin 1933

Aristoteles, Nikomachische Ethik, Auf der Grundlage der Übersetzung von Eugen Rolfes, herausgegeben von Günther Bien, Hamburg 1985

Arnold, Rainer, Das Wehrdienstmodell der SPD, in: Ahammer, Andreas/Nachtigall, Stephan (Hrsg.), Wehrpflicht – Legitimes Kind der Demokratie, Berlin 2010, S. 172 ff.

Assenmacher, Günter, Die Wehrpflichtbefreiung der Geistlichen, Berlin 1987

Axer, Peter, Zitiergebot, in: Merten, Detlef/Papier, Hans-Jürgen (Hrsg.), Handbuch der Grundrechte, Band III: Grundrechte in Deutschland: Allgemeine Lehren II, Heidelberg 2009, § 67

Bachof, Otto, Die Rechtsprechung des Bundesverwaltungsgerichts (BVerwGE Band 13 – 19), JZ 1966, 167 ff.

ders., Freiheit des Berufs, in: Bettermann, Karl August/Nipperdey, Hans Carl/Scheuner, Ulrich (Hrsg.), Die Grundrechte, Handbuch der Theorie und Praxis der Grundrechte, Dritter Band 1. Halbband, 2. Aufl., Berlin 1972, S. 155 ff.

Baldus, Manfred, Die Verhältnismäßigkeit der allgemeinen Wehrpflicht unter veränderten militärpolitischen Bezügen, NZWehrR 1993, S. 92 ff.

Barth, Eberhard, 10 Jahre Wehrverfassung im Grundgesetz, DÖV 1966, S. 153 ff.

Bausback, Winfried/Schall, Christian, Verfassungsrechtliche Implikationen des Modells eines Pflichtwehrdienstes mit Belastungsausgleich über ein Bürgerpflichtjahr unter den geltenden Art. 12a, 12 Abs. 2 und Art. 3 Abs. 1 GG, BayVBl 2011, S. 33 ff.

Berg, Wilfried, Das Grundrecht der Kriegsdienstverweigerung in der Rechtsprechung des Bundesverfassungsgerichts, AöR 107 (1982), S. 585 ff.

Berger, Michael/Römer-Hillebrecht, Gideon Sven, Der Wehrdienst jüdischer Soldaten, in: Ahammer, Andreas/Nachtigall, Stephan (Hrsg.), Wehrpflicht – Legitimes Kind der Demokratie, Berlin 2010, S. 117 ff.

Bethge, Herbert, Grundpflichten als verfassungsrechtliche Dimension, NJW 1982, S. 2145 ff.

ders., Die verfassungsrechtliche Problematik der Grundpflichten, JA 1985, S. 249 ff.

Bihr, Dietrich, Die Durchführung der Wehrpflicht in der Bundesrepublik Deutschland und die mögliche Erhebung einer Wehrdienstausgleichsabgabe (Wehrsteuer) als Ausgleich für nicht abgeleisteten Wehrdienst, Diss. Mannheim 1973

Birk, Dieter, Steuerrecht, 12. Aufl., Heidelberg 2009

Bleckmann, Albert, Verfassungsrang der Europäischen Menschenrechtskonvention?, EuGRZ 1994, S. 149 ff.

Boehm-Tettelbach, Wolfgang, Wehrpflichtgesetz mit Kriegsdienstverweigerungsgesetz Kommentar, Loseblatt, Stand: 26. Ergänzungslieferung Dezember 2010, München

Bogs, Harald, Probleme des Geistlichenprivilegs im Wehrrecht, Der Staat 9 (1970), S. 43 ff.

Böttcher, Hans-Ernst, Weg von den staatlichen Zwangsdiensten – Hin zu freiwilligen gesellschaftlichen Diensten, ZRP 1998, S. 399 ff.

Brenner, Michael, Möglichkeiten und Grenzen grundrechtsbezogener Verfassungsänderungen, dargestellt anhand der Neuregelung des Asylrechts, Der Staat 32 (1993), S. 493 ff.

Breuer, Rüdiger, Freiheit des Berufs, in: Isensee, Josef/Kirchhof, Paul (Hrsg.), Handbuch des Staatsrechts der Bundesrepublik Deutschland, Band VIII: Grundrechte: Wirtschaft, Verfahren, Gleichheit, 3. Aufl., Heidelberg 2010, § 170

v. Campenhausen, Axel, Aktuelle Probleme des Geistlichenprivilegs im Wehrrecht, DVBl 1980, S. 578 ff.

v. Coelln, Christian, Übungsklausur – Öffentliches Recht: Die Verfassungsmäßigkeit der Ausbildungsplatzabgabe – Der aufgedrängte Azubi, JuS 2009, S. 335 ff.

Degenhart, Christoph, Staatsrecht I Staatsorganisationsrecht, 26. Aufl., Heidelberg 2010

Deiseroth, Dieter, Verfassungswidrigkeit der allgemeinen Wehrpflicht?, NJ 1999, S. 635 ff.

Delacampagne, Christian, Die Geschichte der Sklaverei, Düsseldorf 2004

Denninger, Erhard/Hoffmann-Riem, Wolfgang/Schneider, Hans-Peter/Stein, Ekkehart, Kommentar zum Grundgesetz für die Bundesrepublik Deutschland Reihe Alternativkommentare, Loseblatt, 3. Aufl., Neuwied, 2. Aktualisierungslieferung August 2002

Detterbeck, Steffen, Streitgegenstand und Entscheidungswirkungen im Öffentlichen Recht, Tübingen 1995

ders., Allgemeines Verwaltungsrecht mit Verwaltungsprozessrecht, 8. Aufl., München 2010

Doehring, Karl, Völkerrecht, 2. Aufl., Heidelberg 2004

Dolzer, Rudolf/Kahl, Wolfgang/Waldhoff, Christian/Graßhof, Karin (Hrsg.), Bonner Kommentar zum Grundgesetz, Loseblatt, Stand: 149. Aktualisierungslieferung Dezember 2010, Heidelberg

Dopjans, Günther, Allgemeine Wehrpflicht und Geistlichenprivileg im sozialen Rechtsstaat, Diss. Münster 1972

ders., Die Wehrdienstbefreiung der Geistlichen und der allgemeine verfassungsrechtliche Gleichheitssatz, DVBl 1976, S. 893 ff.

Dreier, Horst (Hrsg.), Grundgesetz Kommentar
Band I, Präambel, Artikel 1-19, 2. Aufl., Tübingen 2004
Band II, Artikel 20-82, 2. Aufl., Tübingen 2006
Band III, Artikel 83-146, 2. Aufl., Tübingen 2008

Dreist, Peter, Berufsarmee statt Wehrpflicht und zudem Einführung einer Allgemeinen Dienstpflicht?, BWV 2004, S. 150 ff., 169 ff., 193 ff.

Dürig, Günter, Der Grundrechtssatz von der Menschenwürde, AöR 81 (1956), S. 117 ff.

Edinger, Hans, Denkbare abgabenrechtliche Konzeptionen zu einer Wehrausgleichsabgabe, Diss. Heidelberg 1980

Ehrenberg, Victor, Der Staat der Griechen, 2. Aufl., Zürich 1965

Ekardt, Felix, Wehrpflicht nur für Männer – vereinbar mit der Geschlechteregalität aus Art. 79 III GG?, DVBl 2001, S. 1171 ff.

Elsner, Bernd R./Kaltenborn, Markus, Sonderabgaben im Steuerstaat, JA 2005, S. 823 ff.

Engels, Ulrike, Probleme der Einführung einer allgemeinen Dienstpflicht, Frankfurt am Main 1999

Engisch, Karl, Auf der Suche nach Gerechtigkeit, München 1971

Ennuschat, Jörg, Anmerkung, VBlBW 1991, S. 357 f.

Epping, Volker, Frauen zur Bundeswehr!, DÖD 2000, S. 188 ff.

ders./Hillgruber, Christian (Hrsg.), Grundgesetz, Kommentar, München 2009

Even, Burkhard, Die Bedeutung der Unantastbarkeitsgarantie des Art. 79 Abs. 3 GG für die Grundrechte, Frankfurt am Main 1988

Feger, Gottfried, Steht die Einführung eines Sozialen/Ökologischen Pflichtjahres (SöPl) für alle JungErwachsenen (JE) im Einklang mit EMRK und GG?, BayVBl 2011, S. 364 ff.

Fleischhauer, Jens, Wehrpflichtarmee und Wehrgerechtigkeit, Hamburg 2007 *ders.*, Der Grundsatz der Wehrgerechtigkeit und seine Vorgaben an den Gesetzgeber und die Wehrverwaltung, NZWehrR 2008, S. 112 ff.

Frank, Götz, Der verfassungsrechtliche Rahmen zum sozialökologischen Jahr als Pflichtjahr, KJ 1996, S. 238 ff.

Friauf, Karl Heinrich, Öffentliche Sonderlasten und Gleichheit der Steuerbürger, in: Institut für Völkerrecht und ausländisches öffentliches Recht der Universität zu Köln (Hrsg.), Festschrift für Hermann Jahrreiß zum 80. Geburtstag, 19. August 1974, Köln u. a. 1974

ders./Höfling, Wolfram (Hrsg.), Berliner Kommentar zum Grundgesetz, Loseblatt, Stand: 31. Lieferung 2011, Berlin u. a.

Funke, Andreas, Gleichbehandlungsgrundsatz und Verwaltungsverfahren. Die Rechtsprechung des BVerfG zu strukturell bedingten Vollzugsdefizi-ten, AöR 132 (2007), S. 168 ff.

Geiger, Rudolf/Khan, Daniel-Erasmus/Kotzur, Markus, EUV/AEUV, Vertrag über die Europäische Union und Vertrag über die Arbeitsweise der Europäischen Union, 5. Aufl., München 2010

Germelmann, Claas Friedrich, Präzisierungen in der Sonderabgaben-Rechtsprechung des Bundesverfassungsgerichts, GewArch 2009, S. 476 ff.

Giese, Friedrich, Die Verfassung des Deutschen Reiches vom 11. August 1919, 8. Aufl., Berlin 1931

Göppel, Helmut, Die Zulässigkeit von Arbeitszwang nach Art. 12 Abs. 2 S. 1 des Grundgesetzes, Diss. München 1967

Götz, Volkmar, Grundpflichten als verfassungsrechtliche Dimension, VVDStRL 41 (1983), S. 7 ff.

Grabenwarter, Christoph, Europäische Menschenrechtskonvention, 4. Aufl., München 2009

Gramm, Christof, Vom Steuerstaat zum gebühren-finanzierten Dienstleistungsstaat?, Der Staat 36 (1997), S. 267 ff.

ders., Glaubwürdigkeitsdefizite der Wehrverfassung, NZWehrR 2007, S. 221 ff.

Graulich, Kurt, Wehrdienst – Zivildienst – Pflichtdienst Der rechtliche und historische Rahmen, NZWehrR 2005, S. 177 ff.

Grimm, Christian, Allgemeine Wehrpflicht und Menschenwürde, Berlin 1982

Grote, Rainer/Marauhn, Thilo (Hrsg.), EMRK/GG, Konkordanzkommentar zum europäischen und deutschen Grundrechtsschutz, Tübingen 2006

Gusy, Christoph, Arbeitszwang – Zwangsarbeit – Strafvollzug – BVerfGE 74, 102, JuS 1989, S. 710 ff.

Häberle, Peter, Die Wesensgehaltgarantie des Art. 19 Abs. 2 Grundgesetz, 3. Aufl., Heidelberg 1983

Hahn, Dittmar, Aus der Rechtsprechung des Bundesverwaltungsgerichts, JR 2006, S. 89 ff.

Hahnenfeld, Günter, Wehrgerechtigkeit und Möglichkeiten ihrer Verwirklichung, BWV 1976, S. 121 ff.

v. Harling, Otto, Eine Wehrsteuer für Deutschland, Berlin 1910

Heckel, Johannes, Wehrverfassung und Wehrrecht des Großdeutschen Reiches, I. Teil: Gestalt und Recht der Wehrmacht, der Waffendienst, Ham-burg 1939

Heckel, Martin, Öffentliches Recht: Das Geistlichenprivileg im Wehrrecht, JuS 1976, S. 450 ff.

Heimerl, Hans, Die Ausnahmen vom Wehrdienst, ThürVBl 1998, S. 128 ff.

Hendler, Reinhard, Umweltabgaben und Steuerstaatsdoktrin, AöR 115 (1990), S. 577 ff.

Henneke, Hans-Günter, Öffentliches Finanzwesen, Finanzverfassung, 2. Aufl., Heidelberg 2000

Herbert, Ulrich, Fremdarbeiter, Politik und Praxis des „Ausländer-Einsatzes" in der Kriegswirtschaft des Dritten Reiches, Bonn 1999

Herzog, Roman, Grundrechte aus der Hand des Gesetzgebers, in: Fürst, Walther/Herzog, Roman/Umbach, Dieter C. (Hrsg.), Festschrift für Wolfgang Zeidler, Band 2, Berlin 1987

Heß, Reinhold/Sauerland, Thomas, Die „Dritte-Söhne-Regelung" des Wehrpflichtgesetzes und der Gleichheitsgrundsatz, NZWehrR 1999, S. 26 ff.

Hesse, Konrad, Grundzüge des Verfassungsrechts der Bundesrepublik Deutschland, 20. Aufl., Heidelberg 1995

Hobbes, Thomas, Leviathan, 1651, aus dem Englischen übertragen von Jutta Schlösser, mit einer Einführung und herausgegeben von Hermann Klenner, Hamburg 1996

Hobe, Stephan, Europarecht, 5. Aufl., Köln 2010

Höfling, Wolfram, Grundrechtstatbestand - Grundrechtsschranken - Grundrechtsschrankenschranken, Jura 1994, S. 169 ff.

ders., Die Grundrechtsbindung der Staatsgewalt, JA 1995, S. 431 ff.

ders., Elternrecht, in: Isensee, Josef/Kirchhof, Paul (Hrsg.), Handbuch des Staatsrechts der Bundesrepublik Deutschland, Band VII: Freiheitsrechte, 3. Aufl., Heidelberg 2009, § 155

Hofmann, Hasso, Grundpflichten als verfassungsrechtliche Dimension, VVDStRL 41 (1983), 42 ff.

ders., Grundpflichten und Grundrechte, in: Isensee, Josef/Kirchhof, Paul (Hrsg.), Handbuch des Staatsrechts der Bundesrepublik Deutschland, Band V: Allgemeine Grundrechtslehren, 2. Aufl., Heidelberg 2000, § 114

Hömig, Dieter (Hrsg.), Grundgesetz für die Bundesrepublik Deutschland, 9. Aufl., Baden-Baden 2010

Huber, Ernst Rudolf, Verfassungsrecht des Großdeutschen Reiches, 2. Aufl., Hamburg 1939

ders., Heer und Staat in der deutschen Geschichte, 2. Aufl., Hamburg 1943

Hufen, Friedhelm, Staatsrecht II Grundrechte, 2. Aufl., München 2009

Hummel, Konrad, Recht auf gleichen Zugang zum Wehrdienst, NVwZ 2001, 1137 ff.

Huster, Stefan, Rechte und Ziele, Zur Dogmatik des allgemeinen Gleichheitssatzes, Berlin 1993

Ipsen, Jörn, Wehrdienst, Ersatzdienst und Pflichtengleichheit, ZRP 1978, S. 153 ff.

Ipsen, Knut, Auswahlwehrdienst und Grundgesetz, in: Ipsen, Jörn; Schmidt-Jortzig, Edzard (Hrsg.), Recht – Staat – Gemeinwohl, Festschrift für Dietrich Rauschning, Köln u. a. 2001, S. 105 ff.

ders., Auswahlwehrdienst und Grundgesetz, ZRP 2001, S. 469 ff.

Isensee, Josef, Steuerstaat als Staatsform, in: Stödter, Rolf/Thieme, Werner, Hamburg Deutschland Europa, Beiträge zum deutschen und europäischen Verfassungs-, Verwaltungs- und Wirtschaftsrecht, Festschrift für Hans Peter Ipsen zum siebzigsten Geburtstag, Tübingen 1977, S. 409 ff.

ders., Die verdrängten Grundpflichten des Bürgers, DÖV 1982, S. 609 ff.

ders., Gerechtigkeit – die vorrechtliche Idee des richtigen Rechts, in: Kirchhof, Ferdinand/Papier, Hans-Jürgen/Schäffer, Heinz, Rechtsstaat und Grundrechte, Festschrift für Detlef Merten, Heidelberg 2006, S. 3 ff.

Jarass, Hans D., Bausteine einer umfassenden Grundrechtsdogmatik, AöR 120 (1995), S. 345 ff.

ders., Folgerungen aus der neueren Rechtsprechung des BVerfG für die Prüfung von Art. 3 I GG, NJW 1997, S. 2545 ff.

ders./Pieroth, Bodo, Grundgesetz für die Bundesrepublik Deutschland, Kommentar, 11. Aufl., München 2011

Jellinek, Georg, System der subjektiven öffentlichen Rechte, 2. Aufl., Tübingen 1905

Jellinek, Walter, Grundgesetz und Wehrmacht, DÖV 1951, S. 541 ff.

Jochum, Heike, Neustrukturierung der Sonderabgabendogmatik, StuW 2006, S. 134 ff.

Johlen, Heribert, Wehrpflichtrecht in der Praxis, 4. Aufl., München 1996

Kelsen, Hans, Reine Rechtslehre, 2. Aufl., Wien 1960

ders., Was ist Gerechtigkeit?, 2. Aufl. Wien 1975

Kirchhof, Ferdinand, Verteidigung und Bundeswehr, in: Isensee, Josef/Kirchhof, Paul (Hrsg.), Handbuch des Staatsrechts der Bundesrepublik

Deutschland, Band IV: Aufgaben des Staates, 3. Aufl., Heidelberg 2006, § 84

Kirchhof, Gregor, Die Erfüllungspflichten des Arbeitgebers im Lohnsteuerverfahren, Berlin 2005

Kirchhof, Paul, Nichtsteuerliche Abgaben, in: Isensee, Josef/Kirchhof, Paul (Hrsg.), Handbuch des Staatsrechts der Bundesrepublik Deutschland, Band V: Rechtsquellen, Organisation, Finanzen, 3. Aufl., Heidelberg 2007, § 119

Kischel, Uwe, Systembindung des Gesetzgebers und Gleichheitssatz, AöR 124 (1999), S. 174 ff.

Kloepfer, Michael, Gleichheit als Verfassungsfrage, Berlin 1980

ders., Verfassungsrecht II - Grundrechte -, München 2010

Klümper, Mathias, Legitimation für die Wehrpflicht?, Frankfurt am Main 2002

ders., Wehrpflicht nur für Männer?, BWV 2004, S. 124 ff.

Kluth, Winfried, Die verfassungsrechtlichen Anforderungen an die Erhebung von Sonderabgaben, JA 1996, S. 260 ff.

ders., Kriterien der Gerechtigkeit – Zur Entwicklung und disziplinären Verortung des wissenschaftlichen Diskurses über Gerechtigkeit, in: Winfried Kluth (Hrsg.), Facetten der Gerechtigkeit, Baden-Baden 2010, S. 122 ff.

Knies, Karl, Die Dienstleistung der Soldaten und die Mängel der Conskriptionspraxis, Freiburg 1860

Köhler, Michael, Allgemeine Dienstpflicht für junge Erwachsene?, ZRP 1995, S. 140 ff.

Kokott, Juliane, Grundrechtliche Schranken und Schrankenschranken, in: Merten, Detlef/Papier, Hans-Jürgen (Hrsg.), Handbuch der Grundrechte, Band I: Entwicklung und Grundlagen, Heidelberg 2004, § 22

Kommission „Gemeinsame Sicherheit und Zukunft der Bundeswehr“, Bericht der Kommission an die Bundesregierung, Berlin 2000

Kopp, Ferdinand, Aktuelle Probleme des Geistlichenprivilegs im Wehrrecht, DVBl 1980, S. 826 ff.

Kratzmann, Horst, Wehrpflicht, Kriegsdienstverweigerung und drei Leitprinzipien des Grundgesetzes, Der Staat 26 (1987), S. 137 ff.

Krausnick, Daniel, Grundfälle zu Art. 19 I und II GG, JuS 2007, S. 991 ff., 1088 ff.

Kreutzer, Rudolf, Mit welchem Alter kann Pflichtwehrdienst geleistet werden?, NZWehrR 1959, S. 88 ff.

ders., Die Unabkömmlichstellung vom Wehrdienst, NJW 1962, S. 2327 ff.

Kreuzer, Christine, Der Zugang von Frauen zur Bundeswehr als erster Schritt zu weiteren Reformen?, VBlBW 2001, S. 41 ff.

Krieger, Heike, Wehrpflicht und Wehrgerechtigkeit, Jura 2006, S. 769 ff.

Kriele, Martin, Kriterien der Gerechtigkeit, Berlin 1963
Kübler, Klaus, Das Pflichtjahr für Mädchen, DÖV 1962, S. 809 ff.
Laband, Paul, Das Staatsrecht des Deutschen Reiches, Vierter Band, 5. Aufl., Tübingen 1914
Lange, Helene, Die Dienstpflicht der Frau, in: Die Frau 22 (1915), S. 577 ff.
Larenz, Karl/Canaris, Claus-Wilhelm, Methodenlehre der Rechtswissenschaft, 3. Aufl., Berlin u. a. 1995
Lege, Joachim, Verbot des Einzelfallgesetzes, in: Merten, Detlef/Papier, Hans-Jürgen (Hrsg.), Handbuch der Grundrechte, Band III: Grundrechte in Deutschland: Allgemeine Lehren II, Heidelberg 2009, § 66
Leibholz, Gerhard, Die Gleichheit vor dem Gesetz und das Bonner Grundgesetz, DVBl 1951, S. 193 ff.
ders., Die Gleichheit vor dem Gesetz, 2. Aufl., München 1959
Leisner-Egensperger, Anna, Wesensgehaltsgarantie, in: Merten, Detlef/Papier, Hans-Jürgen (Hrsg.), Handbuch der Grundrechte, Band III: Grundrechte in Deutschland: Allgemeine Lehren II, Heidelberg 2009, § 70
Lepper, Manfred, Die Problematik der Wehrdienstbefreiung gemäß § 11 Abs. II des Wehrpflichtgesetzes, FamRZ 1964, S. 235 ff.
Lerche, Peter, Grundrechte der Soldaten, in: Bettermann, Karl August/Nipperdey, Hans Carl/Scheuner, Ulrich (Hrsg.), Die Grundrechte, Handbuch der Theorie und Praxis der Grundrechte, Vierter Band 1. Halbband, Berlin 1960, S. 447 ff.
Loeser, Georg, Das Problem der Wehrsteuer in der Praxis, Stuttgart 1916
Lübbe-Wolff, Gertrude, Die Grundrechte als Eingriffsabwehrrechte, Baden-Baden 1988
Luchterhandt, Otto, Grundpflichten als Verfassungsproblem in Deutschland, Berlin 1988
Lüdicke, Klaus (Hrsg.), Münsterischer Kommentar zum Codex Iuris Canonici unter besonderer Berücksichtigung der Rechtslage in Deutschland, Österreich und der Schweiz, Loseblatt, Stand: 46. Lieferung 2010, Essen
Maar, Ernst-Dieter, Frauen als Waffenträger im Bundesgrenzschutz, BWV 1989, S. 250 ff.
Mampel, Siegfried, Die sozialistische Verfassung der Deutschen Demokratischen Republik, Kommentar, 2. Aufl., Frankfurt am Main 1982
v. Mangoldt, Hermann/Klein, Friedrich/Starck, Christian (Hrsg.), Kommentar zum Grundgesetz
Band 1: Präambel, Artikel 1 bis 19, 6. Aufl., München 2010
Band 2: Artikel 20 bis 82, 6. Aufl., München 2010
Band 3: Artikel 83 bis 146, 6. Aufl., München 2010

Marawske-Birkner, Lilli, Der weibliche Arbeitsdienst, Leipzig 1942
Martini, Peter, Art. 3 Abs. 1 GG als Prinzip absoluter Rechtsgleichheit, Köln u. a. 1997
Maunz, Theodor/Dürig, Günter (Begr.); Grundgesetz, Kommentar, Loseblatt, Stand: 59. Ergänzungslieferung Juli 2010, München
Menzel, Eberhard, Wehrdienst schon mit 17 Jahren?, NZWehrR 1960, S. 1 ff.
Merten, Detlef, Immanente Grenzen und verfassungsunmittelbare Schranken, in: Merten, Detlef/Papier, Hans-Jürgen (Hrsg.), Handbuch der Grund-rechte, Band III: Grundrechte in Deutschland: Allgemeine Lehren II, Heidelberg 2009, § 60
Meyer, Georg/Anschütz, Gerhard, Lehrbuch des Deutschen Staatsrechts, 7. Aufl., München und Leipzig 1919
Meyer, Stephan, Strukturelle Vollzugsdefizite als Gleichheitsverstoß, DÖV 2005, S. 551 ff.
Michael, Lothar/Morlok, Martin, Grundrechte, 2. Aufl., Baden-Baden 2010
Mitteis, Heinrich/Lieberich, Heinz, Deutsche Rechtsgeschichte, 19. Aufl., München 1992
Müller, Georg, Der Gleichheitssatz, VVDStRL 47 (1989), S. 37 ff.
Müller-Volbehr, Jörg, Das Geistlichenprivileg im Wehrrecht – BVerwG, NJW 1981, 1460, JuS 1981, S. 728 ff.
v. Münch, Ingo, Wehrgerechtigkeit: mehr Gerechtigkeit, NJW 1993, S. 3244 f.
ders., Staatsrecht, Band 2, 5. Aufl., Stuttgart 2002
ders./Kunig, Philip (Hrsg.); Grundgesetz-Kommentar
Band 1 (Präambel bis Art. 19), 5. Aufl., München 2000
Band 2 (Art. 20 bis Art. 69), 4./5. Aufl., München 2001
Band 3 (Art. 70 bis Art. 146 und Gesamtregister), 4./5. Aufl., München 2003
Münster, Bernward, Anmerkung, DVBl 2005, S. 789 ff.
Neubauer, Günter, Wehrgerechtigkeit als Teilproblem einer gerechten Steuerpolitik, FinArch 1984, S. 107 ff.
Niermann, Thomas, Verkürzung der Zivildienstzeit?, ZRP 2010, S. 31
Obermayer, Klaus, Zur Verfassungsmäßigkeit und zur Auslegung des Geistlichenprivilegs im Wehrrecht, DÖV 1976, S. 80 ff.
Oeftering, Heinz, Die Wehrsteuer, 3. Aufl. 1939
Oldiges, Martin, Wehr- und Zivilverteidigungsrecht, in: Achterberg, Norbert/Püttner, Günter/Würtenberger, Thomas (Hrsg.), Besonderes Verwaltungsrecht, Ein Lehr- und Handbuch, Band II: Kommunal-, Haushalts-, Abgaben-, Ordnungs-, Sozial-, Dienstrecht, 2. Aufl., Heidelberg 2000

Papier, Hans-Jürgen, Vorbehaltlos gewährleistete Grundrechte, in: Merten, Detlef/Papier, Hans-Jürgen (Hrsg.), Handbuch der Grundrechte, Band III: Grundrechte in Deutschland: Allgemeine Lehren II, Heidelberg 2009, § 64

Peine, Franz-Joseph, Der Grundrechtseingriff, in: Merten, Detlef/Papier, Hans-Jürgen (Hrsg.), Handbuch der Grundrechte, Band III: Grundrechte in Deutschland: Allgemeine Lehren II, Heidelberg 2009, § 57

ders., Grundrechtsbeschränkungen in Sonderstatusverhältnissen, in: Merten, Detlef/Papier, Hans-Jürgen (Hrsg.), Handbuch der Grundrechte, Band III: Grundrechte in Deutschland: Allgemeine Lehren II, Heidelberg 2009, § 65

Pieroth, Bodo/Schlink, Bernhard, Grundrechte Staatsrecht II, 26. Aufl., Heidelberg 2010

Pietzcker, Jost, Das soziale Pflichtjahr – rechtlich gesehen, in: Söllner, Alfred/Gitter, Wolfgang/Waltermann, Raimund/Giesen, Richard/Ricken, Oliver, Gedächtnisschrift für Meinhard Heinze, München 2005, S. 637 ff.

Plenge, Nils, Die Bedeutung des EG-Beihilferechts für wirtschaftsverwaltungsrechtliche Genehmigungsentscheidungen, Frankfurt am Main 2010

Pöschl, Magdalena, Gleichheit vor dem Gesetz, Wien 2008

Radbruch, Gustav, Rechtsphilosophie, 2. Aufl., Heidelberg 2003

Randelzhofer, Albrecht, Grundrechte und Grundpflichten, in: Merten, Detlef/Papier, Hans-Jürgen (Hrsg.), Handbuch der Grundrechte, Band II: Grundrechte in Deutschland: Allgemeine Lehren I, Heidelberg 2006, § 37

Raue, Frank, Rechtliche Würdigung der Möglichkeit einer Einführung einer allgemeinen Dienstpflicht für junge Frauen und Männer, in: Ausarbeitung des wissenschaftlichen Dienstes des Deutschen Bundestages zur Zulässigkeit der Einführung einer allgemeinen Dienstpflicht vom 15. August 2003, S. 85 ff.

Rawls, John, Eine Theorie der Gerechtigkeit, Aus dem Amerikanischen von Hermann Vetter, Frankfurt am Main 1975

Reich, Andreas, Magdeburger Kommentar zum Grundgesetz für die Bundesrepublik Deutschland, Bad Honnef 1998

Reinhardt, Zur Vereinfachung des Lohnabzugs, DStZ 1941, S. 349 ff.

Reinhart, Rainer, Zurückstellung und Unabkömmlichstellung vom Wehrdienst, DVBl 1964, S. 65 ff.

Robbers, Gerhard, Gerechtigkeit als Rechtsprinzip, Diss. Freiburg im Breisgau 1977

ders., Sicherheit als Menschenrecht, Aspekte der Geschichte, Begründung und Wirkung einer Grundrechtsfunktion, Baden-Baden 1987

v. Rönne, Ludwig/Zorn, Philipp, Das Staatsrecht der Preußischen Monarchie, Zweiter Band, 5. Aufl., Leipzig 1906
v. Rotteck, Karl, Gleichheit, in: v. Rotteck, Karl/Welcker, Karl (Hrsg.), Das Staats-Lexikon. Encyklopädie der sämmtlichen Staatswissenschaften für alle Stände, Sechster Band, 3. Aufl., Leipzig 1862
Rozek, Jochen, Feuerwehrdienstpflicht, Feuerschutzabgabe und die „neue Formel" des Bundesverfassungsgerichts zu Art. 3 Abs. 3 GG, BayVBl 1993, S. 646 ff.
Sachs, Michael, Feuerwehrdienst und Gleichberechtigungsgrundsatz, VBlBW 1981, S. 273 ff.
ders., Das Staatsvolk in den Ländern, AöR 108 (1983), S. 68 ff.
ders., Frauen an die Front?, NWVBl 2000, S. 405 ff.
ders., Rechtsförmliche Lebenspartnerschaften für Menschen gleichen Geschlechts – Verfassungsgebot oder Verfassungsverstoß?, JR 2001, S. 45 ff.
ders., Verfassungsrecht II Grundrechte, 2. Aufl., Berlin u. a. 2003
ders., Verfassungsprozessrecht, 3. Aufl., Tübingen 2010
ders., Besondere Gleichheitsgarantien, in: Isensee, Josef/Kirchhof, Paul (Hrsg.), Handbuch des Staatsrechts der Bundesrepublik Deutschland, Band VIII: Grundrechte: Wirtschaft, Verfahren, Gleichheit, 3. Aufl., Heidelberg 2010, § 182
ders., Auswirkungen des allgemeinen Gleichheitssatzes auf die Teilrechtsordnungen, in: Isensee, Josef/Kirchhof, Paul (Hrsg.), Handbuch des Staats-rechts der Bundesrepublik Deutschland, Band VIII: Grundrechte: Wirtschaft, Verfahren, Gleichheit, 3. Aufl., Heidelberg 2010, § 183
ders. (Hrsg.), Grundgesetz, Kommentar, 6. Aufl., München 2011
Schachtschneider, Klaus, Wehrrecht, 7. Aufl., Heidelberg 1985
Schefer, Markus, Die Kerngehalte von Grundrechten, Bern 2001
Scherl, Hermann, Workfare statt Zivildienst: Eine beschäftigungspolitische Chance, Sozialer Fortschritt 2004, S. 109 ff.
Schickedanz, Erich, Geistlichenprivileg im Wehrrecht und Gleichheitssatz, NJW 1970, S. 1871 f.
Schindler, Roxane, Die allgemeine Dienstpflicht, Zürich 1997
Schmidt, Thorsten Ingo, Grundpflichten, Baden-Baden 1999
Schmidt-Aßmann, Eberhard, Der Rechtsstaat, in: Isensee, Josef/Kirchhof, Paul (Hrsg.), Handbuch des Staatsrechts der Bundesrepublik Deutschland, Band II: Verfassungsstaat, 3. Aufl., Heidelberg 2004, § 26
Schmidt-Bleibtreu, Bruno/Hofmann, Hans/Hopfauf, Axel (Hrsg.), GG Kommentar zum Grundgesetz, 12. Aufl., Köln 2011

Schmidt-De Caluwe, Reimund; Heselhaus, Sebastian, Die Wehrpflicht in der Zange des Europa- und Verfassungsrechts, NJW 2001, S. 2680 ff.

Schmidt-Rost, Reinhard, Amt, kirchlich, in: Heun, Werner/Honecker, Martin/Morlok, Martin/Wieland, Joachim (Hrsg.), Evangelisches Staatslexikon, Stuttgart 2006

Schmitt, Carl, Verfassungslehre, 10. Aufl., Berlin 2010

Schmude, Jürgen, Die Wehrgerechtigkeit richtet sich nicht nach der Jahrgangsstärke, in: Kraske, Bernd M. (Hrsg.), Pflicht und Verantwortung, Festschrift zum 75. Geburtstag von Claus Arndt, Baden-Baden 2002, S. 169 ff.

Schoch, Friedrich, Verfassungsrechtliche Anforderungen an die Erhebung von Sonderabgaben, Jura 2010, S. 197 ff.

Schott, Arthur, Die französische Wehrsteuer nach dem Gesetz vom 15. Juli 1889, 1892

Schreiber, Jürgen, Freiwillige Unterwerfung unter die Wehrpflicht nach Überschreiten der gesetzlichen Altersgrenze?, NZWehrR 1975, S. 15 ff.

Schröder, Kristina, Wert und Wichtigkeit des Zivildienstes, in: Ahammer, Andreas/Nachtigall, Stephan (Hrsg.), Wehrpflicht – Legitimes Kind der Demokratie, Berlin 2010, S. 149 ff.

Schroeder, Hans Ulrich, Wehrdienst schon mit 17 Jahren!, NZWehrR 1960, S. 49 ff.

Schütz, Peter, Die Wehrpflicht ausländischer Staatsangehöriger gem. § 2 Abs. 1 WPflG, NZWehrR 1997, S. 236 ff.

Schwarz, Thomas, Die Zitiergebote im Grundgesetz, Baden-Baden 2002

Schwendenwein, Hugo, Die Rechte und Pflichten der Kleriker, in: Listl, Joseph/Müller, Hubert/Schmitz, Heribert (Hrsg.), Grundriß des nachkonziliaren Kirchenrechts, Regensburg 1980, § 17, S. 149 ff.

Sieyès, Emmanuel, Was ist der dritte Stand?, 1788, übersetzt und eingeleitet von Brandt, Otto, Berlin 1924

Sobota, Katharina, Das Prinzip Rechtsstaat, Tübingen 1997

Sodan, Helge (Hrsg.), Grundgesetz, Beck`scher Kompakt-Kommentar, München 2009

ders./Ziekow, Jan (Hrsg.), Verwaltungsgerichtsordnung Großkommentar, 3. Aufl., Baden-Baden 2010

Staudacher, Richard, Verfassungsrechtliche Zulässigkeit von Sonderabgaben, Berlin 2004

Stein, Torsten, Anmerkung, EuZW 2000, S. 213 f.

Steinlechner, Wolfgang, Wehrgerechtigkeit und Interne Wehrdienstausnahmen, RiA 1990, S. 222 ff.

ders., Die Freistellung dritter Brüder, NZWehrR 1994, S. 225 ff.

ders., Allgemeine Dienstpflicht, ZRP 1995, S. 321 ff.
ders., Das neue Erfassungs- und Musterungsverfahren, NVwZ 1995, S. 39 ff.
ders./Walz, Dieter, Wehrpflichtgesetz, Kommentar, 7. Aufl., München 2009
Stern, Klaus, Das Staatsrecht der Bundesrepublik Deutschland,
Band II: Staatsorgane, Staatsfunktionen,
Finanz- und Haushaltsverfassung, Notstandsverfassung, München 1980
Band I: Grundbegriffe und Grundlagen des
Staatsrechts, Strukturprinzipien der Verfassung, 2. Aufl., München 1984
Band III/1: Allgemeine Lehren der Grundrechte, 1. Halbband, München 1988
Band III/2: Allgemeine Lehren der Grundrechte, 2. Halbband, München 1994
Band V: Die geschichtlichen Grundlagen des deutschen Staatsrechts, München 2000
Band IV/1: Die einzelnen Grundrechte, München 2006
Band IV/2: Die einzelnen Grundrechte, München 2011
ders./Becker, Florian (Hrsg.), Grundrechte-Kommentar, Köln 2010
Stober, Rolf, Grundpflichten und Grundgesetz, Berlin 1979
ders., Der Ehrenbeamte in Verfassung und Verwaltung, Königstein 1981
Tetzlaff, Uwe, Vom (un)möglichen Zustand des Wehrpflichtrechts, Berlin 2009
Thesen, Rainer, Ausfallwehrdienst und Grundgesetz, ZRP 2002, S. 276
Thoma, Richard, Die juristische Bedeutung der grundrechtlichen Sätze der Deutschen Reichsverfassung im allgemeinen, in: Nipperdey, Hans Carl (Hrsg.), Die Grundrechte und Grundpflichten der Reichsverfassung, Erster Band: Allgemeine Bedeutung der Grundrechte und die Artikel 102-117, Berlin 1929, S. 1 ff.
Tipke, Klaus/Lang, Joachim (Hrsg.), Steuerrecht, 20. Aufl., Köln 2010
Uber, Giesbert, Arbeitszwang, Zwangsarbeit, Dienstpflichten, in: Ipsen, Hans Peter (Hrsg.), Hamburger Festschrift für Friedrich Schack, Hamburg 1966, S. 167 ff.
Umbach, Dieter C./Clemens, Thomas (Hrsg.),
Grundgesetz, Mitarbeiterkommentar und Handbuch
Band I, Heidelberg 2002
Band II, Heidelberg 2002
Unterreitmeier, Johannes, Die allgemeine Wehrgerechtigkeit – eine kritische Analyse, ZRP 2007, S. 163 ff.
Urban, Julian, Die Wehrpflicht in Israel – Eine Analyse in vergleichender Perspektive, in: Ahammer, Andreas/Nachtigall, Stephan (Hrsg.), Wehrpflicht – Legitimes Kind der Demokratie, Berlin 2010, S. 418 ff.

Vitzthum, Graf Wolfgang, Der funktionale Anwendungsbereich der Grundrechte, in: Merten, Detlef/Papier, Hans-Jürgen (Hrsg.), Handbuch der Grundrechte, Band II: Grundrechte in Deutschland: Allgemeine Lehren I, Heidelberg 2006, § 48

Voland, Thomas, Frauen doch nicht an die Front?!, NVwZ 2003, S. 1341 ff.

ders., Wehrpflicht nur für Auserwählte?, DÖV 2004, S. 453 ff.

ders., Ständig Streit um die Streitkräfte: Der Grundsatz der Wehrgerechtigkeit vor dem Hintergrund aktueller Entwicklungen, ZRP 2007, S. 185 ff.

ders., Gerechtes Ende? VG Köln stellt Wehrpflicht auf den Prüfstand, NJW 2009, Heft 18, S. XII ff.

Voßkuhle, Andreas, Duldung rechtswidrigen Verwaltungshandelns?, Die Verwaltung 29 (1996), S. 511 ff.

ders., Das Kompensationsprinzip, Tübingen 1999

Waechter, Kay, Sonderabgaben sind normale Abgaben, ZG 2005, S. 97 ff.

Wahsner, Roderich, Erfassung und Integration als System, Köln 1972

Waldhoff, Christian, Grundzüge des Finanzrechts des Grundgesetzes, in: Isensee, Josef/Kirchhof, Paul (Hrsg.), Handbuch des Staatsrechts der Bundesrepublik Deutschland, Band V: Rechtsquellen, Organisation, Finanzen, 3. Aufl., Heidelberg 2007, § 116

Walti, Peter Rudolf, Der schweizerische Militärpflichtersatz, Zürich 1979

Walz, Dieter, Die Wehrpflicht von Ausländern, Sowjetzonenflüchtlingen und Mehrstaatern nach dem Wehrpflichtgesetz der Bundesrepublik Deutschland als Problem des internationalen und des nationalen Rechts, Diss. Heidelberg 1969

ders., Ausländer zu den Waffen? Rechtliche Aspekte eines neuen Themas, NZWehrR 1982, S. 41 ff.

ders., Verfassungsrechtliche Implikationen der Neufassung des Wehrpflichtgesetzes vom 14.7.1994, NZWehrR 1994, S. 221 ff.

ders., Administrative Wehrdienstausnahmen und kein Ende?, NZWehrR 2004, S. 153 ff.

ders., Anmerkung, NZWehrR 2005, S. 129 f.

ders., Die Entwicklung des Wehrpflichtrechts seit der Jahrtausendwende, NZWehrR 2008, S. 178 ff.

Weber, Werner, Die Dienst- und Leistungspflichten der Deutschen, Hamburg 1943

Weber-Dürler, Beatrice, Der Grundrechtseingriff, VVDStRL 57 (1998), S. 57 ff.

Weckler, Randolf, Die Ausweitung der Wehrdienstausnahmen und die Frage der Wehrgerechtigkeit, NZWehrR 2007, S. 244 ff.

Wehrstruktur-Kommission der Bundesregierung, Wehrgerechtigkeit in der Bundesrepublik Deutschland, Bericht der Wehrstruktur-Kommission an die Bundesregierung 1971, Köln 1971

Weigert, Oscar, Artikel 163. Betätigungspflicht und Arbeitslosenhilfe, in: Nipperdey, Hans Carl (Hrsg.), Die Grundrechte und Grundpflichten der Reichsverfassung, Dritter Band: Artikel 143-165 und „Zur Ideengeschichte der Grundrechte, Berlin 1930, S. 485 ff.

Wendt, Rudolf, Finanzhoheit und Finanzausgleich, in: Isensee, Josef/Kirchhof, Paul (Hrsg.), Handbuch des Staatsrechts der Bundesrepublik Deutschland, Band VI: Bundesstaat, 3. Aufl., Heidelberg 2008, § 139

Wollenschläger, Michael; Kreßel, Eckhard, Wehrpflicht für Ausländer?, NVwZ 1989, S. 722 ff.

Zacher, Hans F., Soziale Gleichheit, AöR 93 (1968), S. 341 ff.

Zimmermann, Andreas, Gleichgeschlechtliche Lebenspartnerschaften und das Grundgesetz, in: Cremer, Hans-Joachim/Giegerich, Thomas/Richter, Dagmar/Zimmermann, Andreas, Tradition und Weltoffenheit des Rechts, Festschrift für Helmut Steinberger, Berlin 2002, S. 645 ff.

Zuleeg, Manfred, Frauen in die Bundeswehr, DÖV 1997, S. 1017 ff.

Zwingenberger, Kurt, Die Unabkömmlichstellung nach § 13 Wehrpflichtgesetz, DÖV 1963, S. 201 ff.

1. Teil Einleitung

Das Grundgesetz ermöglicht in seiner Wehrverfassung die Wehrpflicht. Davon hat der Gesetzgeber seit 1956 Gebrauch gemacht[1], um die Staatsaufgabe „wirksame Landesverteidigung" gewährleisten zu können. Mit der Begründung der Wehrpflicht entstand für Gesetzgebung und Verwaltung jedoch eine Aufgabe, über deren Bewältigung zumindest Unsicherheit bestand und besteht: Die *Allgemeinheit* der Wehrpflicht.

Eindrucksvolle Anhaltspunkte für diese Unsicherheit konnten zuletzt dem Bericht des Bundesministers der Verteidigung entnommen werden. Danach leisten lediglich 15,4 %[2] der deutschen Männer (nicht etwa aller in Deutschland lebenden Menschen!) eines Jahrgangs Wehrdienst. Bereits dieser empirische Befund scheint in Konflikt mit der *allgemeinen* Wehrpflicht zu stehen. Folglich ist das Empfinden verbreitet, dass zwar eine Wehrpflicht besteht, allerdings keine *allgemeine* Wehrpflicht. Dieses Empfinden prägte sodann einen Begriff, der von der juristischen Fachdiskussion aufgegriffen und übernommen worden ist: die Wehr*gerechtigkeit.*

Diese Frage ist so alt wie die Bundeswehr[3]. Ihre Bedeutung für die Wehrpflicht betonte schon am 23. Juni 1972 der damalige Bundesminister der Verteidigung *Helmut Schmidt*: „Die politisch - psychologische Vorbedingung für die Beibehaltung des Wehrpflichtprinzips ist aber ein hohes Maß an tatsächlicher Allgemeinheit der Wehrpflicht oder, wie man auch sagt, ein hohes Maß an Wehrgerechtigkeit."[4]

Trotz dieser Erkenntnis blieb umstritten, ob die Aufgabe der *Allgemeinheit* der Wehrpflicht erfüllt wird, so dass *Ingo von Münch* 1993 prognostizierte, dass das Thema Wehrgerechtigkeit ein altes und immer neues Thema[5] sei.

---

1 Wehrpflichtgesetz vom 21.07.1956, BGBl I, 651 ff.

2 *Antwort der Bundesregierung*, in: BT-Drs 17/1281.

3 So die *Beschlussempfehlung und der Bericht des Verteidigungsausschusses vom 09.04.1986*, in: BT-Drs 10/5299, 1; auch *Arnold*, in: Ahammer/Nachtigall, Wehrpflicht, S. 172 (175): „Die vielbeschworene Wehrgerechtigkeit hat es nie gegeben!"

4 *Bundesminister der Verteidigung Schmidt*, in: Verhandlungen des Deutschen Bundestages, 6. Wahlperiode, 196. Sitzung, 23.06.1972, S. 11489 (11492).

5 *v. Münch* NJW 1993, 3244.

A. Einführung in die Problematik

Auch wenn sich die Auseinandersetzung mit dieser Problematik offensichtlich größter Beliebtheit erfreut, scheint eine systematische Durchdringung bislang nicht gelungen zu sein.

Das Bundesverfassungsgericht wiederholt seit seinem Beschluss vom 5. November 1974[6] ostinat jeweils im Rahmen der Grundsätze der allgemeinen Wehrpflicht: „Die allgemeine Wehrpflicht ist Ausdruck des allgemeinen Gleichheitsgedankens. Ihre Durchführung steht unter der Herrschaft des Art. 3 Abs. 1 GG“[7].

In anderem Zusammenhang spricht es vom „Verfassungsgebot der staatsbürgerlichen Pflichtengleichheit in Gestalt der Wehrgerechtigkeit“[8] als tragendem Fundament der allgemeinen Wehrpflicht.

Daraus wird etwa hergeleitet, dass Ausnahmen von der Wehrpflicht eng, überschaubar und normativ ausgestaltet werden müssen.[9] Ferner seien nur solche Wehrpflichtige als Kriegsdienstverweigerer anzuerkennen, bei denen mit hinreichender Sicherheit angenommen werden könne, dass in ihrer Person die Voraussetzungen des Art. 4 Abs. 3 S. 1 GG erfüllt seien.[10]

An einer erkennbaren dogmatischen Struktur fehlt es diesen Ergebnissen jedoch. Insofern hat auch die Literatur bislang wenig Unterstützung leisten können.

Gerade bei der Wehrpflicht bedarf es aber eines engmaschigen Argumentationsnetzes, um dem besonders *intensiven Eingriff* in Freiheitsgrundrechte gerecht werden zu können. Nicht zuletzt aus diesem Grund werden im liberalen Rechtsstaat die Grundpflichten der Bürger grundsätzlich zurückgedrängt. Werden sie dennoch in personell unregelmäßiger Art und Weise begründet, ist ein erheblicher Begründungsaufwand erforderlich.

Die Abhandlung bemüht sich daher um eine Systematisierung der bislang gewonnenen und die Entwicklung neuer Erkenntnisse sowie die Schaffung von Strukturen, welche die Bewältigung der Aufgabe „*allgemeine* Wehrpflicht“ erleichtern.

Behandelt werden unter diesem Gesichtspunkt ausschließlich Fragen der *allgemeinen personellen Heranziehung* zum Wehrdienst. Weitere (aktuelle) Fragen im Spannungsfeld der Wehrverfassung müssen ausgespart werden, wie etwa

---

6 BVerfGE 38, 154 (167); 48, 127 (161 ff., 166); 69, 1 (21 f.); so auch BVerwGE 92, 153 (155); 110, 40 (56).

7 Kritisch *Berg* AöR 107 (1982), 585 (602).

8 BVerfGE 48, 127 (166); 69, 1 (24, 36).

9 BVerfGE 38, 154 LS.

10 BVerfGE 69, 1 (21).

die Gleichbehandlung der Pflichtigen bei ihren Pflichten (Differenzierungen bei Verpflichtungen zu unterschiedlichen Diensten an unterschiedlichen Orten zu unterschiedlichen Zeiten usw.), die personelle Heranziehung unter freiheitsrechtlichen Erwägungen[11], der (freiwillige) Zugang zu den Streitkräften (insbes. für Frauen[12]) oder kollektive Fragen des Streitkräfteeinsatzes, die das Verfahren (Zustimmung der Gesetzgebungsorgane[13]) und die Reichweite von Einsätzen betreffen.

B. Gang der Untersuchung

Die folgende Untersuchung knüpft an die beschriebene Ausgangslage an. Nach einer thematischen Abgrenzung und der Klärung terminologischer Vorfragen (S. 5 ff.) werden wehrgleichheitsrechtliche Anhaltspunkte in der europäischen Verfassungsgeschichte dargestellt (S. 13 ff.). Anschließend erfolgt eine Zusammenfassung wehrgleichheitsrechtlicher Aussagen in Rechtsprechung (S. 19 f.) und Literatur (S. 20 ff.). Der Befund wird zum Anlass genommen, einen eigenen Ansatz zu entwickeln (S. 22 ff.), der zwischen Wehrpflicht- und Wehrdienstausnahmen (S. 27 ff.) unterscheidet und an einen neuen gleichheitsrechtlichen Ansatz anknüpft. Folglich wird statt der juristisch kaum greifbaren „Wehrgerechtigkeit" von Wehrpflichtgleichheit und Wehrdienstgleichheit gesprochen. Ausgehend von diesem Ansatz werden Maßstäbe für das staatliche Handeln mit ihren normativen Verankerungen erarbeitet (S. 29 ff.). Sodann wird zunächst die Vereinbarkeit der (grund-) gesetzlichen Wehrpflichtausnahmen mit der Wehrpflichtgleichheit untersucht (S. 43 ff.). Anschließend erfolgt eine eingehende Auseinandersetzung zunächst mit den (grund-) gesetzlichen Wehrdienstausnahmen im Hinblick auf die Vereinbarkeit mit der Wehrdienstgleichheit (S. 64 ff.). Letztlich werden an diesem Maßstab administrative Befreiungen geprüft (S. 139 ff.). Nach einer kritischen Auseinandersetzung mit der Rechtsprechung des Bundesverwaltungsgerichts (das Bundesverfassungsgericht hat diese Prob-

---

11 Dazu unter Beachtung einer veränderten sicherheitspolitischen Lage BVerfGE 105, 61 (72 f.); BVerwGE 110, 40 (51 f.); *Schmidt-De Caluwe/Heselhaus* NJW 2001, 2680 (2681); allg. *Tetzlaff*, Vom (un)möglichen Zustand des Wehrpflichtrechts, S. 151 ff.

12 EuGH NJW 2000, 497 ff.

13 Zur Zustimmungspflicht des Bundesrates *Sachs*, Die Bundeswehr als „Parlamentsheer" – und der Bundesrat?, in: Peter Baumeister/Wolfgang Roth/Josef Ruthig (Hrsg.), Staat, Verwaltung und Rechtsschutz, Festschrift für Wolf-Rüdiger Schenke zum 70. Geburtstag, Berlin 2011, S. 287 ff.

lematik zuletzt wiederholt ausdrücklich offen gelassen[14]) soll auch für die Verwaltung ein neuer transparenter Lösungsweg aufgezeigt werden.

Im 3. Teil widmet sich die Arbeit zwei Vorschlägen, welche die (unterstellte) Verfassungswidrigkeit der gegenwärtigen Lage lösen sollen. Der erste Vorschlag ist die Einführung eines sozialen Pflichtjahres (S. 162 ff.), der zweite die Einführung einer Wehrabgabe (S. 206 ff.).

Insbesondere das soziale Pflichtjahr verdient angesichts der gegenwärtigen Diskussion über die Aussetzung der Wehrpflicht eine eingehende Prüfung. Denn mit der Aussetzung der Wehrpflicht geht die Aussetzung des - inzwischen vielfach für unverzichtbar gehaltenen - Zivildienstes einher. Dadurch hat dieser - wie zu zeigen ist - ältere Vorschlag erneut Konjunktur gewinnen können. Bei einem sozialen Pflichtjahr stellt sich aber die Frage nach der Vereinbarkeit mit Art. 12 Abs. 2 GG. Dabei handelt es sich um eine Verfassungsnorm, über die in Rechtsprechung und Literatur noch viele Unklarheiten bestehen. Insbesondere der Schutzgegenstand (S. 172 ff.) und der qualifizierte Gesetzesvorbehalt (S. 184 ff.) werden daher näher untersucht.

Zuletzt widmen sich die Überlegungen der Wehrabgabe, die sich ebenfalls auf eine längere - auch außerhalb des deutschen Raumes - Diskussion stützen lässt. Schwerpunkt dieser Überlegungen ist die Zuordnung zu einer Abgabenart (S. 212 ff.).

---

14 BVerfG (3. Kammer des Zweiten Senats) NJW 2004, 2297 (2298); BVerfG (1. Kammer des Zweiten Senats) NVwZ 2010, 183.

2. Teil Das Grundrecht auf Wehrgleichheit

Das Grundrecht auf Wehrgleichheit wird als solches regelmäßig nicht anerkannt. Dieses Defizit sollen die folgenden Überlegungen beheben.

A. Abgrenzungen und terminologische Vorfragen

Vor der dogmatischen Darstellung sind zunächst einige terminologische Vorfragen zu klären. Denn schon bei der Bestimmung der maßgeblichen Begriffe „Wehrpflicht", „Wehrgerechtigkeit" und der „Wehrpflichtausnahmen" sowie der „Wehrdienstausnahmen" besteht keine Klarheit.

I. Wehrpflicht

Beim Begriff der „Wehrpflicht" ist umstritten, welche Pflichten er umfasst.

Das Bundesverfassungsgericht versteht alle Dienstleistungspflichten des Art. 12a Abs. 1 GG („Dienst in den Streitkräften, im Bundesgrenzschutz oder in einem Zivilschutzverband") als Formen der Wehrpflicht.[15] Einige Stimmen in der Literatur zählen nur den Dienst in den Streitkräften und den Zivildienst dazu.[16] Die wohl herrschende Lehre beschränkt die Wehrpflicht auf den traditionellen Dienst in den Streitkräften nach Art. 12a Abs. 1 Var. 1 GG[17].

Das Grundgesetz kennt den Begriff „Wehrpflicht" nicht. In Art. 12a GG legitimiert es lediglich die Begründung von Pflichten durch den Gesetzgeber. Daher kann sich die Lösung nicht ausschließlich aus der Verfassung ergeben. Zwar ist dem Bundesverfassungsgericht zuzustimmen, dass Art. 12a Abs. 1 GG den Dienst in den Streitkräften, im Bundesgrenzschutz *und* in einem Zivilschutzverband erlaubt. Doch hat der Gesetzgeber davon nur eingeschränkt Gebrauch gemacht. Männer ab dem 18. Lebensjahr werden nicht zum Dienst im Bundesgrenzschutz oder in einem Zivilschutzverband verpflichtet. Zudem besteht *originär* keine Pflicht zur Ableistung des Zivildienstes. Dies setzt eine Kriegsdienstverweigerung aus Gewissensgründen (vgl. Art. 12a Abs. 2 i. V. m. Art. 4 Abs. 3 GG) voraus. Insoweit ist die Pflicht zum Dienst in den Streitkräften die einzige primäre Pflicht, die begründet wird. Der Zivildienst ist lediglich eine Sekundärpflicht. Somit beschränkt sich die Wehrpflicht - und damit einherge-

---

15 BVerfGE 48, 127 (161).

16 *Gilbert Gornig*, in: v. Mangoldt/Klein/Starck, GG I, Art. 12a Rn. 17; *Tetzlaff*, Vom (un)möglichen Zustand des Wehrpflichtrechts, S. 21 f.; siehe § 3 Abs. 1 S. 1 WPflG.

17 *Michael Sachs*, in: Stern, Staatsrecht IV/1, S. 1040; *Jörn Ipsen*, in: BK, Art. 12a (2010) Rn. 30; *Rupert Scholz*, in: Maunz/Dürig, GG, Art. 12a (2001) Rn. 34.

hend das Grundrecht auf Wehrgleichheit - zunächst auf den Dienst in den Streitkräften. Bei der Bezeichnung des grundrechtlichen Maßstabs wird am gewohnten Präfix „Wehr-“ festgehalten.

II. Gleichheit und Gerechtigkeit

Hinter dem Präfix „Wehr-“ hat sich in der öffentlichen Diskussion der Wortstamm „Gerechtigkeit“ verfestigt.[18] Der so entstandene Terminus „Wehr*gerechtigkeit*“ ist sodann von der juristischen Fachdiskussion übernommen worden. Diese Verzahnung von öffentlicher und wissenschaftlicher Untersuchung hat die Abgeordnete *Helga Daub* (unfreiwillig) zum Ausdruck gebracht: „Dass von Wehrgerechtigkeit nicht mehr gesprochen werden kann, ist keine neue Erkenntnis, auch nicht in diesem Haus. Mit dem Kölner Urteil wurde dies *lediglich juristisch untermauert.*“[19] (Hervorhebung durch Verfasser).

Die dadurch aufgeworfene Problematik betrifft die Rechtmäßigkeit der Verpflichtung von Personen *im Vergleich* zu nicht verpflichteten Personen. Der Terminus „Wehrgerechtigkeit“ impliziert jedoch eine breitere und vielschichtigere Fragestellung, weil das Ideal der Gerechtigkeit allem Recht, aller Rechtsanwendung und aller Rechtswissenschaft zugrunde liegt, die diese Bezeichnungen verdienen.[20]

Allgemeine „Gerechtigkeitsfragen“ (wie etwa die Frage nach der Gerechtigkeit von Krieg und Wehrpflicht überhaupt) werden in diesem Zusammenhang nicht erörtert. Bei genauer Untersuchung zeigt sich vielmehr, dass sämtliche Einzelgehalte der „Wehr*gerechtigkeit*“ (S. 19 ff.) gleichheitsrechtliche Fragen sind.[21] Daher ist bereits an dieser Stelle zu fragen, warum sich in der juristischen Diskussion - ausgehend vom Bundesverfassungsgericht - hinter das Präfix „Wehr-“ nicht der Wortstamm „Gleichheit“ etabliert hat.[22] Denn die Gerechtig-

---

18 Eine Distanzierung von diesem Begriff lässt sich allerdings der Parenthese in der Erklärung vom *Bundesminister der Verteidigung a. D. Helmut Schmidt*, Fn. 4, entnehmen: „Die politisch - psychologische Vorbedingung für die Beibehaltung des Wehrpflichtprinzips ist aber ein hohes Maß an tatsächlicher Allgemeinheit der Wehrpflicht oder, wie man auch sagt, ein hohes Maß an Wehrgerechtigkeit.“ (Hervorhebung durch Verfasser).

19 Abg. *Helga Daub*, in: Verhandlungen des Deutschen Bundestages, 15. Wahlperiode, 106. Sitzung, 30.04.2004, S. 9633.

20 *Kischel* AöR 124 (1999), 174 (179).

21 *Günter Dürig*, in: Maunz/Dürig, GG, Art. 3 Abs. III (1973) Rn. 115; *Hahnenfeld* BWV 1976, 121; Münster DVBl 2005, 789.

22 Ähnliches gilt für die sog. „Steuergerechtigkeit“.

keit ist ein universales Beurteilungskriterium, das nahezu jegliche begriffliche Kontur vermissen lässt.[23]

Dies liegt daran, dass hinter der Qualifikation einer Handlung oder Struktur als „ungerecht“ meist subjektive Empfindungen stehen. Regelmäßig ist dafür entscheidend, ob die jeweilige Abweichung zum eigenen Vorteil ist oder nicht.[24] Ein solcher Vorteil geht oft mit Nachteilen für andere einher, die ihrerseits für sich Gerechtigkeit einfordern.[25] An einer auf transparenten Kriterien basierenden Begründung fehlt es jedoch.[26] Insgesamt fungiert die Gerechtigkeit mehr als Bewertungs- und Orientierungsmaßstab für soziale Ordnungen aller Art gleichauf mit Wohlstand und Glück, von der staatlichen über die wirtschaftliche Ordnung bis hin zur Welt des Sports.[27] Der professionelle Jurist sollte daher beim Rückgriff auf die Gerechtigkeit zögern, um - wie es *Josef Isensee*[28] beschreibt - sich nicht auf „metarechtliches Glatteis“ zu begeben.

Indem bei der Wehrpflicht dieser interessengeprägte Begriff gleichwohl als juristischer Prüfungsmaßstab übernommen wird, wird gleichfalls die Konturenlosigkeit transferiert. Darunter hat nicht zuletzt die wissenschaftliche Durchdringung der Materie gelitten. *Jörn Ipsen* spricht folglich bei der „Wehrgerechtigkeit“ nicht mehr von einem juristischen Maßstab, sondern von einem „publizistischen Begriff“ oder einer „wehrpolitische(n) Zielvorstellung“.[29] Im Ergebnis hat diese Um-Etikettierung von gleichheitsrechtlichen, und damit grundrechtlichen, Fragen nur noch eine Debatte um bloße wehrpolitische Zielvorstellungen zur Folge.

Dadurch wird unter Missachtung der Kollisionsregel „lex specialis derogat legi generali“[30] die gleichheitsrechtlich entwickelte Dogmatik zu Gunsten von allgemeinen Gerechtigkeitserwägungen umgangen, die einer juristisch-methodischen Lösung nur schwer zugänglich sind und die Reichweite des Grundrechtsschutzes kaum bestimmen können. Somit wird durch die Um-Etikettierung zur „Wehrgerechtigkeit“ der Grundrechtsschutz verkürzt. Sprachlich wird dies verdeutlicht, indem nur noch kollektivierend davon gesprochen

---

23 *Kluth*, Gerechtigkeit, S. 122 (123); ähnlich *Günter Dürig*, in: Maunz/Dürig, GG, Art. 3 Abs. I (1973) Rn. 28.

24 *Nicole Engels*, Chancengleichheit und Bundesstaatsprinzip, 2001, S. 78 f.

25 *Isensee*, Merten FS, S. 3 (5); vgl. bereits *Karl Marx*, Randglossen zum Programm der deutschen Arbeiterpartei, in: Horn/Scarano, 2002, S. 293.

26 *Kluth*, Gerechtigkeit, S. 122 (123); *Isensee*, Merten FS, S. 3 (9); *Günter Dürig*, in: Maunz/Dürig, GG, Art. 3 Abs. I (1973) Rn. 341.

27 *Kluth*, Gerechtigkeit, S. 122.

28 *Isensee*, Merten FS, S. 3 (5).

29 *J. Ipsen* ZRP 1978, 153 (155).

30 Dazu *Larenz/Canaris*, Methodenlehre, S. 88 f.

wird, dass „Wehrgerechtigkeit gewahrt“[31] sei. Ob der Einzelne in *seinem* (Gleichheits-) Grundrecht verletzt ist, bleibt offen.

1. Gerechtigkeit zur Lösung von Gleichheitsfragen

Auch wenn der vollständige Austausch einer Gleichheitsprüfung durch eine Gerechtigkeitsprüfung im Wehrrecht bemerkenswert ist, so ist die Gerechtigkeit allgemein zur Lösung gleichheitsrechtlicher Fragestellungen immer wieder (wenn auch nicht substituierend) herangezogen worden.[32] Innerhalb der dort angewendeten Willkürformel hat das Bundesverfassungsgericht auf „Gerechtigkeitsgedanken“,[33] das „Gerechtigkeitsempfinden“,[34] die „fundierten allgemeinen Gerechtigkeitsvorstellungen der Gemeinschaft“[35] und das „Gerechtigkeitsgefühl“[36] zurückgegriffen. Was unter Gerechtigkeit zu verstehen ist, sagt das Gericht jedoch nicht. Diese eingeschränkte Kontrolle ist zu Recht als „Minimalismus und Quietismus der Gleichheitskontrolle“[37] und „Leerformel“[38] kritisiert worden.

2. Aspekte der Gerechtigkeit jenseits der Gleichheit in der Rechtsprechung

Das Schicksal einer Auslegung durch den Rückgriff auf allgemeine Gerechtigkeitserwägungen teilt der Gleichheitssatz mit anderen Bestimmungen der Verfassung.

Insbesondere bei verfassungsrechtlichen Problemen des *Strafrechts*, die dem Rechtsstaatsprinzip zuzuordnen sind, hat das Bundesverfassungsgericht Lösungen durch den Rückgriff auf Gerechtigkeitsformeln gesucht.[39] So fordere etwa

---

31 BVerfG (3. Kammer des Zweiten Senats) NJW 2004, 2297 (2298); BVerwGE 122, 331 (342); BVerwG NJW 2006, 2871; *Unterreitmeier* ZRP 2007, 163 (165).

32 Überblick schon bei *Robbers*, Gerechtigkeit, S. 88 ff.

33 BVerfGE 3, 58 (135); 4, 219 (243 f.); 9, 201 (206); 15, 167 (201); 23, 12 (24 f.); 35, 324 (335); 46, 224 (233) „Gerechtigkeitsdenken“; 58, 81 (126); 65, 325 (354); 74, 182 (200); 83, 89 (107 f.); 86, 81 (87); 93, 386 (397); 102, 254 (299); 106, 225 (240); 110, 141 (167); 115, 381 (389); 120, 1 (31) bzw. 6, 55 (71) „Erwägungen der Gerechtigkeit“.

34 BVerfGE 3, 58 (136); 4, 219 (246); 8, 174 (183); BVerwGE 36, 71 (79); 37, 6 (13); kritisch *Robbers*, Gerechtigkeit, S. 98 ff.

35 BVerfGE 9, 338 (349); 13, 225 (228); 34, 269 (287); 42, 64 (72); 69, 161 (169).

36 BVerfGE 15, 337 (343); 30, 292 (333); 35, 79 (127); 39, 169 (186).

37 *Zacher* AöR 93 (1968), 341 (357).

38 *Wolfgang Rüfner*, in: BK, Art. 3 Abs. 1 (1992) Rn. 4; *Günter Dürig*, in: Maunz/Dürig, GG, Art. 3 Abs. I (1973) Rn. 341; dagegen *Robbers*, Gerechtigkeit, S. 164.

39 *Robbers*, Gerechtigkeit, S. 43 ff.

die „Idee der Gerechtigkeit, dass Tatbestand und Rechtsfolge in einem sachgerechten Verhältnis zueinander stehen."[40]

Beim Doppelbestrafungsverbot verbiete die „Idee der Gerechtigkeit"[41] wegen ein und derselben Tat gegen einen Soldaten sowohl eine Freiheitsstrafe nach der Wehrdisziplinarordnung als auch eine für tatangemessen gehaltene strafgerichtliche Freiheitsstrafe zu verhängen.

In der Entscheidung zu den Mauerschützen führte das Gericht aus: „In diesem Normalfall bietet das unter den Bedingungen der Demokratie, der Gewaltenteilung und der Verpflichtung auf die Grundrechte zustande gekommene und damit den Forderungen materieller Gerechtigkeit prinzipiell genügende Strafrecht (...)"[42] sowie „in dieser ganz besonderen Situation untersagt das Gebot materieller Gerechtigkeit, das auch die Achtung der völkerrechtlich anerkannten Menschenrechte aufnimmt, (...)"[43].

Auch bei der *Abwägung zwischen Individualinteressen und Rechtssicherheit* hob das Gericht hervor, dass „das Prinzip der Rechtssicherheit mit der Forderung nach materialer Gerechtigkeit häufig in Widerstreit"[44] liege. Andererseits sei Gerechtigkeit geradezu die Voraussetzung für die Gewährleistung von Rechtssicherheit.[45]

3. Gerechtigkeitkeitstheorien und Gleichheit

Mit dem Vorwurf der Konturenlosigkeit des Gerechtigkeitsbegriffs soll jedoch nicht ignoriert werden, dass in Philosophie und Theologie zur Bestimmung von Gerechtigkeit unzählige Gerechtigkeitstheorien entwickelt worden sind. Bereits für *Aristoteles* war die Gerechtigkeit die „vollkommenste Tugend"[46].

Schon die ersten Gerechtigkeitstheorien stellten in ihren Bestimmungen von Kriterien der Gerechtigkeit immer wieder Beziehungen zur Gleichheit her. In ersten Ansätzen verlangt bereits *Platon*, dass „jeder das Eigene und Seinige hat und tut".[47] *Aristoteles*[48] stellt durch die Aufteilung der Gerechtigkeit in eine austeilende (Zuteilung in einer Gemeinschaft) und in eine ausgleichende Gerechtig-

40 BVerfGE 20, 323 (331).

41 BVerfGE 21, 378 (388).

42 BVerfGE 95, 96.

43 BVerfGE 95, 96 (133).

44 BVerfGE 3, 225 (237).

45 BVerfGE 19, 187 (197).

46 *Aristoteles*, Nikomachische Ethik, 1129b.

47 *Platon*, Der Staat Über das Gerechte, 434, übersetzt und erläutert von Otto Apelt, Hamburg 1989.

48 *Aristoteles*, Nikomachische Ethik, 1131b/1132a.

keit (Austausch von Gütern und Verträgen) nahezu eine Identität zur Gleichheit her. Maßstab für die Verteilungsgerechtigkeit sei die Würde: Wer an Ansehen gleich sei, bekomme auch gleiche Güter.[49] Maßstab für die ausgleichende Gerechtigkeit seien ausschließlich der Wert der getauschten Güter bzw. die Höhe des Schadens.[50] Gerechtigkeit sei daher eine Tugend, durch die jeglicher das Seinige erhalte[51] wie es das Gesetz angebe. Ungerechtigkeit dagegen sei es, wodurch einer fremdes Gut erhalte und nicht nach dem Gesetz.

Karl Engisch hat gar eine Identität zwischen Gleichheit und Gerechtigkeit hergestellt. Demnach gebiete die Gerechtigkeit als formales Prinzip, dass wesentlich Gleiches gleich zu behandeln sei.[52] Damit übernimmt er die Formel, die *Gerhard Leibholz* 1951 zum Gleichheitssatz formuliert hat[53] und so vom Bundesverfassungsgericht[54] übernommen worden ist. *Leibholz* bezeichnete in diesem Zusammenhang Willkür als gegensätzlichen Korrelatbegriff zur Gerechtigkeit.[55] Offen bleibt, was als „wesentlich" zu verstehen ist. Auch die fehlende inhaltliche Bestimmung des jeweils Zustehenden eröffnete die schlimmsten Formen an Ungerechtigkeiten, wie sich etwa an dem zynischen Schriftzug „Jedem das Seine" am Ausgangstor des Konzentrationslagers Buchenwald zeigt. Entscheidend gegen eine Identität beider Begriffe aber spricht, dass Gerechtigkeitsfragen eine individuelle Betrachtung verlangen, während Gleichheitsfragen eine vergleichende Betrachtung voraussetzen.[56]

4. Gerechtigkeitstheorien und Gesetzesbindung

Neben den Bezügen zur Gleichheit sind in Gerechtigkeitstheorien auch andere Aspekte erkennbar, wie etwa die Einhaltung der Gesetze.

In der *christlichen Theologie* entsteht Gerechtigkeit des Menschen durch die Einhaltung der Gebote Gottes.[57] *Thomas von Aquin* entwickelte sodann neben

---

49 *Aristoteles*, Nikomachische Ethik, 1131a.

50 *Aristoteles*, Nikomachische Ethik, 1132b.

51 In diesem Sinne des suum cuique auch *Ulpian*, Digesten 1, 1, 10: „Gerechtigkeit ist der unanwandelbare und dauerhafte Wille, jedem sein Recht zu gewähren."; insgesamt abl. *Kelsen*, Gerechtigkeit, S. 23 f.

52 *Engisch*, Gerechtigkeit, S. 178.

53 *Leibholz* DVBl 1951, 193 (195).

54 BVerfGE 1, 14 (52); 2, 336 (340); 3, 377 (380), 47, 109 (124); 49, 148 (165); 49, 192 (207); 49, 260 (271); 50, 177 (186); 51, 295 (300); 52, 277 (280); 55, 72 (90); 121, 317 (369); 122, 210 (230).

55 *Leibholz*, Gleichheit, S. 72.

56 *Kriele*, Gerechtigkeit, S. 91.

57 Römer 3, 25 ff.; Galater 2, 16; Philipper 3, 9.

den zwei Formen der Gerechtigkeit, wie sie *Aristoteles* vorgesehen hat, eine weitere Form: die legale Gerechtigkeit. Danach muss sich die allgemeine Tugend der Gerechtigkeit des Rechts bedienen, wenn sie ihre Aufgabe vollbringen soll, nämlich die einzelnen Tugenden und äußeren Handlungen so zu dirigieren, dass sie dem Gemeinwohl dienen.[58]

Außerhalb christlich theologischer Strömungen ging *Aristoteles* von einem engen Zusammenhang zwischen Recht und Gerechtigkeit aus: „Was nämlich von der gesetzgebenden Gewalt vorgeschrieben ist, ist gesetzlich und jede gesetzliche Vorschrift bezeichnen wir als gerecht oder Recht."[59] Unter „gesetzlichen Vorschriften" verstand er Verfügungen des menschlichen Gesetzgebers und solche Gesetze, von denen man annimmt, dass sie natürlichen oder göttlichen Ursprungs sind, sowie bewährte soziale Konventionen.

Thomas Hobbes fand eine ähnliche, aber negativ formulierte, Theorie der Gerechtigkeit, die im Naturgesetz als „Quelle und Ursprung der Gerechtigkeit" ansetzte:[60] Weil dort kein Vertrag vorausgegangen sei, sei auch kein Recht übertragen worden und jeder Mensch habe ein Recht auf alles, so dass keine Handlung ungerecht sein könne.

Wenn aber ein Vertrag geschlossen sei, sei es ungerecht, ihn zu brechen. Die Ungerechtigkeit sei folglich die Nichterfüllung von Verträgen. Und was nicht ungerecht sei, sei gerecht.[61]

Gegen eine Verbindung von Gerechtigkeit und Gesetzesbindung hat sich das Bundesverfassungsgericht[62] im Anschluss an *Gustav Radbruch*[63] durch die Übernahme der sog. „Radbruch`schen Formel" entschieden. Danach ist der „Konflikt zwischen Gerechtigkeit und Rechtssicherheit dahin zu lösen, dass das positive, durch Satzung und Macht gesicherte Recht auch dann den Vorrang hat, wenn es inhaltlich ungerecht ist, es sei denn, dass der Widerspruch des positiven Gesetzes ein so unerträgliches Maß erreicht, dass das Gesetz als ‚unrichtiges Recht` der Gerechtigkeit zu weichen hat." Der in dieser Formel angesprochene „Konflikt" setzt voraus, dass die Befolgung von Recht auch „ungerecht" sein kann.

Die Schwäche des Bezugs auf die Gesetze hat *Hans Kelsen* herausgearbeitet: Denn die Normen, nach denen man handeln soll, sind durch die jeweiligen kulturellen und historischen Umstände sowie die jeweiligen Machtverhältnisse

58 *Thomas v. Aquin*, Summa theologiae II-II, Qu. 57, a. 1.
59 *Aristoteles*, Nikomachische Ethik, 1129b.
60 *Hobbes*, Leviathan, Kap. XV, S. 120.
61 *Hobbes*, Leviathan, Kap. XV, S. 120.
62 BVerfGE 3, 225 (232 f.); 6, 132 (198 f.); 389 (414 f.).
63 *Radbruch*, Rechtsphilosophie, S. 107.

bestimmt und nicht durch vorausliegende Kriterien der Gerechtigkeit.[64] *Kelsen* überzeugt auch der Bezug zum Vernunftrecht nicht, weil menschliche Vernunft verstehen und beschreiben, aber nicht vorschreiben könne.[65] Veranschaulicht wird dieser Befund dadurch, dass die verschiedenen Anhänger der Naturrechtslehre einander höchst widersprechende Prinzipien der Gerechtigkeit deduziert haben.[66]

5. Gerechtigkeitstheorien und Eigentum

Neben der Gleichheit und der Gesetzesbindung wird insbesondere seit der Aufklärung zur Bestimmung des Gerechtigkeitsbegriffs auf die Eigentumsfreiheit abgestellt. Für *David Hume* etwa ist Eigentum der „Gegenstand von Gerechtigkeit“[67]. In ähnlicher Weise ging schon *Cicero* davon aus, dass der Gerechtigkeitssinn völlig beseitigt werde, wenn einem nicht freistehe, seinen Besitz zu behalten.[68]

6. Neuere Ansätze

In der Gegenwart hat *John Rawls* eine umfassende Gerechtigkeitstheorie aus klassischen und modernen Elementen entworfen, die er „Gerechtigkeit als Fairness“[69] bezeichnet. Ziel dieser Überlegungen ist es, die zwei moralischen Vermögen zu entfalten, die jedem Menschen zukommen. Darunter versteht er einen Gerechtigkeitssinn[70] und die Fähigkeit, eine Konzeption des guten Lebens[71] zu entwickeln, gegebenenfalls zu revidieren und zu realisieren.

Zur Verwirklichung seiner Ziele hat er Prinzipien zur gerechten Verteilung der im Rahmen sozialer Kooperation erzeugten Grundgüter entwickelt.[72] Dazu zählt er einerseits das gleiche Recht eines jeden auf Freiheitsrechte sowie andererseits die sozialen Bedingungen der Selbstachtung: Soziale und wirtschaftliche

---

64 *Kelsen*, Gerechtigkeit, S. 32 f.; ähnlich bereits *Loeser*, Wehrsteuer, S. 30 f.

65 *Kelsen*, Gerechtigkeit, S. 38.

66 *Kelsen*, Gerechtigkeit, S. 38.

67 *David Hume*, Eine Untersuchung über die Prinzipien der Moral, übersetzt mit einer Einleitung und Anmerkungen herausgegeben von Manfred Kühn, Hamburg 2003, Abschnitt 3 Teil 2, S. 37.

68 *Cicero*, Vom pflichtgemäßen Handeln, übersetzt, kommentiert und herausgegeben von Heinz Gunermann, Stuttgart 1987, Zweites Buch, 78.

69 *Rawls*, Theorie der Gerechtigkeit, S. 19.

70 *Rawls*, Theorie der Gerechtigkeit, S. 493 ff.

71 *Rawls*, Theorie der Gerechtigkeit, S. 557 ff.

72 *Rawls*, Theorie der Gerechtigkeit, S. 81 ff.

Ungleichheiten seien so zu gestalten, dass vernünftigerweise zu erwarten ist, dass sie zu jedermanns Vorteil dienen und sie mit Positionen und Ämtern verbunden sind, die jedem offen stehen.

Diesen Zustand versucht er durch einen Gesellschaftsvertrag herzustellen, der von einem fiktiven Urzustand ausgeht.[73] Signifikant für diesen Zustand ist eine ursprüngliche Gleichheit, in der die Beteiligten weder ihre persönlichen Identitäten kennen noch von individuellen erworbenen Vorrechten innerhalb der gesamten Gruppe wissen. Hinter diesem „Schleier des Nichtwissens"[74] wählen die Repräsentanten einstimmig die Gerechtigkeitsprinzipien. Diese Prinzipien bestimmen die grundlegenden sozialen Institutionen, unter deren Leitung diejenige Gesellschaft steht, welche die Menschen im fiktiven Urzustand schaffen würden.

7. Fazit

Dieser höchst kursorische Überblick über verschiedene Kriterien der Gerechtigkeit hat jedenfalls gezeigt, dass sich ein einheitlicher Gerechtigkeitsbegriff nicht entwickelt hat. Vieles ist mit Unsicherheiten behaftet, zumal die Gerechtigkeit interdisziplinär verwendet wird. Keines der einzelnen Prinzipien ist geeignet, alle konträren Interessenlagen zur Zufriedenheit aller zu lösen.

Zieht man hingegen die zur Gerechtigkeit entwickelten Kriterien zur Bestimmung der Rechtmäßigkeit wehrrechtlicher Verpflichtungen heran, zeigt sich folgendes Bild: Bestimmt man die Gerechtigkeit mit der Befolgung der Gesetze (S. 10 ff.), scheidet ein Verstoß der Gesetze gegen die (Wehr-) Gerechtigkeit von vornherein aus. Denn die Gesetze sieht man als Konkretisierung der Gerechtigkeit. Eigentum als „Gegenstand von Gerechtigkeit" im Sinne *David Humes* (S. 12) erscheint im Wehrrecht völlig sachfremd. Auch die von *John Rawls* entworfenen Verteilungskriterien (S. 12 f.) helfen in diesem Kontext nicht weiter. Es zeigt sich vielmehr, dass die „Wehrgerechtigkeit" wegen ihrer Mehrdeutigkeit[75] lediglich ein juristischer Kampfbegriff ist.[76] Denn „Gerechtigkeit pur ist noch nicht einmal ein Wunschtraum."[77] oder in den Worten von *Hans*

73 *Rawls*, Theorie der Gerechtigkeit, S. 140 ff.

74 *Rawls*, Theorie der Gerechtigkeit, S. 159 ff.

75 Vgl. *Robbers*, Gerechtigkeit, S. 163 f.

76 Vgl. *Isensee*, Merten FS, S. 3 (13): „Der Verfassungsstaat hat sich so einen Ausweg aus dem Gerechtigkeits-Dilemma gebahnt dahin, dass jedermann kompetent ist, zu sagen, was gerecht sei, was ungerecht, doch dass sich daraus keine rechtsverbindlichen folgen für andere oder gar für die staatliche Allgemeinheit ergeben."

77 *Isensee*, Merten FS, S. 3 (20).

Kelsen: „Absolute Gerechtigkeit ist ein irrationales Ideal."[78] Daher widerspricht es dem Grundgesetz, das die Grundrechte als Rechtssätze mit Bindungskraft ausgestaltet hat, die Gerechtigkeit zum Inhalt eines Rechtssatzes zu machen.[79] Vielmehr geht aus Art. 1 Abs. 2 GG hervor, dass die Grundrechte (insbesondere auch die Menschenwürde) die Gerechtigkeit als der Verfassung vorausliegendes Ideal kodifizieren.[80] Auf die Gleichheit allein lässt sich die Gerechtigkeit jedenfalls nicht reduzieren.[81]

Der Anspruch an gleichheitsrechtliche wehrrechtliche Verpflichtungen wird daher bescheidener mit „Wehrgleichheit" formuliert. Vom überfrachteten und ungeklärten Terminus „Gerechtigkeit" wird bei diesem punktuellen Rechtsproblem abgesehen und stattdessen auf die weniger befrachtete „Gleichheit" zurückgegriffen.[82]

B. Historische Entwicklung

Ein Zwangsdienst in den Streitkräften reicht bis in die Antike zurück (S. 51 ff.).[83] Diese Geschichte der allgemeinen Wehrpflicht ist bereits vielfach eingehend skizziert worden. Wegen des umfangreichen Schrifttums[84] soll diese Frage daher nicht weiter vertieft werden. Kaum Beachtung hat bislang jedoch die Ausgestaltung der *wehrpflichtrechtlichen Verfassungsvorschriften* (Art. 12a Abs. 1 GG erlaubt lediglich eine Wehrpflicht, begründet sie aber nicht) und *wehrgleichheitsrechtlicher Ansätze* gefunden.

Die Begründung der Wehrpflicht erfolgt bereits seit den ersten europäischen Verfassungen überwiegend durch Gesetz, nachdem die Verfassungen lediglich eine Ermächtigung an den Gesetzgeber vorsehen.[85] Daher kann bei der entsprechenden Regelung in Art. 12a Abs. 1 GG zumindest im internationalen Kontext

78 *Kelsen*, Gerechtigkeit, S. 40.
79 *Wolfgang Rüfner*, in: BK, Art. 3 Abs. 1 (1992) Rn. 2.
80 *Wolfgang Rüfner*, in: BK, Art. 3 Abs. 1 (1992) Rn. 2.
81 *Wolfgang Rüfner*, in: BK, Art. 3 Abs. 1 (1992) Rn. 3; *Kriele*, Gerechtigkeit, S. 93.
82 Vgl. auch *Kischel* AöR 124 (1999), 174 (179); anders wohl *Huster*, Rechte und Ziele, S. 392 ff.
83 Allgemein *Tetzlaff*, Vom (un)möglichen Zustand des Wehrpflichtrechts, S. 26 ff.; auch *Fleischhauer*, Wehrgerechtigkeit, S. 20 ff.
84 Im Überblick nur *Michael Sachs*, in: Stern, Staatsrecht IV/1, S. 999 ff.
85 Art. 9 Verf. Spanien 1812; Art. 19 Verf. Portugal 1822; Art. 122 Verf. Belgien 1831; Art. 6 Verf. Spanien 1837; Art. 28 Verf. Spanien 1869; Art. 3 Verf. Spanien 1876; Art. 71 Verf. Bulgarien 1879; Art. 70 S. 2 Verf. Russland 1906; § 75 Verf. Finnland 1919; §§ 75 f. Verf. Litauen 1922.

von einer diesbezüglichen „Verfassungs- und Rechtstradition“[86] gesprochen werden.[87] Eine Verpflichtung unmittelbar durch die Verfassung, wie es Art. 57 RV 1871 („Jeder Deutsche ist wehrpflichtig und kann sich in Ausübung dieser Pflicht nicht vertreten lassen“) vorsah, findet sich nur vereinzelt[88]. Auffällig ist, dass Frankreich als Ort der „Wiege für die Wehrpflicht als legitimes Kind der Demokratie“[89] dieses Kind, um im Bild von *Theodor Heuss* zu bleiben, schon früh verstoßen hat. Denn Art. 12 der Charte Constitutionelle von 1814 hat die Wehrpflicht unmittelbar durch Verfassung aufgehoben.

Anders als Art. 12a Abs. 1 GG lassen schon die ersten Verfassungen Hinweise auf die *Allgemeinheit* der Wehrpflicht erkennen. Denn der Kreis der Verpflichteten wird meist auf jeden[90] bzw. alle[91] Bürger[92] erstreckt. Ausdrücklich geregelt ist die Wehrgleichheit bereits in Art. 361 Verf. Spanien 1812[93] sowie umfassend in § 109 Verf. Norwegen 1814[94], auch wenn die Vorschriften auf Bürger/Staatsbürger begrenzt waren. Daran knüpfte später § 25 Allerhöchstes Patent Österreich 1848 an.[95] Setzt man die Allgemeinheit der Wehrpflicht voraus, kann der Verpflichtung „ohne Unterschied der Stände“[96] oder von Ausländern[97] lediglich deklaratorische Bedeutung zukommen.

---

86 *K. Ipsen* ZRP 2001, 469 (470).

87 Später auch Art. 23 Abs. 1 Verf. DDR.

88 Art. 25 Verf. Schweiz 1798: „Jeder Bürger ist ein geborner Soldat des Vaterlandes (…).“; § 127 Abs. 1 Verf. Tschechoslowakei 1920.

89 Abg. *Heuss*, 43. Sitzung des Hauptausschusses, in: ParlRat XIV/2, Nr. 43 S. 1324 (1325).

90 Art. 25 Verf. Schweiz 1798; Art. 9 Verf. Spanien 1812; Art. 19 Verf. Portugal 1822; Art. 113 Verf. Portugal 1826; Art. 6 Verf. Spanien 1837; Art. 18 Verf. Schweiz 1848; Art. 102 Verf. Frankreich 1848; Art. 28 Verf. Spanien 1869; Art. 57 RV 1871; Art. 3 Verf. Spanien 1876; Art. 71 Verf. Bulgarien 1879.

91 Art. 277 Verf. Frankreich 1795; § 25 Allerhöchstes Patent Österreich 1848.

92 Nr. 11 Verf. Polen 1791.

93 Art. 361 Verf. Spanien 1812: „Kein Spanier kann sich vom Kriegsdienste frei machen, wenn er gesetzlich dazu aufgerufen wird.“

94 § 109 Verf. Norwegen 1814: „Jeder Staatsbürger ist im Allgemeinen gleich verpflichtet, in einer gewissen Zeit sein Vaterland zu vertheidigen, ohne Rücksicht auf Geburt oder Vermögen.

95 „Die Wirksamkeit des Gesetzes ist gleich für alle Staatsbürger, sie (…) unterliegen der gleichen Wehr- und Steuerverpflichtuntg (…).“

96 Art. 70 S. 2 Verf. Russland 1906.

97 Art. 21 Verf. Schweiz 1798: „Der seßhafte Fremde ist den nämlichen Lasten, den Auflagen, der Wache und der Miliz unterworfen, wie der Bürger.“

In der *deutschen* Verfassungsgeschichte finden sich Ansätze schon in den einzelstaatlichen Verfassungen[98] unmittelbar nach Ende des Heiligen Römischen Reiches Deutscher Nation, die mitunter von einer *allgemeinen* Militärconscription[99] sprechen. Umfassend formulierte später - wenn auch unter der Voraussetzung eines Gesetzes - § 12 Verf. Bayern 1818[100]: „Alle Bayern haben gleiche Pflichtigkeit zu dem Kriegsdienste und zur Landwehr nach den dießfalls bestehenden Gesetzen." Regelmäßig wurde diese Gewährleistung jedoch durch Sonderregelungen zu Gunsten bestimmter Teile des hohen Adels und des Klerus (dazu siehe S. 106 ff.) durchbrochen.[101] In diesem Sinne bestimmte während des Deutschen Bundes Art. 14 der Deutschen Bundesakte:

„Um den im Jahr 1806 und seitdem mittelbar gewordenen ehemaligen Reichsständen und Reichs-Angehörigen in Gemäßheit der gegenwärtigen Verhältnisse in allen Bundesstaaten einen gleichförmig bleibenden Rechts-Zustand zu verschaffen, so vereinigen die Bundesstaaten sich dahin: (...)
c) es sollen ihnen überhaupt in Rücksicht ihrer Personen, Familien und Besitzungen alle diejenigen Rechte und Vorzüge zugesichert werden oder bleiben (...). Unter vorerwähnten Rechten sind insbesondere und namentlich begriffen: (...)
3) privilegirter Gerichtsstand und Befreyung von aller Militairpflichtigkeit für sich und ihre Familien.

Umfassend und klar wie kaum eine andere Verfassung formulierte § 137 Abs. 7 FRV: „Die Wehrpflicht ist für alle gleich; Stellvertretung bei derselben findet nicht statt." Unter den in Kraft getretenen Normen ist Art. 31 § 3 Abs. 1 RevStGG Oldenburg 1852 („Die Wehrpflicht ist für Alle gleich; die gesetzlich bestehenden Befreiungsgründe sind möglichst einzuschränken.") bemerkenswert. Im Deutschen Kaiserreich ist das Stellvertretungsverbot zwar übernommen worden, Art. 57 RV 1871 betonte aber eher den Pflichtencharakter des Wehr-

---

98 Uneinigkeit besteht über den französischen Einfluss unter Napoleon I. auf die Verf. Bayern 1808, vgl. einerseits *Stern*, Staatsrecht V, S. 159; *Michael Kotulla*, Deutsches Verfassungsrecht 1806-1918, 2. Band Bayern, Berlin 2007, S. 41 f., andererseits *Ernst-Rudolf Huber*, Deutsche Verfassungsgeschichte seit 1789, Band I: Reform und Restauration, 2. Aufl., Stuttgart 1967, S. 320. Zu bejahen ist die Einwirkung wohl bei der Verf. Anhalt-Köthen 1810, s. *Stern*, Staatsrecht V, S. 177.

99 Tit. VI § 2 Verf. Bayern 1808; Art. 16 Verf. Anhalt-Köthen 1810 spricht von einer „allgemeinen Conscription".

100 Ähnlich § 10 VU Baden 1818; § 23 Abs. 1 VU Württemberg 1819; Art. 28, 29 VU Großherzogtum Hessen 1820; § 40 VU Kurhessen 1831; § 30 VU Sachsen 1831; § 40 Neue Landschaftsordnung Braunschweig 1832; § 33 Landesverfassungsgesetz Hannover 1840; Art. 34 S. 1 Verf. Preußen 1850.

101 Dazu *v. Rotteck*, Gleichheit, in: v. Rotteck/Welcker, Staats-Lexikon, S. 655 (658).

dienstes. Außerdem beschränkte Art. 60 RV 1871 die Friedenspräsenzstärke des Heeres auf 1 % der Bevölkerung, wodurch eine Allgemeinheit schon nicht erzielt werden konnte. Für den Gesetzgeber war aber eine Öffnungsklausel vorgesehen, von der er Gebrauch machte, so dass die Friedenspräsenzstärke bis 1914 auf über 500.000 Personen anwuchs.[102] Gleichwohl finden sich noch Relikte von Art. 14 der Deutschen Bundesakte in § 1 S. 2 Wehrgesetz 1867[103], der anfangs im Norddeutschen Bund und später im Kaiserreich galt. Bestimmt wurde, dass „die Wehrpflicht eine allgemeine ist; es unterliegen ihr alle Reichsangehörigen (...)“[104]:

> „Ausgenommen von der Wehrpflicht sind nur:
> a) die Mitglieder regierender Häuser;
> b) die Mitglieder der mediatisierten, vormals reichsständischen und derjenigen Häuser, welchen die Befreiung von der Wehrpflicht durch Verträge zugesichert ist, oder auf Grund besonderer Rechtstitel zusteht.“

Beendet wurden diese ständischen Privilegien in der Weimarer Republik. Denn dort wurde die „allgemeine Wehrpflicht“ infolge von Art. 173 Abs. 1 des Friedensvertrages von Versailles[105], zugestimmt durch Art. 1 Gesetz vom 16. Juli 1919[106], aufgehoben. Allerdings hatte sich die Nationalversammlung am 7. April 1919 noch eindeutig für die Beibehaltung der allgemeinen Wehrpflicht ausgesprochen.[107] Während der nationalsozialistischen Aufrüstung sprach gesetzlich zudem § 1 „Gesetz für den Aufbau der Wehrmacht“[108] vom 16. März 1935 von einer allgemeinen Wehrpflicht.

Ausnahmen von der alle Personen treffenden Dienstverpflichtung finden sich im Grundgesetz nur für Frauen, Personen, die das 18. Lebensjahr noch nicht vollendet haben (jeweils Art. 12a Abs. 1 GG) und Kriegsdienstverweigerer aus Gewissensgründen (Art. 4 Abs. 3 GG). Ein allgemeiner Gesetzesvorbehalt für Ausnahmebestimmungen findet sich in Art. 122 Abs. 2 Verf. Belgien 1831 und Art. 102 Abs. 2 Verf. Frankreich 1848.

Ein unter Gleichheitsaspekten zweifelhaftes Instrument wurde in Art. 207 Verf. Niederlande 1815 normiert. Dort wurde zunächst ein Milizsystem vorgesehen, das mit Pflichtigen ergänzt werden konnte, sofern die Zahl der Freiwilligen nicht ausreichen sollte. Die verpflichteten Personen sollten sodann durch Los bestimmt werden. Ein Losentscheid ist eine zufallsbedingte Differenzie-

102 *Meyer/Anschütz*, Staatsrecht, S. 857 f.

103 Gesetz vom 9. November 1867, BGBl des Norddeutschen Bundes, 131.

104 *Meyer/Anschütz*, Staatsrecht, S. 977.

105 RGBl., 688 (931).

106 RGBl., 687; Gesetz vom 21. August 1920, RGBl., 1608.

107 *C. Grimm*, Allgemeine Wehrpflicht und Menschenwürde, S. 22.

108 RGBl, 375.

rung, die daher unzulässig ist.[109] Sofern auf die Wahrung der Chancengleichheit verwiesen wird,[110] wird dadurch lediglich eine der Auswahlentscheidung vorgelagerte Voraussetzung angesprochen. Letztlich wurde statt einer „allgemeinen" Wehrpflicht vielmehr eine „Zufallspflicht"[111] begründet.

Auch wenn die Beschränkung auf Männer nach (inzwischen) überkommenem Verständnis nicht erwähnt werden musste, wurde dies doch in einigen Verfassungen ausdrücklich erklärt.[112] Teilweise findet sich auch noch die Betonung einer „Unterthanenpflicht"[113]. Wie gegenwärtig gesetzlich wurden zudem Untaugliche[114], Verheiratete[115] und Geistliche[116] qua Verfassung befreit.

Gegenwärtig ist die allgemeine Wehrpflicht international auf dem Rückzug. Insbesondere viele verbündete Staaten der Bundesrepublik Deutschland haben sich für Freiwilligenarmeen entschieden (von 28 Mitgliedstaaten der NATO haben 23 eine Freiwilligenarmee).[117] Daher sind auch die entsprechenden verfassungsrechtlichen Normierungen eher selten. Durch Verfassung wird sie im zentraleuropäischen Raum[118] jedenfalls nicht mehr begründet, sondern allenfalls noch im Nahen Osten.[119] Üblich ist eher eine Ermächtigung für den Gesetzgeber.[120] Erhalten geblieben ist zudem die Beschränkung auf Männer[121] und auf (jeden[122], alle[123]) (Staats-) Bürger[124]. Hinzugetreten ist seit 1945 die Möglichkeit zur Kriegsdienstverweigerung aus Gewissensgründen.[125]

---

109 Allgemein auch *Pöschl*, Gleichheit vor dem Gesetz, S. 774.

110 *Pöschl*, Gleichheit vor dem Gesetz, S. 774.

111 *Günter Dürig*, in: Maunz/Dürig, GG, Art. 3 Abs. I (1973) Rn. 231a.

112 Art. 277 Verf. Frankreich 1795 („Bürger und Bürgersöhne"); § 95 Verf. Dänemark 1849; Art. 70 S. 2 Verf. Russland 1906.

113 Art. XVIII lit. b Nr. 2 Deutsche Bundesakte 1815 und ausdrückliche Befreiung der privilegierten Klassen in Art. XIV lit. c S. 2 Nr. 3; ferner Art. 203 Verf. Niederlande 1815; Art. 71 Verf. Bulgarien 1879.

114 Art. 277 Verf. Frankreich 1795; § 95 Verf. Dänemark 1849; Art. 59 RV 1871; § 127 Abs. 1 Verf. Tschechoslowakei 1920.

115 Art. 207 Verf. Niederlande 1815.

116 § 83 Abs. 3 Verf. Litauen 1922.

117 Überblick bei *Heike Krieger*, in: Friauf/Höfling, GG, Art. 12a (2006) Rn. 10; *Hans Hofmann*, in: Schmidt-Bleibtreu/Hofmann/Hopfauf, GG, Art. 12a Rn. 8.

118 Außerhalb dieser Region aber in Art. 72 Verf. Türkei 1982; Art. 59 Abs. 2 Verf. Russland 1993.

119 Art. 31 Abs. a Verf. Irak 1970; Art. 30 Abs. a Verf. Bahrein 1973; Art. 17 Abs. 1 d Verf. Mongolei 1992; ferner Art. 22 Verf. Mali 1992.

120 Art. 276 Abs. 2 Verf. Portugal 1976; Art. 98 Abs. 2 Verf. Niederlande 1983; ferner Art. 40 Abs. 2 Verf. Syrien 1973; Art. 32 Verf. Taiwan 1991; Art. 28 Abs. 2 Verf. Tansania 1977.

121 § 81 Verf. Dänemark 1953.

122 § 127 Abs. 1 Verf. Finnland 2000; Art. 22 Verf. Mali 1992.

Aus wehrgleichheitsrechtlicher Perspektive ist ferner bemerkenswert, dass Art. 276 Abs. 3 Verf. Portugal 1976 für Untaugliche (als Ausgleich) einen waffenlosen Wehrdienst oder Zivildienst vorsieht.

C. Das Grundrecht auf Wehrgleichheit

Unter dem Grundgesetz besteht Einigkeit, dass Art. 12a Abs. 1 GG lediglich eine *allgemeine* Wehrpflicht zulässt. Weitergehende *gleichheitsrechtliche Schlussfolgerungen* werden daraus aber nicht gezogen.

I. Rechtsprechung

In der Rechtsprechung wird zwischen der Wehrpflicht und dem Gleichheitssatz zwar eine besondere Beziehung gesehen. Das Bundesverfassungsgericht spricht von der Wehrpflicht „als Ausdruck des allgemeinen Gleichheitsgedankens“[126]. Allerdings überträgt es nicht die (dogmatische) gleichheitsrechtliche Struktur. Die gestellten besonderen Anforderungen der „Wehrgerechtigkeit“ werden lediglich ostinat aufgestellt.

So verlangt das Bundesverfassungsgericht in seinem Beschluss vom 5. November 1974 im Leitsatz, dass „die Notwendigkeit, Wehrgerechtigkeit im Innern (…) aufrechtzuerhalten (…), (...) eine enge und überschaubare, normative Ausgestaltung der Ausnahmen von der Wehrpflicht“ fordere.[127] In den Gründen weicht das Gericht davon wieder ab und räumt dem Gesetzgeber bei der Bestimmung der Ausnahmen einen weiten Spielraum im Rahmen der Grundwertentscheidungen des Grundgesetzes ein.[128] Immerhin ist seit dieser Entscheidung (in Abweichung von der wohl herrschenden Lehre zum allgemeinen Gleich-

---

123 Art. 276 Abs. 1 Verf. Portugal 1976; Art. 32 Abs. 1 Verf. Benin 1990.

124 Art. 59 Abs. 2 Verf. Russland 1993; Art. 85 Abs. 1 Verf. Polen 1997; ferner Art. 32 Verf. Taiwan 1991.

125 Art. 276 Abs. 4 Verf. Portugal 1976; Art. 30 Abs. 2 Verf. Spanien 1978; Art. 99 Verf. Niederlande 1983; Art. 25 Abs. 2 Verf. Slowakei 1992; Art. 59 Abs. 3 Verf. Russland 1993; Art. 85 Abs. 3 Verf. Polen 1997; § 127 Abs. 2 Verf. Finnland 2000.

126 BVerfGE 38, 154 (167); 48, 127 LS 2 (162); 69, 1 (22); auch schon *Schriftlicher Bericht des Ausschusses für Verteidigung*, in: BT-Drs II/2575, 2, wonach die Wehrpflicht „entsprechend dem Grundsatz der Gleichheit in der möglichen Erfassung aller wehrdienstfähigen Staatsbürger bestehen“ soll.

127 BVerfGE 38, 154 LS.

128 BVerfGE 38, 154 (166 f.).

heitssatz[129]) das Erfordernis eines Gesetzes für entsprechende Ausnahmeregelungen anerkannt (dazu S. 95 ff.).[130]

Mit Urteil vom 24. April 1985 stellte das Bundesverfassungsgericht zudem fest, dass die sog. „Wehrgerechtigkeit" fordere, nur solche Wehrpflichtige als Kriegsdienstverweigerer anzuerkennen, bei denen mit hinreichender Sicherheit angenommen werden könne, dass in ihrer Person die Voraussetzungen des Art. 4 Abs. 3 S. 1 GG erfüllt seien.[131]

Nach Ansicht des Bundesverwaltungsgerichts sei durch die Exekutive die „Wehrgerechtigkeit" bereits dann gegeben, wenn „die nach Maßgabe der Bestimmungen des Wehrpflichtgesetzes für den Wehrdienst zur Verfügung Stehenden"[132] (VG Köln: „die *grundsätzlich* Heranzuziehenden"[133]) zum Wehrdienst oder ggf. Zivildienst herangezogen werden.

II. Literatur

Die Literatur hat sich diesen Ausführungen zur auch von ihr sog. „Wehrgerechtigkeit" angeschlossen.

Lediglich pauschal werden Wehrpflicht und Gleichheitssatz verbunden, indem allgemein auf die wesensbestimmende egalitäre Komponente der Grundpflichten im Verfassungsstaat verwiesen wird.[134] Weitere materielle Einschränkungen für den Gesetzgeber finden sich kaum. Eine geschlossene Dogmatik ist nicht erkennbar.

Für die Wehrpflicht im Besonderen besteht zwar grundsätzlich Einigkeit, dass Wehrdienstausnahmen bestimmt und insgesamt überschaubar sein müssten.[135] Zudem wird dafür sogar eine „besondere Rechtfertigung"[136] verlangt.

---

129 *Horst Dreier*, in: Dreier, GG I, Vorb. Rn. 153; *Hufen*, Grundrechte, § 39 Rn. 14; *Jarass* AöR 120 (1995), 345 (376 f.); anders *Michael Sachs*, in: Stern, Staatsrecht IV/2, S. 1563 f.

130 BVerfGE 48, 127 (162 f.); BVerwGE 34, 278 (285 f.); 36, 323, (325 f.); 45, 197 (199 ff.); 92, 153 (154 f.); 122, 331 (333 ff.); BVerwG Buchholz 448.0 § 5 WPflG Nr. 4; BVerwG Buchholz 448.0 § 12 WPflG Nr. 72; BVerwG Buchholz 448.11 § 19 ZDG Nr. 19; BVerwG Buchholz 448.1 § 11 ErsDiG, Nr. 4; BVerwG NJW 1972, 1483; NJW 1984, 2714; NJW 1993, 2065 f.

131 BVerfGE 69, 1 (21).

132 BVerwGE 122, 331 (338 ff.).

133 VG Köln NJW 2004, 2609 (2611).

134 *Bethge* NJW 1982, 2145 (2149); *Hofmann* VVDStRL 41 (1983), 42 (75).

135 *Werner Heun*, in: Dreier, GG I, Art. 12a Rn. 15, 20; *Martin Oldiges*, in: Achterberg/Püttner/Würtenberger, Besonderes Verwaltungsrecht II, § 23 Rn. 173; *Gramm* NZWehrR 2007, 221 (231 f.); *Voland* NJW 2009, Heft 18, S. XII (XIV); ähnlich auch

Diese kann sich nach vereinzelter Ansicht nur aus öffentlichen Interessen oder sozialen bzw. persönlichen Belangen ergeben.[137] Letztlich wird der weite Gestaltungsspielraum für die Wahl der Ausnahmebestimmungen aber gebilligt.[138]

Eingehender setzt man sich mit der Bindung der Exekutive auseinander.[139] Von den zur Verfügung stehenden Wehrpflichtigen sollen eine „möglichst große Zahl“[140] bzw. „möglichst alle verfügbaren Wehrpflichtigen“[141] tatsächlich zur Dienstleistung herangezogen werden.

Auffällig ist in personeller Hinsicht zunächst, dass die Wehrgleichheit nur innerhalb der Wehrpflichtigen gelten soll. Doch ist kein Grund ersichtlich, den Gesetzgeber bei der Gestaltung der *Wehrpflichtausnahmen* (dazu S. 27 ff.) von jedweder gleichheitsrechtlichen Bindung zu befreien, wie es in der Weimarer Republik vertreten worden ist.[142] Unterscheidungen würden auf diese Art und Weise entgegen dem allgemeinen Gleichheitssatz in das Belieben des Gesetzgebers gelegt.[143]

Darüber hinaus wird auch der sachliche Schutzbereich der Wehrgleichheit sehr eng ausgelegt und mit unbestimmten Rechtsbegriffen kaum justiziabel gehalten. Für den Gesetzesvollzug wird lediglich die Vorgabe erteilt, eine *möglichst große Zahl* an pflichtigen Personen zu erreichen. Unklar bleiben (insbesondere für die Rechtsanwender) sowohl die Höhe der (absoluten oder relativen) Zahl als auch die Anforderungen an das Kriterium „möglichst“. Faktisch läuft die Direktive also leer.

Gilbert Gornig, in: v. Mangoldt/Klein/Starck, GG I, Art. 12a Rn. 34, der „begründete Einzelfälle“ verlangt.

136 *Jörn Ipsen*, in: BK, Art. 12a (2010) Rn. 73; *Gilbert Gornig*, in: v. Mangoldt/Klein/Starck, GG I, Art. 12a Rn. 34; *Werner Heun*, in: Dreier, GG I, Art. 12a Rn. 20; *Roman Schmidt-Radefeldt*, in: Epping/Hillgruber, GG, Art. 12a Rn. 10.

137 *Heike Krieger*, in: Friauf/Höfling, GG, Art. 12a (2006) Rn. 29.

138 *Gilbert Gornig*, in: v. Mangoldt/Klein/Starck, GG I, Art. 12a Rn. 10; *Bernd Brunn*, in: Umbach/Clemens, GG I, Art. 12a Rn. 6; *Walz* NZWehrR 2005, 129 (130).

139 *Juliane Kokott*, in: Sachs, GG, Art. 12a Rn. 10; *Heike Krieger*, in: Friauf/Höfling, GG, Art. 12a (2006) Rn. 23 f.; *Jörn Ipsen*, in: BK, Art. 12a (2010) Rn. 73; *Rupert Scholz*, in: Maunz/Dürig, GG, Art. 12a (2001) Rn. 25; *Gilbert Gornig*, in: v. Mangoldt/Klein/Starck, GG I, Art. 12a Rn. 11; *Tetzlaff*, Vom (un)möglichen Zustand des Wehrpflichtrechts, S. 310.

140 *Tetzlaff*, Vom (un)möglichen Zustand des Wehrpflichtrechts, S. 310.

141 *Boehm-Tettelbach*, WPflG, § 1 (2008) Rn. 9f.

142 So zur Weimarer Reichsverfassung *Anschütz*, WRV, Art. 109 Anm. 1 und 2; *Thoma*, in: H. C. Nipperdey, Grundrechte und Grundpflichten I, S. 1 (23); Überblick bei *Höfling* JA 1995, 431 f.

143 ähnlich *Unterreitmeier* ZRP 2007, 163 (164).

Letztlich bleiben die rechtlichen Konturen der sog. „Wehrgerechtigkeit" dunkel. Es kann daher nicht verwundern, wenn sie nur noch als „publizistischer Begriff"[144] oder „wehrpolitische Zielvorstellung"[145] wahrgenommen wird. Dies kann aber schon wegen des mit der Wehrpflicht verbundenen erheblichen Eingriffs in die Freiheitsrechte, der auch in der Literatur gesehen wird[146], nicht überzeugen. Es ist vielmehr ein entsprechender verfassungsrechtlicher Maßstab zu entwickeln, der eine gleichheitsgerechte, transparente und rechtssichere Normierung und Ausführung der Wehrpflicht gewährleistet.

III. Eigener Ansatz

Auch wenn das Grundgesetz einen entsprechenden Schutzgegenstand nicht unmittelbar vorgibt und dadurch von der deutschen Verfassungstradition abweicht[147] (S. 13 ff.), finden sich in dieser doch konkret bindende Vorgaben für den Inhalt der Wehrgleichheit. Berücksichtigt man insbesondere die schon in § 137 Abs. 1, 2 und 7 FRV zum Ausdruck gekommene Absage an den Ständestaat, können Privilegien a priori nicht mehr berücksichtigt werden. Der Kerngehalt der Aussage „Die Wehrpflicht ist für alle gleich" hingegen beansprucht seine Fortgeltung vielmehr auch noch unter dem Grundgesetz[148] (zur normativen Herleitung S. 30 ff.). Jede Differenzierung ist somit erklärungsbedürftig. Zudem ist eine Befreiung des Gesetzgebers bei der Gestaltung der Verschonungsvor-

---

144 *J. Ipsen* ZRP 1978, 153 (155).

145 *J. Ipsen* ZRP 1978, 153 (155).

146 *Jörn Ipsen*, in: BK, Art. 12a (2010) Rn. 73.

147 Anders *K. Ipsen* ZRP 2001, 469 (470).

148 Insofern deutlich, wenn auch nur auf den Wehrdienst, nicht aber auch die Wehrpflicht bezogen *Christof Gramm/Stefan Ulrich Pieper*, Grundgesetz Bürgerkommentar, 2. Aufl., Baden-Baden 2010, S. 220: „(...) Dies bedeutet, dass im Grundsatz jeder ohne Ansehen seiner Person und seiner Fähigkeiten zum Wehrdienst verpflichtet ist."; ähnlich *Neubauer* FinArch 1984, 107 (112); *Gramm* NZWehrR 2007, 221 (230); auch BVerfGE 69, 1 (24): „Aus dem Verfassungsgebot der staatsbürgerlichen Pflichtengleichheit in Gestalt der Wehrgerechtigkeit ergibt sich somit die Verpflichtung des Gesetzgebers, Vorsorge zu treffen, daß nur derjenige von der Erfüllung der Wehrpflicht als einer gemeinschaftsbezogenen Pflicht hohen Ranges freigestellt wird, der nach Art. 4 Abs. 3 S. 1 GG eine Gewissensentscheidung gegen den Kriegsdienst mit der Waffe getroffen hat."; vgl. etwas enger *Schriftlicher Bericht des Ausschusses für Verteidigung*, in: BT-Drs II/2575, 1 (2 f.): „Der Ausschuß war sich darüber einig, dass, falls die allgemeine Wehrpflicht in der Bundesrepublik durch dieses Gesetz eingeführt werden soll, sie entsprechend dem Grundsatz der Gleichheit in der möglichen Erfassung aller wehrdienstfähigen Staatsbürger bestehen solle. Diesem Grundsatz dürfen die in dem Gesetz enthaltenen Bestimmungen über die Wehrdienstausnahmen nicht widersprechen."

schriften von dieser grundrechtlichen Verpflichtung[149] mit Art. 1 Abs. 3 GG unvereinbar.

Dieser Gleichheitsbezug der *Wehrgleichheit* weist somit direkt zur Dogmatik des *allgemeinen Gleichheitssatzes*. Zwar befand noch 1997 *Hans D. Jarass*, dass der allgemeine Gleichheitssatz im Vergleich zu anderen Grundrechten dogmatisch „sehr unterentwickelt“[150] sei. Jüngst wurde aber versucht, dieses Dickicht zu lichten.

Hervorzuheben ist namentlich das sog. *Eingriffsmodell in der Variante der Anerkennung eines abwehrrechtlichen Schutzgegenstandes*. Ausgangspunkt entsprechender Überlegungen ist die Anerkennung des Gleichheitssatzes als immaterielles Persönlichkeitsrecht und nicht bloß modales Grundrecht[151]. Dessen Schutzgegenstand schützt vor einer *Verschiedenbehandlung, die sich nicht aus der Verschiedenheit der Vergleichsgruppen erklärt* („komparatives Recht“[152]).[153] Erst wenn sich der Grund für die Differenzierung nicht in der Verschiedenheit der Vergleichsgruppen findet, kann von einer *tatbestandlichen Ungleichbehandlung* gesprochen werden, die nach Art. 3 Abs. 1 GG grundsätzlich verboten ist.[154]

Die Abgrenzung zwischen Differenzierungsgründen, die *innerhalb* der Verschiedenheit der Vergleichsgruppen liegen („interne Zwecke“) und solchen Gründen, die *außerhalb* der Verschiedenheit der Vergleichsgruppen liegen („externe Zwecke“), bestimmt sich nach den bekannten Kriterien der „Willkürformel“ und der sog. „neue Formel“ aus dem Jahr 1980 (!).[155] Letzte ist anwendbar, wenn die Differenzierung Auswirkungen auf grundrechtlich gesicherte Freiheiten hat[156] und wenn sich die Differenzierung den in Art. 3 Abs. 3 GG genannten Merkmalen nähert[157]. Inhaltlich verlangt die „neue Formel“, dass eine Gruppe von Normadressaten im Vergleich zu anderen Normadressaten nicht anders behandelt wird, wenn zwischen beiden Gruppen keine Unterschiede von solcher

---

149 So aber wohl BVerwGE 122, 331 (338); *Dopjans*, Geistlichenprivileg, S. 120.

150 *Jarass* NJW 1997, 2545.

151 So aber *Horst Dreier*, in: Dreier, GG I, Vorb. Rn. 92; *Werner Heun*, in: Dreier, GG I, Art. 3 Rn. 17; *Stefan Huster*, in: Friauf/Höfling, GG, Art. 3 (2003) Rn. 42 ff.; *G. Müller* VVDStRL 47 (1989), 37 (42).

152 *Pöschl*, Gleichheit vor dem Gesetz, S. 889.

153 *Michael Sachs*, in: Stern, Staatsrecht IV/2, S. 1487 f.; ähnlich VG Köln NJW 2004, 2609 (2611); *Kloepfer*, Gleichheit als Verfassungsfrage, S. 54 ff.; *Wolfgang Roth*, Faktische Eingriffe in Freiheit und Eigentum, Berlin 1994, S. 401 ff.

154 *Michael Sachs*, in: Stern, Staatsrecht IV/2, S. 1487 f.

155 *Michael Sachs*, in: Stern, Staatsrecht IV/2, S. 1512 ff.

156 BVerfGE 82, 126 (146); 88, 5 (12); 122, 210 (230); 126, 29 (48).

157 BVerfGE 88, 87 (96); 92, 26 (51 f.); 103, 310 (319).

Art und solchem Gewicht bestehen, dass sie die unterschiedliche Behandlung erklären können.[158]

Die in den übrigen Fällen anwendbare „Willkürformel" verlangt lediglich, dass sich ein vernünftiger, sich aus der Natur der Sache ergebender oder sonst wie sachlich einleuchtender Grund für die Differenzierung findet.[159]

Bei der Unterscheidung im Regelungsbereich der Wehrpflicht handelt es sich um einen besonders freiheitsintensiven Bereich. Denn mit der Wehrpflicht wird in zahlreiche Freiheitsrechte (Art. 2 Abs. 2 S. 1 und 2, Art. 5 Abs. 1 S. 1, Art. 6 Abs. 1, Art. 11 Abs. 1, Art. 12 Abs. 1, Art. 13 Abs. 1 GG[160]), teilweise sehr intensiv, eingegriffen. Somit ist für Unterscheidungen bei der Verpflichtung zum Wehrdienst die strengere „neue Formel" anwendbar. Zwischen den verpflichteten Personen und den befreiten Personen müssen also Unterschiede von solcher Art und solchem Gewicht bestehen, dass sie die unterschiedliche Behandlung erklären können. Entsprechende Unterschiede müssen in der Natur der Sache, also der (potentiellen) Eigenschaft des Wehrpflichtigen als Soldat, angelegt sein. Es muss ein „innerer Zusammenhang"[161] zwischen diesen Merkmalen und der Verschiedenbehandlung bestehen. Darüber hinausgehende (z. B. soziale) Motive zur Befreiung können eine unterschiedliche wehrrechtliche Verpflichtung nicht erklären. In diesen Fällen ist von einer Ungleichbehandlung auszugehen, die in das Schutzgut eingreift.

Ein Eingriff kann auch bei Typisierungen vorliegen. Um eine typisierende Regelung handelt es sich, wenn aufgrund vereinfachend gefasster Tatbestandsmerkmale nicht alle Fälle erfasst werden, die aufgrund ihrer Übereinstimmung in den für die Gesetzgebung maßgeblichen Gesichtspunkten gleichbehandelt werden müssten, und damit zwischen den durch die typisierenden Tatbestandsmerkmale erfassten und anderen, eigentlich gleichzubehandelnden Fällen differenziert wird.[162] Als entsprechend vereinfachend gefasster Tatbestand soll exemplarisch § 10 WPflG herangezogen werden. Danach sind Personen vom Wehrdienst ausgeschlossen, wenn sie strafrechtlich qualifiziert verurteilt worden sind (Freiheitsstrafen von mindestens einem Jahr oder bei Staatsschutzdelikten), infolge Richterspruchs die Fähigkeit zur Bekleidung öffentlicher Ämter nicht

158 BVerfGE 55, 72 (88); 95, 143 (154 f.); 110, 274 (291); 126, 29 (47).

159 BVerfGE 1, 14 (52 f.); 46, 55 (62); 55, 114 (128); 89, 132 (141); 114, 258 (297 f.); 125, 1 (18); *Werner Heun*, in: Dreier, GG I, Art. 3 Rn. 31 f.; *Christoph Kannengießer*, in: Schmidt-Bleibtreu/Hofmann/Hopfauf, GG, Art. 3 Rn. 16; *v. Münch*, Staatsrecht II, Rn. 569.

160 *Tetzlaff*, Vom (un)möglichen Zustand des Wehrpflichtrechts, S. 152 ff.

161 *Huster*, Rechte und Ziele, S. 167.

162 *Michael Sachs*, in: Stern, Staatsrecht IV/2, S. 1559; ähnlich *Joachim Englisch*, in: Stern/Becker, Grundrechte-Komm., Art. 3 Rn. 147.

besitzen oder einer Maßnahme zur Besserung und Sicherung nach §§ 64, 66 StGB unterworfen sind. Diese Befreiung erklärt sich *grundsätzlich* mit der starken Belastung des inneren Gefüges der Streitkräfte, sofern diese Personen Wehrdienst leisten würden (S. 74 f.). Allerdings belastet *nicht jede* dieser Personen die Streitkräfte. Obwohl sich Einzelne als Soldat durchaus eignen (etwa bei aufrichtiger Reue), werden dennoch *alle* vom Tatbestand des § 10 WPflG umfassten Personen vom Wehrdienst befreit. Da sich in *Einzelfällen* die Verschiedenbehandlung somit nicht aus der Verschiedenheit der Vergleichsgruppen ergibt, handelt es sich in diesen Fällen um eine Ungleichbehandlung.

Allgemein bedarf jede Ungleichbehandlung (als Grundrechtseingriff) einer Rechtfertigung, die ein formell und materiell verfassungsgemäßes Gesetz voraussetzt.[163] Hinzu treten allgemeine Anforderungen für Grundrechtsbeschränkungen (Art. 19 Abs. 1 und 2 GG, Verhältnismäßigkeitsgrundsatz).

Bei Typisierungen besteht der legitime Zweck in der Aufrechterhaltung der Gesetzgebungs- und Verwaltungsfunktion.[164] Denn eine gewisse Pauschalierung ist jeder Gesetzgebung eigen, um Massenerscheinungen bewältigen zu können.[165] Auch bei der Wehrverwaltung kann eine umfassende physische und psychische (ggf. Langzeit-) Untersuchung von Wehrpflichtigen nicht geleistet werden. Eine umfassende Untersuchung, wie sich Personen nach § 10 WPflG in das innere Gefüge der Streitkräfte einfügen, kann nicht geleistet werden. Geeignet ist eine typisierende Regelung zur Sicherung der wirksamen Sicherung der Verwaltungsfunktion jedoch nur, wenn diese in diesem Kontext überhaupt in Frage steht.[166] Bei der Wehrverwaltung handelt es sich wegen der großen Zahl an Wehrpflichtigen um eine Massenverwaltung, die eine umfassende Einzelfallgerechtigkeit nicht leisten kann. Erforderlich ist eine Typisierung, wenn andernfalls erhebliche verwaltungstechnische Schwierigkeiten entstehen, die nicht durch einfachere, die Betroffenen weniger belastende Regelungen behoben werden können.[167] Die einzige Alternative zu einer pauschalen Befreiung wäre eine umfassende physische und psychische (ggf. Langzeit-) Untersuchung der Wehrpflichtigen. Dies würde aber unüberschaubare Verwaltungskapazitäten in An-

---

163 *Michael Sachs*, in: Stern, Staatsrecht IV/2, S. 1547 ff.; 1563 f.

164 BVerfGE 84, 348 (360); 105, 73 (127); *Michael Sachs*, in: Stern, Staatsrecht IV/2, S. 1560; *Lerke Osterloh*, in: Sachs, GG, Art. 3 Rn. 106; *Joachim Englisch*, in: Stern/Becker, Grundrechte-Komm., Art. 3 Rn. 146; *Christian Starck*, in: v. Mangoldt/Klein/Starck, GG I, Art. 3 Rn. 23.

165 *Lerke Osterloh*, in: Sachs, GG, Art. 3 Rn. 105 f.; *Hans D. Jarass*, in: Jarass/Pieroth, GG, Art. 33 Rn. 30.

166 *Michael Sachs*, in: Stern, Staatsrecht IV/2, S. 1568.

167 BVerfGE 84, 348 (364); *Michael Sachs*, in: Stern, Staatsrecht IV/2, S. 1569; *Joachim Englisch*, in: Stern/Becker, Grundrechte-Komm., Art. 3 Rn. 148.

spruch nehmen. Letztlich sind die entstehenden Ungleichbehandlungen nur proportional, wenn die Vorteile der Typisierung im rechten Verhältnis zu der mit ihr verbundenen Ungleichheit stehen.[168] Bei der Wehrverwaltung besteht für eine Typisierung grundsätzlich nur ein begrenzter Spielraum, weil bei der Wehrpflicht die Ausübung anderer Grundrechte betroffen ist.[169] Ausnahmsweise ist aber auch zu berücksichtigen, dass die Verwaltung wegen der Jahrgansstärken einen enormen Aufwand betreiben müsste, um Einzelfallgerechtigkeit zu gewährleisten.[170]

Zu untersuchen bleibt bei Typisierungen daher, ob sich die Regelung realitätsgerecht am typischen Fall orientiert und nicht einen atypischen Fall als Leitbild wählt.[171]

Dieses vorgestellte Eingriffsmodell bietet insgesamt den Vorteil, die allgemeine Grundrechtsdogmatik auf die Gleichheitssätze zu übertragen. Demnach ist nun von einer einheitlichen Trias „Grundrechtstatbestand, Beeinträchtigung und Rechtfertigung“ bei *allen* Grundrechten auszugehen. Für diese Vereinheitlichung der Grundrechtsdogmatik spricht nicht zuletzt, dass auch das Grundgesetz die künstliche Aufspaltung in Freiheits- und Gleichheitsrechte nicht kennt (vgl. Art. 1 Abs. 3, Art. 19 Abs. 1 bis 3 GG).[172] Zudem gewinnen gleichheitsrechtliche Überlegungen so erheblich an Klarheit.

Freilich ist dieses vereinheitlichende Modell nicht ohne Einwände geblieben. Ausgangspunkt der Kritik ist wohl die Reduzierung des Gleichheitssatzes auf ein nur *modales Grundrecht*:[173] Man argumentiert, dass es bei den Gleichheitsrechten - anders als bei den Freiheitsrechten - keinen geschützten *Lebensbereich* gebe. Geschützt werde nur vor einer bestimmten *Art und Weise* staatlichen Handelns.[174] Mangels „Schutzbereichs“ würden folglich die Eingriffskategorie

---

168 BVerfGE 110, 274 (292); 123, 1 (19); *Michael Sachs*, in: Stern, Staatsrecht IV/2, S. 1569; *Joachim Englisch*, in: Stern/Becker, Grundrechte-Komm., Art. 3 Rn. 148; *Hans D. Jarass*, in: Jarass/Pieroth, GG, Art. 33 Rn. 31.

169 BVerfGE 98, 365 (385); *Hans D. Jarass*, in: Jarass/Pieroth, GG, Art. 33 Rn. 31.

170 BVerfGE 84, 348 (360); *Joachim Englisch*, in: Stern/Becker, Grundrechte-Komm., Art. 3 Rn. 150; *Hans D. Jarass*, in: Jarass/Pieroth, GG, Art. 33 Rn. 31.

171 BVerfGE 112, 268 (280 f.); 122, 39 (59); *Lerke Osterloh*, in: Sachs, GG, Art. 3 Rn. 108; *Joachim Englisch*, in: Stern/Becker, Grundrechte-Komm., Art. 3 Rn. 149; *Hans D. Jarass*, in: Jarass/Pieroth, GG, Art. 3 Rn. 31.

172 Dies ist insbesondere dem Einwand von *Lübbe-Wolff*, Die Grundrechte als Eingriffsabwehrrechte, S. 259 entgegenzuhalten, die für das gleichheitsrechtliche Eingriffsmodell „in Text und Tradition des Gleichheitsgrundrechts keine Grundlage“ sieht.

173 *Horst Dreier*, in: Dreier, GG I, Vorb. Rn. 76, 151 ff.; *Werner Heun*, in: Dreier, GG I, Art. 3 Rn. 17; *Pieroth/Schlink*, Grundrechte, Rn. 462; *Lübbe-Wolff*, Die Grundrechte als Eingriffsabwehrrechte, S. 258 f.

174 *Stefan Huster*, in: Friauf/Höfling, GG, Art. 3 (2002) Rn. 42.

und eine verfassungsrechtliche Rechtfertigung durch Schranken und Schranken-Schranken der Normstruktur des Art. 3 Abs. 1 GG zuwiderlaufen.[175]

Zuzugeben ist, dass es dem Gleichheitssatz an einem anschaulichen Schutzbereich[176] wie Leben oder körperlicher Unversehrtheit fehlt. Dieses Schicksal teilt der Gleichheitssatz jedoch mit Persönlichkeitsrechten wie den durch Art. 10 GG geschützten Geheimnissen oder dem Allgemeinen Persönlichkeitsrecht aus Art. 2 Abs. 1 i. V. m. Art. 1 Abs. 1 GG.[177] Das von Art. 3 Abs. 1 GG gewährleistete Individualinteresse umfasst daher den Schutz vor einer Behandlung in einer nicht dem Art. 3 Abs. 1 GG genügenden „gleichen Weise".[178] Somit kann auch beim allgemeinen Gleichheitssatz ein Schutzgegenstand konzipiert werden.

Dieses Modell soll im Folgenden auf die Wehrgleichheit übertragen werden, die nach dem vorgefundenen Befund in erheblichem Maße der Transparenz und Nachvollziehbarkeit bedarf, um nicht zuletzt eine Emotionalisierung und Politisierung dieses juristischen Maßstabs zu vermeiden. In der Ausprägung der Wehrgleichheit zeigte sich der (immaterielle) persönlichkeitsrechtliche Charakter der Gleichheitsrechte besonders bei Juden, die die *allgemeine* Wehrpflicht wegen jahrhundertelanger Ausgrenzung weniger als Belastung, sondern als Akt der Gleichstellung sahen.[179] Insgesamt ist die Wehrgleichheit daher ein immaterielles Persönlichkeitsrecht.[180] Jede Differenzierung bei Wehrpflicht und Wehrdienst ist erklärungsbedürftig, nicht zu erklärende Differenzierungen sind rechtfertigungsbedürftig.

IV. Wehrpflichtausnahmen, Wehrdienstausnahmen

Wie bereits angedeutet (S. 22 ff.) unterteilt sich das subjektive Recht der Wehrgleichheit in die Wehrpflichtgleichheit und die Wehrdienstgleichheit.[181]

Die Wehrpflichtgleichheit verlangt eine gleichheitsgerechte Ausgestaltung der Wehr*pflicht*ausnahmen. Wehrpflichtausnahmen unterscheiden zwischen *Wehrpflichtigen* (§ 1 WPflG i. V. m. Art. 12a Abs. 1 GG) und *nicht Wehrpflicht-*

---

175 *Lübbe-Wolff*, Die Grundrechte als Eingriffsabwehrrechte, S. 259; *Huster*, Rechte und Ziele, S. 233 ff.

176 Zum Grundrechtstatbestand näher *Höfling* Jura 1994, 169 (170).

177 *Michael Sachs*, in: Stern, Staatsrecht IV/2, S. 1489 ff.

178 *Michael Sachs*, in: Stern, Staatsrecht IV/2, S. 1484.

179 *Berger/Römer-Hillebrecht*, in: Ahammer/Nachtigall, Wehrpflicht, S. 117.

180 *Michael Sachs*, in: Stern, Staatsrecht IV/2, S. 1489 ff.

181 Unklar bei der Abgrenzung zwischen Wehrpflicht- und Wehrdienstausnahmen *Gilbert Gornig*, in: v. Mangoldt/Klein/Starck, GG I, Art. 12a Rn. 34; *Werner Heun*, in: Dreier, GG I, Art. 12a Rn. 20; *Voland* NJW 2009, Heft 18, S. XII.

igen. Nur den Erstgenannten obliegt die Ableistung eines Dienstes als Hauptpflicht (vgl. § 3 Abs. 1 S. 1 WPflG) *und* die Erfüllung von Nebenpflichten (vgl. § 3 Abs. 1 S. 2 WPflG)[182]. Wehrpflichtausnahmen verhindern also die Begründung dieses besonderen Gewaltverhältnisses „Wehrpflichtverhältnis"[183]. Sie liegen vor, wenn die Wehrpflicht nicht entstanden ist, erloschen ist oder ruht.[184] Die Wirkung ist somit *inter*circulär.

Von dieser ersten Trennung ausgehend verlangt die Wehrdienstgleichheit im Kreis der Wehrpflichtigen eine gleichheitsgerechte Ausgestaltung der Wehr*dienst*ausnahmen.[185] Diese[186] unterscheiden zwischen Wehrpflichtigen, die *Wehrdienst* leisten müssen und Wehrpflichtigen, die *keinen Wehrdienst* leisten müssen. Wehrdienstausnahmen heben also die Wehrdienstpflicht auf Dauer oder vorübergehend auf.[187] Nicht betroffen sind jedoch die Nebenpflichten der Wehrpflicht.[188] Wehrdienstausnahmen treten somit erst nach der Begründung des besonderen Gewaltverhältnisses hervor. Insofern entfalten sie eine *intra*circuläre Wirkung innerhalb des Kreises der Wehrpflichtigen.[189]

---

182 U. a. Meldepflicht, Vorstellungspflicht, Auskunftserteilungspflicht, Sorgfaltspflicht (§§ 3 Abs. 1 S. 2; 13 Abs. 3; 24 Abs. 6 S. 1 Nr. 4, 5, 6 und Abs. 7; 48 Abs. 1 Nr. 5b und Abs. 2 WPflG), Unterziehung einer Eignungs- und Verwendungsprüfung (§§ 17 Abs. 3 bis 10; 20a Abs. 1 WPflG), Genehmigungspflicht beim Verlassen des Geltungsbereichs des WPflG (§ 3 Abs. 2 WPflG). Im Unterschied zu der Hauptpflicht (vgl. §§ 15 ff. WStG) werden Verstöße gegen Nebenpflichten nicht als Straftat, sondern als Ordnungswidrigkeit sanktioniert (vgl. § 45 WPflG).

183 Zum besonderen Gewaltverhältnis näher *Stern*, Staatsrecht III/1, S. 1376 ff.; *Juliane Kokott*, in: Sachs, GG, Art. 17a Rn. 2 ff.; *Vitzthum*, in: HGR II, § 48; *Peine*, in: HGR III, § 65.

184 *Johlen*, Wehrpflichtrecht, Rn. 35.

185 Vgl. BVerwGE 31, 324 (325 f.); zu deren Geschichte *Dieter Walz*, in: Steinlechner/Walz, WPflG, Vor § 9 Rn. 1 f.

186 Eine spiegelbildliche Struktur besteht bei den Zivildienstausnahmen (§§ 7 ff. ZDG), die im Folgenden aus Gründen der Übersichtlichkeit nicht mehr explizit erwähnt werden sollen.

187 *Dieter Walz*, in: Steinlechner/Walz, WPflG, Vor § 9 Rn. 3; *Johlen*, Wehrpflichtrecht, Rn. 35.

188 *Boehm-Tettelbach*, WPflG, Vor § 9 (2007) Rn. 1; *Schachtschneider*, Wehrrecht, S. 37; *Walz* NZWehrR 2004, 153 (154); *Martin Oldiges*, in: Achterberg/Püttner/Würtenberger, Besonderes Verwaltungsrecht II, § 23 Rn. 171.

189 Vorausgesetzt wird diese Unterscheidung in Art. 276 Abs. 3 Verf. Portugal 1976: Danach leisten Bürger, die gemäß dem Gesetz den Wehrdienst ableisten müssen (Wehrpflichtige, Anm. des Verfassers) und sich für den militärischen Dienst an der Waffe als untauglich erweisen (nicht Wehrdienstpflichtige, Anm. des Verfassers), den ihrer Situation angemessenen waffenlosen Wehrdienst oder Zivildienst.

Die Verfassungsmäßigkeit der vielfachen (verfassungsrechtlichen, gesetzlichen und administrativen) Durchbrechungen sowohl der Wehrpflichtgleichheit als auch der Wehrdienstgleichheit werden nach der Bestimmung der Maßstäbe für das staatliche Handeln und einer Darstellung der historischen Entwicklung und rechtsvergleichender Bezüge untersucht.

D. Maßstäbe für das staatliche Handeln

Das Grundrecht der Wehrgleichheit, in den Erscheinungsformen der Wehrpflichtgleichheit und der Wehrdienstgleichheit, gibt Gesetzgebung, Verwaltung und Rechtsprechung verfassungsrechtliche Vorgaben. Die jeweiligen Maßstäbe (auch für die Verfassungsänderung) ergeben sich jedoch nur rudimentär unmittelbar aus der Verfassung. Überwiegend bedürfen sie einer mittelbaren Herleitung, die teilweise schon durch die Rechtsprechung geleistet worden ist.

I. Maßstab für den verfassungsändernden Gesetzgeber

Die niedrigsten Hürden bei Differenzierungen hat der verfassungsändernde Gesetzgeber zu überwinden: Er ist bei der Normierung der Wehrpflicht nach den allgemeinen Regeln lediglich an die Anforderungen des Art. 79 GG gebunden.

Ausfluss der unberührbaren Grundsätze des Art. 79 Abs. 3 GG ist das (in Art. 20 Abs. 1 GG ungeschrieben enthaltene) Rechtsstaatsprinzip, welches ein Willkürverbot enthält.[190] Dadurch wird dem verfassungsändernden Gesetzgeber etwa verboten, eine willkürliche „Auswahlwehrpflicht" (dazu S. 143 ff.) zu erlassen.

II. Maßstab für den Gesetzgeber

Strengere Maßstäbe gelten für den Gesetzgeber. Über die normative Herleitung der Wehrgleichheit besteht gleichwohl keine Klarheit. Sofern überhaupt ein verfassungsrechtlicher Anknüpfungspunkt genannt wird, wird zumeist (für die „Wehrgerechtigkeit") auf Art. 3 Abs. 1 i. V. m. Art. 12a GG zurückgegriffen.[191]

---

190 *Michael Sachs*, in: Sachs, GG, Art. 79 Rn. 73, 77; für eine Herleitung aus Art. 1 Abs. 1 GG *Karl-Eberhard Hain*, in: v. Mangoldt/Klein/Starck, GG II, Art. 79 Rn. 62; *Bodo Pieroth*, in: Jarass/Pieroth, GG, Art. 79 Rn. 10; ohne Zuordnung des Willkürverbots zu einem bestimmten Grundsatz der Art. 1 und 20 GG BVerfGE 94, 12 (34).

191 BVerwG NVwZ-RR 2008, 263 (265); *Juliane Kokott*, in: Sachs, GG, Art. 12a Rn. 10; *Rupert Scholz*, in: Maunz/Dürig, GG, Art. 12a (2001) Rn. 25; *Jörn Ipsen*, in: BK,

Ehe nun aber die Wehrgleichheit auf einen allgemeinen „in Verbindung mit“[192] Maßstab zurückgeführt wird, sind *einzelne* Verfassungsbestimmungen in Erwägung zu ziehen.

Das Grundgesetz normiert die Wehrgleichheit nicht ausdrücklich. In diesem Zusammenhang findet sich jedoch Art. 12a Abs. 2 S. 2 GG eine gleichheitsrechtliche Aussage[193]: Danach darf die Dauer des Ersatzdienstes die Dauer des Wehrdienstes nicht übersteigen. Ein darüber hinausgehender, umfassender Gehalt der Wehrgleichheit lässt sich dieser Bestimmung nicht entnehmen.

1. Art. 12 Abs. 2 GG

Als Anknüpfungspunkt mag zunächst Art. 12 Abs. 2 GG gesehen werden.[194] Dieser schützt vor Arbeitszwang - „außer im Rahmen einer herkömmlichen, *allgemeinen*, für alle *gleichen* öffentlichen Dienstleistungspflicht“. Dieser Norm könnte nunmehr entnommen werden, dass die Wehrpflicht nur nach der Vorschrift des Art. 12 Abs. 2 Hs. 2 GG als allgemeiner Teil der Dienstleistungspflichten zulässig ist, also „allgemein“ und „gleich“ sein muss. Damit wären zugleich die Wesensmerkmale der Wehrgleichheit beschrieben.

Diese Herleitung setzt voraus, dass der Wehrdienst als Hauptpflicht der Wehrpflicht überhaupt als „Arbeit“ i. S. d. Art. 12 Abs. 2 Hs. 1 GG qualifiziert werden kann. Dazu müsste es sich um eine persönlich zu erbringende Tätigkeit handeln, die mehr als unbedeutenden Aufwand verursacht und eigenständig ist, also nicht nur notwendige Nebenwirkung einer anderweitigen Verpflichtung ist.[195] Der Wortlaut legt eine Subsumtion des unvertretbaren und eigenständigen Wehrdienstes unter diesen Begriff der Arbeit zumindest nahe. Anderes ergibt sich auch nicht aus dem allgemeinen Sprachgebrauch.[196]

Art. 12a (2010) Rn. 72; *Reinhard Bergmann*, in: Hömig, GG, Art. 12a Rn. 3; *Voland* DÖV 2004, 453 (456); *Hahn* JR 2006, 89 (90); *Tetzlaff*, Vom (un)möglichen Zustand des Wehrpflichtrechts, S. 314; ähnlich *Bachof* JZ 1966, 167 (174).

192 Dazu *Monika M. Meinke*, In Verbindung mit, Tübingen 2006.

193 Für eine Konkretisierung des Grundsatzes der Lastengleichheit *Gilbert Gornig*, in: v. Mangoldt/Klein/Starck, GG I, Art. 12a Rn. 89; *Werner Heun*, in: Dreier, GG I, Art. 12a Rn. 29.

194 In diese Richtung wohl BVerwGE 17, 70 (73).

195 *Michael Sachs*, in: Stern, Staatsrecht IV/1, S. 1021 ff.; *Thomas Mann*, in: Sachs, GG, Art. 12 Rn. 180; *Rupert Scholz*, in: Maunz/Dürig, GG, Art. 12 (2006) Rn. 492; *Manfred Gubelt*, in: v. Münch/Kunig, GG I, Art. 12 Rn. 79.

196 Anders *W. Jellinek* DÖV 1951, 541 (543).

Ähnliche Gedanken könnte zudem der verfassungsändernde Gesetzgeber bei der zwischenzeitlichen Ergänzung von Art. 12 Abs. 2 GG im Jahr 1956[197] zu Grunde gelegt haben. Dieser Norm wurde der heute geltende Art. 12a Abs. 2 GG als Sätze 2 bis 4 angefügt, welcher die Verpflichtungen von Kriegsdienstverweigerern regelt.

Dadurch enthielt die Norm gleichwohl nur Bestimmungen zum *Ersatzdienst*, nicht aber zur Wehrpflicht (zur Terminologie S. 5 ff.). Die Ermächtigung zu diesem Dienst wurde aus der 1954 geänderten[198] Kompetenzvorschrift des Art. 73 Nr. 1 GG begründet, welcher „die auswärtigen Angelegenheiten sowie die Verteidigung einschließlich der Wehrpflicht für Männer vom vollendeten achtzehnten Lebensjahr an und des Schutzes der Zivilbevölkerung" ansprach. Es fehlte somit an einem Zusammenhang zwischen Wehrpflicht und Arbeitszwang, der nur beim Ersatzdienst hergestellt worden ist. Im Jahr 1968 wurden Wehrpflicht und in den neu geschaffenen Art. 12a GG ausgegliedert[199]. Diese bewusste Trennung spricht also gegen einen systematischen Zusammenhang von Art. 12 und Art. 12a GG.[200]

Zudem schließen sich eine Arbeit i. S. d. Art. 12 Abs. 2 GG und die Wahrnehmung öffentlicher Ehrenämter, unabhängig vom Inhalt der dabei zu entfaltenden Aktivität, tatbestandlich aus.[201] Entsprechend wurden beide Tätigkeiten schon in Art. 132 und Art. 133 Abs. 1 WRV an unterschiedlichen Stellen geregelt. Diese Differenzierung gilt auch für das Grundgesetz, weil eine Arbeit i. S. d. Art. 12 Abs. 2 GG der Erfüllung einer der öffentlichen Hand obliegenden besonderen Aufgabe dient, während eine ehrenamtliche Tätigkeit der Teilnahme an der Verwaltung des Gemeinwesens dient.[202] Dass die Wehrpflicht gleichwohl bei den Dienstpflichten in Art. 133 Abs. 2 WRV normiert wurde, steht dem nicht entgegen, weil schon in der Weimarer Zeit diese systematische Stellung kritisiert wurde und die Wehrpflicht bei den Ehrenämtern (Art. 132 WRV) gesehen wurde[203]. Daher kann die Wehrpflicht als „Ehrenpflicht"[204] bezeichnet wer-

---

197 Gesetz zur Ergänzung des Grundgesetzes vom 19. März 1956, BGBl I, 111.

198 Gesetz zur Ergänzung des Grundgesetzes vom 26. März 1954, BGBl I, 45.

199 Gesetz zur Ergänzung des Grundgesetzes vom 24. Juni 1968, BGBl I, 709 (710).

200 Anders jedoch *Wahsner*, Erfassung und Integration als System, S. 165.

201 BayVerfGHE 7, 77 (80 f.); *Michael Sachs*, in: Stern, Staatsrecht IV/1, S. 1024; *Rupert Scholz*, in: Maunz/Dürig, GG, Art. 12 (2006) Rn. 492; *Gerrit Manssen*, in: v. Mangoldt/Klein/Starck, GG I, Art. 12 Rn. 299; *Dieter Umbach*, in: Umbach/Clemens, GG I, Art. 12 Rn. 127; *Breuer*, in: HStR VIII, § 170 Rn. 119; *Luchterhandt*, Grundpflichten, S. 507.

202 BayVerfGHE 7, 77 (80); *Gerrit Manssen*, in: v. Mangoldt/Klein/Starck, GG I, Art. 12 Rn. 299.

203 *Anschütz*, WRV, Art. 133 Anm. 1.

den wie es insbesondere in Verfassungen des Nahen Ostens[205] zum Ausdruck kommt. Gesetzlicher Anhaltspunkt ist § 10 WPflG, der die „Wehrunwürdigkeit“[206] regelt – eine Terminologie, die auf Ehrenämter ausgerichtet ist (vgl. § 86 S. 2 Nr. 1 Alt. 2 VwVfG). Insofern kann eine Vergleichbarkeit zu anderen staatsbürgerlichen Pflichten wie der Tätigkeit als Wahlhelfer, Schöffe oder Volkszähler gezogen werden, die ebenfalls nicht als „Arbeit“ bezeichnet werden.[207]

Auch wenn man die Wehrpflicht als Arbeit ansieht, sprechen seit Einführung des Art. 12a Abs. 1 GG zudem dogmatische Erwägungen gegen die Herleitung der Wehrgleichheit aus dem qualifizierten Gesetzesvorbehalt des Art. 12 Abs. 2 GG. Dessen Anwendung ist nämlich durch die besondere Regelung der Wehrpflicht in Art. 12a Abs. 1 GG gesperrt. Denn Art. 12a Abs. 1 ist kein Gesetzesvorbehalt i. e. S., der den Eingriff in *ein* Freiheitsrecht legitimieren kann. Er erstreckt seine rechtfertigende Wirkung vielmehr auf mehrere[208] Freiheitsbeschränkungen, so dass er als gesetzesvorbehaltsähnliche Einschränkungsermächtigung[209] zu qualifizieren ist. Mit dieser weit reichenden grundrechtlichen Betroffenheit gehen jedoch nicht die Anforderungen für Beschränkungen der jeweils beeinträchtigten Freiheiten einher. Alleiniger Maßstab bleibt Art. 12a Abs. 1 GG. Beispielsweise ist die allgemeine Wehrpflicht trotz eines Eingriffs

---

204 *G. Jellinek*, System der subjektiven öffentlichen Rechte, S. 184 f.; *v. Rönne/Zorn*, Staatsrecht II, S. 103; *Knies*, Mängel der Conskriptionspraxis, S. 49 ff.; *v. Harling*, Wehrsteuer, S. 7; *T. I. Schmidt*, Grundpflichten, S. 112; vgl. auch *Stober*, Der Ehrenbeamte, S. 125; *Luchterhandt*, Grundpflichten, S. 524.

205 Art. 47 Verf. Kuweit 1962; Art. 31 Abs. a Verf. Irak 1970; Art. 30 Abs. a Verf. Bahrein 1973; Art. 59 Verf. Jemen 1991; vgl. auch „heilige Pflicht“ in afrikanischen Verfassungen Art. 15 Verf. Tunesien 1959; Art. 58 Verf. Ägypten 1971; Art. 32 Abs. 1 Verf. Benin 1990; Art. 20 Abs. 5 Verf. Guinea 1990; Art. 84 Abs. 1 Verf. Mosambik 1990; Art. 43 Verf. Togo 1992; Art. 28 Abs. 1 Verf. Niger 1996.

206 Dazu *Boehm-Tettelbach*, WPflG, § 10 (2007) Rn. 1.

207 Gegen die Wehrpflicht als Arbeit i.S. v. Art. 12 Abs. 2 GG ausdrücklich, wenn auch ohne Begründung *Stellungnahme der Bundesregierung*, in: Institut für Staatslehre und Politik e. V. in Mainz (Hrsg.), Der Kampf um den Wehrbeitrag, 2. Halbband, München 1953, S. 5 (26); *Kaufmann*, ebda., S. 42 (62); *Eberhard Menzel*, in: Institut für Staatslehre und Politik e. V. in Mainz (Hrsg.), Der Kampf um den Wehrbeitrag, 1. Halbband, München 1952, S. 280 (289 f.); *Bachof* JZ 1966, 167 (174); zweifelnd *Hermann v. Mangoldt*, in: Institut für Staatslehre und Politik e. V. in Mainz (Hrsg.), Der Kampf um den Wehrbeitrag, 1. Halbband, München 1952, S. 271 (277); dafür *Uber*, Schack FS, S. 167 (179); *Wahsner*, Erfassung und Integration als System, S. 165 f.

208 Überblick über die betroffenen Freiheitsrechte bei *Tetzlaff*, Vom (un)möglichen Zustand des Wehrpflichtrechts, S. 151 ff.

209 *Michael Sachs*, in: Stern, Staatsrecht III/2, S. 489 ff.

nicht an der sog. „Stufentheorie“[210] des Art. 12 Abs. 1 GG zu messen.[211] Daher sind auch die Erfordernisse des Art. 12 Abs. 2 GG auf die Wehrpflicht nicht anwendbar. Die Herleitung der Wehrgleichheit aus dieser Norm kann also nicht gelingen.[212]

2. Art. 12a Abs. 1 GG

Daran anknüpfend könnte die Wehrgleichheit unmittelbar aus Art. 12a GG hergeleitet werden. Dessen erster Absatz stimmt in weiten Teilen mit dem 1954 geänderten Art. 73 Nr. 1 GG a. F. (S. 30 f.) überein. In den Beratungen zu dieser Verfassungsänderung bestand Einigkeit, dass nur eine allgemeine Wehrpflicht erlaubt sein sollte.[213] Nachdem die Norm in Kraft getreten war, sahen auch Rechtsprechung und Literatur in dieser Norm nur die Erlaubnis für eine allgemeine Wehrpflicht.[214] Bei der weitgehenden Übernahme des Inhalts des Art. 73 Nr. 1 GG a. F. in den neu geschaffenen Art. 12a Abs. 1 GG wurde eine Erlaubnis für etwas anderes als die allgemeine Wehrpflicht nicht erwähnt. Andernfalls wäre auch ein Bruch zu verfassungsgeschichtlichen Vorgängernormen entstanden. Denn sowohl § 137 FRV[215] als auch Art. 57 RV 1871[216] und Art. 133 Abs. 2 WRV[217] sahen nur eine allgemeine Wehrpflicht vor. Daher ermächtigt Art. 12a Abs. 1 GG schon nach der Entstehungsgeschichte und der Verfassungsgeschichte nur zu einer *allgemeinen* Wehrpflicht.

---

210 BVerfGE 7, 377 (405 ff.).

211 *Rupert Scholz*, in: Maunz/Dürig, GG, Art. 12a (2001) Rn. 28; *Manfred Gubelt*, in: v. Münch/Kunig, GG I, Art. 12 Rn. 86, Art. 12a Rn. 26; *Werner Heun*, in: Dreier, GG I, Art. 12a Rn. 20; *Gilbert Gornig*, in: v. Mangoldt/Klein/Starck, GG I, Art. 12a Rn. 65, 180.

212 *Bachof* JZ 1966, 167 (174); vgl. BVerwGE 35, 146 (150).

213 Abg. *Weber*, in: Verhandlungen des Deutschen Bundestages, 2. Wahlperiode, 9. Sitzung, 14.01.1954, S. 241 (244): „Es erscheint deshalb zweckmäßig, bei einer ausdrücklichen Ergänzung einzelner Bestimmungen des Grundgesetzes auch ausdrückliche Bestimmungen über die allgemeine Wehrpflicht (...) zu treffen.“; Abg. *Becker*, in: Verhandlungen des Deutschen Bundestages, 2. Wahlperiode, 17. Sitzung, 26.02.1954, S. 551 (566).

214 BVerfGE 12, 45 (50); *Gerhard Leibholz/Hans-Justus Rinck*, Grundgesetz für die Bundesrepublik Deutschland, Kommentar an Hand der Rechtsprechung des Bundesverfassungsgerichts, Köln 1966, Art. 73 Anm. 1; *v. Mangoldt/Klein*, GG II, 2. Aufl. 1966, Art. 73 Anm. IV 2b.

215 *Jörg-Detlef Kühne*, Die Reichsverfassung der Paulskirche, 2. Aufl., Neuwied 1998, S. 325 f., 491.

216 *Meyer/Anschütz*, Staatsrecht, S. 976 ff.

217 *Anschütz*, WRV, Art. 133 Anm. 2; *Giese*, WRV, Art. 133 Anm. 2.

Einer daraus folgenden Herleitung der Wehrgleichheit aus Art. 12a GG steht der Wortlaut jedoch aus zwei Gründen entgegen: Zum einen enthält Art. 12a GG abweichend von der allgemeinen Bestimmung zur Zulässigkeit von Dienstpflichten (Art. 12 Abs. 2 GG) die Vorgaben „allgemein“ und „gleich“ nicht. Zum anderen erlaubt Art. 12a Abs. 1 GG, dass Männer „zum Dienst (...) verpflichtet“ werden. Das Grundrecht auf Wehrgleichheit garantiert jedoch nicht nur eine „Wehrdienstgleichheit“, sondern auch eine „Wehrpflichtgleichheit“ (S. 27 f.) sowie eine Gleichbehandlung bei den Pflichten im Übrigen (S. 39 ff.). Somit scheidet auch Art. 12a Abs. 1 GG als verfassungsrechtlicher Anknüpfungspunkt für die Wehrgleichheit aus.

3. Art. 33 Abs. 1 GG

Der zentrale Ausgangspunkt könnte sich ferner aus Art. 33 Abs. 1 GG ergeben, wonach jeder Deutsche „in jedem Lande die gleichen staatsbürgerlichen Rechte und Pflichten“ hat. Dieser besondere Gleichheitssatz erfasst zwar personell alle Deutschen hinsichtlich ihrer staatsbürgerlichen Pflichten. Darunter werden alle öffentlich-rechtlichen Pflichten verstanden,[218] also auch die Wehrpflicht. Doch enthält diese Norm sachlich lediglich ein Differenzierungsverbot *zwischen* Deutschen nach der Zugehörigkeit zu einem *bestimmten Land.*[219]

Die Wehrgleichheit umfasst aber nicht nur den Schutz vor Unterscheidung aufgrund einer „Landesstaatsangehörigkeit“[220] bzw. eines entsprechenden Äquivalents[221], sondern schützt umfassend vor Differenzierungen bei der Begründung entsprechender Dienstleistungspflichten. Die gesamtstaatliche Homogenitätsklausel vermag mithin eine normative Herleitung der Wehrgleichheit ebenso wenig zu leisten.

4. Art. 33 Abs. 2 GG

Außerdem könnte sich die Wehrgleichheit aus Art. 33 Abs. 2 GG herleiten lassen. Danach hat jeder Deutsche nach seiner Eignung, Befähigung und fachlichen

---

218 *Michael Sachs*, in: Stern, Staatsrecht IV/2, S. 1792 f.; *Wolfram Höfling*, in: BK, Art. 33 Abs. 1 bis 3 (2007), Rn. 26 ff.; *Monika Jachmann*, in: v. Mangoldt/Klein/Starck, GG II, Art. 33 Rn. 5.

219 *Sachs*, in: HStR VIII, § 182 Rn. 131; *ders.*, in: Stern, Staatsrecht IV/2, S. 1787 ff.; *Wolfram Höfling*, in: BK, Art. 33 Abs. 1 bis 3 (2007), Rn. 34 ff.; *Monika Jachmann*, in: v. Mangoldt/Klein/Starck, GG II, Art. 33 Rn. 2; zur verfassungsgeschichtlichen Kontinuität *Sachs* AöR 108 (1983), 68 (76).

220 Dazu *Sachs* AöR 108 (1983), 68 ff.

221 Dazu *Michael Sachs*, in: Stern, Staatsrecht IV/2, S. 1788 ff.

Leistung gleichen Zugang zu jedem öffentlichen Amte. Diese Norm begründet ein grundrechtsgleiches subjektives Recht zugunsten der Grundrechtsträger, die das öffentliche Amt *anstreben.*[222] Fraglich ist, ob dieses Recht auch gewährleistet, in gleichheitsgerechter Art und Weise *nicht* in ein öffentliches Amt *berufen* zu werden.

Insoweit könnte auf die weite Auslegung des öffentlichen Amtes verwiesen werden. Danach ist ein öffentliches Amt i.S.d. Art. 33 Abs. 2 GG jedes Amt der Verwaltung, der Bundeswehr und der Rechtsprechung in Bund und Ländern, die mit haupt- oder nebenamtlichen Beamten, (Tarif) Beschäftigten, Richtern, Soldaten oder ehrenamtlich Tätigen zu besetzen sind.[223] Teilweise geht man davon aus, dass auch der wehrpflichtige Soldat ein öffentliches Amt bekleide.[224] Dafür spricht, dass die Wehrpflicht als „Ehrenpflicht" (S. 30 ff.) angesehen wird.

Allerdings setzt der Vorgang des *Zugangs* zu diesem öffentlichen Amt voraus, dass es sich um eine Form des beruflichen Aufstiegs handelt wie etwa bei der Einstellung oder Beförderung.[225] Anders als bei Aufstiegsentscheidungen ist die Entscheidung über die Wehrpflicht nicht von der Zustimmung der Betroffenen abhängig. Sie geht nicht vom Bürger, sondern vom Staat aus. Dieser entscheidet nicht nach einer Bewerbung über eine Erweiterung der Rechtsposition des Bürgers, sondern greift in dessen Freiheitsrechte (Fn. 160) ein.

Ob der Vorgang des Zugangs auch Entscheidungen umfasst, die nicht mit einer Statusverbesserung verbunden sind, ist zwar umstritten.[226] Die Befürworter stützen ihre Argumentation jedoch darauf, dass Entlassung und Zugang Kehrseiten ein und derselben Eignungsentscheidung seien: Der Zugang zu den öffentlichen Ämtern könne auch durch die Entlassung aus demselben verwehrt wer-

---

222 BVerfG (1. Kammer des Zweiten Senats) NJW 2008, 909; *Michael Sachs*, in: Stern, Staatsrecht IV/2, S. 1834 ff.; *Wolfram Höfling*, in: BK, Art. 33 Abs. 1 bis 3 (2007), Rn. 65 f.

223 *Michael Sachs*, in: Stern, Staatsrecht IV/2, S. 1817 ff.; *Wolfram Höfling*, in: BK, Art. 33 Abs. 1 bis 3 (2007), Rn. 75; *Ulrich Battis*, in: Sachs, GG, Art. 33 Rn. 24; *Helmut Lecheler*, in: Friauf/Höfling, GG, Art. 33 (2000) Rn. 14 f.; *Johannes Masing*, in: Dreier, GG II, Art. 33 Rn. 41; *Hans D. Jarass*, in: Jarass/Pieroth, GG, Art. 33 Rn. 9; *Hummel* NVwZ 2001, 1137 (1138).

224 *Wolfram Höfling*, in: BK, Art. 33 Abs. 1 bis 3 (2007), Rn. 81; *Hummel* NVwZ 2001, 1137 (1138).

225 BVerfGE 117, 382 (387); BVerwGE 76, 243 (251); *Michael Sachs*, in: Stern, Staatsrecht IV/2, S. 1831 f.; *Wolfram Höfling*, in: BK, Art. 33 Abs. 1 bis 3 (2007), Rn. 123; *Klaus Joachim Grigoleit*, in: Stern/Becker, Grundrechte-Komm., Art. 33 Rn. 27; *Hans D. Jarass*, in: Jarass/Pieroth, GG, Art. 33 Rn. 10.

226 *Michael Sachs*, in: Stern, Staatsrecht IV/2, S. 1832; *Wolfram Höfling*, in: BK, Art. 33 Abs. 1 bis 3 (2007), Rn. 124 ff. jeweils m. N.

den.[227] Daher ist auch nach diesem Verständnis die Begründung der Wehrpflicht nicht von Art. 33 Abs. 2 GG umfasst, weil die Wehrpflichtigen nie auf das Wehrpflichtverhältnis „zugegangen" sind.

In diesem Sinne wird der Grundrechtsberechtigte des Art. 33 Abs. 2 GG als derjenige umschrieben, der in ein öffentliches Amt gelangen möchte.[228] Man bezeichnet ihn daher regelmäßig als „Bewerber".[229]

Letztlich spricht gegen eine Herleitung der Wehrgleichheit aus Art. 33 Abs. 2 GG, dass diese Norm nicht nur die staatsbürgerliche Gleichheit sichern soll, sondern auch die optimale Erledigung öffentlicher Aufgaben.[230] Die optimale Erledigung der Aufgabe der Wehrpflicht, der Verteidigungsauftrag, kann mit Gleichheitsanforderungen aber auch in Konflikt geraten, wenn die Heranziehung jedes Wehrdienstpflichtigen die Funktionsfähigkeit der Streitkräfte beeinträchtigt (dazu S. 144 ff.). Daher könnte Art. 33 Abs. 2 GG dem wehrgleichheitsrechtlichen Interesse nur unzureichend Geltung verschaffen, da es schon tatbestandlich unter dem Vorbehalt leistungsfähiger Streitkräfte stehen würde. Im Ergebnis lässt sich die Wehrgleichheit daher nicht aus Art. 33 Abs. 2 GG herleiten.[231]

5. Demokratieprinzip (Art. 20 Abs. 1 und 2 GG)

Denkbar ist zudem, die Wehrgleichheit aus dem Demokratieprinzip (Art. 20 Abs. 1 und 2 GG) zu entwickeln. Denn die Allgemeinheit der Wehrpflicht als „Unterfall"[232] der Wehrgleichheit wird zu den „ideellen Grundprinzipien eines demokratischen Gemeinwesens"[233] gezählt. In diesem Zusammenhang werden auch „die Zugehörigkeit zu dem allen gemeinsamen, nicht mehr obrigkeitlichen Staat" und „die gleichen Lasten für alle" genannt.[234]

---

227 *Hans-Heinrich Trute*, in: AK-GG, Art. 33 Abs. 1-3 (2001) Rn. 35.

228 *Wolfram Höfling*, in: BK, Art. 33 Abs. 1 bis 3 (2007), Rn. 278.

229 BVerfG (1. Kammer des Zweiten Senats) NJW 2008, 909; BAGE 89, 300 (302); 103, 212 (216); 121, 67 (76); *Wolfram Höfling*, in: BK, Art. 33 Abs. 1 bis 3 (2007), Rn. 121; *Peter Badura*, in: Maunz/Dürig, GG, Art. 33 (2009) Rn. 35.

230 BVerfG (1. Kammer des Zweiten Senats) NJW 2008, 909; BVerwGE 122, 147 (149); *Wolfram Höfling*, in: BK, Art. 33 Abs. 1 bis 3 (2007), Rn. 48; *Ulrich Battis*, in: Sachs, GG, Art. 33 Rn. 19; *Klaus Joachim Grigoleit*, in: Stern/Becker, Grundrechte-Komm., Art. 33 Rn. 27.

231 A. A. wohl *Hummel* NVwZ 2001, 1137 (1138).

232 Vgl. zur Terminologie *Martin Morlok*, in: Dreier, GG II, Art. 38 Rn. 64; *Bodo Pieroth*, in: Jarass/Pieroth, GG, Art. 38 Rn. 5.

233 BVerfGE 12, 45 (51).

234 BVerfGE 12, 45 (51).

Zudem wird mit der „demokratischen Tradition“[235] der allgemeinen Wehrpflicht argumentiert, wie sie bei *Theodor Heuss* (Fn. 89), aber auch schon bei *Aristoteles*[236] und *Machiavelli*[237] zum Ausdruck kommt. Man verweist zumindest in deren Begründungsphase im 18. und 19. Jahrhundert auf eine zeitliche Verbindung zwischen der Erringung von Grundrechten und dem Wahlrecht mit dem System der allgemeinen Wehrpflicht.[238]

Zwar sahen auch schon in der Antike die griechischen Stadtstaaten und die römische Republik eine Wehrpflicht vor. Diese betraf aber nur Menschen mit dem Status eines *freien Bürgers*, welcher die Waffen selbst zu stellen hatte.[239] Viele Einwohner waren von der Pflicht ausgeschlossen. Somit kann von „Allgemeinheit“ nicht gesprochen werden.[240]

Während der als „Geburtsstunde“ apostrophierten Französischen Revolution lehnte die französische Nationalversammlung die Einführung einer allgemeinen Wehrpflicht von Anfang an ab, weil sie mit der Freiheit des Individuums unvereinbar sei.[241] Auch Art. 18 Verf. Frankreich 1793 gewährleistete grundsätzlich: „Ein Jeder kann über seine Dienste und seine Zeit frei verfügen.“ In Art. 109 Verf. Frankreich 1793 wurde aber die Wehrpflicht normiert. Bereits zwei Monate nach Erlass der Verfassung trat am 24. August 1793 das Gesetz über die allgemeine Volksbewaffnung in Kraft. Dadurch wurden „alle Franzosen dauernd zum Wehrdienst verpflichtet“[242]. Gleichwohl wurde bereits 1794 und endgültig 1800 die Stellvertretung im französischen Heer zugelassen.[243]

Auch in Preußen stand die Einführung einer allgemeinen Wehrpflicht (Wehrgesetz vom 3. September 1814, vor der Niederlage gegen Frankreich 1806 war das Militär als stehendes Heer organisiert) im zeitlichen Zusammenhang mit der Bauernbefreiung, der Abschaffung von Standesprivilegien, der Selbstverwaltung und einer Bildungsreform.[244] Von einer umfassenden Demokratisierung kann bei diesen vereinzelten Reformen gleichwohl nicht gesprochen werden.[245]

---

235 BVerfGE 12, 45 (51); bereits *C. Schmitt*, Verfassungslehre, S. 254.

236 *Aristoteles*, Politik, eingeleitet, übersetzt und kommentiert von Olof Gigon, 2. Aufl., Zürich 1971, 1329a, prüft nach Aufzählung der Staatsaufgaben (Beschaffung von Nahrung, Handwerk, Waffen), ob alle an allen diesen Verrichtungen teilhaben sollen. In der Demokratie hätten „alle an allem teil.“

237 Siehe den Nachweis von *Walz*, Die Wehrpflicht von Ausländern, S. 157 m. N.

238 *Graulich* NZWehrR 2005, 177 (178).

239 *Ehrenberg*, Staat der Griechen, S. 98 ff.

240 *Ehrenberg*, Staat der Griechen, S. 98.

241 *Huber*, Heer und Staat, S. 125 f.

242 *Graulich* NZWehrR 2005, 177 (179).

243 *Huber*, Heer und Staat, S. 126.

244 Dazu *Graulich* NZWehrR 2005, 177 (182).

245 *Stern*, Staatsrecht V, S. 114.

Darüber hinaus sah auch das Wehrpflichtsystem vor, dass unabhängig von der Befreiung von Adeligen durch Art. 14 Deutsche Bundesakte (S. 13 ff.) lediglich 1, 5 % der Bevölkerung eingezogen wurden.[246] Bemerkenswert ist jedoch, dass beim Kampf um bürgerliche Gleichstellung die Einberufung von Pflichtigen jüdischen Glaubens seit 1814 eine bemerkenswerte Rolle spielte.[247] Insofern wird hervorgehoben, dass durch die allgemeine Wehrpflicht zumindest alle Bürger Zugang zu den Streitkräften erhielten, während das Offizierskorps noch lange dem Adel vorbehalten blieb.[248]

Unabhängig von der fragwürdigen demokratischen Tradition ist die Bundesrepublik Deutschland auch ohne allgemeine Wehrpflicht ein demokratischer Staat. Umgekehrt ist die allgemeine militärische Dienstpflicht aber in undemokratischen Staaten denkbar.[249] Entscheidend für deren Einführung sind vielmehr militärische Erwägungen.[250]

Gegen eine Verbindung spricht zudem, dass Demokratie und Wehrpflicht entgegengesetzte Strukturen aufweisen: Während die Demokratie auf einem Willenbildungsprozess nach dem Mehrheitsprinzip beruht,[251] verlangt ein funktionierendes Militär strikte Unterordnung und Machtkonzentration.[252] Erforderlich ist also (naturgemäß) eine undemokratische Organisation.

Insgesamt kann ein derart schwer nachweisbarer Zusammenhang zwischen Wehrpflicht und Demokratie jedenfalls kein Grundrecht auf Wehrgleichheit nach Art. 20 Abs. 1 und 2 GG begründen.

6. Sozialstaatsprinzip (Art. 20 Abs. 1 GG)

Auch die mitunter[253] versuchte Herleitung der Wehrgleichheit aus dem Sozialstaatsprinzip (Art. 20 Abs. 1 GG) kann nicht überzeugen. Denn das Sozialstaatsprinzip verpflichtet den Staat zu einem Ausgleich der sozialen Gegensätze für

246 *Graulich* NZWehrR 2005, 177 (182).

247 *Berger/Römer-Hillebrecht*, in: Ahammer/Nachtigall, Wehrpflicht, S. 117 (118 f.).

248 *Kloepfer*, Grundrechte, § 71 Rn. 8.

249 *Berg* AöR 107 (1982), 585 (602); *Kratzmann* Der Staat 26 (1987), 187 (189).

250 *Berg* AöR 107 (1982), 585 (602); *C. Grimm*, Allgemeine Wehrpflicht und Menschenwürde, S. 110.

251 *Michael Sachs*, in: Sachs, GG, Art. 20 Rn. 21 ff.; *Uwe Volkmann*, in: Friauf/Höfling, GG, Art. 20 (4. Teil) (2001) Rn. 25.

252 *Sleeking*, in: Ahammer/Nachtigall, Wehrpflicht, S. 68 (69).

253 *Rupert Scholz*, in: Maunz/Dürig, GG, Art. 12a (2001) Rn. 23; *Gilbert Gornig*, in: v. Mangoldt/Klein/Starck, GG I, Art. 12a Rn. 10; *Klümper*, Legitimation für die Wehrpflicht?, S. 7, 149 ff.; *K. Ipsen* ZRP 2001, 469 (472), der auch auf das Rechtsstaatsprinzip (Art. 20 Abs. 2 S. 2 und Abs. 3 GG) abstellt.

eine gerechte Sozialordnung.[254] Sofern in der Rechtsprechung gesteigerte Anforderungen aus einer Kombination von allgemeinem Gleichheitssatz und Sozialstaatsprinzip angenommen worden sind[255], handelt es sich dabei um Sachverhalte sozialer und wirtschaftlicher Unterschiede.

Die Wehrgleichheit zielt aber nicht auf die Beseitigung wirtschaftlicher oder sozialer, sondern *rechtlicher* Gegensätze durch eine unterschiedliche Pflichtenbelastung. Daneben lässt sich dem Sozialstaatsprinzip kein materieller Prüfungsmaßstab mit definitiven Einzelkonsequenzen entnehmen.[256] Insbesondere im Rahmen des Lastenausgleichs bestehen besonders große Spielräume[257], die die Vorgaben der Wehrgleichheit nicht ausreichend klar zum Ausdruck bringen können.

7. Art. 3 Abs. 1 GG

Da die Wehrgleichheit somit nicht Gegenstand der besonderen Gleichheitsgarantien[258] oder sonstiger Bestimmungen des Grundgesetzes ist, ist sie aus dem allgemeinen Gleichheitssatz des Art. 3 Abs. 1 GG herzuleiten. Als dessen Einzelgehalt ist der allgemeine Grundsatz der Pflichtengleichheit anerkannt.[259] Dieser umfasst sowohl die Adressaten („allgemein") als auch den Inhalt („gleich") der Pflicht.[260] Daher konnte auch vor der Grundgesetzänderung 1954 nur eine allgemeine Wehrpflicht eingeführt werden. Zwar finden sich im Parlamentarischen Rat nur vereinzelt Ausführungen zu einer Wehrform. Bei den Beratungen zu Art. 4 Abs. 3 GG[261] wurde die allgemeine Wehrpflicht jedoch vorausgesetzt, auch wenn man aus politischen Gründen noch vor einer Normierung zurückschreckte.

254 BVerfGE 94, 241 (263); 110, 412 (445); *Michael Sachs*, in: Sachs, GG, Art. 20 Rn. 46.

255 BVerfGE 39, 316 (326 ff.); 45, 376 (385 ff.); 55, 100 (111 f.).

256 BVerfGE 1, 97 (105); *Michael Sachs*, in: Sachs, GG, Art. 20 Rn. 47; *Stern*, Staatsrecht I, S. 929.

257 BVerfGE 84, 90 (125 f.); 102, 254 (298); *Michael Sachs*, in: Sachs, GG, Art. 20 Rn. 48.

258 Dazu *Michael Sachs*, in: Stern, Staatsrecht IV/2, S. 1702 ff.; *ders.*, in: HStR VIII, § 182.

259 *Jörn Ipsen*, in: BK, Art. 12a (2010) Rn. 72; *Christian Starck*, in: v. Mangoldt/Klein/Starck, GG I, Art. 3 Rn. 82; *Cornelia Paehlke-Gärtner*, in: Umbach/Clemens, GG I, Art. 3 Rn. 116; *Sachs* NWVBL 1988, 295 (297); *Luchterhandt*, Grundpflichten, S. 571; *T. I. Schmidt*, Grundpflichten, S. 107.

260 *T. I. Schmidt*, Grundpflichten, S. 107.

261 Abg. *Heuss*, 43. Sitzung des Hauptausschusses, in: ParlRat XIV/2, Nr. 43 S. 1324 (1325).

Dogmatischer Ausgangspunkt der Pflichtengleichheit ist die Lehre von den verfassungsrechtlichen Grundpflichten[262]. Das Grundgesetz[263] kennt den Begriff „Grundpflicht" (im Unterschied zu anderen deutschen[264] und internationalen[265] Verfassungen und Rechtekatalogen[266]) zwar nicht.[267] Das Bundesverfassungsgericht erwähnt ihn[268] zwar, liefert aber keine weitere Erläuterung. Grundpflichten beschränken nicht die Ausübung eines speziellen Grundrechts, sondern legen dem Individuum im Interesse des Gemeinwesens Pflichten auf, die den Bereich *mehrerer* grundrechtlicher Freiheiten betreffen können.[269] Grundpflichten sind daher ein „wesensgleiches plus" zu den Grundrechtsbegrenzungen.

---

262 Zum Zusammenhang zwischen den Grundpflichten des Bürgers und den Grundaufgaben des Staates *Schuppert* VVDStRL 41 (1983), 106; krit. zu einer besonderen verfassungsrechtlichen oder verfassungstheoretischen Bedeutung der Grundpflichten *D. Grimm* VVDStRL 41 (1983), 102 f.; 105 f.

263 Siehe aber noch *Ergänzung eines Grundgesetzes zu den Bayerischen Leitgedanken für die Schaffung*, in: ParlRat II, Nr. 1 S. 44 (47): „Die Grundpflichten: Jeder Bürger muß dem Grundgesetz und der Landesverfassung die besondere Achtung entgegenbringen, die ihnen als den Grundgesetzen des Volkes gebührt, und den Gesetzen Gehorsam leisten. Jeder Bürger soll nach seinen Fähigkeiten und Kräften am öffentlichen Leben des Bundes, des Staates und der Gemeinde Anteil nehmen. Pflichten im einzelnen sind, nach gesetzlicher Vorschrift die öffentlichen Lasten zu tragen und Ehrenämter im öffentlichen Dienst zu übernehmen."

264 Siehe die Überschriften („Grundrechte und –pflichten") in folgenden Landesverfassungen: Vor Art. 98 Verf. Bayern; Vor Art. 1 Verf. Bremen; Vor Art. 1 Verf. Rheinland-Pfalz; Vor Art. 1 Verf. Saarland.

265 Vor Art. 25 Verf. Bulgarien; Vor Art. 12 Verf. Portugal; Vor Art. 10 Verf. Spanien; ähnlich Vor Art. 13 Verf. Italien; Vor § 8 Verf. Estland; Vor Art. 30 Verf. Polen; Vor Art. 15 Verf. Rumänien; Vor § 54 Verf. Ungarn; auch außereuropäisch Vor Art. 15 und Vor Art. 55 Verf. Moldau; Vor Art. 18 Verf. Angola (16.09.1992); Vor Art. 14 Verf. Eritrea (23.05.1997); Vor Art. 5 Verf. Guinea (23.12.1990); Vor Art. 66, Vor Art. 73 Verf. Mosambik (30.11.1990).

266 Art. 29 Abs. 1 AEMR: „Jeder hat Pflichten gegenüber der Gemeinschaft, in der allein die freie und volle Entfaltung seiner Persönlichkeit möglich ist."

267 Zu den (historischen) Ursachen *Michael Sachs*, in: Sachs, GG, Vor Art. 1 Rn. 58 f.; *Luchterhandt*, Grundpflichten, S. 22 ff.; allg. zur Verfassungsgeschichte der Grundpflichten *Stern*, Staatsrecht III/2, S. 1000 ff.

268 BVerfGE 61, 358 (372) zu Art. 6 Abs. 2 S. 1 GG, was *Stern*, Staatsrecht III/2, S. 1054, als „gefällige facon de parler" bezeichnet. BVerfGE 28, 243 (261) spricht hinsichtlich der Wehrpflicht von einer „verfassungsrechtlichen Pflicht". Darüber hinaus erwähnt das Gericht im Zusammenhang von anwaltlichen Pflichten „Grundpflichten", BVerfG (1. Kammer des Zweiten Senats) NJW 2006, 1503; BVerfGE 108, 150 (159) sowie bei Pflichten im Beamtenverhältnis BVerfG (1. Kammer des Zweiten Senats) NVwZ 2003, 1504 (1505).

269 *Randelzhofer*, in: HGR II, § 37 Rn. 54; *Hofmann*, in: HStR V^2, § 114 Rn. 48.

Insgesamt werden die Grundpflichten daher mehrheitlich[270] als verfassungsrechtlich festgelegte oder abgestützte gemeinwohlbezogene Pflichten des Einzelnen gegen den Staat definiert. Darunter lässt sich auch die allgemeine Wehrpflicht als Element der „klassischen Quadriga“[271] der Grundpflichten - neben dem Gesetzesgehorsam (als „apriorische(r) Bedingung der Wirksamkeit des Gesetzes“[272]) und der Steuer- sowie der Eigentumsabtretungspflicht - subsumieren. Die allgemeine Wehrpflicht ist also als „allgemeine“[273], „politische“[274], „unmittelbar staatsgerichtete“[275] Grundpflicht anerkannt.

Wesensbestimmend für jede Grundpflicht ist der allgemeine Gleichheitssatz als „quasiakzessorische Norm“[276], damit Sonderlasten verhindert werden.[277] Daher müssen im privilegienfeindlichen Verfassungsstaat die Grundpflichten gleichheitsgemäß auferlegt und ausgedehnt werden.[278]

Als Ausprägung dieser staatsbürgerlichen Pflichtengleichheit ist etwa die zum Abgabenrecht entwickelte[279] Lastengleichheit anerkannt.[280] Diese gewähr-

---

270 *Stern*, Staatsrecht III/2, S. 999; *Götz* VVDStRL 41 (1983), 8 (12); *Manfred Gubelt*, in: v. Münch/Kunig, GG I, Art. 12a Rn. 1; *Kloepfer*, Grundrechte, § 53; *Isensee* DÖV 1982, 609 (612); ähnlich *Luchterhandt*, Grundpflichten, S. 587; auch schon *C. Schmitt*, Verfassungslehre, S. 174; anders LG Potsdam, Vorlagebeschluss vom 19.03.1999 (Az.: 23 [H] Ns 72/98); *Böckenförde* VVDStRL 41 (1983), 114 ff.; *Klümper*, Legitimation für die Wehrpflicht?, S. 52, die eine unmittelbar verfassungsrechtlich festgelegte Pflicht verlangen. Dagegen spricht aber, dass Grundpflichten der Präzisierung und Aktualisierung bedürfen, um erfüllbar und ggf. durchsetzbar zu sein, was eine Verfassungsnorm nicht leisten kann, so auch *Stern*, Staatsrecht III/2, S. 1024 f.; *Isensee* DÖV 1982, 609 (612); ferner *Bethge* JA 1985, 249 (257), der die Grundpflichten ansonsten zu bloßen „leges imperfectae“ degradiert sieht. Insofern kann auch von einer „Grundpflicht unter Vorbehalt“ gesprochen werden, *Stern*, Staatsrecht III/2, S. 1029; *Götz* VVDStRL 41 (1983), 8 (23).

271 *Hofmann* VVDStRL 41 (1983), 42 (62).

272 *Isensee* VVDStRL 41 (1983), 131; *Randelzhofer*, in: HGR II, § 37 Rn. 59.

273 Terminologie nach *Stern*, Staatsrecht III/2, S. 1018; *Hofmann* VVDStRL 41 (1983), 42 (76).

274 Terminologie nach *Stern*, Staatsrecht III/2, S. 1018; *Götz* VVDStRL 41 (1983), 21.

275 Terminologie nach *Breuer* VVDStRL 41 (1983), 142.

276 *Bethge* NJW 1982, 2145 (2149).

277 *Luchterhandt*, Grundpflichten, S. 571 ff.; *T. I. Schmidt*, Grundpflichten, S. 107, der dies aus einem „Gerechtigkeitsbezug“ der Grundpflichten herleitet.

278 *Bethge* JA 1985, 249 (255); *ders.* NJW 1982, 2145 (2149); *Luchterhandt*, Grundpflichten, S. 571, der auch auf das Rechtsstaatsprinzip abstellt.

279 Ausführlich *Sachs*, in: HStR VIII, § 183 Rn. 9 ff.

280 BVerfGE 11, 105 (119); 84, 239 (269 ff.); 96, 1 (6 ff.); 110, 94 (112); *Lerke Osterloh*, in: Sachs, GG, Art. 3 Rn. 134; *Bethge* JA 1985, 249 (255); *ders.* NJW 1982, 2145 (2149); *Friauf*, in: Jahrreiß FS, S. 45 ff.; *Luchterhandt*, Grundpflichten, S. 572; anders:

leistet, vor ungerechtfertigten Sonderlasten verschont zu bleiben. Spiegelbildlich zur abgabenrechtlichen Lastengleichheit ist der allgemeinen Pflichtengleichheit auch die Wehrgleichheit zu entnehmen. Verfassungsrechtliche Grundlage der Wehrgleichheit ist daher Art. 3 Abs. 1 GG.

Aus der regelmäßig[281] hergestellten Verbindung von Art. 3 Abs. 1 GG zu Art. 12a Abs. 1 GG ergibt sich für den Grundrechtsschutz der Wehrgleichheit weder eine Konkretisierung noch ein Mehrwert. Wohl aus diesem Grund wird auch in anderen bereichsspezifischen Anwendungsbereichen des Gleichheitssatzes, wie etwa bei der abgabenrechtlichen Lastengleichheit,[282] isoliert auf Art. 3 Abs. 1 GG abgestellt. Im Ergebnis leitet sich die Wehrgleichheit aus Art. 3 Abs. 1 GG ab.

Wie bereits angedeutet beschränken sich die folgenden Überlegungen auf die Allgemeinheit der Wehrpflicht als „Unterfall"[283] der Wehrgleichheit. Weitere Fragen der Wehrgleichheit wie die Gleichbehandlung nach einer allgemeinen Pflichtenbegründung können hier nicht weiter vertieft werden.

E. Die Wehrpflichtgleichheit

Wie bereits ausgeführt (S. 22 ff.) verlangt die Wehrpflichtgleichheit eine gleichheitsgerechte Ausgestaltung der Wehrpflichtausnahmen. Diese erscheinen in der Normenpyramide auf zwei verschiedenen Ebenen: Sie treten sowohl in der Verfassung als auch in Gesetzen auf. Konsequenz dieses unterschiedlichen Ranges ist ein unterschiedlicher Prüfungsmaßstab: Während die verfassungsunmittelbare Wehrpflichtausnahme als Verfassungsänderung lediglich an Art. 79 GG zu messen ist,[284] ist die Vereinbarkeit der gesetzlichen Wehrpflichtausnahmen mit dem gesamten Grundgesetz zu prüfen.

---

v. Arnim VVDStRL 39 (1981), 286 (318 ff), der die Lastengleichheit aus Art. 14 GG ableitet; *Voland* ZRP 2007, 185 (187) sieht die Lastengleichheit als Element des nach Art. 79 Abs. 3 GG unberührbaren Rechtsstaatsprinzips.

281 Siehe die Nachweise in Fn. 191.

282 BVerfGE 84, 239 (268); *Sachs*, in: HStR VIII, § 183 Rn. 10; *Lerke Osterloh*, in: Sachs, GG, Art. 3 Rn. 134; *Stefan Huster*, in: Friauf/Höfling, GG, Art. 3 (2002) Rn. 134; *Wolfgang Rüfner*, in: BK, Art. 3 Abs. 1 (1992) Rn. 197.

283 Vgl. zur Terminologie *Martin Morlok*, in: Dreier, GG II, Art. 38 Rn. 64; *Bodo Pieroth*, in: Jarass/Pieroth, GG, Art. 38 Rn. 5.

284 *Michael Sachs*, in: Stern, Staatsrecht IV/1, S. 1040.

I. Verfassungsrechtliche Wehrpflichtausnahme für Frauen

Nach Art. 12a Abs. 1 GG können nur Männer (...) verpflichtet werden. Dadurch bezieht schon die Verfassung Frauen, anders als in Israel[285], gar nicht erst in die Wehrpflicht ein (vgl. auch das folgende Ausführungsgesetz § 1 Abs. 1 WPflG).

Da es sich bei Art. 12a Abs. 1 GG nicht um einen Teil der ursprünglichen Verfassung handelt, sondern um eine Verfassungsänderung (S. Seite 30 ff.), ist das den Art. 12a GG einführende verfassungsändernde Gesetz an Art. 79 GG zu messen. Danach sind die formellen Anforderungen der Art. 79 Abs. 1 und 2 GG und die materiellen Anforderungen der „Ewigkeitsgarantie"[286] des Art. 79 Abs. 3 GG zu beachten.

Prüfungsmaßstab ist somit nicht der ranggleiche Art. 3 Abs. 2 und 3 GG.[287] Insoweit ist Art. 12a Abs. 1 GG eine (tatbestandliche[288]) Ausnahmebestimmung[289], jedoch keine – wie verbreitet formuliert wird[290] – lex specialis. Denn Art. 12a Abs. 1 GG hat gerade eine *gegenläufige* Wirkung (Ausnahmeregelung) zum Unterscheidungsverbot wegen des Geschlechts, regelt also *keinen* besonderen, vom Unterscheidungsverbot bereits erfassten, Fall (lex specialis).

Der Charakter der Ausnahmebestimmung wird bisweilen verkannt[291], wenn in diesem Zusammenhang auf die Feuerwehrdienstpflicht für Männer nach

---

285 Dort werden unverheiratete jüdische Frauen zwischen 18 und 26 Jahren zu einem 21monatigen Dienst verpflichtet, vgl. *Urban*, in: Ahammer/Nachtigall, Wehrpflicht, S. 418 (424).

286 BVerfGE 123, 267 (343 f.).

287 BVerfGE 12, 45 (52 f.); BVerwGE 110, 40 (52 f.); *Michael Sachs*, in: Stern, Staatsrecht IV/1, S. 1040; *Stern*, Staatsrecht II, S. 882 f.; *Lerke Osterloh*, in: Sachs, GG, Art. 3 Rn. 270; *Heike Krieger*, in: Friauf/Höfling, GG, Art. 12a (2006) Rn. 22; *Werner Heun*, in: Dreier, GG I, Art. 3 Rn. 109; *Schmidt-De Caluwe/Heselhaus* NJW 2001, 2680 (2681).

288 *Michael Sachs*, in: Stern, Staatsrecht IV/2, S. 1673.

289 *Christian Starck*, in: v. Mangoldt/Klein/Starck, GG I, Art. 3 Rn. 334; *Boehm-Tettelbach*, WPflG, § 1 (2008) Rn. 11; *Peter Seißer*, Das Verhältnis des allgemeinen Gleichheitssatzes (Art. 3 Abs. 1 Grundgesetz) zu besonderen Gleichheitssätzen, Diss. München 1969, S. 82; *Krieger* Jura 2006, 769; wohl auch BVerfGE 12, 45 (52 f.); BVerwGE 110, 40 (52 f.); BVerwG NJW 2006, 2871 (2872); *Jörn Ipsen*, in: BK, Art. 12a (2010) Rn. 32; *Kloepfer*, Grundrechte, § 71 Rn. 48.

290 BVerfGE 92, 91 (112); BVerfG (1. Kammer des Zweiten Senats) NJW 2008, 209 (210); *Juliane Kokott*, in: Sachs, GG, Art. 12a Rn. 5; *Rupert Scholz*, in: Maunz/Dürig, Art. 12a (2001) Rn. 28; *Manfred Gubelt*, in: v. Münch/Kunig, GG I, Art. 12a Rn. 26; *Hans D. Jarass*, in: Jarass/Pieroth, GG, Art. 12a Rn. 3; *Raue*, Allgemeine Dienstpflicht, S. 85 (88).

291 *Fleischhauer*, Wehrgerechtigkeit, S. 213 ff. (218), insofern auch abweichend von BVerwGE 110, 40 (53).

Art. 23 Abs. 1 FwG Bayern a. F., § 11 Abs. 1 FwG Baden-Württemberg a. F. verwiesen wird, die wegen Verstoßes gegen Art. 3 Abs. 3 GG[292] für verfassungswidrig erklärt worden ist. Denn im Unterschied zu der verfassungsrechtlich ausdrücklich zugelassenen Wehrpflicht war die Feuerwehrdienstpflicht nur gesetzlich normiert.

Ein völlig anderes Verständnis über das Verhältnis der Art. 12a Abs. 1 und Art. 3 Abs. 2, 3 GG hat jüngst *Uwe Tetzlaff* dargelegt.[293] Er hält - wohl unter Anwendung des gleichheitsrechtlichen Eingriffsmodells (dazu S. 22 ff.) - Art. 12a Abs. 1 GG für einen Gesetzesvorbehalt zu Art. 3 Abs. 2, 3 GG. Den unterstellten Eingriff in das Differenzierungsverbot wegen des Geschlechts durch die gesetzlichen Bestimmungen der §§ 1, 3 WPflG misst er konsequenterweise an den besonderen Anforderungen für Grundrechtsbeschränkungen („sog. Schranken-Schranken") wie dem Verhältnismäßigkeitsprinzip. Aus dem Verb „kann" folgert er, dass die Entscheidung für eine Differenzierung dem Gesetzgeber obliege.[294]

Dadurch missachtet er aber, dass dem Gesetzgeber lediglich überlassen werden soll, *ob* er die Wehrpflicht einführt, nicht aber *wie*. Die Frage des „ob" betrifft die freiheitsrechtliche Komponente der Wehrpflicht in Abwägung mit sicherheitspolitischen Fragen.[295] Die Frage des „wie" betrifft hingegen auch die gleichheitsrechtliche Komponente. Die Differenzierung zwischen den Geschlechtern ist daher konditional zu verstehen: Wenn der Gesetzgeber die Wehrpflicht einführt („kann"), ist sie auf Männer zu beschränken und kann nicht auf Frauen ausgeweitet werden.[296]

Außerdem hätte eine folgerichtige Fortsetzung der Gedanken von *Uwe Tetzlaff* dogmatisch fragwürdige Konsequenzen: Demnach müssten sich auch andere Differenzierungen bei Gesetzesvorbehalten wie zwischen Versammlungen unter freiem Himmel und sonstigen Versammlungen in Art. 8 Abs. 2 GG oder zwischen „herkömmlichen" und „nicht herkömmlichen" Dienstleistungspflichten in Art. 12 Abs. 2 GG jeweils an Gleichheitssätzen (hier wohl Art. 3 Abs. 1 GG) messen und ggf. rechtfertigen lassen.

Auch im Ergebnis ist die Annahme von Art. 12a Abs. 1 als Gesetzesvorbehalt zu Art. 3 Abs. 2, 3 GG widersprüchlich. Denn die qualifizierten Gesetzes-

---

292 BVerfGE 92, 91 (108 ff.).

293 *Tetzlaff*, Vom (un)möglichen Zustand des Wehrpflichtrechts, S. 357 ff.; ähnlich zuvor *Ekardt* DVBl 2001, 1171 (1177 f.), der eine Rechtfertigung für die Geschlechterdifferenzierung nach Art. 3 Abs. 2 S. 2 GG in Betracht zieht.

294 *Tetzlaff*, Vom (un)möglichen Zustand des Wehrpflichtrechts, S. 358 f.

295 Vgl. BVerfGE 48, 127 (160 f.)

296 Vgl. Abg. *v. Merkatz*, in: Verhandlungen des Deutschen Bundestages, 2. Wahlperiode, 17. Sitzung, 26.02.1954, S. 551 (555): „Wehrpflicht für Frauen kommt nicht in Frage."

vorbehalte der Freiheitsrechte (und auch die gesetzesvorbehaltsähnlichen Einschränkungsermächtigungen) schränken die Gesetzgebung ein, indem der Verfassunggeber den verfolgten Anliegen gegenüber den Grundrechtsgewährleistungen potentiell vorrangige Bedeutung beimisst.[297] Die Verschonung der Frauen von der allgemeinen Wehrpflicht hat nach dem Willen des verfassungsändernden Gesetzgebers also Vorrang vor dem Differenzierungsverbot wegen des Geschlechts. Eine Prüfung dieser ranggleichen Verfassungsnormen soll unterbleiben. Die Vereinbarkeit mit den Anforderungen eines qualifizierten Gesetzesvorbehalts kann also nicht zur Verfassungs*widrigkeit* führen. Vielmehr spricht eine Vereinbarkeit zunächst für eine Verfassungs*mäßigkeit*. Anderes kann sich erst aus den Schranken-Schranken ergeben.

Nach der Lösung von *Uwe Tetzlaff* wäre die Beschränkung der Wehrpflicht auf Männer durch Gesetz infolge von Art. 12a Abs. 1 GG ggf. gleichheitswidrig. Die Ausweitung der Wehrpflicht auf Frauen durch Gesetz wäre wegen Missachtung der Vorgaben des Art. 12a Abs. 1 GG freiheitsrechtswidrig.

Systematisch bleibt anzumerken, dass Art. 12a Abs. 1 GG durch die Möglichkeit der Auferlegung von Pflichten kein „Fremdkörper“[298] im Grundrechtsteil des GG ist. Auch Art. 5 Abs. 3 Satz 2, Art. 6 Abs. 2, Art. 12 Abs. 2 oder Art. 14 Abs. 2 GG ermächtigen zur Auferlegung von (Grund-) Pflichten. Im Ergebnis ist daher am bisherigen Verständnis festzuhalten, dass des den Art. 12a Abs. 1 GG einführende verfassungsändernde Gesetz nicht am ranggleichen Art. 3 Abs. 2, 3 GG, sondern an Art. 79 GG zu messen ist.

1. Keine Berührung der Grundsätze des Art. 79 Abs. 3 GG

Die Vereinbarkeit der Wehrpflichtausnahme für Frauen mit Art. 79 Abs. 3 GG kann aus drei Gründen bezweifelt werden.[299]

a) Vereinbarkeit der Differenzierung mit der elementaren Basisgleichheit der Männer und der Frauen (Menschenwürde)
b) Vereinbarkeit der Differenzierung zwischen Männern und Frauen mit dem Willkürverbot (Rechtsstaatsprinzip)

---

297 *Michael Sachs*, in: Stern, Staatsrecht III/2, S. 462.

298 *Tetzlaff*, Vom (un)möglichen Zustand des Wehrpflichtrechts, S. 359.

299 Dies übersieht *Klümper* BWV 2004, 124 (126), der eine Auseinandersetzung mit der Ungleichbehandlung von Männern und Frauen wegen des Verfassungsrangs von Art. 12a Abs. 1 GG für obsolet hält; BVerfG (4. Kammer des Zweiten Senats) NJW 2002, 1709 musste diese Frage nicht entscheiden, weil die Vorlage des AG Düsseldorf vom 30. Oktober 2001 (Az.: 412 Ds/810 Js 929/00) bereits unzulässig war.

c) Vereinbarkeit der Differenzierung mit der staatsbürgerlichen Pflichtengleichheit (Demokratieprinzip)

a. Menschenwürde Art. 79 Abs. 3 i. V. m. Art. 1 Abs. 1 GG

Fraglich ist die Vereinbarkeit der auf Männer beschränkten Wehrpflicht mit der nach Art. 79 Abs. 3 GG i. V. m. Art. 1 Abs. 1 GG verfassungsfesten Menschenwürdegarantie. Dabei werden sowohl eine Würdeverletzung der pflichtigen Männer als auch eine Würdeverletzung der nicht berücksichtigten Frauen diskutiert.

aa. Menschenwürde der Männer

Zunächst kommt ein Verstoß gegen die Menschenwürde der Männer in Betracht. Die Menschenwürde gewährt in ihrem Grundsatz nach Art. 79 Abs. 3 GG jedenfalls eine *elementare Basisgleichheit*[300], die jeden Menschen vor einer objektiv schlicht unvertretbaren und subjektiv auf sachfremden Motivationen beruhenden Rechtsanwendung mit erheblicher Auswirkung auf die Lebensverhältnisse schützt.[301]

Über diesen Prüfungsmaßstab hinaus geht *Felix Ekardt* davon aus, dass der liberal-demokratische Staat die rationalistisch-edukatorische Funktion habe, inegalitären Neigungen zu widerstehen.[302] Jedenfalls dürfe ein Rollenstereotyp[303] nicht zur Rechtfertigung einer Ungleichbehandlung herangezogen werden.[304] Diese Argumentation deutet auf eine Anwendung des Maßstabs des Art. 3 Abs. 2 und 3 GG im Rahmen des Art. 79 Abs. 3 i. V. m. Art. 1 Abs. 1

300 *Wolfram Höfling*, in: Sachs, GG, Art. 1 Rn. 33; *Stern*, Staatsrecht IV/1, S. 54; *Karl-Eberhard Hain*, in: v. Mangoldt/Klein/Starck, GG II, Art. 79 Rn. 62; *Matthias Herdegen*, in: Maunz/Dürig, GG, Art. 1 Abs. 1 (2009) Rn. 120; *Horst Dreier*, in: Dreier, GG I, Art. 1 Abs. 1 Rn. 59; *ders.*, in: Dreier, GG II, Art. 79 III Rn. 32; *Sachs* NWVBl 2000, 405 (411); *Even*, Art. 79 Abs. 3 GG, S. 231 f.; allg. für eine unantastbare Basisgleichheit nach Art. 79 Abs. 3 GG ohne Zuordnung zu Art. 1 oder Art. 20 GG BVerfGE 84, 90 (127); 94, 12 (34); 95, 48 (62); im Zusammenhang mit dem Rechtsstaatsprinzip wird die Basisgleichheit genannt bei *Gerhard Robbers*, in: BK, Art. 20 (2009) Rn. 1857 ff.; *Helmuth Schulze-Fielitz*, in: Dreier, GG II, Art. 20 (Rechtsstaat) Rn. 39.

301 *Matthias Herdegen*, in: Maunz/Dürig, GG, Art. 1 Abs. 1 (2009) Rn. 120.

302 *Ekardt* DVBl 2001, 1171 (1176).

303 *Loeser*, Wehrsteuer, S. 10 f.; auch *Bihr*, Wehrsteuer, S. 56, der die „Funktion der Frau“ entscheidend durch die tragende Stellung in der Familie geprägt sieht.

304 *Ekardt* DVBl 2001, 1171 (1177); auch *Klümper*, Legitimation für die Wehrpflicht?, S. 144.

GG.[305] Demnach dürfte auch der verfassungsändernde Gesetzgeber wegen des Geschlechts nur differenzieren, wenn dies zur Lösung von Problemen, die ihrer Natur nach nur entweder bei Männern oder bei Frauen auftreten können, zwingend erforderlich ist.[306]

Gegen diesen strengen Prüfungsmaßstab spricht, dass der Wortlaut des Art. 79 Abs. 3 GG die Grundsätze der Art. 1 *und* 20 GG, nicht aber der Art. 1 bis 20 GG für unabänderlich hält. Es wäre vielmehr darzulegen, warum der Schutz vor einer Differenzierung wegen des Geschlechts zum unabänderlichen Gehalt des eng auszulegenden Art. 1 Abs. 1 GG zählen soll. Der Verfassunggeber selbst hielt in Art. 117 Abs. 1 GG dem Art. 3 Abs. 2 GG entgegenstehendes Recht für eine Übergangszeit aufrecht. Ein damit einhergehendes Art. 1 Abs. 1 GG verletzendes Recht hätte aber nicht im Rahmen einer Übergangsvorschrift fortgelten sollen. Auch Art. 139 GG erlaubt - unabhängig von der dieser Norm zu Grunde liegenden historischen Sondersituation - keinen Eingriff in Grundrechte, die unmittelbarer Ausdruck der menschlichen Persönlichkeit sind.[307] Daher ist bei der Prüfung der Vereinbarkeit mit Art. 79 Abs. 3 GG kein strenger Maßstab anzulegen, um die Möglichkeit, zukünftigen Entwicklungen Rechnung zu tragen, nicht zu sehr einzuengen.[308] Somit hat der verfassungsändernde Gesetzgeber nach Art. 79 Abs. 3 i. V. m. Art. 1 Abs. 1 GG lediglich den gleichheitsrechtlichen Minimalstandard einer elementaren Basisgleichheit zu erfüllen.[309] Die *zurückgestufte Prüfung* beschränkt sich auf Verletzungen der Basisgleichheit durch eine *evident* fehlsame Einschätzung des verfassungsändernden Gesetzgebers.[310] Einer evident fehlsamen Einschätzung steht eine Typisierung entgegen, obwohl dadurch im Einzelfall ohne Anknüpfung an die Vergleichsgruppen differenziert wird. Ist der typisierende Maßstab im Regelfall jedoch ein sachgerechtes Kriterium, scheidet jedenfalls eine evident fehlsame Einschätzung aus, solange eine Orientierung am Regelfall erfolgt. Denn nur durch typisierende Ungenauigkeiten kann die Gesetzgebungsfunktion aufrecht erhalten werden. Daher sind Verfassungsnormen mit Art. 79 Abs. 3 i. V. m. Art. 1 Abs. 1 GG vereinbar, die an das Geschlecht anknüpfen, um Menschen mit relevanten Eigenschaften zu erfassen, die typischerweise mit einem

---

305 So auch *Brun-Otto Bryde*, in: v. Münch/Kunig, GG III, Art. 79 Rn. 36; *Even*, Art. 79 Abs. 3 GG, S. 232 ff.

306 Vgl. BVerfGE 85, 191 (207); 92, 91 (109); 114, 357 (364); BVerfG (3. Kammer des Zweiten Senats) NJW 2009, 661.

307 Vgl. zu Art. 184 Verf. Bayern BayVerfGH DÖV 1950, 470 (475).

308 BVerfGE 109, 279 (310); *Michael Sachs*, in: Sachs, GG, Art. 79 Rn. 26; *Stern*, Staatsrecht I, S. 168; *Kloepfer*, Grundrechte, § 71 Rn. 14.

309 *Karl-Eberhard Hain*, in: v. Mangoldt/Klein/Starck, GG II, Art. 79 Rn. 62.

310 *Sachs* NWVBl 2000, 405 (411).

Geschlecht einhergehen und beim anderen Geschlecht seltener anzutreffen sind.[311]

Nach diesem Maßstab lässt sich die Verschiedenbehandlung von Männern und Frauen in Art. 12a Abs. 1 GG i. V. m. § 1 Abs. 1 WPflG zunächst auf *biologische* Erwägungen bei militärischen Kampfeinsätzen stützen. Zwar hat die (typische) physische Überlegenheit von Männern im Kampf durch den Einsatz moderner Kriegsgeräte inzwischen an Bedeutung verloren.[312] Auch in anderen Bereichen (z. B. Polizei), die Frauen früher ebenfalls aufgrund ihrer Konstitution vorenthalten worden sind, hat sich der wohl primär „kulturell bedingte“[313] Ausschluss inzwischen gelockert.[314] Gleichwohl beschränken sich nicht alle Kampfhandlungen auf die Bedienung von modernen Kriegsgeräten. Männer haben in entsprechenden Kampfhandlungen, die eine besondere physische Konstitution voraussetzen (z. B. bei der Infanterie), typischerweise Vorteile. Die Streitkräfte anderer Staaten (Belgien, Dänemark, Niederlande, Portugal, USA) verzichten etwa aus diesem Grund in bestimmten Kampfgruppen auf den Einsatz von (freiwillig dienenden) Frauen.[315] Hinzu treten frauenspezifische Nachteile durch Beschwerden, die während der Schwangerschaft oder Menstruation auftreten können.[316] Letztlich haben Männer typischerweise ein größeres Aggressionspotential, welches für Tötungshandlungen im Krieg erforderlich ist.[317] Als Beweis mag der männliche Anteil von 88, 27 % der Verurteilten im Jahr 2008 bei Tötungsdelikten[318] herangezogen werden.[319]

Auch *soziologisch* kann die Differenzierung erklärt werden. So berichtet *Felix Ekardt* von Problemen in den israelischen Streitkräften, die ihr Personal auch

---

311 *Sachs* NWVBl 2000, 405 (411).

312 *Gilbert Gornig*, in: v. Mangoldt/Klein/Starck, GG I, Art. 12a Rn. 25; *Bernd Brunn*, in: Umbach/Clemens, GG I, Art. 12a Rn. 6; *Roman Schmidt-Radefeldt*, in: Epping/Hillgruber, GG, Art. 12a Rn. 7; *Neubauer* FinArch 1984, 107 (116); *Sachs* NWVBl 2000, 405 (411); *Epping* DÖD 2000, 188 (195); *Ekardt* DVBl 2001, 1171 (1177); *Zuleeg* DÖV 1997, 1017 (1019); *Klümper*, Legitimation für die Wehrpflicht?, S. 144 f.; anders noch *Barth* DÖV 1966, 153 (156 Fn. 14), der im Waffendienst von Frauen einen „krassen Widerspruch zu den zu verteidigenden Grundwerten“ sieht; wohl auch *Stein* EuZW 2000, 213, der aber nur empirisch auf den niedrigen Frauenanteil in anderen Streitkräften verweist.

313 *Reich*, Art. 12a Rn. 1; *Ekardt* DVBl 2001, 1171 (1175).

314 *Zuleeg* DÖV 1997, 1017 (1019).

315 *Kreuzer* VBlBW 2001, 41 (43).

316 *Kloepfer*, Grundrechte, § 71 Rn. 15.

317 Vgl. *Sachs* NWVBl 2000, 405 (411); *Ekardt* DVBl 2001, 1171 (1176).

318 *Statistisches Bundesamt* (Hrsg.), Statistisches Jahrbuch 2010 für die Bundesrepublik Deutschland mit „internationalen Übersichten“, S. 279.

319 *Sachs* NWVBl 2000, 405 (411).

aus weiblichen Wehrpflichtigen rekrutieren, während des israelischen Unabhängigkeitskrieges 1948/1949: Im Verlauf der Kampfhandlungen wurde festgestellt, dass die männlichen Soldaten für die weiblichen eine ausgreifende Beschützerrolle einnahmen, woraufhin das Militär bei den folgenden Einsätzen die unmittelbare Kampfbeteiligung von Frauen vermieden hat.[320] Die Ursache für das Verhalten der männlichen Soldaten kann sein, dass die Frauen stärker gefährdet sind, Opfer von Kriegsverbrechen (besonders gegen die sexuelle Selbstbestimmung) zu werden als Männer. Dieses Motiv hatte auch der verfassungsändernde Gesetzgeber besonders nach den Erfahrungen des Zweiten Weltkrieges vor Augen.[321] Der Bedarf an männlichen Soldaten für Fronteinsätze ist also größer als der Bedarf an weiblichen Soldaten. Dass Frauen in (rechtsstaatlich nicht vergleichbaren) Epochen der deutschen Geschichte des 20. Jahrhunderts dennoch zu militärischen Kampfhandlungen herangezogen worden sind, erklärt sich mit personellen Engpässen in kriegerischen Ausnahmesituationen, einem (weitgehend) isolierten Kampf gegen die (nahezu gesamte) Staatengemeinschaft.[322]

Unabhängig von diesen Erklärungen besteht jedoch eine gleichheitsrechtliche Brisanz darin, insbesondere nach der Neufassung von Art. 12a Abs. 4 S. 2 GG[323] Frauen Dienst in der Bundeswehr leisten *dürfen*, während Männer den Dienst in der Bundeswehr leisten *müssen*.[324] Auch vor der Verfassungsänderung gab es Bereiche, in denen pflichtige Männer und freiwillige Frauen beschäftigt waren. So kann die Wehrpflicht nicht nur durch den Dienst in den Streitkräften, sondern auch im Bundesgrenzschutz (Art. 12a Abs. 1 Var. 2 GG; § 42a WPflG)[325] (jetzt: „Bundespolizei“[326]) erfüllt werden, welcher Frauen fakultativ eröffnet war (und ist).[327] Sofern die Voraussetzungen für eine Kriegsdienstverweigerung vorlagen, konnte auf Antrag der Dienst nach § 3 Abs. 1 S. 1 WPflG i. V. m. §§ 3; 4 ZDG auch in weiteren Bereichen erfüllt werden, die Frauen eben-

320 Vgl. *Ekardt* DVBl 2001, 1171 (1175).

321 Abg. *Lüders*, Ausschuss für Rechtswesen und Verfassungsrecht, Prot. Nr. 6 vom 09.02.1954, S. 72 f., aus: Menzel NZWehrR 1960, 1 (2).

322 So schon Abg. *Bergsträsser*, in: Der Parlamentarische Rat, Band 5/II, Ausschuß für Grundsatzfragen, 26. Sitzung, Nr. 33, S. 712 (740); insgesamt dazu *Werner Winterstein*, Die Beschäftigung von Frauen in den deutschen Streitkräften von 1914 bis 1945, BWV 1976, S. 129 ff.; vgl. auch § 3 Abs. 5 WDG-DDR.

323 Gesetz vom 19.12.2000, BGBl I, 1755.

324 *Bernd Brunn*, in: Umbach/Clemens, GG I, Art. 12a Rn. 6; *Klümper* BWV 2004, 124.

325 Von der Möglichkeit, in einem Zivilschutzverband Dienst zu leisten, hat der Gesetzgeber keinen Gebrauch gemacht.

326 Gesetz vom 21.06.2005, BGBl I, 1818.

327 Dazu *Ernst-Dieter Maar*, Frauen als Waffenträger im Bundesgrenzschutz, BWV 1989, 250 ff.

falls lediglich auf freiwilliger Basis, etwa im Rahmen eines Jugendfreiwilligendienstes nach dem JFDG, zugänglich waren.

Dieses auseinanderklaffende Rechte- und Pflichtensystem für Männer und Frauen ist aber lediglich Folge anderer Entscheidungen von Verfassungsrang. Dass nur Männer in diesen Bereichen verpflichtet werden, geht auf die (biologisch und soziologisch zu erklärende) Beschränkung der Wehrpflicht auf Männer zurück.[328] Dass Frauen bei der Bundeswehr auch Dienst mit der Waffe leisten dürfen, konnte schon Art. 12a Abs. 4 S. 2 GG a. F. entnommen werden[329] und setzt zudem unionsrechtliche Vorgaben um, damit Frauen nun eine wirtschaftliche Perspektive bei der Bundeswehr erhalten.

Insgesamt finden sich in den dargelegten biologischen und soziologischen Erwägungen zulässige typisierende Erklärungen für die Beschränkung der Wehrpflicht auf Männer. Beide Motive sind zumindest nicht von vornherein derart abwegig, dass sie zu einem Verstoß gegen die Basisgleichheit führen, die den verfassungsändernden Gesetzgeber bindet. Vielmehr handelt es sich um verfassungsrechtlich zulässige - wenn auch rechtspolitisch[330] angreifbare - Motive. Der Ausschluss der Wehrpflicht für Frauen verstößt daher nicht gegen die Menschenwürde der Männer.

bb. Menschenwürde der Frauen

Außerdem wird ein Verstoß gegen die Menschenwürde der Frauen in Betracht gezogen. Dabei wird - anknüpfend an die auf *Günter Dürig* zurückgeführte Objektformel[331] - in der Vorenthaltung der Wehrpflicht eine Herabwürdigung gesehen, sofern man an dem Postulat festhalte, dass die Wehrpflicht eine dem grundrechtlichen Schutzanspruch entsprechende Pflicht sei. Da Frauen weder wegen ihrer prinzipiellen Unfähigkeit noch wegen geschlechtsbedingter Wehrunwürdigkeit, sondern allein aus wohlgemeinter Schonung von der für das Individuum und die Gemeinschaft bedeutsamen Wehrpflicht ausgenommen würden, bedeute die Vorenthaltung des gleichwertigen Staatsbürgerstatus mit Rechten *und* Pflichten eine Herabwürdigung.[332]

---

328 *Kloepfer*, Grundrechte, § 71 Rn. 46.

329 *Juliane Kokott*, in: Sachs, GG, Art. 12a Rn. 6; *Hans D. Jarass*, in: Jarass/Pieroth, GG, Art. 12a Rn. 3a; *Sachs* NWVBl 2000, 405 (406 ff.); *Zuleeg* DÖV 1997, 1017 (1018); a. A. BVerwGE 103, 301 (303 f.); *Manfred Gubelt*, in: v. Münch/Kunig, GG I, Art. 12a Rn. 20; *Gilbert Gornig*, in: v. Mangoldt/Klein/Starck, GG I, Art. 12a Rn. 149.

330 *Juliane Kokott*, in: Sachs, GG, Art. 12a Rn. 8; *Kloepfer*, Grundrechte, § 71 Rn. 46; *Fleischhauer*, Wehrgerechtigkeit, S. 227.

331 *Dürig* AöR 81 (1956), 117 (127).

332 *Sachs* NWVBl 2000, 405 (411 f.); *ders.*, Grundrechte, B 3 Rn. 116.

Abgesehen davon, dass der Prämisse der Wehrpflicht als einer dem grundrechtlichen Schutzanspruch entsprechenden Pflicht nicht zu folgen ist (S. 51 ff.), sprechen die bereits im Rahmen der Basisgleichheit vorgebrachten Argumente (S. 46 ff.) gegen eine Degradierung des Verfassunggebers: Frauen kann zwar eine prinzipielle Unfähigkeit zum Dienst in den Streitkräften nicht vorgehalten werden. Gleichwohl haben Männer gegenüber Frauen typischerweise leistungsbiologische Vorteile, insbesondere in den militärisch relevanten Bereichen Körperbau, Muskelkraft, motorische Schnelligkeit, physische Ausdauer sowie Toleranz gegenüber Hitze, Kälte und Höhe.[333] Entsprechende Anforderungen können trotz der Entwicklung in der Kriegstechnologie auch gegenwärtig noch von Bedeutung sein. Ob die aufgezählten Nachteile von Frauen durch entsprechende individuelle Tauglichkeitsprüfungen, Befreiungen oder gezieltes Training auszugleichen sind,[334] fällt in den Entscheidungsspielraum der politischen Kräfte, welche die qualifizierten Mehrheiten (Art. 79 Abs. 2 GG) tragen. Hinzu kommt ein zu befürchtender Beschützerinstinkt. Ausschlaggebend für die Vorenthaltung der Wehrpflicht für Frauen sind daher primär militärische Erwägungen in einer vom verfassungsändernden Gesetzgeber zulässigen typisierenden Betrachtungsweise. Eine möglicherweise degradierende „Schonungsmotivation" tritt dahinter zurück. Eine Verletzung der Menschenwürde der Frauen durch eine herabwürdigende Vorenthaltung ist also nicht anzunehmen.

b. Demokratieprinzip Art. 79 Abs. 3 i. V. m. Art. 20 Abs. 1 und 2 GG

Fraglich ist darüber hinaus die Vereinbarkeit der auf Männer beschränkten Wehrpflicht mit dem nach Art. 79 Abs. 3 GG i. V. m. Art. 20 Abs. 1 und 2 GG änderungsfesten Demokratieprinzip, zu dessen Kern auch eine allgemeine staatsbürgerliche Pflichtengleichheit gezählt wird.[335] Ausgangspunkt dieser Überlegung ist der vom Bundesverfassungsgericht seit dem 5. November 1974 begründete spezielle Zusammenhang zwischen allgemeiner Wehrpflicht und staatsbürgerlicher Pflichtengleichheit, wie er bereits bei *Thomas Hobbes*[336] zum

---

333 Ausf. *Klümper*, Legitimation für die Wehrpflicht?, S. 135 ff. m.N.

334 *Klümper*, Legitimation für die Wehrpflicht?, S. 143 ff.

335 *Michael Sachs*, in: Sachs, GG, Art. 79 Rn. 65; *Karl-Eberhard Hain*, in: v. Mangoldt/Klein/Starck, GG II, Art. 79 Rn. 76; *Ekardt* DVBl 2001, 1171 (1174).

336 *Hobbes*, Leviathan, Kap. XXI, S. 185: „Und wenn die Verteidigung des Gemeinwesens umgehend die Hilfe aller Waffenfähigen erfordert, ist jedermann dazu verpflichtet; denn sonst war die Gründung des Gemeinwesens, das zu erhalten sie weder die Absicht noch den Mut haben, vergeblich."

Ausdruck kam:[337] Der Staat könne seine in der Verfassung übernommene Verpflichtung, die verfassungsmäßige Ordnung, insbesondere auch die Grundrechte seiner Bürger zu schützen (Art. 1 Abs. 1 S. 2 GG), nur mit Hilfe eben dieser Bürger und ihres Eintretens für den Bestand der Bundesrepublik Deutschland nachkommen. Dem Schutzanspruch des Einzelnen korrespondiere deshalb die Verpflichtung, sich auch seinerseits für die Belange der im Staat organisierten Gemeinschaft einzusetzen und seinen Beitrag für die Verteidigung jener Ordnung zu leisten, deren Sicherung die Verfassung insgesamt bezwecke.[338]

Ob die Folgerung nun schon wegen ihres kollektivistischen Staatsverständnisses abzulehnen ist[339], soll hier nicht vertieft werden. Es sei lediglich angemerkt, dass der Staat selbst um des Individuums willen da ist, nicht aber umgekehrt.[340] Gegen den Gedanken des Synallagmas als Ausgangspunkt sprechen vielmehr die fehlenden *personellen* und *sachlichen Konsequenzen* dieser Aussage.

Schon der *Rechtsvergleich* zeigt, dass der Staat die Grundrechte nicht ausschließlich durch die Begründung bürgerlicher Dienstpflichten gewährleisten kann. Andere, in verteidigungspolitischer Hinsicht vergleichbare, Staaten sichern nämlich ihre verfassungsmäßige Ordnung durch eine Freiwilligenarmee (Fn. 117). Die Existenz des Staates kann daher, anders als die These des Bundesverfassungsgerichts suggeriert, nicht (mehr) *nur* durch eine Wehrpflichtarmee gegen äußere Bedrohungen geschützt werden.[341] Es bestehen vielmehr mehrere Möglichkeiten, der Schutzpflicht nachzukommen.

Außerdem ist bei der Auswahl der Möglichkeiten zum Schutz der Grundrechte der Bürger grundsätzlich vom grundgesetzlichen Prinzip vom *Steuerstaat* auszugehen. Danach obliegt es dem Staat, die staatlichen Aufgaben grundsätz-

---

337 BVerfGE 38, 154 (167); ähnlich BVerfGE 12, 45 (51); 48, 127 (161); 69, 1 (22); folgend: *Kommission „Gemeinsame Sicherheit und Zukunft der Bundeswehr" 2000*, S. 63; *Stern*, Staatsrecht II, S. 882; *F. Kirchhof*, in: HStR IV, § 84 Rn. 81; *Dieter Walz*, in: Steinlechner/Walz, WPflG, § 1 Rn. 3; *Sachs* NWVBl 2000, 405 (412); *Voland* ZRP 2007, 185; auch schon *C. Schmitt*, Verfassungslehre, S. 254; *Laband*, Staatsrecht IV, S. 135, 161; krit. *Kratzmann* Der Staat 26 (1987), 187 (190 ff.).

338 Vgl. auch explizit Art. 51 Abs. 1 Verfassung Vietnam 1992: „Rechte und Pflichten der Bürger sind untrennbar verbunden."

339 *Baldus* NZWehrR 1993, 93 (99 ff.); *Schmidt-De Caluwe/Heselhaus* NJW 2001, 2680 (2682).

340 *Götz Frank*, in: AK-GG, nach Art. 87 (2001) Rn. 79.

341 *Deiseroth* NJ 1999, 635 (636 f.); *Schmidt-De Caluwe/Heselhaus* NJW 2001, 2680 (2682).

lich aus Steuermitteln (oder zumindest anderweitigen Abgaben) zu erfüllen.[342] Dienstleistungen der Bürger werden hingegen (jenseits der beschränkten Reichweite des Art. 12 Abs. 2 GG) nicht in Anspruch genommen, so dass sich die positiven Leistungen des Einzelnen an die Gemeinschaft in Geldzahlungen erschöpfen.[343] Der Staat erfüllt seine Aufgaben sodann grundsätzlich durch eigenes Personal.[344] In dieser Art und Weise werden die staatlichen Dienste in nahezu allen Bereichen der Leistungs- und (besonders) in der Eingriffsverwaltung finanziert. Insbesondere die Polizei- und Ordnungsbehörden werden mit entsprechenden Mitteln ausgestattet, um anschließend nach Art. 33 Abs. 2 bis 5 GG das sich freiwillig bewerbende Personal zu rekrutieren.

Nur bei der Gewährleistung der äußeren Sicherheit hat sich der Gesetzgeber für einen anderen Weg entschieden. Hier vertraut er nicht - wie bei der Erfüllung der staatlichen Schutzpflicht im Innern[345] - auf einen öffentlichen Dienst auf Basis der Freiwilligkeit, sondern bevorzugt eine Naturalleistungspflicht für deutsche, männliche Bürger ab dem 18. Lebensjahr. Er vertraut nicht dem Citoyen, sondern misstraut dem Bourgeois.[346]

Zwar hat der Gesetzgeber in verteidigungs- und militärpolitischen Fragen eine weite Einschätzungsprärogative, so dass aus freiheitsrechtlicher Sicht kein verfassungswidriges Verfassungsrecht angenommen werden kann.[347] Allerdings ist ein dem Steuerstaat fremdes System[348] zu konstatieren, das nicht zwingend ist.

Zudem mag rechtspolitisch gefragt werden, warum der Staat in Zeiten des internationalen Terrorismus und der zunehmenden Schwierigkeit, äußere und

---

342 BVerfGE 78, 249 (266 f.); *Klaus Vogel/Christian Waldhoff*, in: BK, Vor Art. 104a (1997) Rn. 327 ff.; *Monika Jachmann*, in: v. Mangoldt/Klein/Starck, GG III, Art. 105 Rn. 2; *Gramm* Der Staat 36 (1997), 267 (273).

343 *Isensee*, in: H. P. Ipsen FS, S. 409 (415).

344 *Isensee*, in: H. P. Ipsen FS, S. 409 (415).

345 *Robbers*, Sicherheit als Menschenrecht, S. 228 ff.; zu personellen Mängeln vgl. *Konrad Freiberg*, in: FAZ vom 12. April 2007, http://www.faz.net/s/Rub594835B672714A1DB1A121534F010EE1/Doc~E8DCD6C380A294AE1BF94570B31C708F8~ATpl~Ecommon~Scontent.html „Die Polizei ist aus Personalmangel nicht einmal in der Lage, die von den Sicherheitsbehörden erkannten rund 100 islamistischen Gefährder zu überwachen.“; sowie Süddeutsche Zeitung vom 11. Dezember 2007, http://www.sueddeutsche.de/bayern/440/427196/text/: Weil der Polizei das Personal fehlt, wird selbst die Auswertung von intimen Daten an externe Firmen gegeben. Selbst sichergestellte Kinderpornographie wird von den privaten Dienstleistern gesichtet.

346 Unterscheidung nach *Jean-Jacques Rousseau*, Gesellschaftsvertrag, 1. Buch 6. Kapitel.

347 BVerfGE 48, 127 (160 f.); 105, 61 (72).

348 Ähnlich *Hendler* AöR 115 (1990), 577 (596).

innere Gefahren zu trennen,[349] lediglich bei der Abwehr äußerer und nicht auch innerer Gefahren ein staatsvertragliches Synallagma konstruiert. Konsequent müsste es nach jener Argumentation nicht nur den „Bürger in (Militär-) Uniform"[350], sondern auch den „Bürger in Polizeiuniform" geben. Warum nun aber der Staat bei der Gewähr äußerer Sicherheit besonders von Diensten des Bürgers abhängig sein soll, ist nicht ersichtlich.

In *personeller* Hinsicht liegt in der Beschränkung der Pflichtigen auf Männer sodann der zweite Fremdkörper in der Herleitung der Wehrpflicht aus dem Demokratieprinzip. Denn in der Entscheidung vom 13. April 1978 wird das Eintreten zum „Schutz von Freiheit und Menschenwürde" allein auf die *männlichen* Staatsbürger beschränkt.[351] Die entsprechende Gegenleistungs- (Schutz-) pflicht des Staates umfasse hingegen *alle* Bürger. Das Gericht zeichnet also ein Band zwischen Staat und Bürgern, welches nach seinen eigenen Ausführungen nur einen Teil der Bürger erreicht.

Es führt aus:[352]

> Individueller grundrechtlicher Schutzanspruch und gemeinschaftsbezogene Pflicht der Bürger eines demokratisch verfaßten Staates, zur Sicherung dieser Verfassungsordnung beizutragen, entsprechen einander.

Folgerichtig wäre aber die folgende Ausführung gewesen:

Individueller grundrechtlicher Schutzanspruch und gemeinschaftsbezogene Pflicht der *männlichen Bürger ab 18 Jahren* eines demokratisch verfassten Staates, zur Sicherung dieser Verfassungsordnung beizutragen, entsprechen einander. Daneben genießen Minderjährige, Frauen und Ausländer die gegenleistungsfreie Schutzpflicht des Staates.

Indem Frauen nun das gezeichnete Band der synallagmatischen Wehrpflicht nicht erreicht, genießen sie lediglich die Wohltaten der staatlichen Gemeinschaft, werden aber von der Gegenleistung dafür befreit. Dadurch werden sie zu „staatsvertraglichen Trittbrettfahrern"[353] gemacht.[354] Damit wird ein amputiertes

---

349 Dazu *Udo Di Fabio*, Sicherheit in Freiheit, NJW 2008, 421 (422 f.); *Christoph Enders*, Der Staat in Not, DÖV 2007, 1039 (1043 ff.).

350 Dazu näher *Lerche*, in: HGrR IV/1, S. 447 (450); *Götz Frank*, in: AK-GG, nach Art. 87 (2001) Rn. 86.

351 BVerfGE 48, 127 (161); so auch BVerwG NJW 2006, 2871 (2873).

352 BVerfGE 48, 127 (161).

353 *Sachs* NWVBl 2000, 405 (412).

354 Ähnlich *Juliane Kokott*, in: Sachs, GG, Art. 12a Rn. 8; *Doehring* NZWehrR 1997, 45 (49 f.); anders *Otto Mayer*, Deutsches Verwaltungsrecht, 2. Band, 2. Aufl., München 1917, S. 220 f.; *Luchterhandt*, Grundpflichten, S. 521, die in der Wehrpflicht keine Steuerersparnis sehen, sondern eine spezifische Organisationsform der Landesverteidi-

Pflichtensystem begründet, welches im grundgesetzlichen Steuerstaatsgefüge einen Fremdkörper darstellt. Die Ausgangsüberlegung eines staatsvertraglichen Synallagmas kann daher wegen *fehlender Folgerichtigkeit* nicht überzeugen.

Dass die Beschränkung der Wehrpflicht auf Männer ein demokratischer Fremdkörper ist, ist unabhängig von einer Verletzung der Menschenwürde. Denn sowohl gegen eine Verletzung der Basisgleichheit als auch gegen eine Degradierung sprechen militärische Erwägungen (S. 46 ff.). Die Vereinbarkeit mit der Menschenwürde lässt jedoch die Annahme eines eher demokratiefremden Systems zu.

Darüber hinaus ist die Beschränkung der Wehrpflicht auch materiell kein Verstoß gegen den Grundsatz der *staatsbürgerlichen Pflichtengleichheit*:

Zwar mag eine *pauschale* Rechtfertigung wegen zahlreicher Nachteile von Frauen in der Lebenswirklichkeit (etwa im Berufsleben) bezweifelt werden.[355] Eine typischerweise größere Belastung von Frauen kann aber insbesondere im familiären Bereich[356] nicht *offensichtlich* von der Hand gewiesen werden.[357] Zwar mögen mit Art. 12a Abs. 1 GG entsprechende Strukturen verfestigt werden. Ob der verfassungsändernde Gesetzgeber damit aber auch gegen die Grundsätze der Art. 79 Abs. 3 i. V. m. Art. 20 Abs. 1 und 2 GG verstoßen hat, ist zu bezweifeln. Es kann ihm nämlich - im Unterschied zum Gesetzgeber[358] - nicht aufgetragen werden, faktische Nachteile durch begünstigende Freistellungen auszugleichen. Auf eine groteske Verrechnung der zeitlichen Verzögerung für den Berufseinstieg durch die Wehrpflicht mit der (durchschnittlichen) Belastung durch eine Geburt[359] kommt es also nicht an. Frauen von der Wehrpflicht zu verschonen ist daher als sachgerechte Modifikation der staatsbürgerlichen Pflichtengleichheit zu verstehen, um bestehende Sonderbelastungen (insbesondere im familiären Bereich) auszugleichen. Für den verfassungsändernden Ge-

---

gung und eine demokratische Beteiligung des Bürgers an einer grundlegenden Staatsfunktion.

355 *Sachs* NWVBl 2000, 405 (412); *Gilbert Gornig*, in: v. Mangoldt/Klein/Starck, GG I, Art. 12a Rn. 25; *Bernd Brunn*, in: Umbach/Clemens, GG I, Art. 12a Rn. 6; *Epping* DÖD 2000, 188 (195); *Klümper*, Legitimation für die Wehrpflicht?, S. 146 ff.

356 *Boehm-Tettelbach*, WPflG, § 1 (2008) Rn. 11a; zu gegensteuernden Versuchen des Gesetzgebers siehe etwa die Einführung des „Elterngeldes“ vom 05.12.2006, BGBl I, 2748 ff. Zur Motivation des Gesetzgebers BT-Drs 16/1889, 14 ff.; siehe ferner *Ralf Müller-Terpitz*, Vätermonate und Kindergartenpflicht – wie viel Staat verträgt die Familie?, JZ 2006, 991 ff.

357 BVerwG NJW 2006, 2871 (2873); auch *Schmude*, in: Arndt FS, S. 169 (170), der sich auch auf den positivierten Förderungsauftrag des Art. 3 Abs. 2 S. 2 GG stützt; offen VG Stuttgart VBlBW 2001, 377 (378).

358 BVerfGE 92, 91 (112 f.).

359 Dazu *Sachs* NWVBl 2000, 405 (412).

setzgeber ist jedoch nicht relevant, ob es psychologisch und symbolisch für die Gleichordnung der Geschlechter kontraproduktiv ist, die Waffe als klassisches Machtsymbol beim Mann (abgesehen vom freiwilligen Dienst) zu belassen.[360]

Auch nach der Zulassung von Frauen zum Dienst mit der Waffe (vgl. Art. 12a Abs. 4 S. 2 GG) ergibt sich keine andere Bewertung:

Eine Verletzung der staatsbürgerlichen Pflichtengleichheit i. S. d. Art. 79 Abs. 3 GG i. V. m. Art. 20 Abs. 1 GG liegt daher - trotz rechtspolitischer Bedenken - nicht vor.

Zudem ist die allgemeine Wehrpflicht nicht an eine demokratische Staatsform gebunden, sondern ist auch in undemokratischen Staaten denkbar.[361] Eine Verbindung zum Demokratieprinzip ist daher nicht zwingend.

c. Rechtsstaatsprinzip Art. 79 Abs. 3 i. V. m. Art. 20 Abs. 2 S. 2, Abs. 3 GG

Zuletzt ist ein Verstoß gegen das Rechtsstaatsprinzip, welches in Art. 20 Abs. 1 GG ungeschrieben enthalten[362] und daher verfassungsfest ist[363], denkbar. Dessen Einzelgehalt ist das Willkürverbot,[364] das nach Art. 79 Abs. 3 GG auch den verfassungsändernden Gesetzgeber bindet.[365] Jene Vorgabe verbietet eine Entscheidung „ohne vernünftige, einleuchtende Gründe“.[366] Zwar ist die Geltung des Willkürverbots als änderungsfester Grundsatz des Rechtsstaatsprinzips nicht unumstritten.[367] Doch soll Art. 79 Abs. 3 GG als Vorgabe für den Gesamtstaat ersichtlich nicht hinter der Homogenitätsgarantie für die Länder zurückbleiben.[368]

---

360 So aber *Ekardt* DVBl 2001, 1171 (1178 f.).

361 Siehe Fn. 249.

362 BVerfGE 63, 343 (353); 102, 370 (392); *Michael Sachs*, in: Sachs, GG, Art. 20 Rn. 75 f.; *Klaus F. Gärditz*, in: Friauf/Höfling, GG, Art. 20 (6. Teil) (2011) Rn. 38; *Helmuth Schulze-Fielitz*, in: Dreier, GG II, Art. 20 (Rechtsstaat) Rn. 40; *Schmidt-Aßmann*, in: HStR II, § 26 Rn. 3; *Sobota*, Das Prinzip Rechtsstaat, S. 399 ff.

363 BVerfGE 102, 370 (392); *Michael Sachs*, in: Sachs, GG, Art. 79 Rn. 73; *Stern*, Staatsrecht I, S. 172 f.; *Schmidt-Aßmann*, in: HStR II, § 26 Rn. 3.

364 BVerfGE 1, 332 (347); 2, 266 (280 f.); BVerfG (1. Kammer des Ersten Senats) NJW 2004, 1371 (1372); *Michael Sachs*, in: Stern, Staatsrecht IV/2, S. 1522 f.; *Hans D. Jarass*, in: Jarass/Pieroth, GG, Art. 20 Rn. 31c; *Karl-Peter Sommermann*, in: v. Mangoldt/Klein/Starck, GG II, Art. 20 Rn. 305 ff.; *Sobota*, Das Prinzip Rechtsstaat, S. 62 f.

365 *Michael Sachs*, in: Sachs, GG, Art. 79 Rn. 77; BVerfGE 84, 90 (121) sieht das Willkürverbot allgemein in Art. 1 GG verankert; unklar hinsichtlich der Zuordnung zu Art. 1 und/oder Art. 20 GG BVerfGE 94, 12 (34).

366 Vgl. BVerfGE 1, 14 (52); 47, 109 (124); 51, 295 (300); 55 72 (89); 78, 232 (248).

367 *Matthias Herdegen*, in: Maunz/Dürig, GG, Art. 79 (2008) Rn. 117.

368 *Horst Dreier*, in: Dreier, GG II, Art. 79 III Rn. 53.

Die verfassungsrechtliche Beschränkung der Wehrpflicht auf Männer lässt sich aber biologisch und soziologisch erklären (S. 46 ff.), weshalb von einer willkürlichen Begrenzung auf Männer keine Rede sein kann. Im Ergebnis ist die Beschränkung der Wehrpflicht auf Männer mit Art. 79 Abs. 3 GG vereinbar.[369]

2. Exkurs: Vereinbarkeit mit Europarecht

Der Europäische Gerichtshof hat am 11. März 2003 („Dory")[370] entschieden, dass die Beschränkung der Wehrpflicht auf Männer mit Unionsrecht (Art. 8, Art. 157 Abs. 4 AEUV; Art. 6 Abs. 1 EUV i. V. m. Art. 23 Abs. 2 EUGrundRCharta; Art. 2 Abs. 1 RL 76/207 EWG) vereinbar ist: Danach ist es Sache der Mitgliedstaaten, die geeigneten Maßnahmen zur Gewährleistung ihrer inneren und äußeren Sicherheit zu ergreifen. Deren Ausfluss sei es, die militärische Organisation in Form der Wehrpflicht nur auf Männer zu beschränken. Der Zwang des Mitgliedstaates, die Verpflichtung auch auf Frauen auszudehnen oder die Wehrpflicht abzuschaffen, sei hingegen ein unzulässiger Eingriff in die Zuständigkeiten der Mitgliedstaaten.

3. Exkurs: Vereinbarkeit mit Völkerrecht

Ob die Beschränkung der Wehrpflicht auf Männer nach Art. 12a Abs. 1 GG mit der EMRK (insbes. Art. 14 EMRK)[371] oder anderem Völkerrecht vereinbar ist, kann dahinstehen,[372] weil völkerrechtliche Verträge lediglich mit Gesetzesrang (vgl. Art. 59 Abs. 2 GG) ausgestattet sind.

---

369 BVerfG (4. Kammer des Zweiten Senats) NJW 2002, 1709 (1710); Even, Art. 79 Abs. 3 GG, S. 232.

370 EuGH NJW 2003, 1379 f.; zustimmend *Voland* NVwZ 2003, 1341 ff.; *Klümper*, Legitimation für die Wehrpflicht?, S. 129 ff.

371 Gesetz vom 07.08.1952, BGBl II, 685, 953; in Kraft getreten am 03.09.1953, BGBl 1954 II, 14; für Gesetzesrang auch BVerfGE 74, 358 (370); 111, 307 (317); BVerwG NJW 2006, 2871 (2872); *Rudolf Streinz*, in: Sachs, GG, Art. 59 Rn. 65a; *Bernhard Kempen*, in: v. Mangoldt/Klein/Starck, GG II, Art. 59 Rn. 92; *Stern*, Staatsrecht I, S. 273; a. A.: *Bleckmann* EuGRZ 1994, 149 ff., der der EMRK Verfassungsrang zukommen lässt.

372 BVerwG NJW 2006, 2871 (2872).

II. Gesetzliche Wehrpflichtausnahmen

Außerhalb der grundgesetzlichen Ermächtigung des Art. 12a Abs. 1 GG sieht das Gesetz Wehrpflichtausnahmen vor. Deren verfassungsrechtlicher Maßstab ist die Wehrpflichtgleichheit des Art. 3 Abs. 1 GG.

1. Tatbestand der Wehrpflichtgleichheit

Bei der Bestimmung des Tatbestandes der Wehrpflichtgleichheit kann an die allgemeine dogmatische Struktur der Gleichheitssätze und mithin an die allgemeinen Grundrechtslehren (S. 22 ff.) angeknüpft werden. Demnach umfasst der Grundrechtstatbestand der Wehrpflichtgleichheit personell eine Grundrechtsberechtigung und sachlich einen Schutzgegenstand in Form eines Differenzierungsverbots.

a. Berechtigte der Wehrpflichtgleichheit

Berechtigte der Wehrpflichtgleichheit aus Art. 3 Abs. 1 GG sind zunächst alle (natürlichen und juristischen) Personen.[373] Von diesem weiten Kreis sind jedoch die verfassungsrechtlichen Wehrpflichtausnahmen abzuziehen. Daher ist die Wehrpflichtgleichheit auf Männer beschränkt, die allein nach der mit Art. 79 GG vereinbaren (S. 45 ff.) Maßgabe des Art. 12a GG wehrpflichtig sein können. Ein subjektives Recht von Frauen, gleichfalls verpflichtet zu werden, kann daher nicht auf die Wehrpflichtgleichheit gestützt werden. Eine Altersbeschränkung auf Personen ab dem vollendeten 18. Lebensjahr besteht bei der Wehrpflichtgleichheit nicht, weil die Bestimmung in Art. 12a Abs. 1 GG eine Wehrdienstausnahme ist (S. 66 ff.). Da von der unvertretbaren Wehrpflicht nur natürliche Personen betroffen sein können, scheidet zudem eine Berechtigung juristischer Personen aus (vgl. Art. 19 Abs. 3 GG). Grundrechtsberechtigt sind mithin alle Männer.

b. Grundrechtsverpflichtete

Verpflichteter der Wehrpflichtgleichheit ist die gesamte Staatsgewalt (Art. 1 Abs. 3 GG). Insofern bestehen keine Besonderheiten zum allgemeinen Gleichheitssatz.[374] Die Untersuchung beschränkt sich jedoch im Folgenden auf legisla-

---

373 BVerfGE 3, 383 (390); 41, 126 (149); *Michael Sachs*, in: Stern, Staatsrecht IV/2, S. 1493 ff.; *Lerke Osterloh*, in: Sachs, GG, Art. 3 Rn. 69 ff.; *Christian Starck*, in: v. Mangoldt/Klein/Starck, GG I, Art. 3 Rn. 229 ff.

374 *Michael Sachs*, in: Stern, Staatsrecht IV/2, S. 1498 ff.; *Lerke Osterloh*, in: Sachs, GG, Art. 3 Rn. 75 f.; *Christian Starck*, in: v. Mangoldt/Klein/Starck, GG I, Art. 3 Rn. 244 ff.

tive Befreiungen von der Wehrpflicht (zu administrativen Befreiungen S. 139 ff.). Darüber hinaus werfen etwaige Verstöße der Gerichte bei der Rechtsanwendung keine besonderen Fragen auf.

c. Schutzgegenstand der Wehrpflichtgleichheit

Ausgehend vom allgemeinen Gleichheitssatz verlangt der Schutzgegenstand der Wehrpflichtgleichheit die Gleichbehandlung aller Grundrechtberechtigten („*allgemeine* Wehrpflicht"). Verboten ist somit eine Verschiedenbehandlung bei der Begründung des Wehrpflichtverhältnisses, die sich nicht durch die Verschiedenheit der unterschiedlich behandelten Fälle gleichheitsgerecht begründen lässt.[375] Zwischen den Wehrpflichtigen und den nicht Wehrpflichtigen müssen Unterschiede von solcher Art und solchem Gewicht bestehen, dass sie die Befreiung von der Wehrpflicht erklären können (S. 22 ff.).

aa. Ausländer

Eine gesetzliche Differenzierung besteht nach § 1 Abs. 1 WPflG[376] jedoch in der Beschränkung der Wehrpflicht auf Deutsche im Sinne des Grundgesetzes (siehe Art. 116 GG).

Ursprünglich sah § 2 WPflG vor, dass auch Ausländer, deren Heimatstaat Deutsche gesetzlich zum Wehrdienst verpflichtet, durch Rechtsverordnung der Wehrpflicht unterworfen werden konnten.[377] Diese Ermächtigung ist inzwischen aufgehoben worden.[378] Absatz 2 dieser Norm sah vor, dass auch Staatenlose durch Rechtsverordnung der Wehrpflicht unterworfen werden konnten, wenn sie ihren ständigen Aufenthalt in der Bundesrepublik Deutschland hatten, wodurch ein Anspruch auf Einbürgerung begründet werden konnte. Von den entsprechenden Ermächtigungen hat der Verordnunggeber gleichwohl nie Gebrauch gemacht.

---

375 Vgl. *Michael Sachs*, in: Stern, Staatsrecht IV/2, S. 1489 ff.

376 Nach *Werner Heun*, in: Dreier, GG I, Art. 12a Rn. 18, sind Ausländer schon von Art. 12a Abs. 1 GG nicht erfasst, weil dessen Charakter an den republikanischen Bürgerstatus anknüpfe; auch *Walz*, Die Wehrpflicht von Ausländern, S. 194 ff.; *ders.* NZWehrR 1982, 41 (45), der gegen den eindeutigen Wortlaut wenig überzeugend mit der Entstehungsgeschichte und Systematik argumentiert.

377 *Walz*, Die Wehrpflicht von Ausländern, S. 173 ff.; *ders.* NZWehrR 1982, 41 (45) sieht in dieser Nutzung von Ausländern als „Vergeltungsmaßnahme" einen Verstoß gegen Art. 1 Abs. 1 S. 1 GG.

378 Gesetz vom 22.04.2005, BGBl I, 1106 (1107).

Die bundesrepublikanische[379] Wehrpflicht hat somit von Beginn an zwischen Deutschen und Ausländern unterschieden. Prüfungsmaßstab für diese Unterscheidung ist nicht Art. 3 Abs. 3 GG, der eine Differenzierung wegen der Staatsangehörigkeit nicht verbietet[380], sondern Art. 3 Abs. 1 GG.

Ausgangspunkt für den Differenzierungsgrund ist ein verfassungstheoretischer Ansatz: Während Ausländer allenfalls beschränkt am status activus[381], der Vermittlung staatlicher Mitwirkungsrechte, teilhaben, reduziert sich dazu korrespondierend der status passivus, die Erfüllung staatlicher Grundpflichten wie der Wehrpflicht.[382] Als Ausgleich für die amputierte Rechtsstellung von Ausländern, wie sie sich etwa in der Vorenthaltung des Parlamentswahlrechts zeigt (§ 12 Abs. 1 BWahlG, § 1 Nr. 1 LWahlG NRW), verringert sich somit spiegelbildlich die Pflichtenstellung, wie sie etwa durch die fehlende Heranziehung zur Wehrpflicht zum Ausdruck kommt.

Die daraus gezogene Folgerung, die geringere Rechtsstellung von Ausländern lasse die für eine verfassungsrechtliche Grundpflicht erforderliche umfassende Bindung an die Bundesrepublik Deutschland nicht zu,[383] kann in ihrer Allgemeinheit gleichwohl nicht überzeugen. Denn andere Grundpflichten wie die Gesetzesgehorsamspflicht oder die Abgabenpflicht verlangen wegen der Territorialgewalt dieselbe Befolgung wie durch die Bürger – trotz einer geringeren Rechtsstellung. Zudem haben sich im Inland lebende Ausländer auch unter den Schutz der Bundesrepublik Deutschland gestellt.[384]

Ferner kann die Argumentation, Ausländer hätten Sprachschwierigkeiten und kämen daher nicht in Betracht,[385] in ihrer Pauschalität nicht überzeugen.

---

379 Zur Verpflichtung von Ausländern nach § 11 Reichs-Militärgesetz vom 2. Mai 1874, RGBl., 45 (48) *v. Rönne/Zorn*, Staatsrecht II, S. 100 f.; zu § 1 Abs. 2 WG 1935 *Absolon*, Wehrgesetz und Wehrdienst 1935-1945, S. 122 ff.

380 BVerfGE 51, 1 (30); 90, 27 (37); BVerfG (1. Kammer des Ersten Senats) NJWE-FER 1997, 162 (163); BVerwGE 22, 66 (69 f.); 80, 233 (243); NVwZ 2010, 964 (971); *Michael Sachs*, in: Stern, Staatsrecht IV/2, S. 1739 f.; *Lerke Osterloh*, in: Sachs, GG, Art. 3 Rn. 297; *Joachim Englisch*, in: Stern/Becker, Grundrechte-Komm., Art. 3 Rn. 88; *Werner Heun*, in: Dreier, GG I, Art. 3 Rn. 130; *Christian Starck*, in: v. Mangoldt/Klein/Starck, GG I, Art. 3 Rn. 395 ff.; anders aber *Manfred Gubelt*, in: v. Münch/Kunig, GG I, Art. 3 Rn. 5; *Walz*, Die Wehrpflicht von Ausländern, S. 182 f.

381 *G. Jellinek*, System der subjektiven öffentlichen Rechte, S. 136 ff.

382 *Isensee* VVDStRL 32 (1974), 49 (94); *ders.* VVDStRL 41 (1983), 130 (131); ähnlich, aber auf das Demokratieprinzip abstellend, *C. Schmitt*, Verfassungslehre, S. 254.

383 *Wollenschläger/Kreßel* NVwZ 1989, 722 (727); auf eine „Treuepflicht" abstellend *v. Rönne/Zorn*, Staatsrecht II, S. 100.

384 *Begründung zum Entwurf eines Wehrpflichtgesetzes*, in: BT-Drs II/2303, S. 1 (15); *Schriftlicher Bericht des Ausschusses für Verteidigung*, in: BT-Drs II/2575, S. 1 (3).

385 Vgl. die Nachweise bei *Walz* NZWehrR 1982, 41.

Dieses Differenzierungskriterium wäre zudem nicht mehr am Prüfungsmaßstab des Art. 3 Abs. 1, sondern des Art. 3 Abs. 3 S. 1 GG zu messen.

Der Grund für die Differenzierung zwischen Deutschen und Ausländern liegt vielmehr schon tatbestandlich in der Verschiedenheit der beiden Vergleichsgruppen: Denn Ausländer haben - im Unterschied zu Deutschen - nicht nur Rechte und Pflichten in ihrem Aufenthaltsstaat, sondern auch eine *Treuepflicht zu ihrem Heimatstaat*.

Dadurch kann zudem in einem (künftigen) Konfliktfall zwischen der Bundesrepublik Deutschland und dem Heimatstaat ein erheblicher *Gewissenskonflikt* eintreten. Zwar ist dieser Grund nicht zwingend, weil Ausländer sich auch so stark mit der Bundesrepublik Deutschland identifizieren können, dass bei ihnen kein Gewissenskonflikt entsteht. Doch tritt dieser schwer messbare Differenzierungsgrund ohnehin hinter die rechtlich stets bestehende Treuepflicht zum Heimatstaat zurück. Auf die Problematik einer Typisierung (S. 22 ff.) kommt es somit nicht an.

Die Befreiung von Personen von der Wehrpflicht, die rechtliche Treuepflichten auch zu ihrem Heimatstaat haben, dient der *Funktionsfähigkeit der Bundeswehr*,[386] die nach Art. 87a GG geschützt ist.[387] Die Bedeutung dieses Grundes wird bei der Befreiung der arabischen Minderheit von der israelischen Wehrpflicht[388] besonders augenscheinlich. In diesem Sinne sicherte bereits Art. XVIII lit. b Nr. 2 Deutsche Bundesakte 1815 den Unterthanen, die aus einem Bundesstaat in den anderen ziehen, die Befugnis zu, in „Civil- und Militärdienste desselben zu treten, beydes jedoch nur in so fern keine Verbindlichkeiten zu Militärdiensten gegen das bisherige Vaterland im Wege stehe". Später bestimmte Art. 23 Abs. 2 Anlage zum Abkommen Haager Landkriegsordnung vom 18. Oktober 1907[389]: „Den Kriegsführenden ist ebenfalls untersagt, Angehörige der Gegenpartei zur Teilnahme an den Kriegsunternehmungen gegen ihr Land zu zwingen; dies gilt auch für den Fall, daß sie vor Ausbruch des Krieges angeworben waren." Auch Art. 40 Abs. 2 des Genfer Abkommens zum Schutze von Zivilpersonen in Kriegszeiten vom 12. 8. 1949[390] verbietet die Verpflichtung zu Kampfhandlungen.

---

386 *Gilbert Gornig*, in: v. Mangoldt/Klein/Starck, GG I, Art. 12a Rn. 32; *Neubauer* FinArch 1984, 107 (112); *Stober*, Grundpflichten und Grundgesetz, S. 44.

387 BVerfGE 28, 243 (261); 32, 40 (46); 48, 127 (159); 69, 1 (21 f.); BVerwGE 83, 191 (192); *Rupert Scholz*, in: Maunz/Dürig, GG, Art. 12a (2001) Rn. 17; *Götz* VVDStRL 41 (1983), 7 (23).

388 Dazu *Urban*, in: Ahammer/Nachtigall, Wehrpflicht, S. 418 (424).

389 RGBl. 1910, 107 (141 f.); eingefügt durch Gesetz vom 25. Januar 1910 RGBl., 375 (376).

390 BGBl II, 917 (931); eingefügt durch Gesetz vom 21.08.1954, BGBl II, 781.

Letztlich besteht daher ein tragfähiger Differenzierungsgrund für die Beschränkung der Wehrpflicht auf Deutsche. Auf eine weiterführende Rechtfertigung, etwa einen Schutz der Bundeswehr vor Spionage durch Ausländer[391], kommt es also nicht an. Auch einer Rechtfertigung durch Art. 25 GG, der als völkerrechtliches Gewohnheitsrecht die Heranziehung von Personen mit fremder Staatsangehörigkeit zur Wehrpflicht grundsätzlich verbietet[392], bedarf es nicht. Die Befreiung von Ausländern ist daher keine wehrpflichtgleichheitsrechtlich relevante Ungleichbehandlung und daher mit Art. 3 Abs. 1 GG vereinbar.

bb. Ständiger Auslandsaufenthalt

Eine weitere gesetzliche Wehrpflichtausnahme sieht § 1 Abs. 2 WPflG vor: Danach ruht die Wehrpflicht, solange Wehrpflichtige ihren ständigen Aufenthalt und ihre Lebensgrundlage außerhalb der Bundesrepublik Deutschland haben, wenn Tatsachen die Annahme rechtfertigen, dass sie beabsichtigen, ihren ständigen Aufenthalt im Ausland beizubehalten.

Diese amputierte Pflichtenstellung geht wie bei Ausländern (S. 59 ff.) mit einer amputierten Rechtsstellung einher, da Auslandsdeutsche ebenfalls vom Parlamentswahlrecht (§ 12 Abs. 1 Nr. 2 BWahlG, § 1 Nr. 3 LWahlG NRW) ausgeschlossen sind.[393]

Nach dem Willen des Gesetzgebers sollen diesen Personen zum einen besondere Härten erspart werden.[394] Zum anderen will man bei der Auferlegung von Pflichten nicht starr an die Staatsangehörigkeit anknüpfen, sondern daneben auch den Mittelpunkt der Lebensbeziehungen des einzelnen berücksichtigen.[395]

Letztlich lassen sich beide Argumente (spiegelbildlich zur Befreiung von Ausländern) miteinander verbinden. Denn der Lebensmittelpunkt ist mit einer Identifikation zum Aufenthaltsstaat verbunden, die sich zumindest in der Bindung an die jeweilige Rechtsordnung zeigt. Der besondere Bezug zum Aufenthaltsstaat zeigt sich etwa daran, dass § 1 Abs. 2 WPflG verlangt, dass die wirt-

391 *Boehm-Tettelbach*, WPflG, § 2 (2005) Rn. 2.

392 *Meyer/Anschütz*, Staatsrecht, S. 977; *Doehring*, Völkerrecht, Rn. 864; *Heike Krieger*, in: Friauf/Höfling, GG, Art. 12a (2006) Rn. 27; *Gilbert Gornig*, in: v. Mangoldt/Klein/Starck, GG I, Art. 12a Rn. 32; *Walz*, Die Wehrpflicht von Ausländern, S. 99 ff.; *ders.* NZWehrR 1982, 41 (46); *Schütz* NZWehrR 1997, 236 (245 ff.).

393 BVerfGE 5, 2 (6); 7, 63 (72); 36, 139 (142 ff.); 41, 9 (12); 58, 202 (205); *Bernd Grzeszick*, in: Stern/Becker, Grundrechte-Komm., Art. 38 Rn. 50; kritisch *Hans-Heinrich Trute*, in: v. Münch/Kunig, GG II, Art. 38 Rn. 23.

394 BT-Drs II/2303, S. 1 (15).

395 BT-Drs II/2303, S. 1 (15).

schaftliche und berufliche Existenz *ganz* im Ausland liegt.[396] Wie in Deutschland lebende Ausländer haben diese Personen somit eine *Treuepflicht zu zwei Staaten*, der im Konfliktfall mit einem *Gewissenskonflikt* einhergehen kann, den der Gesetzgeber wohl als „besondere Härte" umschrieben hat. Nicht zuletzt droht so auch eine Beeinträchtigung der *Funktionsfähigkeit der Bundeswehr*.

Ob die Norm darüber hinaus der Vorbeugung möglicher Doppelbelastungen[397] dient, mag zumindest bezweifelt werden, da sich die deutsche Staatsgewalt eine (zusätzliche) Verpflichtung des Aufenthaltsstaates nicht zurechnen lassen muss. Gleichwohl ist die Befreiung nach § 1 Abs. 2 WPflG mit der Wehrpflichtgleichheit vereinbar.

cc. Altersobergrenze

Anders als bei den Dienstleistungspflichten für Frauen nach Art. 12a Abs. 4 S. 1 GG ist eine Alters*ober*grenze für die Wehrpflicht nur gesetzlich in § 3 Abs. 3 - 5 WPflG geregelt. Diese Beschränkung bis zum 45. bzw. (im Verteidigungsfall) 60. Lebensjahr erklärt sich bereits tatbestandlich mit der *geringeren körperlichen Leistungsfähigkeit* älterer Menschen.[398]

Allerdings werden durch die pauschalierende Altersgrenze Fragen der Typisierung (allgemein S. 22 ff.) aufgeworfen. Denn nicht jeder 45jährige ist leistungsschwächer als ein 20jähriger. Bei besonders leistungsstarken Männern wäre daher grundsätzlich eine Gleichbehandlung zu verlangen, also ein Fortdauern der Wehrpflicht bis zum Nachlassen der körperlichen Kräfte. Gleichwohl werden durch die Altersgrenze körperlich gleich starke Personen verschieden behandelt, obwohl sich diese Behandlung nicht aus der Verschiedenheit der Personengruppen ergibt. Somit kann von einer tatbestandlichen Ungleichbehandlung gesprochen werden.

In derartigen Fällen rechtfertigt sich der Eingriff durch § 3 Abs. 3 - 5 WPflG, sofern man nicht schon mit *Aristoteles* eine Verschiedenheit der Vergleichsgruppen wegen unterschiedlichem „Verdienst und Würde" annimmt[399], mit der *wirksamen Wahrnehmung der Verwaltungsfunktion*: Eine weitere Musterungsuntersuchung am zeitlichen Ende der Wehrpflicht wäre mit erheblichem zusätzlichen Aufwand verbunden, um letztlich nur wenige - atypische - Personen zu finden, die den Anforderungen noch gerecht werden. Daran anschließend wären weitere, periodisch wiederkehrende Untersuchungen erforderlich, bis ein

---

396 BVerwGE 28, 193 (197); BVerwG NJW 1968, 859 (860).

397 *Fleischhauer*, Wehrgerechtigkeit, S. 165.

398 Schon *Aristoteles*, Politik, 7. Buch, 9. Kapitel, 1329a; für „Billigkeit" oder „Humanität" *v. Rotteck*, Gleichheit, in: v. Rotteck/Welcker, Staats-Lexikon, S. 655 (658).

399 *Aristoteles*, Politik, 7. Buch, 9. Kapitel, 1329a.

Ende der Leistungsfähigkeit festgestellt werden kann. Denkbar wäre auch eine Wiederkehr der körperlichen Voraussetzungen, so dass eine Überwachung fast bis zum Lebensende erforderlich wäre. Die Behörden würden auf diese Weise mit weiteren, kaum zu bewältigenden Aufgaben belastet. Zudem gehen die festen Altersgrenzen mit einer gewissen Rechtssicherheit für die Wehrpflichtigen einher. Außerdem nimmt etwa ab dem 40. Lebensjahr zumindest im Regelfall mit zunehmendem Alter die körperliche Leistungsfähigkeit ab. Letztlich ist die Altersobergrenze des § 3 Abs. 3 - 5 WPflG daher verfassungsgemäß.[400] Sofern diese Regelungen sich nicht schon tatbestandlich erklären, werden sie als zulässige Typisierungen jedenfalls gerechtfertigt.

2. Ergebnis

Im Ergebnis erweisen sich daher alle legislativen Wehrpflichtausnahmen als verfassungsgemäß.

F. Die Wehrdienstgleichheit

Ferner hat die Wehrgleichheit ihre Ausprägung in der Wehrdienstgleichheit. Diese verlangt eine gleichheitsgerechte Ausgestaltung der Wehrdienstausnahmen, die sich gesetzlich in der Verfassung und im Gesetz finden.

I. Verfassungsrechtliche Wehrdienstausnahmen

Das Grundgesetz sieht zwei Wehrdienstausnahmen vor: Das Recht auf Kriegsdienstverweigerung aus Gewissensgründen (Art. 4 Abs. 3 GG) und die Altersuntergrenze von 18 Jahren (Art. 12a Abs. 1 GG).

1. Recht auf Kriegsdienstverweigerung aus Gewissensgründen

Das Grundrecht auf Kriegsdienstverweigerung aus Gewissensgründen (Art. 4 Abs. 3 GG)[401] knüpfte als negativer wehrrechtlicher Teil der Ursprungsfassung

---

400 Ohne Begründung auch *Heike Krieger*, in: Friauf/Höfling, GG, Art. 12a (2006) Rn. 28; *Rupert Scholz*, in: Maunz/Dürig, GG, Art. 12a (2001) Rn. 43; *Werner Heun*, in: Dreier, GG I, Art. 12a Rn. 19; *Manfred Gubelt*, in: v. Münch/Kunig, GG I, Art. 12a Rn. 5

401 In Israel ist eine Kriegsdienstverweigerung lediglich aus psychischen oder physischen Gründen möglich, dazu *Urban*, in: Ahammer/Nachtigall, Wehrpflicht, S. 418 (425).

des Grundgesetzes[402] an vorkonstitutionelle Landesverfassungen[403] an. Da anfangs weder Bund noch die Länder die Aufstellung von Streitkräften oder gar eine Wehrpflicht normierten, blieb Art. 4 Abs. 3 GG zunächst ein „vollzugsunfähiges Grundrecht“[404]. Allenfalls Art. 24 Abs. 2; Art. 26 und Art. 140 GG i. V. m. Art. 141 WRV enthielten Hinweise auf eine mögliche Wiederbewaffnung. Folglich hielten die Abg. *Bergsträsser* und *v. Mangoldt* in der Sitzung des Ausschusses für Grundsatzfragen am 30. November 1948 den Antrag der SPD[405], der auch auf Eingaben der Bevölkerung zurückzuführen war[406], auf Aufnahme der Regelung für einen „Widerspruch zu der Verfassung“[407]. Der Artikel wurde dann auf Anregung des Abg. *Heuss* bei der Gewissensfreiheit eingeordnet, ohne dass sich *Heuss* aber inhaltlich für ihn aussprach.[408] Er beantragte vielmehr am 18. Januar 1949 im Hauptausschuss, die Vorschrift zu streichen, um einen Massenverschleiß des Gewissens zu vermeiden. Ausnahmen vom Waffeneinsatz habe es etwa „für Mennoniten schon immer durch Übung, nicht aber durch Gesetz“, gegeben. Sein Antrag wurde aber mit 15 gegen 2 Stimmen abgelehnt, nachdem etwa der Abg. *Eberhard* auf den „Massenschlaf des Gewissens“ während des Zweiten Weltkrieges hingewiesen hatte, als Befehle blindlings ausgeführt worden waren.[409] Anschließend wurde die Vorschrift unverändert in das Grundgesetz übernommen.

Mit Einführung der allgemeinen Wehrpflicht wurde die Kriegsdienstverweigerung aus Gewissensgründen zunächst in §§ 25 bis 27 WPflG[410], später im KDVG[411] konkretisiert. Einer verfassungsrechtlichen Kontrolle ist diese – im Übrigen zweifelsfrei verfassungsgemäße – Wehrdienstausnahme jedoch entzogen: Art. 79 GG bindet den pouvoir constituant[412] nicht.[413]

---

402 BGBl I 1949, 1.

403 Art. 3 Verf. Baden 1947; Art. 21 Abs. 2 Verf. Berlin 1948; siehe auch die gesetzlichen Regelungen in § 1 Gesetz Nr. 94 über die Straffreiheit bei Kriegsdienstverweigerung vom 21.11.1947, Bay GVBl, 216; Einziger Artikel Gesetz Nr. 1007 über die Kriegsdienstverweigerung vom 28.04.1948, Württemberg-badisches RegBl, 70.

404 *Stern*, Staatsrecht IV/2, S. 1074.

405 26. Sitzung des Ausschusses für Grundsatzfragen, in: ParlRat V/2, Nr. 33 S. 712 (760) Fn. 78.

406 Vgl. Abg. *Weber*, 15. Sitzung des Ausschusses für Grundsatzfragen, in: ParlRat V/2, Nr. 20 S. 414 (417).

407 26. Sitzung des Ausschusses für Grundsatzfragen, in: ParlRat V/2, Nr. 33 S. 712 (761).

408 26. Sitzung des Ausschusses für Grundsatzfragen, in: ParlRat V/2, Nr. 33 S. 712 (761).

409 43. Sitzung des Hauptausschusses, in: ParlRat XIV/2, Nr. 43 S. 1324 (1327).

410 Gesetz vom 21. Juli 1956, BGBl I, 651 (657).

411 Gesetz vom 28. Februar 1983, BGBl I, 203 ff.

412 Terminologie nach *Sieyès*, Was ist der dritte Stand?, S. 93.

2. Altersuntergrenze

Daneben hat der verfassungsändernde Gesetzgeber in Art. 12a Abs. 1 GG Männer *vor Vollendung des 18. Lebensjahres* vom Dienst in den Streitkräften ausgenommen. Das Motiv bestand vor allem im Einsatz von Kindern und Jugendlichen im Zweiten Weltkrieg, der als besonders abschreckend empfunden wurde.[414]

Prüfungsmaßstab für diese Ausnahmebestimmung des verfassungsändernden Gesetzgebers ist Art. 79 Abs. 3 GG, der über die Menschenwürdegarantie eine elementare Basisgleichheit (S. 46 ff.) und über das Rechtsstaatsprinzip ein Willkürverbot (S. 56 f.) vorgibt. Der nach diesen Vorgaben erforderliche sachliche Grund für die Befreiung von Männern vor Vollendung des 18. Lebensjahres ergibt sich aus dem erforderlichen *Abschluss des geistigen und körperlichen Reifeprozesses*.[415] Ähnliche Erwägungen sind etwa auch in § 12 Abs. 1 Nr. 1 BWahlG oder bei der Differenzierung zwischen Jugendlichen und Heranwachsenden in § 1 Abs. 2 JGG anerkannt. Insgesamt handelt es sich um ein antizipiertes Tauglichkeitskriterium des verfassungsändernden Gesetzgebers, das eine individuelle Bestimmung durch Sachverständige nach § 9 WPflG entbehrlich macht.

Verfassungsrechtlich unproblematisch ist an dieser Stelle die mit der pauschalen Anknüpfung an das Alter einhergehende Typisierung. Prüfungsmaßstab von Art. 12a Abs. 1 GG ist nämlich nicht Art. 3 Abs. 1 GG, sondern Art. 79 Abs. 3 GG mit entsprechend weiten Vorgaben (S. 29, 43 f.).

Problematisch (aus freiheitsrechtlicher, nicht aber aus gleichheitsrechtlicher Sicht) sind hingegen Regelungen, die sich über die untere Altersgrenze hinwegsetzen. Dabei ist zwischen der Begründung von *Nebenpflichten* und der Begründung der *Hauptpflicht*, der Ableistung des Wehrdienstes, zu *unterscheiden*.[416]

Nebenpflichten wie die Genehmigungspflicht beim Verlassen des Geltungsbereichs des WPflG nach §§ 3 Abs. 2; 48 Abs. 1 Nr. 5b WPflG, Mitwirkungspflichten bei der Erfassung von Daten gemäß § 15 Abs. 1 S. 2, 3, Abs. 6 WPflG

---

413 *Stern*, Staatsrecht I, S. 151; *Michael Sachs*, in: Sachs, GG, Art. 79 Rn. 5; *Karl-Eberhard Hain*, in: v. Mangoldt/Klein/Starck, GG II, Art. 79 Rn. 36; *Brun-Otto Bryde*, in: v. Münch/Kunig, GG III, Art. 79 Rn. 3.

414 Abg. *Lüders*, Ausschuss für Rechtswesen und Verfassungsrecht, Prot. Nr. 6 vom 09.02.1954, S. 72 f., aus: Menzel NZWehrR 1960, 1 (2); Abg. *Weber*, Ausschuss für Rechtswesen und Verfassungsrecht, Prot. Nr. 6 vom 09.02.1954, S. 73, aus: Menzel ebda.

415 *Menzel* NZWehrR 1960, 1 (4); *Bihr*, Wehrsteuer, S. 57.

416 Vgl. die Unterscheidung zwischen Militärpflicht und Wehrpflicht bei *Laband*, Staatsrecht IV, S. 143.

oder ggf. die Musterungspflicht nach §§ 16 Abs. 1 und 3; 17 Abs. 3 bis 10 WPflG werden bereits auf die Vollendung des 17. Lebensjahres ausgedehnt. Entscheidend für die Verfassungsmäßigkeit dieser Vorschriften ist die Einordnung der Altersuntergrenze als Wehrpflicht- oder als Wehrdienstausnahme (dazu S. 27 ff.). Ersteres hätte die Verfassungswidrigkeit der Normen zur Folge, letzteres die Verfassungsmäßigkeit.

Für eine Wehrdienstausnahme spricht zunächst der Wortlaut des Art. 12a Abs. 1 GG, der lediglich von der Verpflichtung zum *Dienst* spricht, nicht aber von Vorbereitungspflichten oder der Wehrpflicht als solche.[417] Teleologisch kommt hinzu, dass die Zulässigkeit des *Dienstes* ab 18 Jahren einen Vorlauf durch die Nebenpflichten verlangt.

Systematisch könnte dagegen argumentiert werden, dass die in Art. 12a Abs. 1 GG ebenfalls vorgenommene Differenzierung nach dem Geschlecht als Wehrpflichtausnahme anerkannt ist (S. 45 ff.). Entsprechend könnte auch die zweite Differenzierung bewertet werden. Doch im Unterschied zu Frauen sind bei unter 18 Jährigen bereits so viele Erfordernisse (Geschlecht, Staatsangehörigkeit, ständiger Wohnsitz im Inland) erfüllt, dass von einer gesicherten Pflichtenposition des Verpflichteten gesprochen werden kann. Die Dienstpflicht besteht unter der aufschiebenden Bedingung der Vollendung des 18. Lebensjahres. Die Personen, welche die Altersgrenze noch nicht erreicht haben, befinden sich daher bereits im Zustand einer *Anwartschaftspflicht*[418]. Die durch diese Anwartschaftspflicht begründeten Nebenpflichten greifen zwar in (Freiheits-) Grundrechte (Fn. 160) ein, werden aber durch Art. 12a Abs. 1 GG und die (qualifizierten) Gesetzesvorbehalte gerechtfertigt.

Abweichend wird hingegen argumentiert, dass § 1 Abs. 1 WPflG die Wehrpflicht erst mit Vollendung des 18. Lebensjahres beginnen lasse und § 3 Abs. 1 S. 2 WPflG die Nebenpflichten als Teil dieser Wehrpflicht definiere.[419] Folglich wäre die Begründung der wehrpflichtrechtlichen Nebenpflichten mit 17 Jahren von Art. 12a Abs. 1 GG nicht umfasst und daher verfassungswidrig.

---

417 Dies verkennt *Stellungnahme der Bundesregierung*, in: BT-Drs V/3770, S. 9; wie hier *Gilbert Gornig*, in: v. Mangoldt/Klein/Starck, GG I, Art. 12a Rn. 26; *Steinlechner* NVwZ 1995, 39 (40).

418 Dass sich eine Anwartschaft nicht nur auf Rechte, sondern auch auf Pflichten beziehen kann, ist bei erbrechtlichen Anwartschaften (z. B. des Nacherben nach § 2100 BGB, dazu *Karlheinz Muscheler*, Erbrecht, Band II, Tübingen 2010, Rn. 2533 ff.) erkennbar. Denn auch mit dem (Nach-) Erbfall können Pflichten begründet werden, §§ 1922; 1967 BGB.

419 *Stellungnahme der Bundesregierung*, in: BT-Drs V/3770, S. 9; *Walz* NZWehrR 1994, 221 (222).

Dieser Einwand mit anderen Normen des WPflG greift nicht durch. Normenhierarchisch befinden sich § 1 Abs. 1 und § 3 Abs. 1 S. 2 WPflG mit den Verpflichtungsvorschriften des WPflG für Minderjährige auf einer Ebene. Ein Grund für den Vorrang der allgemeineren Vorschriften ist nicht ersichtlich. Nicht § 1 Abs. 1 und § 3 Abs. 1 WPflG sind Maßstab für die Verfassungsmäßigkeit jener Normen, sondern das Grundgesetz. Dessen Wortlaut lässt eine verfassungskonforme Auslegung[420] zu, weshalb dieser Interpretation zu folgen ist. Somit besteht für den Gesetzgeber die Obliegenheit, § 1 Abs. 1 und § 3 Abs. 1 WPflG an die bestehenden Nebenpflichten für Minderjährige anzupassen. Demnach handelt es sich bei der Altersuntergrenze um eine Wehrdienstausnahme, die wehrrechtliche Nebenpflichten zulässt.[421]

Zum anderen wird auch die Hauptpflicht, der Dienst in den Streitkräften, nach § 5 Abs. 1a S. 2 WPflG[422] auf Antrag der Betroffenen auf Personen ausgedehnt, die erst das 17. Lebensjahr vollendet haben.[423] Anders als die geltende Rechtslage sah noch § 5 Abs. 5 WPflG a. F.[424] ausdrücklich vor, dass eine Heranziehung zum Grundwehrdienst vor Vollendung des 18. Lebensjahres nicht möglich ist.

Gegen die Verfassungswidrigkeit der gegenwärtigen Regelung könnte der Wortlaut des Art. 12a Abs. 1 GG sprechen, der die untere Altersgrenze lediglich für eine *Verpflichtung* vorsieht, während der Dienst nach § 5 Abs. 1a S. 2 WPflG freiwillig ist. Gleichwohl handelt es sich bei diesem Dienst nicht um einen aus autonomen Motiven gewählten Dienst, wie es etwa bei Soldaten auf Zeit nach § 8 Abs. 1 Nr. 1 SLV der Fall ist. Denn die Autonomie umfasst lediglich die Bestimmung des Zeitpunktes („wann") der (sich bereits im Status einer Anwartschaftspflicht befindlichen) Pflicht, nicht aber die Erfüllung der Pflicht als solche („ob"). Daher besteht bei dem Dienst nach § 5 Abs. 1a S. 2 WPflG eine „Verpflichtung" i. S. d. Art. 12a Abs. 1 GG, die für Härtefallregelungen[425] und

---

420 Zu den Voraussetzungen näher *Michael Sachs*, in: Sachs, GG, Einführung Rn. 52 ff.; *Larenz/Canaris*, Methodenlehre, S. 159 ff.

421 Im Ergebnis auch *Gesetzesbegründung*, in: BT-Drs V/3770, S. 5.

422 Sofern auch § 112a JGG einen Wehrdienst von Jugendlichen zu Grunde legt, wird dadurch die Auslegung des Grundgesetzes nicht beeinflusst. Der Gesetzgeber legt diesbezüglich vielmehr ein verfassungswidriges Verständnis zu Grunde.

423 Ähnlich § 10 Wehrgesetz 1867: „ Um im Allgemeinen wissenschaftliche und gewerbliche Ausbildung so wenig wie möglich durch die allgemeine Wehrpflicht zu stören, ist es jedem jungen Mann überlassen, schon nach vollendetem 17ten Lebensjahre, wenn er die nöthige moralische und körperliche Qualifikation hat, freiwillig in den Militairdienst einzutreten."

424 Gesetz zur Änderung des Wehrpflichtgesetzes vom 28.11.1960, BGBl I, 853 (854).

425 Dafür *Kreutzer* NZWehrR 1959, 88 (89 f.).

individuelle Einschätzungen zu der Jugendgefährdung des Dienstes[426] keinen Raum lässt.[427]

Auch der verfassungsändernde Gesetzgeber erwog einen entsprechenden freiwilligen Dienst ab dem 17. Lebensjahr[428] sowie die Streichung der Altersangabe aus der Kompetenzvorschrift des Art. 73 GG a. F., entschied sich dann aber bewusst für eine „verfassungskräftige" Erlaubnis des Wehrdienstes erst ab dem vollendeten 18. Lebensjahr.[429] Denn auf Grund von § 1 Abs. 3 WG 1935[430] („Im Kriege ist über die Wehrpflicht hinaus jeder deutsche Mann und jede deutsche Frau zur Dienstleistung für das Vaterland verpflichtet.") und § 5 Abs. 2 WG 1935 („Die Belange der Wehrmacht gehen im Kriege allen anderen vor.") sowie § 6 WG 1935 („Im Kriege und bei besonderen Notständen ist der Reichskriegsminister ermächtigt, den Kreis der für die Erfüllung der Wehrpflicht in Betracht kommenden deutschen Männer zu erweitern.") sind Kinder und Jugendliche zum Kriegsdienst herangezogen worden. Auch § 8 Abs. 2 WG 1935 („Die Wehrpflichtigen werden in der Regel in dem Kalenderjahr, in dem sie das 20. Lebensjahr vollenden, zur Erfüllung der aktiven Dienstpflicht einberufen. Freiwilliger Eintritt in die Wehrmacht ist schon früher möglich.") entsprechende Regelungen sollte es nicht mehr geben. Insofern ist Art. 12a Abs. 1 GG eine Schutzvorschrift[431] und daher objektives Recht, das nicht zur Disposition des Einzelnen bzw. seiner gesetzlichen Vertreter gestellt werden darf.[432] Auch der Verweis auf weniger strikte Regelungen in „Merkblätter(n) für die Einstellung"

---

426 So aber *Schroeder* NZWehrR 1960, 49 (51).

427 *Menzel* NZWehrR 1960, 1 (8); der Einwand von *Schroeder* NZWehrR 1960, 49 (51 f.) für eine Einschränkung des dominierenden Menschenrechts auf freie Entfaltung der Persönlichkeit fehle es an einer verfassungskräftigen Bestimmung, greift daher nicht durch.

428 Abg. *Weber* und Abg. *v. Merkatz*, Ausschuss für Rechtswesen und Verfassungsrecht, Prot. Nr. 6 vom 09.02.1954, S. 72 f., aus: Menzel NZWehrR 1960, 1 (2).

429 *Barth*, Ausschuss für Rechtswesen und Verfassungsrecht, Prot. Nr. 6 vom 09.02.1954, S. 72 f., aus: Menzel NZWehrR 1960, 1 (3); Abg. *Nadig*, Ausschuss für Rechtswesen und Verfassungsrecht, Prot. Nr. 7 vom 19.02.1954, S. 33, aus: Menzel ebda.; *Strauß*, Ausschuss für Rechtswesen und Verfassungsrecht, Prot. Nr. 7 vom 19.02.1954, S. 33, aus: Menzel ebda.; diese klare Positionierung übersieht *Jörn Ipsen*, in: BK, Art. 12a (2010) Rn. 36.

430 Wehrgesetz vom 21.05.1935, RGBl I, 609.

431 *Boehm-Tettelbach*, WPflG, § 1 (2002) Rn. 25.

432 *Schreiber* NZWehrR 1975, 15 (16 f.); *Menzel* NZWehrR 1960, 1 (3) erkennt ein verfassungsrechtliches Gebot: „Hände weg von den Siebzehnjährigen!"; für eine Dispositionsbefugnis hingegen *Jörn Ipsen*, in: BK, Art. 12a (2010) Rn. 36.

oder im Soldatengesetz[433] kann wegen des Vorrangs der Verfassung nicht überzeugen.[434] § 5 Abs. 1a S. 2 WPflG ist also wegen Verstoßes gegen die von der Wehrpflicht betroffenen Freiheitsrechte verfassungswidrig.[435]

3. Ergebnis

Im Ergebnis sind die verfassungsrechtlichen Wehrdienstausnahmen mit den gleichheitsrechtlichen Anforderungen vereinbar. Indem der Gesetzgeber zur Begründung des Wehrdienstes in § 5 Abs. 1a S. 2 WPflG über die Altersuntergrenze der gesetzesvorbehaltsähnlichen Einschränkungsermächtigung des Art. 12a Abs. 1 GG hinausgeht, verstößt er gegen die von der Wehrpflicht betroffenen Grundrechte.

II. Gesetzliche Wehrdienstausnahmen

Die meisten Wehrdienstausnahmen sind nicht verfassungsrechtlich, sondern gesetzlich geregelt. Entsprechende Regelungen finden sich im WPflG, aber auch im WBeauftrG.

1. Tatbestand der Wehrdienstgleichheit

Der Tatbestand der Wehrdienstgleichheit ist im Anschluss an die allgemeinen Grundrechtslehren in eine Grundrechtsberechtigung und einen Schutzgegenstand zu unterteilen (vgl. zur Wehrpflichtgleichheit S. 58 ff.).

a. Berechtigte der Wehrdienstgleichheit

Berechtigte der Wehrdienstgleichheit sind schon begriffsnotwendig alle Wehrpflichtigen, aber auch *nur* die Wehrpflichtigen. Grundrechtsträger sind also alle Menschen abzüglich der (sich aus dem Grundgesetz und dem WPflG ergeben-

---

433 *Kreutzer* NZWehrR 1959, 88 (89 f.), der jedoch die verfassungsrechtlichen Vorgaben nicht anspricht.

434 *Menzel* NZWehrR 1960, 1 (4 ff.).

435 In diesem Sinne *Knut Ipsen/Jörn Ipsen*, in: BK, Art. 12a (1976) Rn. 37; *Menzel* NZWehrR 1960, 1 ff.; *Schreiber* NZWehrR 1975, 15 (16 f.); anders (meist ohne Begründung) *Heike Krieger*, in: Friauf/Höfling, GG, Art. 12a (2006) Rn. 28; *Jörn Ipsen*, in: BK, Art. 12a (2010) Rn. 36; *Rupert Scholz*, in: Maunz/Dürig, GG, Art. 12a (2001) Rn. 43; *Gilbert Gornig*, in: v. Mangoldt/Klein/Starck, GG I, Art. 12a Rn. 27; *Manfred Gubelt*, in: v. Münch/Kunig, GG I, Art. 12a Rn. 5; *Schroeder* NZWehrR 1960, 49 (53); *Walz* NZWehrR 1994, 221.

den) Wehr*pflicht*ausnahmen (dazu S. 43 ff. und S. 58 ff.) und der verfassungsrechtlichen Wehrdienstausnahmen (dazu S. 64 ff.). Berechtigte der Wehrdienstgleichheit sind daher alle deutschen Männer unter 45 bzw. 60 Jahren mit einem ständigen Aufenthalt in der Bundesrepublik Deutschland.

b. Grundrechtsverpflichtete

Verpflichteter der Wehrdienstgleichheit ist die gesamte Staatsgewalt (Art. 1 Abs. 3 GG). Insofern bestehen keine Abweichungen von der Wehrpflichtgleichheit (S. 58).

c. Schutzgegenstand der Wehrdienstgleichheit

Der Schutzgegenstand der Wehrdienstgleichheit verlangt den Wehrdienst aller Wehrpflichtigen. Verboten ist daher (grundsätzlich) eine Verschiedenbehandlung bei der Heranziehung zum Wehrdienst, ohne dass sich dies durch die Verschiedenheit der behandelten Fälle gleichheitsgerecht begründen ließe. Zwischen den Wehrdienstpflichtigen und den nicht Wehrdienstpflichtigen müssen daher Unterschiede von solcher Art und solchem Gewicht bestehen, dass sie die Befreiung vom Wehrdienst erklären können (S. 22 ff.).

aa. Wehrdienstunfähigkeit (§ 9 i. V. m. § 8a und § 11 Abs. 1 Nr. 4 WPflG)

Eine derartige Differenzierung nehmen § 9 i. V. m. § 8a und § 11 Abs. 1 Nr. 4 WPflG[436] vor, die gemäß § 24 Abs. 3 Nr. 1 WPflG auch von der Nebenpflicht der Wehrüberwachung befreien. Danach wird nicht zum Wehrdienst herangezogen, wer nicht wehrdienstfähig ist. Entsprechendes gilt für die Zurückstellung bei einer vorübergehenden Wehrdienstunfähigkeit nach § 12 Abs. 1 Nr. 1 WPflG. § 11 Abs. 1 Nr. 4 WPflG nimmt für schwerbehinderte Menschen (vgl. § 2 Abs. 1 und 2 SGB IX) einen besonderen Fall der fehlenden Wehrdienstfähigkeit an, wenn auch an systemwidriger Stelle im Katalog des § 11 Abs. 1 WPflG.[437]

Als verfassungsrechtlicher Maßstab für diese Befreiung kommt zunächst der besondere Gleichheitssatz des Art. 3 Abs. 3 S. 2 GG in Betracht.[438] Unabhängig

436 Vgl. schon § 15 Reichs-Militärgesetz vom 2.5.1874, RGBl., 45 (49): „Militärpflichtige, welche wegen körperlicher oder geistiger Gebrechen dauernd dienstunbrauchbar befunden werden, sind vom Militärdienst und von jeder weiteren Gestellung vor die Ersatzbehörden zu befreien."

437 *Dieter Walz*, in: Steinlechner/Walz, WPflG, § 11 Rn. 38.

438 Dies ist in Rechtsprechung und Literatur - soweit ersichtlich - bislang nicht erörtert worden.

von der Frage der Reichweite des Merkmals der Behinderung[439] müsste es sich um eine „Benachteiligung" i. S. d. Art. 3 Abs. 3 S. 2 GG handeln. Darunter versteht man Regelungen und Maßnahmen, die die Situation des Behinderten wegen seiner Behinderung verschlechtern.[440]

Durch die Vorenthaltung der Wehrdienstpflicht reduzieren sich nicht die Rechte der Wehrdienstunfähigen im Vergleich zu den Wehrdienstfähigen. Der Unterschied besteht lediglich in der Vorenthaltung von Pflichten, deren Verletzung eine Strafbarkeit begründen kann (vgl. etwa § 15 WStG). Anders als bei Wehrdienstpflichtigen wird in die Freiheitsrechte der Wehrdienstunfähigen nicht eingegriffen. Die Rechtsposition der Wehrdienstunfähigen wird also insgesamt verbessert. Dadurch ergibt sich eine strukturelle Parallele zur Auferlegung von Rechten, die als Bevorzugungen zulässig sind, wie der Wortlaut von Art. 3 Abs. 3 S. 1 GG zeigt.[441]

Etwas anderes ergibt sich auch nicht bei einem Blick auf körperlich beeinträchtigte Berufs- und Zeitsoldaten. Diese werden nicht gesetzlich verpflichtet, sondern machen von ihrer Berufsfreiheit (Art. 12 Abs. 1 GG) Gebrauch. Nur in dieser Konstellation ist die Vorenthaltung zur Soldateneigenschaft eine „Benachteiligung". Die Befreiung von Wehrdienstunfähigen ist daher mit Art. 3 Abs. 3 S. 2 GG vereinbar.

Prüfungsmaßstab ist folglich die Wehrpflichtgleichheit aus Art. 3 Abs. 1 GG, deren Geltungsanspruch bei Bevorzugungen Behinderter nicht ausgeschlossen ist, weil sich die Spezialität des Art. 3 Abs. 3 S. 2 GG auf die Frage der Benachteiligung wegen einer Behinderung reduziert.[442]

Wehrdienstuntaugliche unterscheiden sich von den Wehrdienstpflichtigen durch eine *geringere oder fehlende Leistungsfähigkeit* bei der Dienstverrichtung in der Bundeswehr. Dieser Unterschied ist besonders gewichtig, weil die dadurch erforderliche Rücksichtnahme beim Militär *Kapazitäten binden* würde. Die *Funktionsfähigkeit der Streitkräfte* (Art. 87a GG) wäre so nachhaltig beeinträchtigt.[443] Während wehrdienstfähige Personen der Bundeswehr dienen, fügen

---

439 Dazu BVerfGE 96, 288 (301 f.); *Michael Sachs*, in: Stern, Staatsrecht IV/2, S. 1768 ff.; *Lerke Osterloh*, in: Sachs, GG, Art. 3 Rn. 309 f.; *Marion Eckertz-Höfer*, in: AK-GG, Art. 3 Abs. 2, 3 (2001) Rn. 135.

440 BVerfGE 96, 288 (303).

441 Vgl. BVerfGE 96, 288 (302 f.); *Michael Sachs*, in: Stern, Staatsrecht IV/2, S. 1774; *Marion Eckertz-Höfer*, in: AK-GG, Art. 3 Abs. 2, 3 (2001) Rn. 128; *Werner Heun*, in: Dreier, GG I, Art. 3 Rn. 137.

442 *Michael Sachs*, in: Stern, Staatsrecht IV/2, S. 1775.

443 In diese Richtung auch *Begründung zum Entwurf eines Wehrpflichtgesetzes*, in: BT-Drs II/2303, S. 1 (18); *Der Wehrbeauftragte des Deutschen Bundestages*, in: BT-Drs

ihr nicht wehrdienstfähige Personen Nachteile zu. Hinzu kommt, dass dem Staat die *Fürsorgepflicht* obliegt, Wehrdienstunfähige *vor Gesundheitsschäden* als Folge des Wehrdienstes [444] zu schützen. Diese besteht für Wehrdienstfähige jedenfalls nicht in vergleichbarem Ausmaß.

Die aufgezeigten Unterschiede zwischen Wehrdienstfähigen und nicht Wehrdienstfähigen haben also ein derartiges Gewicht, dass sie die Differenzierung in § 9 i. V. m. § 8a und § 11 Abs. 1 Nr. 4 WPflG erklären.

Unabhängig von der Verfassungsmäßigkeit der allgemeinen Regelungen zur Wehrdienstunfähigkeit in § 9 und § 11 Abs. 1 Nr. 4 WPflG ist auch die Konkretisierung dieser Wehrdienstausnahme problematisch. Denn der Gesetzgeber[445] hat den Verwendungsgrad T 3 („Verwendungsfähig mit Einschränkung in der Grundausbildung und für bestimmte Tätigkeiten") in § 8a WPflG entfernt. Diese Ausweitung der Ausnahmen vom Wehrdienst ist im Gesetzgebungsverfahren zwar in gleichheitsgerechter Weise mit den „gestiegenen gesundheitlichen Anforderungen bei der Weiterentwicklung der Bundeswehr unter veränderten Rahmenbedingungen"[446] erklärt worden.

Problematisch könnte die Verschärfung der Kriterien für die Wehrdienstfähigkeit vor allem dann sein, wenn die Anforderungen lediglich von einer Minderheit, einer Elite, erfüllt werden können. So wurde 2009 nur noch etwa die Hälfte eines Musterungsjahrgangs als wehrdienstfähig eingestuft.[447] In Österreich sind es hingegen mehr als 83 %[448], in anderen Staaten mehr als 90 %[449], auch wenn in diesen Staaten gleichfalls Probleme mit falscher Ernährung und zu wenig sportlicher Betätigung Jugendlicher[450] bestehen. Dadurch entsteht der Verdacht, dass der Gesetzgeber lediglich dem gesunkenen Personalbedarf der Bundeswehr Rechnung getragen hat.[451] Es könnte also unterstellt werden, dass Personen, die den Verwendungsgrad T 3 erreichen, für bestimmte Tätigkeiten

---

IV/371, 32; BVerwGE 31, 149 (155); BGHZ 65, 196 (200); *Neubauer*, FinArch 1984, 107 (115 f.).

444 BVerwGE 38, 310; BVerwG NVwZ 1982, 116; NVwZ 1982, 560 LS 3; BGHZ 65, 196 (200); *Dieter Walz*, in: Steinlechner/Walz, WPflG, § 9 Rn. 4; *Boehm-Tettelbach*, WPflG, § 9 (2007) Rn. 1; *Unterreitmeier* ZRP 2007, 163 (165).

445 2. Zivildienstgesetzänderungsgesetz vom 27.09.2004, BGBl I, 2358 (2360).

446 *Begründung*, in: BT-Drs 15/3279, S. 9 (10; 13).

447 *Antwort der Bundesregierung*, in: BT-Drs 17/1281, S. 1 (6).

448 *Jan-Florian Schaffeld*, Österreich im Vergleich, in: Ahammer, Andreas/Nachtigall, Stephan (Hrsg.), Wehrpflicht – Legitimes Kind der Demokratie, Berlin 2010, S. 395 (398).

449 *Kleine Anfrage der Abgeordneten Winfried Nachtwei u. a. und der Fraktion Bündnis 90/Die Grünen*, in: BT-Drs 16/10691, S. 1 (2).

450 So die Erklärung in *Antwort der Bundesregierung*, in: BT-Drs 16/10805, S. 1 (3).

451 *Gilbert Gornig*, in: v. Mangoldt/Klein/Starck, GG I, Art. 12a Rn. 12; *Unterreitmeier* ZRP 2007, 163 (165).

(z. B. für die Grundausbildung[452] oder im Stabsdienst) eigentlich durchaus geeignet wären. Insofern wäre die erforderliche Differenzierung wegen „gestiegener gesundheitlicher Anforderungen bei veränderten Rahmenbedingungen“ lediglich vorgeschoben. Als Indiz dafür ließe sich die jahrzehntelange Praxis anführen, dem beschriebenen Personenkreis Aufgaben in der Bundeswehr zu übertragen, zumal die von ihm besetzten Dienstposten nicht weggefallen sind.[453]

Zunächst ist allgemein anzumerken, dass der Gesetzgeber mit dieser Zunahme der Differenzierungen (!) jedenfalls keinen Beitrag zur Verbesserung der sog. „Wehrgerechtigkeit“[454] geleistet hat. Allerdings schadet das Bedürfnis, die Anzahl der Wehrdienstleistenden zu senken, nicht, wenn kumulativ zwischen T 3 gemusterten und T 2 (bzw. T 1) gemusterten Personen Unterschiede von solcher Art und solchem Gewicht bestehen, dass sie die unterschiedliche Behandlung erklären können. Diese Unterschiede bestehen in den vom Gesetzgeber vorgebrachten Anforderungen für eine gegenwärtig und zukünftig wehrfähige Armee.[455] Denn die Bundeswehr hat nicht nur den Auftrag der Landesverteidigung (Art. 87a Abs. 1 GG) zu erfüllen, sondern wird (erst seit einigen Jahren) auch im Rahmen eines Systems kollektiver Sicherheit (Art. 24 Abs. 2 GG) im Ausland eingesetzt. Für diese Aufgaben sind nach Einschätzung des Gesetzgebers Personen mit dem Verwendungsgrad T 3 - anders als T 2 gemusterte Personen - nicht einsetzbar. Das Gewicht dieses Unterschieds wird daran erkennbar, dass einem Soldaten, der überwiegend im Innendienst eingesetzt ist, auch eine Zweitverwendung zugewiesen wird, die bei T 3 gemusterten Soldaten aufgrund der fehlenden Voraussetzungen nicht in Kampfhandlungen liegen kann.[456] Diese gewichtigen Verschiedenheiten zwischen T 2 und T 3 gemusterten Wehrpflichtigen erklären somit die seit 2004 in § 8a WPflG bestehende Differenzierung.

bb. Ausschluss vom Wehrdienst (§§ 10, 12 Abs. 1 Nr. 2, Abs. 5 WPflG)

In Anlehnung an das Beamtenrecht (§ 14 Abs. 1 Nr. 2 BBG; vgl. auch § 12 Abs. 1 Nr. 2 BeamtStG) schließt § 10 WPflG Personen vom Wehrdienst aus, die

---

452 Die Grundausbildung musste auch von T 3 gemusterten Wehrpflichtigen geleistet werden. Befreiungen erfolgten durch den Truppenarzt nur von bestimmten Tätigkeiten, siehe Nr. 1 Erlass Bundesminister der Verteidigung vom 19.10.2001 – Az 24-04-01, abgedruckt in: Steinlechner/Walz, WPflG, 6. Aufl. 2003, Anhang 5.

453 VG Köln, Beschluss vom 15.04.2005, 8 K 8564/04, Rn. 29; *Fleischhauer* NZWehrR 2008, 112 (115).

454 So *Dieter Walz*, in: Steinlechner/Walz, WPflG, § 8a Rn. 4.

455 BVerwGE 122, 331 (343); *Heike Krieger*, in: Friauf/Höfling, GG, Art. 12a (2006) Rn. 29; *Weckler* NZWehrR 2007, 244 (246); *Hahn* JR 2006, 89 (90).

456 *Fleischhauer*, Wehrgerechtigkeit, S. 118.

strafrechtlich qualifiziert verurteilt worden sind (Freiheitsstrafen von mindestens einem Jahr oder bei Staatsschutzdelikten), infolge Richterspruchs die Fähigkeit zur Bekleidung öffentlicher Ämter nicht besitzen oder einer Maßnahme zur Besserung und Sicherung nach §§ 64, 66 StGB unterworfen sind. Bereits in einem früheren Stadium lässt § 12 Abs. 5 WPflG eine Zurückstellung zu, wenn ein Strafverfahren anhängig ist und entsprechende Rechtsfolgen zu erwarten sind. Ähnliches ergibt sich aus § 12 Abs. 1 Nr. 2 WPflG.

Diese Ausnahmen für qualifiziert verurteilte Personen erklären sich, wie schon der entsprechende § 18 Reichs-Militärgesetz 1874, dadurch, dass schwerwiegende Verfehlungen Wehrpflichtige für den Wehrdienst *ungeeignet* machen können.[457] Diese Verschiedenheit hat eine besondere Bedeutung, weil bei einer Heranziehung dieser Personen *das innere Gefüge der Streitkräfte* auf eine nicht tragbare Weise belastet werden kann.[458] (zur Typisierung S. 22 ff.). Zu der Ungeeignetheit zum Wehrdienst aus pathologischen Gründen (§§ 9 i. V. m. § 8a, 11 Abs. 1 Nr. 4 WPflG) tritt somit die Ungeeignetheit zum Wehrdienst aus soziologischen Gründen. Hinzukommen mag, dass diese Personen das Ansehen der Bundeswehr (vgl. § 12 Abs. 5 a. E. WPflG) auf spezielle Weise zu gefährden drohen.[459]

cc. Unabkömmlichkeit (§ 13 WPflG)

Außerdem befreit § 13 WPflG Personen vom Wehrdienst, die unabkömmlich sind. Danach kann ein Wehrpflichtiger zum Ausgleich des personellen Kräftebedarfs für die Aufgaben der Bundeswehr und andere Aufgaben im Spannungs- und Verteidigungsfall im öffentlichen Interesse für den Wehrdienst unabkömmlich gestellt werden, wenn und solange er für die von ihm ausgeübte Tätigkeit nicht entbehrt werden kann. Außerhalb von Krisensituationen wird zwischen Abkömmlichen und Unabkömmlichen nicht differenziert. Die Beschränkung dieser Unterscheidung auf den *Spannungs- und Verteidigungsfall* gilt erst seit der Gesetzesänderung vom 31. Juli 2008[460].

Die Differenzierung zwischen Abkömmlichen und Unabkömmlichen dient einem Kräfteausgleich zwischen Wehrdienst und zivilen Tätigkeiten, damit in einer Krise und im Krieg die Volkswirtschaft keinen dauernden Schaden

---

457 *Begründung zum Entwurf eines Wehrpflichtgesetzes*, in: BT-Drs II/2303, S. 1 (19).

458 *Begründung zum Entwurf eines Wehrpflichtgesetzes*, in: BT-Drs II/2303, S. 1 (19); BGHZ 65, 196 (203); *Dieter Walz*, in: Steinlechner/Walz, WPflG, § 10 Rn. 2.

459 *Dieter Walz*, in: Steinlechner/Walz, WPflG, § 10 Rn. 2; *Fleischhauer*, Wehrgerechtigkeit, S. 119.

460 BGBl I, 1629 (1630).

nimmt.[461] Die Wehrpflichtigen werden daher angemessen auf das Militär *und* andere Bedarfsträger aufgeteilt, um eine wirksame Landesverteidigung (vgl. Art. 12a, 24 Abs. 2, 73 Nr. 1, 87a und 115b GG[462]) gewährleisten zu können.[463] Diese erfordert nämlich nicht nur einsatzfähige Streitkräfte, sondern auch eine funktionierende Wirtschaft und Verwaltung. Könnten unabkömmliche Personen nicht befreit werden, wäre zu befürchten, dass in die „zivile Verteidigung" und die Volkswirtschaft eine Lücke gerissen würde, welche auch die Verteidigungsfähigkeit des Staates beeinträchtigen würde.

Unabkömmliche unterscheiden sich somit von anderen Wehrpflichtigen, indem sie durch ihre volkswirtschaftlich notwendigen Dienste für die Landesverteidigung, und damit auch für den Wehrdienst, ungeeignet sind. Daher kann von einer Ungeeignetheit zum Wehrdienst aus dienstlichen Gründen gesprochen werden. Bei der Gesetzesanwendung ist erforderlich, dass die Betriebe für die Erledigung verteidigungswichtiger Aufgaben bedeutsam sind.[464] Die Differenzierung in § 13 WPflG ist daher mangels Ungleichbehandlung verfassungsgemäß.

dd. Mehrstaater (§ 8 Abs. 2 WPflG)

Eine Befreiungsvorschrift ist zudem in § 8 Abs. 2 WPflG zu Gunsten von Bürgern mit mehreren Staatsangehörigkeiten enthalten. Danach kann im Einzelfall außerhalb der Bundeswehr geleisteter Wehrdienst angerechnet werden.

Anlass dieser Vorschrift waren entsprechende völkerrechtliche Vereinbarungen: Nach Art. 5 Abs. 1 „Übereinkommen über die Verringerung der Mehrstaatigkeit und über die Wehrpflicht von Mehrstaatern"[465] braucht seine Wehrpflicht nur gegenüber einer der Vertragsparteien zu erfüllen, wer die Staatsangehörigkeit von zwei oder mehr Vertragsparteien besitzt. Dieses Übereinkommen ist von der Bundesrepublik Deutschland am 20. Dezember 2001 ge-

461 *Dieter Walz*, in: Steinlechner/Walz, WPflG, § 13 Rn. 2.

462 BVerfGE 28, 243 (261); 48, 127 (159); 69, 1 (21); BVerfG (3. Kammer des Zweiten Senats) NJW 2004, 2297 (2299); BVerwGE 110, 40 (56); *Heike Krieger*, in: Friauf/Höfling, GG, Art. 12a (2006) Rn. 17; *Hans D. Jarass*, in: Jarass/Pieroth, GG, Art. 12a Rn. 2a.

463 *Begründung zum Entwurf eines Wehrpflichtgesetzes*, in: BT-Drs II/2303, S. 1 (21); *Dieter Walz*, in: Steinlechner/Walz, WPflG, § 13 Rn. 2; *Fleischhauer*, Wehrgerechtigkeit, S. 160.

464 *Zwingenberger* DÖV 1963, 201 (203).

465 Übereinkommen vom 6. Mai 1963, abgedr. in: BGBl 1969 II, 1954 (1956), in Kraft getreten am 18.12.1969 durch Gesetz vom 05.12.1969, BGBl 1969 II, 2232.

kündigt worden.[466] An dessen Stelle ist sodann der gleich lautende Art. 21 Abs. 1 „Europäisches Übereinkommen über die Staatsangehörigkeit"[467] getreten.

Im Unterschied zur Befreiung von Ausländern (S. 59 ff.) ist die Befreiung von Mehrstaatern keine Wehrpflichtausnahme, sondern eine Wehrdienstausnahme. Denn das Verfahren nach § 8 Abs. 4 WPflG zur Anerkennung der Dienste außerhalb der Bundeswehr beginnt erst bei der Musterung, also nach der Erfüllung von Melde- und Mitwirkungspflichten.[468]

Die Verschiedenheit zwischen Mehrstaatern und Deutschen zeigt sich in der Anzahl an Verpflichtungen: Anders als andere Wehrdienstpflichtige haben die Personen nach § 8 Abs. 2 WPflG bereits Wehrdienst geleistet. Ein weiterer Wehrdienst wäre für die Mehrstaater dann eine *Doppelbelastung*. Angesichts der mit dem Dienst in den Streitkräften einhergehenden Grundrechtseingriffe ist ein bereits abgeleisteter Militärdienst ein Unterschied von solcher Art und solchem Gewicht, dass er die Befreiung vom Wehrdienst erklären kann. Somit ist die Bestimmung verfassungsgemäß.

ee. Befreiung auf Grund eines völkerrechtlichen Vertrages (§§ 11 Abs. 1 Nr. 5; 12 Abs. 1a WPflG)

Durch Gesetz vom 31. Juli 2008 wurde § 11 Abs. 1 WPflG um Nr. 5 ergänzt.[469] Danach sind „Wehrpflichtige, die auf Grund eines völkerrechtlichen Vertrages für die Dauer einer Tätigkeit in einer internationalen Behörde eine entsprechende Befreiung genießen" vom Wehrdienst befreit. Wer aufgrund eines völkerrechtlichen Vertrages nicht herangezogen werden kann, wird nach § 12 Abs. 1a WPflG zurückgestellt. Von dieser Befreiung sind regelmäßig wehrpflichtige Bedienstete internationaler Behörden umfasst, die ihren Sitz in der Bundesrepublik Deutschland haben. Beispielsweise ist auf Bedienstete bei dem „Freiwilligenprogramm der Vereinten Nationen" vom 10. November 1995 (UNV)[470] oder auf Bedienstete bei dem Sekretariat des „Rahmenübereinkommen der Vereinten Nationen über Klimaänderungen" vom 20. Juni 1996 (UNFCCC)[471] zu verweisen, deren Behördensitz jeweils Bonn ist. Diese Personen werden nach Art. 14 Abs. 1 S. 2 lit. c des Abkommens über den Sitz des Freiwilligenprogramms der Vereinten Nationen von „jeder nationalen Dienstleistung" befreit

466 BGBl 2002 II, 171.

467 Übereinkommen vom 6. November 1997, abgedr. in: BGBl 2004 II, 579 (587), in Kraft getreten am 01.09.2005, BGBl 2006 II, 1351.

468 *Boehm-Tettelbach*, WPflG, § 8 (2007) Rn. 21.

469 BGBl I, 1629 (1630).

470 In Kraft getreten durch Gesetz vom 5. Juni 1996, BGBl II, 903 ff.

471 In Kraft getreten durch Gesetz vom 27. Mai 1997, BGBl II, 1054 ff.

(vgl. der Verweis auf diese Vorschrift in Art. 3 Abs. 1 des Abkommens über den Sitz des Sekretariats des Rahmenübereinkommens über Klimaänderungen).

Der Gesetzgeber hat die Befreiung dieser Personen lediglich mit einem „Klarstellungsinteresse" begründet, weil sich derartige Befreiungen in mehreren völkerrechtlichen Verträgen finden würden.[472] Eine bloße völkerrechtliche Verpflichtung eines Vertragsstaates kann eine Unterscheidung von Personen jedoch nicht erklären. Vielmehr muss ein „innerer Zusammenhang" zwischen den Merkmalen und der Verschiedenbehandlung bestehen (S. 22 ff.). Daher können die völkerrechtlichen Verträge und ein folgendes „Klarstellungsinteresse" die Differenzierung nicht erklären. Die unterschiedliche Behandlung muss sich vielmehr aus der Verschiedenheit der Vergleichsgruppen ergeben. Bei der Verschiedenheit von Bediensteten in internationalen Behörden im Vergleich zu den übrigen Wehrdienstpflichtigen zeigen sich Parallelen zur Befreiung von Ausländern und Personen mit einem ständigen Auslandsaufenthalt: Denn auch bei den Bediensteten in internationalen Behörden drohen Interessenkonflikte durch den Wehrdienst in einem Staat, der möglicherweise Konfliktpartei ist, und dem Dienst bei einer Behörde der Vereinten Nationen. Ziel der Vereinten Nationen ist es, u. a. freundschaftliche (…) Beziehungen zwischen den Nationen zu entwickeln und andere geeignete Maßnahmen zur Festigung des Weltfriedens zu treffen, Art. 1 Nr. 2 Charta der Vereinten Nationen. Daher besteht die Gefahr, dass sich die Bediensteten internationaler Behörden in einem militärischen Konflikt für den Wehrdienst ungeeignet sind. Letztlich droht eine Beeinträchtigung der *Funktionsfähigkeit der Bundeswehr*.

Allerdings können sich diese Personen in einem Konfliktfall auch als geeignet erweisen, so dass §§ 11 Abs. 1 Nr. 5; 12 Abs. 1a WPflG auch typisieren. Eine verbindliche Feststellung darüber kann aber erst im Verteidigungsfall festgestellt werden. Eine einzelfallgerechte Untersuchung kann der Wehrverwaltung in einer solchen Ausnahmesituation jedoch nicht zugemutet werden. Daher sind auch entsprechende Typisierungen gerechtfertigt. Daher ist die Befreiung nach §§ 11 Abs. 1 Nr. 5; 12 Abs. 1a WPflG mit der Wehrdienstgleichheit vereinbar.

ff. Dienst im Zivilschutz oder Katastrophenschutz (§ 13a WPflG)

§ 13a WPflG befreit Wehrpflichtige vom Wehrdienst, die sich vor Vollendung des 23. Lebensjahres auf mindestens sechs Jahre zum ehrenamtlichen Dienst als Helfer im Zivilschutz oder Katastrophenschutz verpflichtet haben. Konkretisiert

---

472 *Begründung*, in: BT-Drs 16/7955, S. 24 (27).

wird der Dienst im Zivil- und Katastrophenschutz im ZVSG vom 25. März 1997473.

Der Grund für diese Wehrdienstausnahme wird meist außerhalb der Vergleichbarkeit von freiwilligen Helfern und herangezogenen Wehrpflichtigen gesehen. Die Vorschrift solle dazu beitragen, die Funktionsfähigkeit der genannten Dienste zu erhalten, damit im Einsatzfall das Personal geschlossen zur Verfügung stehe.[474] Es bestehe ein öffentliches Interesse daran, dass möglichst viele Wehrpflichtige sich dem Zivilschutz zur Verfügung stellen.[475] Gesetzessystematisch handele es sich um einen gesetzlichen Fall der Unabkömmlichkeit[476] (dazu S. 129 ff.).

Auf eine Rechtfertigung durch externe Zwecke kommt es aber nicht an, wenn die freiwillige Übernahme eines Dienstes im Zivilschutz oder Katastrophenschutz bereits ein Umstand ist, der einen Unterschied von solcher Art und von solchem Gewicht begründet, dass die Freistellung von der Wehrdienstpflicht dadurch erklärt wird.

Insofern könnte man wie bei Mehrstaater zunächst erwägen, dass die zusätzliche Verpflichtung zum Wehrdienst eine *Doppelbelastung* wäre, welche die Befreiung erklärt. Doch im Unterschied zu Mehrstaatern besteht für die nach § 13a WPflG befreiten Personen keine Rechtspflicht zur Ableistung des Dienstes. Auch wenn Art. 12a Abs. 1 Var. 3 GG zum Dienst in einem Zivilschutzverband ermächtigt, ist von dieser Erlaubnis (anders als bei Art. 12a Abs. 1 Var. 1 GG) bislang nicht Gebrauch gemacht worden. Anders als Mehrstaater dienen Helfer im Zivilschutz oder Katastrophenschutz freiwillig.

Trotz der freiwilligen Begründung der Dienstpflicht sind die nach § 13a WPflG befreiten Personen gleichwohl zu einem Dienst verpflichtet. Dieser Umstand ist ein Unterschied zu anderen Wehrpflichtigen. Gegen dessen Berücksichtigung bei der Erklärung für die Befreiung, könnte sprechen, dass Helfer im Zivil- und Katastrophenschutz regelmäßig (wenn kein Katastrophenfall eintritt) nicht eingesetzt werden. Die befreiten Personen könnten ihrem Beruf nachgehen und so Vorteile gegenüber grundwehrdienstleistenden Wehrpflichtigen haben („verdienen, während die anderen dienen.“[477]). Diesem Einwand ist entgegenzu-

---

473 BGBl I, 726 ff.

474 *Begründung*, in: BT-Drs III/1423, S. 10 (14); BVerwGE 31, 94 (106 f.); BVerwG Buchholz 448.0, § 13a Nr. 13; *Dieter Walz*, in: Steinlechner/Walz, WPflG, § 13 Rn. 22; *Fleischhauer*, Wehrgerechtigkeit, S. 162.

475 Min. *Strauß*, in: BT-Drs 4, 11. Sitzung, 19.01.1962, S. 261 (266); BVerwGE 31, 94 (108); *Kreutzer* NJW 1962, 2327 (2328).

476 BT-Drs III/1893, 4; BVerwG NJW 1969, 891 (893); *Bogs* Der Staat 9 (1970), 43 (55 f.); *Kreutzer* NJW 1962, 2327 (2328); *Fleischhauer*, Wehrgerechtigkeit, S. 162.

477 *Dieter Walz*, in: Steinlechner/Walz, WPflG, § 13a Rn. 6.

halten, dass sich der Dienst im Zivil- und Katastrophenschutz auf mindestens sechs Jahre erstreckt und zumal die Heranziehung zu Übungen und Weiterbildungsmaßnahmen umfasst.[478] Demgegenüber ist der - wenn auch besonders grundrechtsintensive - Wehrdienst nach § 5 Abs. 1a S. 1 WPflG auf sechs Monate beschränkt. Die geringere Grundrechtsintensität wird somit durch eine längere Dienstverpflichtung kompensiert. Eine Aufwertung erhält die freiwillige Verpflichtung zum Zivilschutz oder Katastrophenschutz durch die Normierung dieser Dienste in Art. 12a Abs. 1 GG, der allen Diensten gleichen Rang zukommen lässt.[479] Zwar leisten Zivilschutzverbände keine militärischen Dienste. Doch sind sie auf „zivile Verteidigung" angelegt, weil die Zivilbevölkerung von Kriegseinwirkungen und Katastrophen in gleichem Maße betroffen wäre wie die Streitkräfte.[480] Insofern ist der zivile Bevölkerungsschutz Vorbedingung einer wirksamen Landesverteidigung. Durch eine Verpflichtung zu diesem Dienst unterscheiden sich die Personen erheblich von anderen Wehrpflichtigen, so dass sich eine Befreiung erklären lässt.[481] Daher bedarf es keiner weitergehenden Rechtfertigung. § 13a WPflG ist also mit Art. 3 Abs. 1 GG vereinbar.

gg. Wehrbeauftragter des Deutschen Bundestages (§ 14 Abs. 5 WBeauftrG)

Außerhalb des Katalogs der §§ 9 ff. WPflG sieht § 14 Abs. 5 WBeauftrG[482] eine Befreiung des Wehrbeauftragten des Deutschen Bundestages vom Wehrdienst vor. Die praktische Bedeutung dieser Vorschrift ist äußerst gering, da der Wehrbeauftragte nach § 14 Abs. 1 WBeauftrG mindestens 35 Jahre alt sein muss und für die Heranziehung zum Grundwehrdienst nach § 5 Abs. 1 S. 1 WPflG grundsätzlich eine Altersobergrenze von 23 Jahren vorgesehen ist.

---

478 *Fleischhauer*, Wehrgerechtigkeit, S. 163.

479 *Schriftlicher Bericht des Ausschusses für Verteidigung*, in: BT-Drs III/1893, S. 1 (4); *Schriftlicher Bericht des Rechtsausschusses*, in: BT-Drs V/2873, S. 1 (5); *Rupert Scholz*, in: Maunz/Dürig, GG, Art. 12a (2001) Rn. 62; *Gilbert Gornig*, in: v. Mangoldt/Klein/Starck, GG I, Art. 12a Rn. 57; *Werner Heun*, in: Dreier, GG I, Art. 12a Rn. 23; *Kreutzer* NJW 1962, 2327 (2328).

480 *Jörn Ipsen*, in: BK, Art. 12a (2010) Rn. 59; *Gilbert Gornig*, in: v. Mangoldt/Klein/Starck, GG I, Art. 12a Rn. 52 ff.; *Hans D. Jarass*, in: Jarass/Pieroth, GG, Art. 12a Rn. 4; *Bernd Brunn*, in: Umbach/Clemens, GG I, Art. 12a Rn. 8.

481 So im Ergebnis wohl *Heike Krieger*, in: Friauf/Höfling, GG, Art. 12a (2006) Rn. 35; *Gilbert Gornig*, in: v. Mangoldt/Klein/Starck, GG I, Art. 12a Rn. 61; *Werner Heun*, in: Dreier, GG I, Art. 12a Rn. 24, die eine Befreiung „vor dem Hintergrund der Lastengleichheit und Wehrgerechtigkeit für geboten" halten.

482 Eingefügt durch Gesetz über den Wehrbeauftragten des Bundestages vom 26. Juni 1957, BGBl I, 652 (653).

Die Ausnahme erklärt sich dadurch, dass das *Amt des Wehrbeauftragten* mit der Ableistung des Wehrdienstes *inkompatibel* ist.[483] Denn Aufgabe des Wehrbeauftragten ist nach Art. 45b S. 1 GG die parlamentarische Kontrolle im Bereich der militärischen Verteidigung. Wäre der Wehrbeauftragte wehrdienstpflichtig und mithin als Soldat befehlsunterworfen (§ 11 Abs. 1 SG), müsste er sich also selbst und die ihm erteilten Befehle (entgegen § 11 Abs. 1 SG) kontrollieren. Diese Besonderheit im Vergleich zu anderen Wehrpflichtigen erklärt somit die Befreiung des Wehrpflichtigen des Deutschen Bundestages. Mangels Ungleichbehandlung ist die Ausnahme des § 14 Abs. 5 WBeauftrG daher mit der Wehrdienstgleichheit des Art. 3 Abs. 1 GG vereinbar.

d. Zwischenergebnis

Die Befreiung vom Wehrdienst aus pathologischen (§ 9 i. V. m. §§ 8a, 11 Abs. 1 Nr. 4 WPflG), soziologischen (§§ 10, 12 Abs. 5 WPflG) und dienstlichen Gründen (§ 13 WPflG) sowie durch die Ableistung des Wehrdienstes außerhalb des Bundeswehr (§ 8 Abs. 2 WPflG) oder einen Dienst im Zivilschutz oder Katastrophenschutz (§ 13a WPflG) sowie als Bediensteter in einer internationalen Behörde (§§ 11 Abs. 1 Nr. 5; 12 Abs. 1a WPflG) und als Wehrbeauftragter (§ 14 Abs. 5 WBeauftrG) sind schon keine relevante Beeinträchtigung des Gleichheitsinteresses. Mangels Ungleichbehandlung sind die Regelungen daher mit diesem Grundrecht vereinbar.

2. Beeinträchtigung (Eingriff)

Die genannten Befreiungen lassen sich mit der „individuellen Eigenart“[484] (fehlende Eignung für den Dienst in den Streitkräften) oder einem „inneren Zusammenhang“ zwischen diesen Merkmalen und den differenzierenden Regelungen (Beeinträchtigung der Funktionsfähigkeit der Bundeswehr) erklären. Das Gesetz sieht darüber hinaus auch aus anderen Gründen Ausnahmen vom Wehrdienst vor. Sofern sich diese Differenzierungen jedoch nicht durch die Verschiedenheit der Wehrpflichtigen erklären lassen, liegt ein Eingriff in das Grundrecht auf Wehrdienstgleichheit vor.[485] Als entsprechende Ungleichbehandlungen kommen demnach folgende Regelungen in Betracht.

483 *Boehm-Tettelbach*, WPflG, § 11 (2010) Rn. 19a; *Heimerl* ThürVBl 1998, 128 (130); *Fleischhauer*, Wehrgerechtigkeit, S. 165.

484 *Huster*, Rechte und Ziele, S. 166.

485 Vgl. *Michael Sachs*, in: Stern, Staatsrecht IV/2, S. 1488; *Stefan Huster*, in: Friauf/Höfling, GG, Art. 3 (2004) Rn. 121; *Kloepfer*, Gleichheit als Verfassungsfrage, S. 56 f.; *Pöschl*, Gleichheit vor dem Gesetz, S. 889 f.

a. Geistlichenprivileg (§§ 11 Abs. 1 Nr. 1 bis 3, 12 Abs. 2 WPflG)

Nach § 11 Abs. 1 Nr. 1 bis 3 WPflG werden *Geistliche* vom Wehrdienst befreit. § 12 Abs. 2 WPflG stellt bereits (in einem früheren Stadium) Personen während der *Vorbereitung auf das geistliche Amt* zurück. Lediglich im Spannungs- und Verteidigungsfall tritt § 12 Abs. 2 WPflG außer Kraft (§ 48 Abs. 2 Nr. 3 WPflG) und eine Sanitätsdienstpflicht tritt auf Antrag (als Alternative zum Wehrdienst) ein (§ 48 Abs. 2 Nr. 4 WPflG).

In der deutschen[486] Verfassungsgeschichte wurden Geistliche in Preußen bereits 1813 aufgrund einer Kabinettsordre vom Waffendienst befreit.[487] Später nahm im Deutschen Kaiserreich § 65 Abs. 2 Reichsmilitärgesetz 1874[488] Personen des Beurlaubtenstandes und der Ersatzreserve, welche ein geistliches Amt in einer mit Korporationsrechten innerhalb des Bundesgebietes bestehenden Religionsgesellschaft bekleideten, vom Dienst mit der Waffe aus. Durch „Gesetz, betreffend die Wehrpflicht der Geistlichen" vom 8. Februar 1890[489] wurden zudem römisch-katholische Theologiestudenten während der Dauer ihres Studiums in Friedenszeiten zurückgestellt. Nach Empfang der Subdiakonatsweihe wurden sie der Ersatzreserve überwiesen und von Übungen befreit. In der zeitgenössischen Literatur wurde dies als „inhaltlicher Widerspruch zur Reichsverfassung"[490] gebrandmarkt.

Nach dem Ersten Weltkrieg und der Abschaffung der allgemeinen Wehrpflicht infolge von Art. 173 Friedensvertrag von Versailles[491] blieben in der Weimarer Republik entsprechende Bestimmungen naturgemäß aus. Doch sogar nach der Machtergreifung der Nationalsozialisten wurden nach § 14 WG 1935[492] katholische Geistliche vom Pflichtdienst in der Wehrmacht ausgenommen.[493] Hintergrund war Art. 6 Reichskonkordat vom 12. September 1933[494], der Kleriker und Ordensleute von Obliegenheiten befreite, die sich mit den Vorschriften des kanonischen Rechts nicht vereinbaren ließen. Damit hatte man can. 121 CIC/1917 (zu § 2 can. 289 CIC/1983 S. 109 ff.) vor Augen.

486 Allgemein zur Verfassungsgeschichte *Assenmacher*, Wehrpflichtbefreiung der Geistlichen, S. 150 ff.

487 Nachweis von *Bogs* Der Staat 9 (1970), 43 (44 f. Fn. 9).

488 Gesetz vom 2.5.1874, RGBl., 45.

489 RGBl. 1890, 23.

490 *v. Rönne/Zorn*, Staatsrecht II, S. 100.

491 Gesetz vom 16.07.1919, RGBl., 687.

492 Gesetz vom 17.04.1937, RGBl. I, 469.

493 Dazu *J. Heckel*, Wehrverfassung, S. 142 ff.; aus der Nachkriegsliteratur *Absolon*, Wehrgesetz und Wehrdienst 1935-1945, S. 116.

494 RGBl. II, 679 (681).

Es bemerkt jedoch *Erich Schickedanz* zu Recht, dass Art. 6 Reichskonkordat durch das Aussparen der Worte „a...servitio militari..." can. 121 CIC/1917 nicht wortgleich abbildet.[495] Die Wehrpflicht lässt sich auch nicht aus den Worten „öffentliche Ämter und Obliegenheiten" in Art. 6 Reichskonkordat ableiten, da Wehrdienst und öffentlicher Dienst in can. 121 CIC/1917 getrennt aufgeführt sind und nach deutschem Recht verschiedene Rechtsbegriffe sind.[496] Die kirchenvertragliche Pflicht zur Befreiung folgt deshalb erst aus dem „Geheimanhang zum Reichskonkordat"[497], der ordnungsgemäß ratifiziert die Stellung der katholischen Geistlichen für den Fall der Wiederbewaffnung in Deutschland regelt.[498] Gleichwohl kommt hinzu, dass Art. 6 Reichskonkordat allgemein auf Vorschriften des kanonischen Rechts abstellt, so dass davon auch ein Verweis auf can. 121 CIC/1917 vorliegt.

In der Rechtspraxis wirkte das Reichskonkordat sogar bis in die letzten Monate des Zweiten Weltkrieges. Während aufgrund des „Deutschen Volkssturms" vom 25. September 1944[499], Männer vom 16. bis zum 60. Lebensjahr verpflichtet worden sind, blieben nach § 2 Abs. 1 Nr. 9 Zweite Verordnung über die Meldung von Männern und Frauen für Aufgaben der Reichsverteidigung[500] Geistliche von einer Meldepflicht befreit. Mit dieser besonderen (während des Zweiten Weltkriegs erlassenen) Befreiungsvorschrift trug man wohl der Rechtsansicht von *Johannes Heckel* Rechnung, der die Ausnahme nach § 14 WG 1935 nur in Friedenszeiten als gültig ansah.[501]

Unter der Geltung des Grundgesetzes konnte man an sich mit einer Einebnung entsprechender Standesprivilegien durch eine allgemeine Geltung von Normen rechnen.[502] *Jörg Ennuschat* spricht gar von einem „Relikt feudaler Privilegien des Klerus"[503]. Doch der Gesetzgeber hat sich durch die Verabschiedung von § 11 Abs. 1 Nr. 1 bis 3 WPflG für historische Kontinuität entschieden, auch wenn er in Nr. 1 zusätzlich ordinierte evangelische Geistliche und in Nr. 3

495 *Schickedanz* NJW 1970, 1871.

496 *Schickedanz* NJW 1970, 1871 f.

497 Texte Alfons Kupper (Bearbeiter), Staatliche Akten über die Reichskonkordatsverhandlungen 1933, 1969, S. 210 f., 278 f., 406 f., 425.

498 *Schickedanz* NJW 1970, 1871 (1872).

499 RGBl. I, 253.

500 Verordnung vom 10.06.1944, RGBl. I, 133; auch schon § 2 Abs. 1 Nr. 7 Verordnung über die Meldung von Männern und Frauen für Aufgaben der Reichsverteidigung vom 27.01.1943, RGBl. I, 67 (68).

501 *J. Heckel*, Wehrverfassung, S. 145.

502 *Karl-Hermann Kästner*, in: BK, Art. 140 (2010) Rn. 213; *Schickedanz* NJW 1970, 1871 (1872); *M. Heckel* JuS 1976, 450 (457); kritisch *v. Campenhausen* DVBl 1980, 578 (580).

503 *Ennuschat* VBlBW 1991, 357 (358).

„hauptamtlich tätige Geistliche anderer Bekenntnisse aufgenommen hat, deren Amt dem eines ordinierten Geistlichen evangelischen oder eines Geistlichen römisch-katholischen Bekenntnisses, der die Diakonatsweihe empfangen hat, entspricht“.

Vergleichbare Bestimmungen finden sich zudem verfassungsunmittelbar in § 83 Abs. 3 Verf. Litauen 1922 und gesetzlich in § 23 Abs. 2 WehrG Österreich. Auch die wenigen Befreiungen des israelischen Rechts nehmen religiöse Frauen bei einem einjährigen freiwilligen Einsatz in Sozialeinrichtungen oder einer Entwicklungsregion sowie ultraorthodoxe Männer, die an Talmudschulen studieren, vom Wehrdienst aus.[504]

Für eine Vereinbarkeit mit der Wehrdienstgleichheit des Art. 3 Abs. 1 GG ist zunächst fraglich, ob die Eigenschaft als Geistlicher bereits ein Umstand ist, der einen Unterschied von solcher Art und von solchem Gewicht begründet, dass die Freistellung von der Wehrdienstpflicht dadurch erklärt werden kann.

Geistliche bieten grundsätzlich dieselben individuellen Eigenarten wie andere Wehrpflichtige.[505] Folglich geht auch das Bundesverwaltungsgericht beim Gesetzeszweck der Differenzierung nicht von der Eigenart der Geistlichen aus, sondern von der Wirkung der Befreiung. Das Gericht spricht vom „Schutz eines mit besonderer Würde versehenen und mit den geistlichen Aufgaben allein betrauten Standes“[506]. Somit liegt der Grund für die Wehrdienstausnahme nicht in der Verschiedenheit der Vergleichsgruppen. Der Eingriff durch § 11 Abs. 1 Nr. 1 bis 3 WPflG in die Wehrdienstgleichheit bedarf daher der Rechtfertigung durch einen im Verfassungsrecht angelegten Grund.

b. Familiärer Todesfall infolge einer Wehr- oder Zivildienstbeschädigung (§ 11 Abs. 2 S. 1 Nr. 1 WPflG)

Außerdem nimmt § 11 Abs. 2 S. 1 Nr. 1 WPflG Wehrpflichtige vom Dienst aus, deren Vater, Mutter, Bruder oder Schwester an den Folgen einer Wehr- oder Zivildienstbeschädigung verstorben ist. Die Ursprungsfassung[507] stellte noch darauf ab, dass *sämtliche* Brüder oder, falls keine Brüder vorhanden waren, sämtliche Schwestern an den Folgen des Krieges oder nationalsozialistischen Unrechts verstorben waren.

---

504 *Urban*, in: Ahammer/Nachtigall, Wehrpflicht, S. 418 (425).

505 *M. Heckel* JuS 1976, 450 (455).

506 BVerwG NJW 1963, 1169; ähnlich *Kopp* DVBl 1980, 826 (828).

507 BGBl 1956 I, 651 (653).

Begründet wurde die ursprüngliche Vorschrift mit der Anerkennung der Opfer, die eine Familie erbracht habe.[508] Das Volk solle diesen Opfern durch Gesetz eine „letzte Achtung und Ehrerbietung“[509] erweisen. Daher solle ein „Stammhalter und Namensträger“[510] nicht den Gefahren des Kriegsdienstes ausgesetzt werden. Das Bundesverfassungsgericht stellt bei der alten Gesetzesfassung zudem auf eine „besonders kritische und ablehnende Mentalität gerade der schwerstbetroffenen Familien gegenüber dem Wehrdienst“[511] ab.

Zwar ist der Zweck des ursprünglichen Gesetzes, selbst wenn man die Spätfolgen des Nationalsozialismus und des Zweiten Weltkrieges berücksichtigt, durch den großen zeitlichen Abstand zu den persönlichen Schicksalen praktisch weggefallen. Der Gedanke wirkt aber auch noch in der geänderten Fassung bei Wehr- oder Zivildienstbeschädigungen fort.[512] Der Grund für die Befreiung liegt daher nicht in der Eigenart der befreiten Wehrpflichtigen, sondern in der Wirkung auf die betroffenen Familien. Die befreiten Personen kommen zum Dienst in den Streitkräften jedoch durchaus in Betracht. Somit bestehen zu Wehrdienstpflichtigen keine Unterschiede von solcher Art und solchem Gewicht, dass sie die Befreiung vom Wehrdienst erklären können Es handelt sich daher um eine Ungleichbehandlung.

c. Dritte Söhne (§ 11 Abs. 2 S. 1 Nr. 2 WPflG

Ferner werden nach § 11 Abs. 2 S. 1 Nr. 2 WPflG Wehrpflichtige auf Antrag befreit, deren zwei Geschwister die entsprechend aufgeführten Dienste geleistet haben. Die Regelung wurde erst 1994 auf Anregung des Verteidigungsausschusses[513] normiert[514] und umfasste zunächst nur den Wehrdienst, Grundwehrdienst und Zivildienst. Zuvor wurde der betroffene Personenkreis auf administrativem Wege befreit[515] (zur Problematik S. 95 ff., 140 ff.). Seit 2004[516] sind auch die in

---

508 Abg. *Bazille*, in: Verhandlungen des Deutschen Bundestages, 2. Wahlperiode, 159. Sitzung, 06.07.1956, S. 8759 (8829).

509 Abg. *Bazille*, in: Verhandlungen des Deutschen Bundestages, 2. Wahlperiode, 159. Sitzung, 06.07.1956, S. 8759 (8829); ähnlich *v. Rotteck*, Gleichheit, in: v. Rotteck/Welcker, Staats-Lexikon, S. 655 (658), der auf ein Gebot von „Billigkeit“ oder „Humanität“ abstellte.

510 VG Stuttgart FamRZ 1964, 267 (268).

511 BVerfGE 38, 154 (169); zuvor schon *Lepper* FamRZ 1964, 235.

512 Vgl. *Begründung*, in: BT-Drs 15/3279, S. 9 (11) (zu § 10 ZDG).

513 BT-Drs 12/6559, S. 6.

514 BGBl I, 1286 (1287).

515 Vgl. Bericht der Abg. *Augustinowitz* und *Heistermann*, in: BT-Drs 12/6559, S. 25; VG Braunschweig NVwZ-RR 1989, 23.

516 BGBl I, 2358 (2360).

§ 11 Abs. 2 S. 1 Nr. 2 c-g WPflG genannten Dienste eingeschlossen, wodurch „deren Attraktivität erhöht und so einem gesamtgesellschaftlichen Anliegen Rechnung getragen werden soll".[517] Insgesamt bestehe diese Ausnahme aus Gründen der Wehrgerechtigkeit (sic), um Familien nicht noch mehr zu belasten, wenn bereits zwei Söhne Wehrdienst geleistet hätten.[518]

Diese Argumentation überzeugt nicht. Denn die *Ausweitung* von Befreiungsvorschriften läuft dem Schutz der Wehrgleichheit entgegen.[519] Deren Normgehalt umfasst den Dienst *aller* Wehrpflichtigen und gerade nicht die Privilegierung einzelner Personen, die allenfalls erklärt oder gerechtfertigt werden kann (S. 22 ff.). Dementsprechend äußerte sich am 9. April 1986 der Verteidigungsausschuss, indem er zur „Verbesserung der Wehrgerechtigkeit" die Aufhebung des Einberufungshindernisses für dritte und weitere Söhne forderte.[520]

Als verfassungsrechtlicher Maßstab für die Befreiung nach § 11 Abs. 2 S. 1 Nr. 2 WPflG kommt der besondere Gleichheitssatz des Art. 3 Abs. 3 S. 1 GG in Betracht.[521] Danach darf niemand wegen seiner Abstammung benachteiligt oder bevorzugt werden. Unter *Abstammung* versteht man vornehmlich die natürliche biologische Beziehung eines Menschen zu seinen Vorfahren.[522] Erfasst wird ein Anknüpfen an Eigenschaften der Eltern.[523] Mit der Unterscheidung bei der Verpflichtung zum Wehrdienst nach der Anzahl an Geschwistern setzt § 11 Abs. 2 S. 1 Nr. 2 WPflG einen Umstand voraus, der von den unmittelbaren Vorfahren zu verantworten ist. Darüber hinaus wird danach unterschieden, welche Dienste die Geschwister geleistet haben. Dabei handelt es sich um einen Umstand, den die Geschwister zu verantworten haben. Auch wenn sie nicht voneinander, aber

---

517 *Begründung*, in: BT-Drs 15/3279, S. 9. Das „gesamtgesellschaftliche Anliegen" betrifft nur die Ausweitung auf andere Dienste, nicht aber die „Dritt-Söhne-Regelung" als solche, so aber *Walz* NZWehrR 2008, 178 (183).

518 Abg. *Nolting*, in: Verhandlungen des Deutschen Bundestages, 12. Wahlperiode, 210. Sitzung, 24.02.1994, S. 18153 (18246 f.); VG Braunschweig NVwZ-RR 1989, 23 (24).

519 Ähnlich *Boehm-Tettelbach*, WPflG, § 11 (2007) Rn. 16a.

520 *Beschlussempfehlung und der Bericht des Verteidigungsausschusses*, in: BT-Drs 10/5299, 1 (3).

521 Dies ist in Rechtsprechung und Literatur - soweit ersichtlich - bislang nicht erörtert worden.

522 BVerfGE 9, 124 (128); BVerwGE 130, 177 (180); *Michael Sachs*, in: Stern, Staatsrecht IV/2, S. 1728; *ders.*, in: HStR VIII, § 182 Rn. 43; *Lerke Osterloh*, in: Sachs, GG, Art. 3 Rn. 291; *Joachim Englisch*, in: Stern/Becker, Grundrechte-Komm., Art. 3 Rn. 85; *Manfred Gubelt*, in: v. Münch/Kunig, GG I, Art. 3 Rn. 96; *Kloepfer*, Grundrechte, § 59 Rn. 135.

523 *Hans D. Jarass*, in: Jarass/Pieroth, GG, Art. 3 Rn. 122.

doch von denselben Eltern abstammen, ist auch die Beziehung zwischen Geschwistern von der „Abstammung“ umfasst.[524]

Anders als bei der Unterscheidung wegen einer Behinderung (S. 71 f.) besteht bei der Unterscheidung wegen der Abstammung ein *Bevorzugungsverbot*. Eine Bevorzugung ist jede Besserstellung von Grundrechtsträgern gegenüber anderen, ohne dass Sachlichkeitsdefizite der verschiedenen Behandlung festgestellt werden müssten.[525] Indem Wehrpflichtige, deren zwei Geschwister Dienste geleistet haben, vom Wehrdienst befreit werden, treffen sie eine andere (begünstigende) Rechtsfolge als die nicht befreiten Wehrpflichtigen. Somit handelt es sich um eine Bevorzugung.

Diese Bevorzugung müsste zudem *wegen* der Abstammung erfolgen. Nachdem längere Zeit Unklarheit über die Interpretation dieses Merkmals bestand, ist inzwischen geklärt, dass eine Anknüpfung der Unterscheidung an das verpönte Merkmal genügt.[526] Einer Kausalität[527] oder Finalität[528] bedarf es nicht. § 11 Abs. 2 S. 1 Nr. 2 WPflG differenziert unmittelbar nach der Anzahl an Geschwistern und deren geleisteten Diensten. Daher handelt es sich um eine Unterscheidung *wegen* der Abstammung.

Bisweilen wird der Tatbestand des Unterscheidungsverbots wegen der Abstammung *teleologisch reduziert*. Sei eine bestimmte Bevorzugung Ausdruck des besonderen staatlichen Schutzes der Familie, so könne sie nicht als Verstoß gegen Art. 3 Abs. 3 qualifiziert werden.[529] Entstehungsgeschichtlich wird (ohne Nachweise) argumentiert, dass sich mit dem Unterscheidungsverbot wegen der Abstammung die Nähe zum Unterscheidungsverbot wegen der Rasse und eine Bestätigung der Abschaffung von Adelsprivilegien verbinde.[530] In diesem Sinne hat auch das Bundesverfassungsgericht in seinem Beschluss zur Waisenrente entschieden, dass Art. 3 Abs. 3 GG nicht einschlägig sei, weil der Anspruch auf

---

524 BVerfGE 120, 224 (253); *Michael Sachs*, in: Stern, Staatsrecht IV/2, S. 1729.

525 *Michael Sachs*, in: Stern, Staatsrecht IV/2, S. 1747; *Manfred Gubelt*, in: v. Münch/Kunig, GG I, Art. 3 Rn. 103.

526 BVerfGE 85, 191 (206); 97, 35 (43); 121, 241 (254 f.); *Michael Sachs*, in: Stern, Staatsrecht IV/2, S. 1752 ff.; *Michael/Morlok*, Grundrechte, Rn. 815; ähnlich *Hans D. Jarass*, in: Jarass/Pieroth, GG, Art. 3 Rn. 131.

527 *Marion Eckertz-Höfer*, in: AK-GG, Art. 3 Abs. 2, 3 (2001) Rn. 107; *Werner Heun*, in: Dreier, GG I, Art. 3 Rn. 124.

528 So noch BVerfGE 19, 119 (126); 75, 40 (70); BVerwGE 75, 86 (96); BAGE 24, 438 (441 f.); *Günter Dürig*, in: Maunz/Dürig, GG, Art. 3 Abs. III (1973) Rn. 150 ff.; *Reinhard Bergmann*, in: Hömig, GG, Art. 3 Rn. 20.

529 *Lerke Osterloh*, in: Sachs, GG, Art. 3 Rn. 291 f.; *Joachim Englisch*, in: Stern/Becker, Grundrechte-Komm., Art. 3 Rn. 85; wohl auch BVerfGE 9, 201 (205).

530 *Lerke Osterloh*, in: Sachs, GG, Art. 3 Rn. 291 Fn. 632.

Waisenrente „seinem Wesen nach auf der Abstammung oder auf einer der Abstammung ausdrücklich gleichgestellten sozialen Verbundenheit"[531] beruhe.

Eine teleologische Reduktion setzt voraus, dass eine sinngemäß geforderte Einschränkung des Tatbestandes besteht.[532] Nach der allgemeinen Grundrechtsdogmatik ist eine solche Einschränkung auf Tatbestandsebene jedoch nicht gefordert, da (möglicherweise kollidierende) Verfassungsbestimmungen auf Rechtfertigungsebene sachgerecht als Grundrechtsbegrenzungen (mit den entsprechenden Anforderungen) gewürdigt werden können.[533] Die Berücksichtigung auf Tatbestandsebene führt hingegen zu einem pauschalen Vorrang der anderen Verfassungsbestimmung, was dem vorbehaltlos gewährleisteten Grundrecht aus Art. 3 Abs. 3 S. 1 GG entgegenläuft und zur Bedeutungslosigkeit[534] degradiert. Ferner vermag der entstehungsgeschichtliche Anlass des Unterscheidungsverbots eine wertungsoffene Auslegung nicht zu erklären. Eine teleologische Reduktion ist daher abzulehnen. Im Ergebnis enthält daher § 11 Abs. 2 S. 1 Nr. 2 WPflG eine Unterscheidung wegen der Abstammung.

d. Verheiratete (§ 11 Abs. 2 S. 1 Nr. 3a WPflG)

Erst seit dem 27. September 2004[535] ist die Befreiung von Verheirateten in § 11 Abs. 2 S. 1 Nr. 3a WPflG[536] gesetzlich normiert. Schon zuvor wurden Ehepartner regelmäßig administrativ befreit (zur Problematik S. 95 ff., 140 ff.). Doch bereits in der Begründung zum Gesetzentwurf der Bundesregierung zur Änderung des Wehrpflichtgesetzes vom 18. Dezember 1985 wurde noch der Abbau von Einberufungshindernissen für Verheiratete angekündigt, um mehr „Wehrgerechtigkeit" herbeiführen zu können.[537]

Bereits diese Bestrebungen indizieren, dass zwischen Verheirateten und nicht Verheirateten keine Unterschiede von solcher Art und solchem Gewicht bestehen, dass sie die Befreiung vom Wehrdienst erklären können. Auch bei näherem Hinsehen haben beide Vergleichsgruppen hinsichtlich des Wehrdienstes dieselben Eigenschaften. Verheiratete haben lediglich eine Verbindung zu ihren Ehefrauen (vgl. § 1353 Abs. 1 S. 2 BGB), was die Funktionsfähigkeit der Streit-

---

531 BVerfGE 9, 201 (205).

532 *Larenz/Canaris*, Methodenlehre, S. 210.

533 *Michael Sachs*, in: Stern, Staatsrecht IV/2, S. 1764; *Ute Sacksofsky*, in: Umbach/Clemens, GG I, Art. 3 Rn. 317.

534 Diese Folge sieht auch *Lerke Osterloh*, in: Sachs, GG, Art. 3 Rn. 291.

535 BGBl 2004 I, 2358 (2361).

536 In Israel werden lediglich verheiratete Frauen befreit, dazu *Urban*, in: Ahammer/Nachtigall, Wehrpflicht, S. 418 (424).

537 *Begründung*, in: BT-Drs 10/4591, S. 10 f.; so auch Beschlussempfehlung und der *Bericht des Verteidigungsausschusses vom 09.04.1986*, in: BT-Drs 10/5299, 1 (3).

kräfte aber nicht beeinträchtigt. Grund für die Befreiung ist vielmehr die Wirkung auf das eheliche Zusammenleben (S. 116 ff.). Der Grund für die Wehrdienstausnahme liegt nicht in der Verschiedenheit der Vergleichsgruppen, sondern in einem externen Zweck. Der Eingriff durch § 11 Abs. 2 S. 1 Nr. 3a WPflG in die Wehrdienstgleichheit bedarf daher der Rechtfertigung durch einen im Verfassungsrecht angelegten Grund.

e. Eingetragene Lebenspartner (§ 11 Abs. 2 S. 1 Nr. 3b WPflG)

Mit der Normierung der Wehrdienstausnahme zugunsten verheirateter Wehrpflichtiger wurden auch eingetragene Lebenspartner nach § 11 Abs. 2 S. 1 Nr. 3b WPflG befreit. In der Praxis mussten Homosexuelle im Falle ihres Bekenntnisses schon zuvor nur selten Dienst leisten, weil sie regelmäßig für nicht wehrdienstfähig nach § 9 WPflG befunden wurden.[538] Das Bundesverwaltungsgericht hielt die gleichgeschlechtliche Orientierung noch 1997 für einen Eignungsmangel. Verhaltensweisen eines homosexuellen Soldaten, die bei heterosexuellen Soldaten als normal und üblich angesehen werden, könnten in den Augen Untergebener eine Bedeutung erlangen, die zu Gerede, Verdächtigungen und damit zu Schwierigkeiten im dienstlichen Bereich führen könnten.[539] Homosexuelle Vorgesetzte könnten in Untergebenen potentielle Sexualpartner sehen.[540]

Diese Unterstellung des öffentlichen Auslebens des Sexualbereichs, der als Teil der Privatsphäre von Art. 2 Abs. 1 i. V. m. Art. 1 Abs. 1 GG geschützt wird,[541] überzeugt jedoch nicht. Entscheidend für die Funktionsfähigkeit der Bundeswehr kann nur der *Umgang* mit Sexualität sein. Ob die Sexualität als solche nun homosexuell oder heterosexuell ist, kann dabei nicht entscheidend sein. Denn auch heterosexuelle Frauen und Männer leisten gemeinsam Dienst, ohne dass diesen Soldaten unterstellt wird, in den anders geschlechtlichen Soldaten potentielle Sexualpartner zu sehen. Maßgeblich für die Eignung zum Dienst in den Streitkräften kann daher nicht pauschal die sexuelle Orientierung sein, sondern nur der Umgang mit Sexualität innerhalb der Truppe. Dementsprechend hielten schon Ende 1990er Jahre einige Verwaltungsgerichte die Argumentation

---

538 Vgl. *Dieter Walz*, in: Steinlechner/Walz, WPflG, § 8a Rn. 16; siehe auch *Antwort der Bundesregierung*, in: BT-Drs 13/8950, S. 1 (3), wonach die sexuelle Orientierung zwar nicht von Bedeutung sei, der Untersuchte aber (Hervorhebung durch Verfasser) ausreichend gemeinschaftsfähig und in den täglichen Ausbildungsbetrieb integrierbar sein müsse.

539 BVerwGE 63, 286 (288); 86, 355 (356); BVerwG NVwZ-RR 1998, 244 (245).

540 BVerwGE 63, 286 (288).

541 BVerfGE 47, 46 (73); 60, 123 (134); 96, 56 (61); *Stern*, Staatsrecht IV/1, S. 76; *Philip Kunig*, in: v. Münch/Kunig, GG I, Art. 2 Rn. 32.

des Bundesverwaltungsgerichts nicht mehr für tragfähig.[542] Auch der Europäische Gerichtshof für Menschenrechte sah in der Entlassung aus den Streitkräften wegen Homosexualität einen Verstoß gegen Art. 8 EMRK.[543] Dieser Überlegung hat nunmehr auch der Gesetzgeber Rechnung getragen, indem er in § 3 Abs. 1 SG und § 7 Abs. 1 S. 1 SoldGG das Differenzierungsverbot nach der sexuellen Identität eingefügt hat.[544] Homosexualität ist nunmehr kein zulässiger Differenzierungsgrund.

Darüber hinaus haben eingetragene Lebenspartner ähnlich wie Verheiratete (S. 88 f.) grundsätzlich dieselben Eigenschaften wie die anderen Wehrdienstpflichtigen. Die besondere Beziehung zu ihren Lebenspartnern (§ 2 LPartG) begründet daher keine Verschiedenheit der Vergleichsgruppen, sondern ist ein externer Zweck. Es handelt sich daher um eine Ungleichbehandlung.

f. Ausübung elterlicher Sorge (§ 11 Abs. 2 S. 1 Nr. 3c WPflG)

Wie die Ausnahme zugunsten von Verheirateten wurde die Befreiung von Personen[545], welche die elterliche Sorge ausüben, nach anfänglich administrativen Befreiungen erst 2004 normiert.

In der Gesetzesbegründung zur Einfügung des § 11 Abs. 2 S. 1 Nr. 3c WPflG wird auf die Erwägungen zu Ehepartnern und eingetragenen Lebenspartnern verwiesen.[546] Der Gesetzgeber beabsichtigt daher eine Befreiung von Eltern wegen ihrer besonderen Belastungen (§§ 1626 ff. BGB).[547] Diese Obliegenheiten haben jedoch keinen Einfluss auf die Wehrpflichtigeneigenschaft, weil sich die Personen durchaus für den Wehrdienst eignen. Die Befreiung nach § 11 Abs. 2 S. 1 Nr. 3c WPflG ist daher nicht durch die Eigenart der Begünstigten zu begründen. Es handelt sich vielmehr um eine sozialstaatliche Anerkennung für die Gründung einer Familie in jungen Jahren, die mit einer Anreizwirkung einhergeht. Der Grund für die Wehrdienstausnahme liegt also nicht in der Verschiedenheit der Vergleichsgruppen. Der Eingriff durch § 11 Abs. 1 Nr. 1 bis 3

---

542 VG Hamburg 26.11.1997, 12 VG 5657/95, Rn. 71 ff.; VG Lüneburg NdsVBl 2000, 251.

543 EGMR NJW 2000, 2089 ff.

544 „Gesetz zur Umsetzung europäischer Richtlinien zur Verwirklichung des Grundsatzes der Gleichbehandlung" vom 14.8.2006, BGBl I, 1897 (1905, 1909).

545 In Israel werden lediglich Mütter befreit, dazu *Urban*, in: Ahammer/Nachtigall, Wehrpflicht, S. 418 (424).

546 *Begründung*, in: BT-Drs 15/3279, S. 9; *Weckler* NZWehrR 2007, 244 (247), der zudem auf die „Bekämpfung der demographischen Entwicklung" verweist. Auch schon *v. Rotteck*, Gleichheit, in: v. Rotteck/Welcker, Staats-Lexikon, S. 655 (658), der lediglich auf „Billigkeit" oder „Humanität" abstellt.

547 So auch *Christian Starck*, in: v. Mangoldt/Klein/Starck, GG I, Art. 3 Rn. 82.

WPflG in die Wehrdienstgleichheit bedarf daher der Rechtfertigung durch einen im Verfassungsrecht angelegten Grund.

g. Abgeordnete (§ 12 Abs. 3 WPflG)

Unabhängig von den Befreiungen nach § 11 WPflG werden nach § 12 WPflG aus mehreren Gründen Personen vom Wehrdienst „zurückgestellt". Die Rechtsfolge der Zurückstellung ist, dass die Einberufung zum Wehrdienst lediglich unter der *auflösenden Bedingung* erfolgen kann, dass der *Zurückstellungsgrund wegfällt.* Vorübergehend besteht also keine Dienstleistungspflicht. Die zurückgestellten Personen werden daher - jedenfalls temporär - anders behandelt als andere Wehrdienstpflichtige. Wegen dieser Verschiedenbehandlung ist die pauschale Annahme einer verfassungsrechtlichen Unbedenklichkeit[548] verfehlt.

Zusätzlich zu den bereits erörterten Ausnahmen der Absätze 1 bis 2 (S. 71 ff., 74 ff., 106 ff.) werden nach § 12 Abs. 3 WPflG Kandidaten für ein Parlament ab der wirksamen Aufstellung bis zur Wahl ausgenommen. Ab Annahme der Wahl kann eine Einberufung nur auf Antrag des Wehrpflichtigen erfolgen. Im Unterschied zu den Zurückstellungen nach § 12 Abs. 2, 4, 5 und 7 WPflG gilt diese Wehrdienstausnahme nach § 48 Abs. 2 Nr. 3 S. 1 WPflG auch im Spannungs- und Verteidigungsfall.

Anders als beim Wehrbeauftragten (S. 80 ff.) ist das Amt des Abgeordneten mit dem Wehrdienst jedoch nicht von vornherein inkompatibel.[549] Ein Interessenkonflikt ist nicht erkennbar. Abgeordnete können vielmehr wie andere Wehrpflichtige Dienst leisten. Die Befreiung steht daher in keinem „inneren Zusammenhang" zu den Streitkräften. Somit erklärt sich die Differenzierung in § 12 Abs. 3 WPflG nicht mit der Verschiedenheit der Vergleichsgruppen.

h. Besondere Härte aus persönlichen Gründen (§ 12 Abs. 4 und 6 WPflG)

Ferner zählt § 12 Abs. 4 WPflG persönliche Gründe auf, die zu einer Zurückstellung führen sollen, wenn sie im Einzelfall eine besondere Härte bedeuten. Im Spannungs- und Verteidigungsfall treten die Zurückstellungsgründe des § 12 Abs. 2, 4, 5 und 7 WPflG nach § 48 Abs. 2 Nr. 3 WPflG außer Kraft.

Schon durch die Verwendung des Begriffs der „besonderen Härte" soll dem Umstand Rechnung getragen werden, dass eine Ableistung des Wehrdienstes im *Einzelfall unverhältnismäßig* (im freiheitsrechtlichen Sinne) sein kann. Dieser freiheitsrechtliche Umstand betrifft jedoch nicht das Verhältnis der befreiten Personen zu den Streitkräften, sondern ist ein privater Grund. Der Grundsatz der

548 So aber *Fleischhauer* NZWehrR 2008, 112 (114)

549 *Begründung zum Entwurf eines Wehrpflichtgesetzes*, in: BT-Drs II/2303, S. 1 (20).

allgemeinen Wehrpflicht gibt aber vor, dass der Staat zum Schutz der verfassungsmäßigen Ordnung den Beitrag grundsätzlich von jedem Bürger benötigt (S. 51 ff.). Für die Befreiung aufgrund einer „besonderen Härte" besteht jedoch kein innerer Zusammenhang zum Wehrdienst wie es etwa bei Untauglichen (S. 71 ff.) der Fall ist. Die Rücksichtnahme auf die gegenwärtige persönliche Situation des einzelnen Wehrpflichtigen begründet daher keinen Unterschied von solcher Art und von solchem Gewicht begründet, dass die Freistellung von der Wehrdienstpflicht erklären könnte.

i. Unentbehrlichkeit im Betrieb (§ 12 Abs. 7 WPflG)

Letztlich sieht § 12 Abs. 7 WPflG eine Zurückstellung vor, wenn der Wehrpflichtige für die Erhaltung und Fortführung des elterlichen Betriebes oder des Betriebes seines Arbeitgebers oder für die ordnungsgemäße Aufgabenerfüllung seiner Dienstbehörde unentbehrlich ist. Während § 12 Abs. 4 WPflG auf die persönliche Situation des Wehrpflichtigen (und seiner Familie) abstellt, wird § 12 Abs. 7 WPflG von einer ökonomischen Komponente getragen. Bis zur Gesetzesänderung 2008[550] wurde die Unabkömmlichkeit für den *elterlichen* Betrieb noch in der Vorschrift zum *eigenen* Betrieb in § 12 Abs. 4 S. 2 Nr. 2 WPflG geregelt. Lag der Grund für die Befreiung im Betrieb des Arbeitgebers oder der Dienstbehörde des Wehrpflichtigen, kam hingegen nur eine Unabkömmlichstellung nach § 13 WPflG (S. 75 f.) in Betracht, die zum damaligen Zeitpunkt auch noch im Friedensfall galt und nicht wie gegenwärtig auf den Spannungs- und Verteidigungsfall begrenzt war. Mit § 12 Abs. 7 WPflG wurde dann eine einheitliche Vorschrift bei Unentbehrlichkeit für den jeweiligen Arbeitgeber geschaffen.

Diese Zurückstellung erklärt sich nicht aus einem inneren Zusammenhang zum Dienst in den Streitkräften, sondern aus allgemeinen ökonomischen Überlegungen. Insofern besteht eine Parallele zu der Befreiung wegen einer besonderen Härte aus persönlichen Gründen (S. 91 f.). Die Differenzierung ergibt sich daher nicht aus der Verschiedenheit der Vergleichsgruppen, so dass es einer Rechtfertigung bedarf.

j. Dienst im Entwicklungsdienst (§ 13b WPflG)

Ferner werden nach § 13b Abs. 1 und 3 WPflG[551] Personen vom Wehrdienst befreit, die zwei Jahre Entwicklungsdienst geleistet haben.

---

550 Gesetz vom 31.07.2008, BGBl I, 1629 (1630).

551 Eingefügt durch Entwicklungshelfer-Gesetz (EhfG) vom 18. Juni 1969, BGBl I, 549 (553 f.).

Der Gesetzgeber begründete diese Befreiung mit der Vergrößerung des Kreises an qualifizierten Bewerbern für den Entwicklungsdienst.[552] Man habe die Erfahrung gemacht, dass eine Vielzahl qualifizierter Bewerber, die bereits Wehrdienst geleistet hätten, nicht für den Entwicklungsdienst gewonnen werden konnten, weil ihnen die Zeit der Ausgliederung aus dem Arbeitsprozess (18 Monate Wehrdienst und mindestens 24 Monate Entwicklungsdienst) aus Gründen des beruflichen Fortkommens als zu lang erschien.[553] Auch seien die Probleme der Wiedereingliederung umso schwieriger zu lösen, je länger der Entwicklungshelfer von einem Arbeitsverhältnis im Inland ausgeschlossen sei.[554]

Bei Verabschiedung des § 13b WPflG betrug die Dauer des Wehrdienstes demnach 3/4 der Zeit des Entwicklungsdienstes. Insgesamt wären die betroffenen Personen 3, 5 Jahre aus ihrem Arbeitsprozess entfernt gewesen. Diese Situation hat sich durch die stetige Reduzierung der Dauer des Wehrdienstes auf zuletzt sechs Monate[555] erheblich verändert. Danach beträgt die Wehrdienstdauer nur noch 1/4 des Entwicklungsdienstes. Die Wehrpflichtigen wären also nur noch 2, 5 Jahre von ihrem Arbeitsplatz entfernt. Die ursprüngliche Begründung des § 13b WPflG greift somit nicht mehr ein. Außerdem ist das Förderungsinteresse kein Differenzierungsgrund, der in der Verschiedenheit der Vergleichsgruppen zu finden ist.

Als Differenzierungsgrund könnte allenfalls erwogen werden, dass Entwicklungshelfer bereits einen Dienst für das Gemeinwohl leisten, der die Befreiung erklärt. Dieses Unterscheidungsmerkmal wäre aber zu unbestimmt, um eine Befreiung von einer weitreichenden Verpflichtung wie dem Wehrdienst erklären zu können. Zudem würde auf diese Weise erneut ungleich behandelt, weil andere im Gemeinwohl tätige Personen nicht befreit werden. Imr Ergebnis greift § 13b WPflG daher in die Wehrdienstgleichheit ein.

k. Vollzugsdienst der Polizei (§ 42 WPflG)

§ 42 Abs. 1 WPflG befreit Wehrpflichtige für die Dauer ihrer Zugehörigkeit vom Wehrdienst, wenn sie dem Vollzugsdienst der Polizei angehören oder für diesen durch schriftlichen Bescheid angenommen sind.

Begründet wird diese Ausnahme mit der polizeilichen Ausbildung, die auch zu einer militärischen Verwendung befähige.[556] Man geht davon aus, dass Polizeivollzugsbeamte auch ohne Ausbildung im Grundwehrdienst im Verteidi-

552 *Begründung*, in: BT-Drs V/2696, S. 8 (14).
553 *Begründung*, in: BT-Drs V/2696, S. 8 (14).
554 *Begründung*, in: BT-Drs V/2696, S. 8 (14).
555 BGBl 2010 I, 1052.
556 *Stellungnahme der Bundesregierung*, in: BT-Drs 12/1867, S. 7.

gungsfall herangezogen werden können. Der Polizeivollzugsdienst sei also ein dem Wehrdienst gleichrangiger Dienst.[557]

Zwischen dem Polizeivollzugsdienst und dem Wehrdienst besteht jedoch ein erheblicher Unterschied: Der Polizeivollzugsdienst kann frei gewählt werden. Zum Wehrdienst werden die Dienstleistenden jedoch pflichtig einberufen (§ 21 WPflG). Eine Gleichrangigkeit beider Dienste besteht somit nicht. Mangels Verschiedenheit von Polizeivollzugsdienstleistenden und anderen Wehrdienstpflichtigen handelt es sich daher um eine Ungleichbehandlung.

l. Dienst bei der Bundespolizei (§ 42a WPflG)

In einer vergleichbaren Konstellation zu § 42 WPflG nimmt § 42a WPflG zudem Grenzschutzdienstpflichtige von der Wehrdienstpflicht aus. Nach der Namensänderung vom 21. Juni 2005[558] wäre nunmehr von Bundespolizisten zu sprechen, deren Aufgaben in den §§ 2 ff. BPolG beschrieben sind.

Ähnlich wie bei den freiwilligen Helfern im Zivil- und Katastrophenschutz (S. 78 ff.) scheidet eine *Doppelbelastung* von Bundespolizisten als Differenzierungsgrund aus, weil keine Rechtspflicht zum Dienst in der Bundespolizei besteht. Denn der Gesetzgeber hat von der Möglichkeit, Personen zum Dienst in der Bundespolizei nach Art. 12a Abs. 1 Var. 2 GG zu verpflichten, keinen Gebrauch gemacht. Wie bei dem ebenfalls in Art. 12a Abs. 1 GG aufgeführten Dienst im Zivil- und Katastrophenschutz könnte auch die Befreiung von Bundespolizisten erklärt werden. Doch besteht zwischen beiden Vergleichsgruppen ein wesentlicher Unterschied: Bundespolizisten gehen ihrem frei gewählten Beruf nach und erleiden keine Eingriffe in ihre Freiheitsrechte. Bei Helfern im Zivil- und Katastrophenschutz handelt es sich hingegen um eine (pflichtige) langfristige Nebentätigkeit zusätzlich zum frei gewählten Beruf. Insgesamt sind keine relevanten Unterschiede zwischen befreiten Bundespolizisten und pflichtigen Wehrdienstleistenden ersichtlich.

3. Rechtfertigung

Entsprechende Eingriffe in den Schutzbereich der Wehrdienstgleichheit als immaterielles Persönlichkeitsrecht führen nicht notwendigerweise zu einer Grundrechtsverletzung, sondern können gerechtfertigt werden.

---

557 *Kreutzer* NJW 1962, 2327 (2328).

558 BGBl I, 1818.

a. Begrenzungen der Wehrdienstgleichheit: Notwendigkeit eines Gesetzes

Die Wehrdienstgleichheit unterliegt keinem Gesetzesvorbehalt. Dass ein Gesetzesvorbehalt bei Gleichheitssätzen aber nicht ausgeschlossen ist, zeigt der qualifizierte Gesetzesvorbehalt[559] des Art. 137 Abs. 1 GG für den besonderen Gleichheitssatz der Allgemeinheit der Wahl (Art. 38 Abs. 1 GG).[560] Folglich ist bei der Bestimmung der Grundrechtsbegrenzungen der Wehrdienstgleichheit (wiederum) auf die allgemeine Grundrechtsdogmatik zurückzugreifen. Danach können auch vorbehaltlos gewährleistete Grundrechte beschränkt werden – allerdings nur aus verfassungsrechtlichen Begrenzungen. Dazu bedarf es zunächst einer (formell und materiell verfassungsgemäßen) *gesetzlichen Grundlage.*[561]

Zu demselben Ergebnis kommt die herkömmliche Meinung zur sog. „Wehrgerechtigkeit“,[562] auch wenn das Erfordernis einer gesetzlichen Regelung im Rahmen des allgemeinen Gleichheitssatzes mehrheitlich abgelehnt wird.[563] Auch für Eingriffe in den besonderen Gleichheitssatz des Art. 3 Abs. 3 S. 1 GG hat das Bundesverwaltungsgericht die Notwendigkeit eines Gesetzes verneint.[564]

---

559 *Michael Sachs*, in: Stern, Staatsrecht III/2, S. 483; *Stober/Lackner*, in: BK, Art. 137 Abs. 1 (2004) Rn. 117; *Hans H. Klein*, in: Maunz/Dürig, GG, Art. 137 (2007) Rn. 37; *Axel v. Campenhausen*, in: v. Mangoldt/Klein/Starck, GG III, Art. 137 Rn. 12; *Ludger-Anselm Versteyl*, in: v. Münch/Kunig, GG III, Art. 137 Rn. 28.

560 *Michael Sachs*, in: Stern, Staatsrecht IV/2, S. 1548 f. mit zusätzlichen Hinweisen auf internationale Verfassungsbestimmungen.

561 So ausdrücklich zum Gleichheitssatz *Michael Sachs*, in: Stern, Staatsrecht IV/2, S. 1563 f.; *Pieroth/Schlink*, Grundrechte, Rn. 538; *Martini*, Rechtsgleichheit, S. 259 f.; allg. zu vorbehaltlosen Grundrechten BVerfGE 28, 243 (260 f.); 108, 282 (297, 311); *Michael Sachs*, in: Stern, Staatsrecht III/2, S. 515 ff.; *Ingo v. Münch*, in: v. Münch/Kunig, GG I, Vorb. Art. 1-19 Rn. 57; *Hans D. Jarass*, in: Jarass/Pieroth, GG, Vorb. vor Art. 1 Rn. 51; *Papier*, in: HGR III, § 64 Rn. 22; *Hufen*, Grundrechte, § 9 Rn. 1, 12, 30; *Höfling* Jura 1994, 169 (171).

562 BVerfGE 38, 154 (166 f.); 48, 127 (162 f.); BVerwGE 34, 278 (285 f.); 36, 323, (325 f.); 45, 197 (199 ff.); 92, 153 (154 f.); 122, 331 (333 ff.); BVerwG NJW 1972, 1483; NJW 1984, 2714; NJW 1993, 2065 f.; BVerwG Buchholz 448.0 § 5 WPflG Nr. 4; Buchholz 448.0 § 12 WPflG Nr. 72; Buchholz 448.11 § 19 ZDG Nr. 19; Buchholz 448.1 § 11 ErsDiG, Nr. 4; *Heike Krieger*, in: Friauf/Höfling, GG, Art. 12a (2006) Rn. 29; *Bernd Brunn*, in: Umbach/Clemens, GG I, Art. 12a Rn. 11; *K. Ipsen*, in: Rauschning FS, S. 105 (114); *Steinlechner* RiA 1990, 222; *Voland* DÖV 2004, 453 (456); *Hahn* JR 2006, 89; *Fleischhauer* NZWehrR 2008, 112 (117); bereits *Laband*, Staatsrecht IV, S. 136.

563 *Horst Dreier*, in: Dreier, GG I, Vorb. Art. 1 Rn. 153; *Jarass* AöR 120 (1995), 345 (376 f.); *Hufen*, Grundrechte, § 39 Rn. 14.

564 BVerwG NVwZ 2003, 92 (94); ablehnend *Michael Sachs*, in: Stern, Staatsrecht IV/2, S. 1686; nicht eindeutig *Lerke Osterloh*, in: Sachs, GG, Art. 3 Rn. 290.

Bei der sog. „Wehrgerechtigkeit" argumentiert man hingegen mit dem allgemeinen rechtsstaatlichen Vorbehalt des Gesetzes, welcher bei Akten, die den Freiheits- und Gleichheitsbereich des Bürgers wesentlich betreffen, eine gesetzliche Grundlage verlange[565].[566] Im Ergebnis wird daher bei *allen* Wehrdienstausnahmen eine gesetzliche Regelung gefordert, die sich freilich nicht ausschließlich aus dem WPflG[567] ergeben muss (vgl. Art. 4 Abs. 3 GG sowie § 14 Abs. 5 WBeauftrG).

Mit dieser Anforderung stand die Praxis der Befreiung durch Verwaltungsvorschriften vom 1. Juli 2003 bis zum 30. April 2004[568], die über die gesetzlichen Normierungen hinausgingen, nicht im Einklang, wie das Bundesverwaltungsgericht in seinem Urteil vom 19. Januar 2005 betonte.[569]

Den Überlegungen der herkömmlichen Meinung ist lediglich im Ergebnis zuzustimmen: Soweit in den Verwaltungsvorschriften verschärfte Anforderungen für die Wehrdienstfähigkeit geregelt worden sind, handelt es sich schon tatbestandlich um keine Ungleichbehandlung (S. 71 ff.). *Insoweit* bedurfte es diesbezüglich mangels Eingriffs in die Wehrdienstgleichheit keines Gesetzes.[570]

Eine gesetzliche Grundlage war hingegen wegen der abschließend[571] zu beurteilenden Normierung des § 8a WPflG anzunehmen, der eine Wehrdienstfähigkeit für T 3 gemusterte Männer annahm. Mit dieser Entscheidung kollidierten die Verwaltungsvorschriften, die nur T 1 und T 2 gemusterte Wehrpflichtige als dienstfähig bewerteten. Insoweit verstießen die Verfügungen des Bundesministers der Verteidigung gegen das *Gesetz*.[572] Eine entsprechende Verschärfung der pathologischen Anforderungen für die (Nicht-) Geeignetheit war also nur durch Gesetzesänderung möglich - aber nicht wegen der Wehrdienstgleichheit, sondern wegen der Bindung an das Gesetz.[573]

Letzteres ist auf die im Ministererlass ebenfalls erwähnten Ausnahmen für Verheiratete und eingetragene Lebenspartner sowie die Absenkung der Einberu-

---

565 BVerfGE 49, 89 (126).

566 *Voland* DÖV 2004, 453 (455).

567 So aber BVerwGE 92, 153 (155); 122, 331 (333); VG Stuttgart DÖV 2001, 654; *Hahn* JR 2006, 89.

568 Erlass des Bundesministers der Verteidigung vom 31. März 2003 (Az.: 24-05-05) und vom 11. April 2003 (Az.: 24-09-01).

569 BVerwGE 122, 331 (333 ff.); zustimmend *Voland* DÖV 2004, 453 ff.; *Hahn* JR 2006, 89; *Krieger* Jura 2006, 769 (770).

570 Ähnlich *Voland* DÖV 2004, 453 (455).

571 BVerfGE 48, 127 (162 f.); BVerwGE 36, 323 (325 f.); *Hahn* JR 2006, 89.

572 Zur Bindung von Verwaltungsvorschriften *Gerhard Robbers*, in: BK, Art. 20 (2009) Rn. 2112; *Hans D. Jarass*, in: Jarass/Pieroth, GG, Art. 20 Rn. 39; *Detterbeck*, Allgemeines Verwaltungsrecht, Rn. 865.

573 Ähnlich *Voland* DÖV 2004, 453 (457).

fungsgrenze auf das 23. Lebensjahr zu übertragen, die mit den abschließenden §§ 5 Abs. 1 und 11 Abs. 2 WPflG 2002[574] kollidierten. *Zudem* konnte der mit *diesen* Ausnahmen einhergehende Eingriff in das Recht auf Wehrdienstgleichheit (dazu S. 116 ff.; 117) mangels gesetzlicher Grundlage nicht gerechtfertigt werden. Nur die zuletzt genannten administrativen Ausnahmen verstießen also gegen die Wehrdienstgleichheit *und* die Bindung an das Gesetz; die Befreiung der T 3 gemusterten Männer war lediglich mit der Bindung an das Gesetz nicht vereinbar. Die Rechtsfolge für diesen Verstoß ergibt sich aus dem rechtsstaatlichen Vorrang des Gesetzes. Die niederrangigen Verwaltungsvorschriften sind unwirksam. Aus diesem Grund kommt es auf die Rechtsprechung des Bundesverwaltungsgerichts, die bei einem Eingriff in Art. 3 Abs. 3 S. 1 GG die Notwendigkeit eines Gesetzes verneint[575], nicht an.

Inzwischen sind jedoch alle abstrakt-generellen Befreiungen vom Wehrdienst auf Gesetzesrang[576] gehoben worden. Diesbezüglich wie auch hinsichtlich der übrigen Ausnahmen lassen weder die Gesetzgebungskompetenz (vgl. Art. 73 Abs. 1 Nr. 1 GG) noch das Gesetzgebungsverfahren Zweifel an der formellen Verfassungsmäßigkeit des WPflG aufkommen.

b. Anforderungen an Beeinträchtigungen der Wehrdienstgleichheit (Schranken-Schranken)

Eine Beeinträchtigung der Wehrdienstgleichheit durch Gesetz ist nicht in jedem beliebigen Umfang zulässig, sondern unterliegt den *allgemeinen Anforderungen an grundrechtseinschränkende Gesetze* („Schranken-Schranken"). Entsprechende Erfordernisse stellen allgemein *Art. 19 Abs. 1 und 2 GG* sowie das *Verhältnismäßigkeitsprinzip* auf, um die schleichende Aushöhlung von Grundrechten zu verhindern.[577] Die Anwendbarkeit von Art. 19 Abs. 1 und 2 GG auf die Gleichheitssätze wird wegen einer „andersartigen dogmatischen Grundstruktur" zwar

574 Neubekanntmachung vom 20.02.2002, BGBl I, 954 (959).

575 Fn. 564.

576 „Zweites Zivildienstgesetzänderungsgesetz - (2. ZDGÄndG)" vom 27. September 2004, BGBl I, 2358 (2360 f.); verfassungsrechtliche Bedenken dagegen bei *Voland* DÖV 2004, 453 (459).

577 *Stern*, Staatsrecht III/2, S. 414; *Hufen*, Grundrechte, § 9 Rn. 26.

mehrheitlich pauschal abgelehnt.[578] Jüngst finden sich aber zunehmend Stimmen, die für eine Anwendbarkeit eintreten.[579]

aa. Verbot des grundrechtsbeschränkenden Einzelfallgesetzes

Als allgemeine Anforderung an grundrechtseinschränkende Gesetze der Wehrdienstgleichheit ist zunächst das Verbot des Einzelfallgesetzes nach Art. 19 Abs. 1 S. 1 GG denkbar. Danach muss ein grundrechtseinschränkendes Gesetz allgemein sein und darf nicht nur für den Einzelfall gelten.

Gegenwärtig wird das Verbot des Einzelfallgesetzes teilweise auf Gleichheitssätze nicht für anwendbar erklärt.[580] Dies liegt in nicht unerheblichem Maße daran, dass zwischen beiden Vorschriften eine Identität angenommen wird.[581] Mitunter wird auch behauptet, Art. 19 Abs. 1 S. 1 GG sei nur bei Grundrechten mit Gesetzesvorbehalt anwendbar.[582] Bisweilen wird bei der Betroffenheit der Gleichheitssätze nur dann das Verbot des Einzelfallgesetzes angewendet, wenn auch in andere Grundrechte eingegriffen wird.[583]

Weder der generelle Ausschluss dieser allgemeinen Vorschrift auf das Gleichheitsgrundrecht noch die Annahme einer rein akzessorischen Wirkung des Gleichheitssatzes können indes überzeugen.

Gegen die Identitätsthese spricht, dass die Vereinbarkeit mit Art. 3 Abs. 1 GG nicht zwingend zu einer Vereinbarkeit mit Art. 19 Abs. 1 S. 1 GG führt.[584] Umgekehrt versagt der Gleichheitssatz bei singulären Fällen, denen es mangels

578 *Horst Dreier*, in: Dreier, GG I, Art. 19 I Rn. 12; *Gerd Roellecke*, in: Umbach/Clemens, GG I, Art. 19 I-III Rn. 16; *Christoph Enders*, in: Epping/Hillgruber, GG, Art. 19 Rn. 4, 6, 14; im Ergebnis auch *Barbara Remmert*, in: Maunz/Dürig, GG, Art. 19 Abs. 1 (2008) Rn. 32; 56.

579 *Michael Sachs*, in: Stern, Staatsrecht IV/2, S. 1564 ff.; ähnlich *Walter Krebs*, in: v. Münch/Kunig, GG I, Art. 19 Rn. 5, 13; allgemein für alle Grundrechte *Christian-Friedrich Menger*, in: BK, Art. 19 Abs. 1 Satz 1 (1979) Rn. 87; nur für spezielle Gleichheitsrechte *Schwarz*, Die Zitiergebote im Grundgesetz, S. 59 ff.

580 BVerfGE 25, 371 (399); *Horst Dreier*, in: Dreier, GG I, Art. 19 I Rn. 12; *Gerd Roellecke*, in: Umbach/Clemens, GG I, Art. 19 I-III Rn. 16; *Krausnick* JuS 2007, 991 (993); *Hans D. Jarass*, in: Jarass/Pieroth, GG, Art. 19 Rn. 1 i. V. m. 5;

581 BVerfGE 7, 151; 8, 332 (363); 10, 243; 13, 228; 25, 371 (399); *Horst Dreier*, in: Dreier, GG I, Art. 19 I Rn. 16; *Walter Krebs*, in: v. Münch/Kunig, GG I, Art. 19 Rn. 10; *Hans D. Jarass*, in: Jarass/Pieroth, GG, Art. 19 Rn. 2; *Pieroth/Schlink*, Grundrechte, Rn. 322.

582 BVerfGE 25, 371 (399).

583 *Barbara Remmert*, in: Maunz/Dürig, GG, Art. 19 Abs. 1 (2008) Rn. 32.

584 *Christian-Friedrich Menger*, in: BK, Art. 19 Abs. 1 Satz 1 (1979) Rn. 33.

Vergleichbarkeit schon an einer Ungleichbehandlung fehlt. In diesen Konstellationen bleibt nur das Verbot des Einzelfallgesetzes.[585]

Gegen die Akzessorietätsthese ist einzuwenden, dass durch sie die eigenständige Bedeutung der Ungleichbehandlung als Grundrechtsbeschränkung negiert wird.[586] Die subjektive Rechtsqualität des Gleichheitssatzes würde so in Frage gestellt, wie es zumal in vorgrundgesetzlicher Zeit der Fall war[587]. Die subjektive Rechtsqualität der Grundrechte allgemein ist aber anerkannt,[588] wie sich etwa aus ihrer prozessualen Absicherung in Art. 93 Abs. 1 Nr. 4a GG ergibt.[589] Somit ist auch der Gleichheitssatz ein subjektives Recht.[590]

Das Verbot des Einzelfallgesetzes nach Art. 19 Abs. 1 S. 1 GG ist somit auf die Wehrdienstgleichheit anwendbar.[591] Die Problematik kann daher nicht von vornherein ausgeklammert werden, sondern ist je nach Sachverhalt zu lösen.

Historisch mochte § 3 Gesetz, betreffend die Vereinigung von Helgoland mit dem Deutschen Reich[592] diesbezüglich einige Fragen aufwerfen, wenn ein Verbot des Einzelfallgesetzes gegolten hätte. Die Norm befreite die von der Insel herstammenden Personen und ihre vor dem 11. August 1890 geborenen Kinder von der Wehrpflicht.

Gegenwärtig könnte sich bei überschlägiger Betrachtung § 14 Abs. 5 WBeauftrG als problematisch erweisen, wonach *der* Wehrbeauftragte vom Wehrdienst befreit ist (S. 80 ff.). Der besondere Schutz des Art. 19 Abs. 1 S. 1 GG kommt aber nur dann zum Tragen, wenn man in der Befreiung des Wehrbeauftragten – anders als nach hier vertretener Auffassung – einen Eingriff in die Wehrdienstgleichheit sieht.

---

585 *Christian-Friedrich Menger*, in: BK, Art. 19 Abs. 1 Satz 1 (1979) Rn. 34; *Michael Sachs*, in: Stern, Staatsrecht IV/2, S. 1565.

586 *Michael Sachs*, in: Stern, Staatsrecht IV/2, S. 1565.

587 Gegen den Gleichheitssatz als subjektiv öffentliches Recht und für einen bloßen „Rechtsreflex" *G. Jellinek*, System der subjektiven öffentlichen Rechte, S. 72, 97 ff.

588 *Michael Sachs*, in: Stern, Staatsrecht III/1, S. 530 ff.; *Wolfram Höfling*, in: Sachs, GG, Art. 1 Rn. 82.

589 *Michael Sachs*, in: Stern, Staatsrecht III/1, S. 531; *Kloepfer*, Grundrechte, § 48 Rn. 11.

590 BVerfGE 116, 1 (12 f.); *Michael Sachs*, in: Stern, Staatsrecht IV/2, S. 1482 f.; *Lerke Osterloh*, in: Sachs, GG, Art. 3 Rn. 38; *Hans D. Jarass*, in: Jarass/Pieroth, GG, Art. 3 Rn. 1.

591 Vgl. zum allgemeinen Gleichheitssatz *Roman Herzog*, in: Maunz/Dürig, GG, Art. 19 I (1981) Rn. 23; *Christian-Friedrich Menger*, in: BK, Art. 19 Abs. 1 Satz 1 (1979) Rn. 87; *Peter Michael Huber*, in: v. Mangoldt/Klein/Starck, GG I, Art. 19 Rn. 40; 43; *Lege*, in: HGR III, § 66 Rn. 56, 121; *Michael Sachs*, in: Stern, Staatsrecht IV/2, S. 1564 f.; *Kloepfer*, Gleichheit als Verfassungsfrage, S. 59; *Martini*, Rechtsgleichheit, S. 261 ff.

592 Gesetz vom 15.12.1890, RGBl., 207.

§ 14 Abs. 5 WBeauftrG knüpft die Rechtsfolge der Befreiung vom Wehrdienst nicht an eine Individualperson oder eine abstrakt-generell umschriebene Individualperson, sondern an ein *Amt*. Insofern kommen zukünftig unbestimmt viele weitere Amtswalter in den Genuss der Wehrdienstbefreiung. § 14 Abs. 5 WBeauftrG ist daher mit Art. 19 Abs. 1 S. 1 GG vereinbar. Weitere denkbare Konflikte mit dem Verbot des Einzelfallgesetzes sind durch andere Befreiungsvorschriften nicht ersichtlich.

bb. Das Zitiergebot

Eine weitere allgemeine Anforderung an Grundrechtsbeschränkungen („Schranken-Schranke") für Eingriffe in die Wehrdienstgleichheit ist das Zitiergebot nach Art. 19 Abs. 1 S. 2 GG. Auch dessen Anwendbarkeit auf die Gleichheitssätze wird zwar überwiegend bestritten.[593] Vor dem Hintergrund des vom Bundesverfassungsgericht betonten *engen Zusammenhangs* zwischen Wehrpflicht und Gleichheitssatz[594] kommt der Warnfunktion des Art. 19 Abs. 1 S. 2 GG hier aber schon für die Legislative eine besondere Bedeutung zu. Besonders aber für die Exekutive wäre es wegen der Problematik einer gleichförmigen Heranziehungspraxis (S. 140 ff.) sogar erforderlich, der *Hinweis- und Verdeutlichungsfunktion* des Zitiergebots gerecht zu werden. Hinzu kommt das *Informationsbedürfnis* des Bürgers, um einer Grundrechtsaushöhlung vorzubeugen, die andernfalls möglicherweise erst bei der Gesetzesanwendung festgestellt würde (dazu auch S. 130 ff.).[595] Daneben ist die Anwendbarkeit des Zitiergebots im Rahmen des Art. 17a Abs. 1 GG, welcher Grundrechtseingriffe für Wehrpflichtige erlaubt, zwar umstritten.[596] Die Unanwendbarkeit des Zitiergebots auf die Wehrgleichheit kann damit aber nicht begründet werden, weil Art. 17a GG den Gleichheitssatz (Art. 3 Abs. 1 GG) nicht erwähnt.

Letztlich ist durch das gleichheitsrechtliche Eingriffsmodell die Anwendbarkeit des Zitiergebots auch *nicht strukturell ausgeschlossen*: Obwohl mit jeder

593 *Barbara Remmert*, in: Maunz/Dürig, GG, Art. 19 Abs. 1 (2008) Rn. 56; *Horst Dreier*, in: Dreier, GG I, Art. 19 I Rn. 20 i. V. m. 12, 23; *Axer*, in: HGR III, § 67 Rn. 27; *Hans D. Jarass*, in: Jarass/Pieroth, GG, Art. 19 Rn. 5; *Gerd Roellecke*, in: Umbach/Clemens, GG I, Art. 19 I-III Rn. 30; *Martini*, Rechtsgleichheit, S. 264 f.

594 BVerfGE 38, 154 (167); 48, 127 LS 2 (162); 69, 1 (22).

595 *Michael Sachs*, in: Sachs, GG, Art. 19 Rn. 26; *Christian-Friedrich Menger*, in: BK, Art. 19 Abs. 1 Satz 1 (1979) Rn. 142; *Barbara Remmert*, in: Maunz/Dürig, GG, Art. 19 Abs. 1 (2008) Rn. 42; *Peter Michael Huber*, in: v. Mangoldt/Klein/Starck, GG I, Art. 19 Rn. 69; *Walter Krebs*, in: v. Münch/Kunig, GG I, Art. 19 Rn. 14; *Axer*, in: HGR III, § 67 Rn. 10.

596 Dafür *Wolfram Höfling*, in: Friauf/Höfling, GG, Art. 17a (2004) Rn. 14, 24; dagegen *Juliane Kokott*, in: Sachs, GG, Art. 17a Rn. 12 f.

Gesetzgebung Differenzierungen einhergehen, kommt es zu keiner leeren Förmelei.[597] Denn das Zitiergebot ist nicht bei jeder Differenzierung anzuwenden, sondern nur bei Ungleichbehandlungen, also Differenzierungen, die sich nicht aus der Verschiedenheit der Vergleichsgruppen erklären. Art. 19 Abs. 1 S. 2 GG ist daher auf die Wehrdienstgleichheit anwendbar.[598]

Gleichwohl ist nach der restriktiven Rechtsprechung des Bundesverfassungsgerichts zu Art. 19 Abs. 1 S. 2 GG bei Grundrechten ohne Gesetzesvorbehalt das Zitiergebot nicht erforderlich.[599] Demnach bedürfte es einer Ergänzung von § 51 WPflG um den vorbehaltlos gewährleisteten Art. 3 Abs. 1 GG nicht.

Die paradoxe Konsequenz dieser Rechtsprechung ist, dass Eingriffe in vorbehaltlose Grundrechte in formeller Hinsicht leichter gerechtfertigt werden können als bei Grundrechten mit einem Gesetzesvorbehalt.[600] Insbesondere bei vorbehaltlos gewährleisteten Grundrechten ist eine Eingriffsbefugnis des Gesetzgebers jedoch eng auszulegen. Dabei gewinnt die *Warnfunktion* des Art. 19 Abs. 1 S. 2 GG eine besondere Bedeutung.[601] So wie die Notwendigkeit eines Gesetzes und die Beachtung des Verhältnismäßigkeitsprinzips bei Beeinträchtigungen vorbehaltlos gewährleisteter Grundrechte anerkannt sind[602], sind daher auch die übrigen allgemeinen Anforderungen an Grundrechtsbeschränkungen anwendbar. Diese umfassen auch Art. 19 Abs. 1 S. 2 GG. Mithin bedürfen Eingriffe in die Wehrdienstgleichheit der Beachtung des Zitiergebots. § 51 WPflG ist daher um Art. 3 Abs. 1 GG zu ergänzen. Andernfalls wären die Eingriffe in die Wehrdienstgleichheit bereits (formell) verfassungswidrig.[603]

---

597 So aber *Barbara Remmert*, in: Maunz/Dürig, GG, Art. 19 Abs. 1 (2008) Rn. 56 i. V. m. 32; *Axer*, in: HGR III, § 67 Rn. 27.

598 Vgl. zum allgemeinen Gleichheitssatz *Peter Michael Huber*, in: v. Mangoldt/Klein/Starck, GG I, Art. 19 Rn. 94; *Michael Sachs*, in: Stern, Staatsrecht IV/2, S. 1565 f.; *Schwarz*, Die Zitiergebote im Grundgesetz, S. 59 ff.; siehe auch BVerfG (3. Kammer des Zweiten Senats) NVwZ 1994, 477 f., wonach eine Verletzung des Zitiergebots ausgeschlossen wurde, weil keine Einschränkung von Art. 3 Abs. 3 GG vorliege.

599 BVerfGE 83, 130 (154); auch *Hans D. Jarass*, in: Jarass/Pieroth, GG, Art. 19 Rn. 5.

600 *Horst Dreier*, in: Dreier, GG I, Art. 19 I Rn. 24 Fn. 91; auch *Michael Sachs*, in: Sachs, GG, Art. 19 Rn. 30; *Christoph Brüning*, in: Stern/Becker, Grundrechte-Komm., Art. 19 Rn. 21; *Gerd Roellecke*, in: Umbach/Clemens, GG I, Art. 19 I-III Rn. 41.

601 *Schwarz*, Die Zitiergebote im Grundgesetz, S. 36.

602 BVerfGE 83, 130 (142); 108, 282 (297, 311); *Papier*, in: HGR III, § 64 Rn. 22; *Ingo v. Münch*, in: v. Münch/Kunig, GG I, Vorb. Art. 1-19 Rn. 57; *Hans D. Jarass*, in: Jarass/Pieroth, GG, Vorb. Vor Art. 1 Rn. 51 f.; *Kloepfer*, Grundrechte, § 51 Rn. 68 f.

603 Vgl. BVerfGE 113, 348 (366 f.); 120, 274 (343 f.).

cc. Verhältnismäßigkeit

Die wohl bedeutendste Anforderung an Ungleichbehandlungen für den Gesetzgeber ist das *Verhältnismäßigkeitsprinzip*. Aus unterschiedlichen Gründen spielt diese Anforderung an Grundrechtsbeeinträchtigungen bei Eingriffen in die Wehrgleichheit bisher jedoch kaum eine Rolle.

Für die wohl herrschende Meinung liegt der Grund darin, dass das Bundesverfassungsgericht[604] im Rahmen der Wehrpflicht den Verhältnismäßigkeitsgrundsatz für unanwendbar erklärt hat. Daher beschränkt man sich bei der verfassungsrechtlichen Prüfung der Wehrdienstausnahmen überwiegend auf die Suche nach einem *sachgerechten Differenzierungsgrund* - ausgehend vom und meist auch unter Bezugnahme auf den allgemeinen Gleichheitssatz nach Art. 3 Abs. 1 GG.[605] Man verweist auf die komplexen militärfachlichen und politischen Erwägungen, die bei der Gestaltung von Ausnahmen anzustellen sind.[606] Letztlich läuft diese Beschränkung der Anforderungen auf „sachliche Gründe" auf eine Willkürkontrolle hinaus, die wegen ihrer Unbestimmtheit mit Rechtsunsicherheit einhergeht.[607]

Andere Stimmen in der Literatur schränken die Einschätzungsprärogative des Gesetzgebers ein.[608] Sie fordern eine *strenge Verhältnismäßigkeitsprüfung*, da Wehrdienstausnahmen eine Unterscheidung nach Personengruppen zugrunde liegt und sie schwerwiegend in grundrechtliche Freiheiten eingreifen.[609] Hintergrund dieses Ansatzes ist das Verständnis der „neuen Formel" als Maßstab der „Rechtfertigung einer Ungleichbehandlung", welcher nach Ansicht des Bundesverfassungsgerichts auch eine Verhältnismäßigkeitsprüfung zulässt.[610]

---

604 BVerfGE 12, 45 (52); 105, 61 (71).

605 BVerfGE 38, 154 (166); 48, 127 (162); BVerwGE 122, 331 (339); *Juliane Kokott*, in: Sachs, GG, Art. 12a Rn. 10; *Rupert Scholz*, in: Maunz/Dürig, GG, Art. 12a (2001) Rn. 25; *Heike Krieger*, in: Friauf/Höfling, GG, Art. 12a (2006) Rn. 24, 29; *Schachtschneider*, Wehrrecht, S. 37 f.; *Steinlechner* RiA 1990, 222; *Hahn* JR 2006, 89 (90); *Gramm* NZWehrR 2007, 221 (231).

606 BVerwGE 122, 331 (338 f.); *Hahn* JR 2006, 89 (90).

607 VG Köln, Beschluss vom 15.04.2005, 8 K 8564/04, Rn. 29, auch wenn es auf den dort geforderten Konsens (innerhalb welcher Gruppe?) nicht ankommen kann.

608 *Unterreitmeier* ZRP 2007, 163 (164); *Weckler* NZWehrR 2007, 244 (245, 249); ähnlich *Gilbert Gornig*, in: v. Mangoldt/Klein/Starck, GG I, Art. 12a Rn. 34 und *Werner Heun*, in: Dreier, GG I, Art. 12a Rn. 20, die „eine besondere verfassungsrechtliche Rechtfertigung" verlangen.

609 *Unterreitmeier* ZRP 2007, 163 (164).

610 BVerfGE 88, 87 (96); 89, 15 (22); 101, 54 (101); 121, 317 (369); 122, 39 (52); 123, 1 (19); 123, 111 (119 f.); kritisch *Lerke Osterloh*, in: Sachs, GG, Art. 3 Rn. 15; *Werner Heun*, in: Dreier, GG I, Art. 3 Rn. 26 ff.

Einen dritten Weg für die Anforderungen an Wehrdienstausnahmen hat *Jens Fleischhauer* beschritten. Er entwickelt in Parallele zum Steuerrecht eine *bereichsspezifische Betrachtungsweise.*[611] Ausgangspunkt dieser Überlegung ist die Grundpflichteigenschaft (dazu S. 39 ff.) sowohl der allgemeinen Wehrpflicht als auch der Steuerpflicht. Beiden Pflichten sei gemeinsam, dass der mit ihnen verfolgte Zweck grundsätzlich allen Bürgern zu gute komme. Somit seien umgekehrt auch alle Bürger verantwortlich.[612] Wegen dieser Parallelen sei der im Steuerrecht erforderliche erhöhte Begründungszwang bei einer Abweichung auf die Wehrgleichheit zu übertragen.[613] Im Ergebnis bestehe daher für den Gesetzgeber bei der Ausgestaltung der Wehrdienstausnahmen nur ein eingeschränkter Gestaltungsspielraum, welcher Befreiungen aus privaten Interessen nur für besondere Härtefallregelungen zulasse.[614]

Insgesamt können alle Anforderungen an die Rechtfertigung einer Ungleichbehandlung nicht überzeugen.

Zunächst trägt die Beschränkung der Prüfung auf sachgerechte Differenzierungsgründe durch die herrschende Meinung der breit geteilten Annahme des staatsvertraglichen Synallagmas (zur Kritik S. 51 ff.) nicht hinreichend Rechnung. Wenn die allgemeine Wehrpflicht als Gegenleistung zur Sicherung der grundrechtlichen Schutzansprüche korrespondiert, kommen umgekehrt Ausnahmen nur im öffentlichen Interesse in Betracht. Indem nun sachliche Interessen bei Wehrdienstausnahmen direkt anerkannt werden, wird die Verpflichtung am eigenen Schutzanspruch mitzuwirken, gelöst. Insofern wird der Gedanke des staatsvertraglichen Synallagmas nur unvollständig verfolgt.

Hinzu kommt, dass sich die Unanwendbarkeit des Verhältnismäßigkeitsgrundsatzes zunächst nur auf die *Einführung* der allgemeinen Wehrpflicht („ob“) erstreckt. So bezog sich das Bundesverfassungsgericht in seinem Beschluss vom 20. Dezember 1960 ausschließlich auf die betroffenen Freiheitsgrundrechte, nicht aber auf die Wehrgleichheit. Diese Auslegung ergibt sich schon aus der gesetzesvorbehaltsähnlichen Einschränkungsermächtigung des Art. 12a Abs. 1 GG, die sicherheitspolitische Überlegungen zwar zulässt.[615] Diese Norm ermächtigt aber nur zur Einführung einer *allgemeinen* Wehrpflicht (S. 33). Politische Einschätzungen, wie bei der Einführung der Wehrpflicht, können bei der Ausgestaltung nicht mehr genügen. Ist die Entscheidung für die

611 *Fleischhauer*, Wehrgerechtigkeit, S. 107; *ders.* NZWehrR 2008, 112 (114 f.).

612 *Fleischhauer* NZWehrR 2008, 112 (114).

613 *Fleischhauer* NZWehrR 2008, 112 (114) unter Hinweis u. a. auf BVerfGE 55, 274 (303 f.); *Friauf*, in: Jahrreiß FS, S. 45 (48).

614 *Fleischhauer*, Wehrgerechtigkeit, S. 107, 146.

615 BVerfGE 12, 45 (50 ff.); 48, 127 (160 f.); 105, 61 (71); anders LG Potsdam, Beschluss vom 19.03.1999, 23 (H) Ns 72/98.

Wehrpflicht gefallen, ist die nähere *Ausgestaltung* („wie") bereits dahingehend vorgegeben, dass die Wehrpflicht nur mit der aus Art. 3 Abs. 1 GG ergehenden Vorgabe eingeführt werden darf: „Die Wehrpflicht ist für alle gleich" (S. 22 ff.).[616]

Insofern vermag die Anwendung der „neuen Formel" bei der Wehrdienstgleichheit grundsätzlich zu überzeugen (S. 22 ff.). Daher kommt die „neue Formel" auch tatbestandlich zur Anwendung, allerdings ausschließlich tatbestandlich als Abgrenzungskriterium zwischen internen und externen Zwecken. Auf dieser Ebene ist die Frage nach der Verhältnismäßigkeit einer Ungleichbehandlung aber nicht relevant, sondern erst auf Rechtfertigungsebene.

Letztlich kann auch die *bereichsspezifische Betrachtungsweise* nicht überzeugen. Unklar bleibt zunächst, welche Anforderungen ein „eingeschränkter Gestaltungsspielraum" haben soll. Darüber hinaus wird außer Acht gelassen, dass auch im Rahmen der steuerlichen Lastengleichheit grundsätzlich ein weiter Entscheidungsspielraum besteht.[617] Dieser wird zwar bei Steuervergünstigungen durch die sog. „vertikale und horizontale Steuergerechtigkeit" sowie eine gebotene Folgerichtigkeit beschränkt.[618] Zulässig bleiben aber Förderungs- und Lenkungszwecke[619] sowie Typisierungs- und Vereinfachungserfordernisse[620]. Bei allein wirtschaftslenkenden Normen genügen bereits Gründe des Gemeinwohls.[621] Die sog. „Steuergerechtigkeit" erlaubt also im Ergebnis vielfältige Abweichungen vom Gleichheitsgebot. Eine Übertragung dieser Grundsätze auf die Wehrgleichheit kann nicht gelingen, weil die Wehrpflicht, anders als die Steuerpflicht, besonders intensiv in mehrere Freiheitsrechte eingreift (Fn. 160).

Somit ist das Verhältnismäßigkeitsprinzip eine Anforderung für Eingriffe in die Wehrgleichheit. Dabei sind die für die übrigen Grundrechte entwickelten Grundsätze in entsprechender Weise auf die Gleichheitssätze zu übertragen. Dazu sind der verfolgte Zweck und das hierzu eingesetzte Mittel der Einschränkung des Gleichheitssatzes in einer *Zweck-Mittel-Relation* zu beurteilen.[622] Nur

---

616 *Unterreitmeier* ZRP 2007, 163 spricht von einer „gleichheitsrechtlichen Schranken-Schranke der allgemeinen Wehrpflicht".

617 BVerfGE 81, 108 (117); 105, 17 (46); 107, 27 (47); 117, 1 (30); 122, 210 (230).

618 BVerfGE 81, 108 (117); 105, 17 (46 f.); 122, 210 (230 f.).

619 BVerfGE 93, 121 (147); 99, 280 (296); 105, 73 (112); 110, 274 (292); 116, 164 (182); 117, 1 (31); 122, 210 (231); *Johanna Hey*, in: Tipke/Lang, Steuerrecht, § 19 Rn. 70.

620 BVerfGE 96, 1 (6); 122, 210 (231).

621 *Johanna Hey*, in: Tipke/Lang, Steuerrecht, § 19 Rn. 70, 75.

622 *Michael Sachs*, in: Stern, Staatsrecht IV/2, S. 1567 f.; *Stefan Huster*, in: Friauf/Höfling, GG, Art. 3 (2004) Rn. 123; *Wolfgang Rüfner*, in: BK, Art. 3 Abs. 1 (1992) Rn. 97; *Kloepfer*, Gleichheit als Verfassungsfrage, 1980, S. 62 f.; *Jarass*, NJW 1997, 2545 (2549).

an dieser Stelle kann eine Verhältnismäßigkeitsprüfung gelingen und nicht bereits tatbestandlich bei der Abgrenzung zwischen internen und externen Zielen. Dort ist nämlich nicht erkennbar, mit welchem kollidierenden Rechtsgut abgewogen werden soll.[623] *Stefan Huster* spricht daher lediglich von einer „Entsprechungsprüfung"[624]. Erst wenn diese Entsprechungsprüfung zu dem Ergebnis gelangt, dass sich die Verschiedenbehandlung nicht aus der Verschiedenheit der Vergleichsgruppen ergibt, kann diese Ungleichbehandlung mit einem anderen Verfassungsgut abgewogen werden. Erst hier ist von einer Verhältnismäßigkeitsprüfung zu sprechen.

Der legitime Zweck einer Wehrdienstausnahme muss sich wegen des Fehlens eines geschriebenen Gesetzesvorbehalts in Art. 3 Abs. 1 GG aus einer verfassungsrechtlichen Begrenzung ergeben.[625] In einem ähnlichen Ansatz fordert auch das Bundesverfassungsgericht bei der Differenzierung innerhalb anderer Grundpflichten (Steuerpflicht) einen qualifizierten sachlichen Grund.[626] Es erläutert aber nicht, wie sich ein „sachlicher Grund mit besonderer Überzeugungskraft" von einem „sachlichen Grund" unterscheidet. Wie bei den anderen vorbehaltlosen Grundrechten bedarf ein Eingriff in den Schutzbereich daher einer verfassungsrechtlichen Begrenzung. Diese kollidierende Verfassungsbestimmung muss zur Beschränkung der Wehrdienstgleichheit geeignet, erforderlich und proportional sein.

Eine Eignung liegt vor, wenn die Ausnahmeregelung das Ziel der Verfassungsnorm überhaupt erreichen kann.[627] Die Erforderlichkeit verlangt, dass kein gleichheitsgerechteres Mittel gleicher Eignung zur Zielerreichung zur Verfügung steht.[628] Die Proportionalität der Regelung verlangt, dass dem legitimen verfassungsrechtlichen Ziel gegenüber der geschützten Wehrdienstgleichheit im Wege praktischer Konkordanz[629] ein höheres Gewicht zukommt.[630] Dabei kann

---

623 *Huster*, Rechte und Ziele, S. 167, 170 ff.; *ders.*, in: Friauf/Höfling, GG, Art. 3 (2002) Rn. 73.

624 *Huster*, Rechte und Ziele, S. 171; *ders.*, in: Friauf/Höfling, GG, Art. 3 (2002) Rn. 89 ff.

625 Vgl. *Michael Sachs*, in: Stern, Staatsrecht IV/2, S. 1567 f.; *ders.*, in: Stern, Staatsrecht III/2, S. 571 f.; *Kloepfer*, Gleichheit als Verfassungsfrage, S. 62.

626 BVerfGE 13, 331 (340 f.); 15, 313 (318).

627 Vgl. *Michael Sachs*, in: Stern, Staatsrecht IV/2, S. 1568 f.

628 Vgl. *Michael Sachs*, in: Stern, Staatsrecht IV/2, S. 1569; *Stefan Huster*, in: Friauf/Höfling, GG, Art. 3 (2004) Rn. 124.

629 *Hesse*, Verfassungsrecht, Rn. 317 ff.; bereits *Aristoteles*, Nikomachische Ethik, 1107a: „Die Mitte ist die zwischen einem doppelten fehlerhaften Habitus, dem Fehler des Übermaßes und des Mangels (…)".

630 Vgl. *Michael Sachs*, in: Stern, Staatsrecht IV/2, S. 1569 f.

insbesondere die Intensität des Grundrechtseingriffs eine Rolle spielen.[631] Beiden Gütern ist nach Möglichkeit zu optimaler Wirksamkeit zu verhelfen.[632]

(1) Geistlichenprivileg (§§ 11 Abs. 1 Nr. 1 bis 3, 12 Abs. 2 WPflG)

Sämtliche Eingriffe in die Wehrdienstgleichheit müssen diese Anforderungen an eine Rechtfertigung erfüllen. Zunächst bedarf es für das Geistlichenprivileg (zur Ungleichbehandlung S. 82 ff.) nach § 11 Abs. 1 Nr. 1 bis 3; § 12 Abs. 2 WPflG eines legitimen Zwecks.

(a) Das Reichskonkordat vom 12. September 1933

Die Befreiung römisch-katholischer Geistlicher könnte mit der Erfüllung einer vertraglichen Pflicht,[633] dem Reichskonkordat[634], das unter dem Grundgesetz nach Art. 123 Abs. 1 GG fortwirkt,[635] legitimiert werden. Zwar ist die Vereinbarung zwischen dem Heiligen Stuhl und dem Deutschen Reich als solche innerstaatlich unwirksam. Durch das Ausführungsgesetz vom 12. September 1933[636] wurden die Bestimmungen jedoch in nationales Recht transformiert, gleichwohl nur auf *Gesetz*esrang.[637] Denn das Reichskonkordat ist keine „allgemeine Regel des Völkerrechts" i. S. d. Art. 25 GG.[638] Auch die allgemeine Völkerrechtsregel „pacta sunt servanda" bewirkt nicht, dass völkerrechtliche Verträge selbst zu allgemeinen Regeln werden und damit die Rangerhöhung des Art. 25 Satz 2 GG erfahren.[639] Insofern hat das Reichskonkordat als solches keinen Verfassungsrang.

---

631 Vgl. etwa BVerfGE 26, 265 (275 f.); 84, 348 (360); 103, 310 (319) m.w.N.

632 Vgl. *Hesse*, Verfassungsrecht, Rn. 318.

633 *Begründung zum Entwurf eines Wehrpflichtgesetzes*, in: BT-Drs II/2303, S. 1 (19); BVerwGE 7, 66 (77); 34, 291 (296); 61, 152 (157 f.); BVerwG NJW 1985, 393 (396); *Wehrstruktur-Kommission der Bundesregierung*, Wehrgerechtigkeit 1971, S. 43 spricht von „pacta sunt servanda".

634 Zu weiteren völkerrechtlichen Verträgen *Assenmacher*, Wehrpflichtbefreiung der Geistlichen, S. 35 ff.

635 BVerfGE 6, 309 (338).

636 RGBl. I, 625.

637 BVerfGE 6, 309 (341); *Stefan Korioth*, in: Maunz/Dürig, GG, Art. 140 GG Art. 136 WRV (2003) Rn. 45; *M. Heckel* JuS 1976, 450 (455).

638 *M. Heckel* JuS 1976, 450 (456).

639 BVerfGE 6, 309 (362 f.); 31, 145 (178); 41, 88 (120 f.); *Rudolf Streinz*, in: Sachs, GG, Art. 25 Rn. 30; *Stephan Hobe*, in: Friauf/Höfling, GG, Art. 25 (2000) Rn. 26; *Ondolf Rojahn*, in: v. Münch/Kunig, GG II, Art. 25 Rn. 36.

Letztlich kommt als legitimer Zweck nur allgemein die Völkerrechtsfreundlichkeit des Grundgesetzes (Art. 1 Abs. 2, Art. 23 bis 26 GG) in Betracht. Ein Vorrang des Völkerrechts vor innerstaatlichem Verfassungs- und Gesetzesrecht kann jedoch – entgegen der „monistischen" Völkerrechtstheorie[640] – nicht angenommen werden.[641] Dementsprechend hält das Bundesverfassungsgericht das Bestehen eines Konkordats für keinen ausreichenden Differenzierungsgrund.[642] Das Reichskonkordat kommt daher weder unmittelbar noch mittelbar als legitimer Zweck für die Ungleichbehandlung in Frage.

Ausgehend von dieser völkerrechtlichen Vereinbarung wird geltend gemacht, die Rücksichtnahme auf religionsgesellschaftliche Parität (Art. 3 Abs. 3 GG)[643] gebiete es, die Befreiung auch auf evangelische Geistliche sowie Geistliche anderer Bekenntnisse in § 11 Abs. 1 Nr. 1 und 3 WPflG zu erstrecken.[644] Dieser Zweck kann gleichwohl nur in *Akzessorietät* zur Verfassungsmäßigkeit der Befreiung der römisch-katholischen Geistlichen bestehen. Solange der Verfassungsrang für die Befreiung katholischer Geistlicher nicht festgestellt ist, kann auch der Verfassungsrang für die Befreiung anderer Geistlicher nicht festgestellt werden.

Mithin bietet das Reichskonkordat für keine Glaubensrichtung einen verfassungsimmanten Zweck für das Geistlichenprivileg.

(b) Allgemeinwohl

Ferner ließe sich argumentieren, dass Geistliche ohnehin dem Allgemeinwohl dienten. Daher könne eine Ausnahme vom ebenfalls gemeinwohlorientierten Wehrdienst geboten sein. Der Zweck einer dem „Gemeinwohl dienenden" Tätigkeit kann schon wegen der *Unbestimmtheit* dieses Rechtsbegriffes nicht überzeugen. Nahezu alle Berufe dienen dem Allgemeinwohl, ob sie sich nun im Heilwesen, der Verwaltung, der Produktion, der Lehre oder der Pflege der Infrastruktur befinden.[645] Ausgeschlossen sind wohl lediglich verbotene Tätigkeiten.

---

640 *Kelsen*, Reine Rechtslehre, S. 328 ff.

641 *Stern*, Staatsrecht I, S. 479 f.; *Doehring*, Völkerrecht, Rn. 704; *M. Heckel* JuS 1976, 450 (456).

642 BVerfGE 19, 1 (12); anders BVerwGE 74, 134 (138).

643 Dazu BVerfGE 19, 1 (6 ff.); 19, 129 (134); 24, 236 (246); 32, 98 (106); 33, 23 (28); 102, 370 (390); 123, 148 (171); *Stern*, Staatsrecht IV/2, S. 1232 ff.; *Karl-Hermann Kästner*, in: Stern/Becker, Grundrechte-Komm., Art. 4 Rn. 174.

644 BVerwGE 34, 291 (296 f.); 61, 152 (158); *Wehrstruktur-Kommission der Bundesregierung*, Wehrgerechtigkeit 1971, S. 43; *Karl-Hermann Kästner*, in: BK, Art. 140 (2010) Rn. 215.

645 *Günter Dürig*, in: Maunz/Dürig, GG, Art. 3 Abs. III (1973) Rn. 115.

Zudem wird über dieses Kriterium eine *weitere Ungleichbehandlung* geschaffen, indem andere – ebenfalls gemeinwohlorientierte – Berufe nicht befreit werden.[646] In normativer Hinsicht spricht gegen die Verfassungsimmanenz dieses Ansatzes Art. 140 GG i. V. m. Art. 136 Abs. 1 WRV, der die staatsbürgerlichen Pflichten durch die Ausübung der Religionsfreiheit nicht bedingt oder beschränkt.

Allenfalls könnte geltend gemacht werden, dass die Befreiung Geistlicher vom Wehrdienst die Betreuung der Gemeinden im Verteidigungsfall sicherstellt.[647] Verfassungsrechtlich angelegter Grund der Regelung wäre also das - meist nicht vorgebrachte - Selbstbestimmungsrecht nach Art. 140 GG i. V. m. Art. 137 Abs. 3 WRV. Gegen die Einschlägigkeit dieser Erwägung spricht zum einen die Vorgeschichte des Geistlichenprivilegs (S. 82 ff.). Zum anderen erstreckt sich die Begünstigung nach § 12 Abs. 2 WPflG auch auf Personen, die noch nicht ordiniert sind, im Bedarfsfall also keine „unabkömmliche" Amtsfunktion wie etwa die Zelebration des Hochamts (Levitenamt) ausüben können.[648]

Selbst wenn der Verfassungsrang dieses Grundes angenommen werden würde, stößt er schon bei der Geeignetheit auf erhebliche Bedenken: Wenn die Betreuung von Gemeinden im *Verteidigungsfall* sichergestellt werden soll, ist das Bedürfnis für eine Befreiung schon zur *Friedenszeit* nicht ersichtlich.[649]

Auch wenn die Befreiung entgegen der vertretenen Auffassung für geeignet gehalten wird, wären andere, gleichheitsrechtlich mildere, Mittel denkbar, um das religiöse Gemeindeleben aufrechtzuerhalten. So könnte die Wehrdienstpflicht bei jungen Geistlichen erhalten bleiben und *nur ältere*, vor allem nicht mehr wehrpflichtige (S. 63 ff.), *würden befreit*. Diesen obläge dann die Gemeindebetreuung. Außerdem ist bei Geistlichen – im Unterschied zu anderen Mangelberufen – eine partielle Beauftragung anderer Personen (Lektoren, Pfarrdiakonen, Pfarrhelfern) möglich.[650] Diese können im Verteidigungsfall den betroffenen Gemeinden zunächst einzelfallbezogen zugeordnet werden. Insofern

---

646 *Schickedanz* NJW 1970, 1871 (1872); *Fleischhauer*, Wehrgerechtigkeit, S. 127 Fn. 204.

647 Abg. *Bausch*, in: in: Verhandlungen des Deutschen Bundestages, 2. Wahlperiode, 157. Sitzung, 04.07.1956, S. 8569 (8603); *Dirk Ehlers*, in: Sachs, GG, Art. 140 GG/Art. 136 WRV Rn. 6 Fn. 33; *Obermayer* DÖV 1976, 80 (82); *Dopjans* DVBl 1976, 893; gegen diesen Gesetzeszweck BVerwGE 34, 291 (295); *Stefan Korioth*, in: Maunz/Dürig, GG, Art. 140 GG Art. 136 WRV (2003) Rn. 45; *Kreutzer* DÖV 1958, 150 (151); *v. Campenhausen* DVBl 1980, 578; *Kopp* DVBl 1980, 826 (828).

648 *Günter Dürig*, in: Maunz/Dürig, GG, Art. 3 Abs. III (1973) Rn. 115; *Bogs* Der Staat 9 (1970), 43 (52); *M. Heckel* JuS 1976, 450 (455); *Müller-Volbehr* JuS 1981, 728 (731).

649 *Ennuschat* VBlBW 1991, 357.

650 *Bogs* Der Staat 9 (1970), 43 (56 f.); *Müller-Volbehr* JuS 1981, 728 (730).

ist das Geistlichenprivileg zur Sicherstellung der Betreuung der Gemeinden im Verteidigungsfall unverhältnismäßig, das Allgemeinwohl generell ist schon kein zulässiger Rechtfertigungsgrund.

(c) Gewährleistung der Religionsfreiheit

Legitimer Zweck für das Geistlichenprivileg könnte aber die Religionsfreiheit aus Art. 4 Abs. 1 und 2 GG sein. Zwar kann die Autonomie der Religionsgemeinschaften nie so weit gehen, dass diese staatsbürgerliche Grundpflichten verneinen können.[651] Doch kann eine Regelung wie can. 121 CIC/1917 als *verbindlicher Glaubenssatz* über das forum externum des Art. 4 Abs. 1, 2 GG auch in das staatliche Recht ausstrahlen,[652] wenn nach römisch-katholischem Verständnis die Unvereinbarkeit des Geistlichenamtes mit dem Waffendienst zur Ausübung der Religionsfreiheit gehört. Can. 121 CIC/1917 normierte somit den römisch-katholischen Glauben, dass es unpassend sei, wenn Personen, die sich göttlichen Diensten gewidmet haben, zu Dienstleistungen wie Fron-, Kriegs-, Hand- und Spanndiensten herangezogen werden (caracter indelibilis).[653] Von diesem privilegium immunitatis wurde jedoch während der Beratungen im 2. Vatikanischen Konzil *Abstand* genommen.[654] Dem entsprechend sollte auch nach dem Willen der *Codex-Reformkommission* das Privileg nicht aufrechterhalten bleiben, sondern lediglich eine Pflicht begründet werden, eventuell bestehende *Befreiungsmöglichkeiten* vom Wehrdienst nach staatlichem Recht in Anspruch zu nehmen.[655] Kodifiziert wurden diese Gedanken in § 2 can. 289 CIC/1983. Diese Bestimmung sieht nunmehr - von der Literatur weitestgehend unbeachtet - vor, dass Kleriker von Freistellungen Gebrauch machen sollen, die ihnen hinsichtlich dem klerikalen Stand fremder öffentliche Ämter eingeräumt

651 BVerwGE 24, 1 (7 f.); *Bogs* Der Staat 9 (1970), 43 (63); *Dopjans*, Geistlichenprivileg, S. 130; *Fleischhauer*, Wehrgerechtigkeit, S. 132.

652 Wohl *Günter Dürig*, in: Maunz/Dürig, GG, Art. 3 Abs. III (1973) Rn. 115; *Rupert Scholz*, in: Maunz/Dürig, GG, Art. 12a (2001) Rn. 45; *Oldiges*, in: Achterberg/Püttner/Würtenberger, Besonderes Verwaltungsrecht II, § 23 Rn. 172; *Dieter Walz*, in: Steinlechner/Walz, WPflG, § 11 Rn. 17; dagegen BVerwGE 61, 152 (158); BVerwG NJW 1985, 393 (396), wonach § 11 Abs. 1 WPflG dem Interesse der Organisationen und nicht dem Interesse Einzelner diene.

653 *M. Heckel* JuS 1976, 450 (457); weitergehend *Assenmacher*, Wehrpflichtbefreiung der Geistlichen, S. 246 ff.

654 *Heinrich J. F. Reinhardt*, in: Klaus Lüdicke (Hrsg.), Münsterischer Kommentar zum Codex Iuris Canonici unter besonderer Berücksichtigung der Rechtslage in Deutschland, Österreich und der Schweiz, Stand: 46. Lieferung 2010, can. 289 (1996) Rn. 1.

655 *Schwendenwein*, in: Listl/Müller/Schmitz, Nachkonziliarisches Kirchenrechts, § 17, S. 149 (150).

werden. Beibehalten wurde lediglich das Verbot für Kleriker, sich *freiwillig* zum Wehrdienst zu melden. Zweck der neuen Vorschrift ist nunmehr, dass Kleriker von ihrer eigentlichen religiösen Aufgabe *nicht ferngehalten* werden, durch notwendige Entscheidungen *nicht polarisieren* und so *glaubwürdiger* ihren Dienst leisten können.[656] Somit kann für die Befreiung vom Wehrdienst auf das kanonische Recht *nicht* mehr (mittelbar) zurückgegriffen werden.

Gleichwohl kommt die Religionsfreiheit als verfassungsrechtliche Begrenzung der Wehrdienstgleichheit in Betracht, weil für Geistliche des christlichen Glaubens die Liebe zum Mitmenschen geistiger und praktischer Mittelpunkt ist, der einem Kriegsdienst entgegenstehen könnte (vgl. *Exodus* 20, 13; *Matthäus* 5, 38-48).

In der evangelischen Kirche hingegen scheint wegen des fehlenden Unterschieds zwischen Geistlichen und Laien[657] eine entsprechende religiöse Bindung nach Art. 4 Abs. 1, 2 GG ausgeschlossen. Vielmehr besteht bei evangelischen Geistlichen sogar ein Gleichbehandlungsinteresse, nicht anders behandelt zu werden als Laien, denen die Gewissensentscheidung nicht abgenommen wird.[658] Gleichwohl berief sich der Gesetzgeber im Rahmen seines zulässigen Spielraums auf einen Beschluss des Rates der Evangelischen Kirche in Deutschland vom 12. und 13. Januar 1955. Darin bat man um eine Wehrdienstausnahme auch für evangelische Pfarrer.[659] Der Grund von Verfassungsrang für die Ungleichbe-

---

656 *Heinrich J. F. Reinhardt*, in: Klaus Lüdicke (Hrsg.), Münsterischer Kommentar zum Codex Iuris Canonici unter besonderer Berücksichtigung der Rechtslage in Deutschland, Österreich und der Schweiz, Stand: 46. Lieferung 2010, can. 289 (1996) Rn. 6.

657 Abg. *Metzger*, in: Verhandlungen des Deutschen Bundestages, 2. Wahlperiode, 157. Sitzung, 04.07.1956, S. 8569 (8599); *Reinhard Schmidt-Rost*, in: EvStL, Amt, kirchlich, II B.

658 Vgl. Hinweis von Abg. *Metzger*, in: Verhandlungen des Deutschen Bundestages, 2. Wahlperiode, 157. Sitzung, 04.07.1956, S. 8569 (8600 f.).

659 *Begründung zum Entwurf eines Wehrpflichtgesetzes*, in: BT-Drs II/2303, S. 1 (19); *Bundesverteidigungsminister Blank*, in: Verhandlungen des Deutschen Bundestages, 2. Wahlperiode, 157. Sitzung, 04.07.1956, S. 8569 (8600); auch *Beckmann*, Kirche in der Zeit 11 (1956), 102 (103); siehe aber der Hinweis des Abg. *Metzger*, in: Verhandlungen des Deutschen Bundestages, 2. Wahlperiode, 157. Sitzung, 04.07.1956, S. 8569 (8601), dass das entscheidende Organ, die Synode, nicht entschieden habe. Später sprach sich die Synode der Hannoverschen Landeskirche explizit gegen eine Wehrdienstbefreiung von Theologen aus, Deutsches Pfarrerblatt 1971, S. 108, so *Müller-Volbehr* JuS 1981, 728 Fn. 3; gegen die Befreiung von Theologiestudenten *Gustav Heinemann*, Lernprozeß Staat – Kirche – Gesellschaft, in: Koch, Diether (Hrsg.), Glaubensfreiheit – Bürgerfreiheit, Reden und Aufsätze zu Kirche – Staat – Gesellschaft 1945-1975, Frankfurt am Main 1976, S. 297 (306).

handlung zwischen Geistlichen und anderen Personen kann die Religionsfreiheit nach Art. 4 Abs. 1, 2 GG sein.

Zur Verwirklichung dieses Zwecks ist die Regelung des § 11 Abs. 1 Nr. 1 bis 3 WPflG *geeignet*, da Geistliche so ihren religiösen Vorgaben gerecht werden können.

Zudem müsste die Bestimmung *erforderlich* sein. Im Hinblick auf die Wehrdienstgleichheit drängt sich als milderes gleichheitsgerechteres Mittel gleicher Eignung die *Kriegsdienstverweigerung aus Gewissensgründen* nach Art. 4 Abs. 3 GG auf. Dort wird die Befreiung vom Kriegsdienst mit der Waffe aus Gewissensgründen verfassungsrechtlich normiert. Art. 12a Abs. 2 GG und das KDVG haben diese Vorgaben konkretisiert, u. a. mit einem Antragserfordernis nach § 2 KDVG und einer Ersatzdienstpflicht nach Art. 12a Abs. 2 GG; § 1 Abs. 2 KDVG. Indem Geistliche von diesen Anforderungen nun a priori befreit werden, wird eine weitere Differenzierung zu anderen Personen in Gewissensnot getroffen, obwohl bei Geistlichen und anderen Gläubigen dieselben Erwägungen als bindend empfunden werden wie *Exodus* 20, 13 oder *Matthäus* 5, 38-48. Daher wäre es ein milderes Mittel, alle in Betracht kommenden Wehrpflichtigen auf die mögliche Anerkennung als Kriegsdienstverweigerer (mit entsprechender Ersatzdienstpflicht) zu verweisen oder alle Gläubigen nach § 11 Abs. 1 WPflG freizustellen[660].

Aus systematischer Perspektive kommt hinzu, dass die Problematik des Geistlichenwehrdienstes im dritten Absatz von Art. 4 GG gelöst wird, nicht aber im ersten Absatz.[661] Aus einer möglicherweise unerwünschten Vorbildwirkung durch eine Kriegsdienstverweigerung Geistlicher und eine sich möglicherweise anschließende Diskussion um die Wehrpflicht[662] kann sich in einer *pluralistischen freiheitlich demokratischen Staatsordnung* nichts anderes ergeben.[663]

Hinzu kommt, dass die Garantie der Religionsfreiheit eine Garantie gleicher religiöser Entfaltung ist. Die Berücksichtigung von Glaubensmomenten darf nach Art. 3 Abs. 3 GG deshalb nicht zur Bevorzugung oder Benachteiligung

660 Abg. *Metzger*, in: Verhandlungen des Deutschen Bundestages, 2. Wahlperiode, 157. Sitzung, 04.07.1956, S. 8569 (8599 f.); *Günter Dürig*, in: Maunz/Dürig, GG, Art. 3 Abs. III (1973) Rn. 115; ähnlich *Schickedanz* NJW 1970, 1871 (1872); *Dopjans*, Geistlichenprivileg, S. 136.

661 *Obermayer* DÖV 1976, 80 (82); ähnlich *Ennuschat* VBlBW 1991, 357, der (den § 11 Abs. 1 Nr. 1 bis 3 WPflG entsprechenden) § 10 ZDG nicht der individuellen Glaubens- und Gewissensfreiheit zuschreibt, der durch Art. 4 Abs. 3 GG Rechnung getragen werde; anders *Bogs* Der Staat 9 (1970), 43 (58), der Art. 4 Abs. 3 GG nur als einen besonders wichtigen Fall der Unverletzlichkeit des Gewissens ansieht.

662 *Bogs* Der Staat 9 (1970), 43 (63).

663 *Karl-Hermann Kästner*, in: BK, Art. 140 (2010) Rn. 216.

einzelner Bevölkerungsgruppen aus religiösen Gründen führen.[664] Insoweit kann lediglich Art. 4 Abs. 3 GG als Ausnahmeregelung[665] (Durchbrechung) zu Art. 3 Abs. 3 GG verstanden werden. Diese Norm schafft eine Ausnahme mit einer äquivalenten Belastung. Diese äquivalente Belastung entfällt aber nach § 11 Abs. 1 Nr. 1 bis 3 WPflG, so dass Art. 3 Abs. 3 GG gerade ohne äquivalente Belastung durchbrochen wird.[666] Warum die kirchlichen Amtsträger „aus Gründen der Effektivität ihres religionsgemeinschaftlichen Wirkens“[667] vor einem Kriegsdienstverweigerungsverfahren bewahrt bleiben sollen, ist nicht ersichtlich.

(d) Frieden mit den Religionsgemeinschaften

Als Grund für die Ungleichbehandlung wird sodann vorgebracht, dass dem Frieden mit den Religionsgemeinschaften gedient werde, indem man die Interessen der Kirchen wahrt.[668]

Ein entsprechendes Bedürfnis könnte man aus Art. 140 i. V. m. Art. 137, 139, 141 WRV herauslesen. Dadurch würde es auch leichter, das staatliche Interesse am Zustandekommen einer Militärseelsorgevereinbarung zu befriedigen. Doch auch wenn ein gutes Verhältnis zu den Kirchen ein wichtiges staatliches Interesse sein mag, *verfassungsrechtlich* ist es nicht. Zudem muss sich die staatliche Rechtsetzung nicht an Motiven orientieren, die im Selbstverständnis von Religionsgemeinschaften gründen.[669]

(e) Außenpolitische Erwägungen

Letztlich wird als außenpolitisch argumentiert, dass das Geistlichenprivileg aus Rücksichtnahme auf die öffentliche Meinung im Ausland bestehe.[670] Eine radikale Durchführung der allgemeinen Wehrpflicht könnte die Furcht vor einem erneuten deutschen Militarismus wachsen lassen, zumal die Kirchen am politischen Widerstand gegen den Nationalsozialismus maßgeblichen Anteil hatten.

---

664 *M. Heckel* JuS 1976, 450 (456).

665 *M. Heckel* JuS 1976, 450 (456) spricht von einer „Spezialregelung“, was aber wegen des gegenläufigen Charakters des Art. 4 Abs. 3 GG nicht überzeugen kann. Art. 4 Abs. 3 GG umfasst gerade keinen Fall von Art. 3 Abs. 3 GG wie es für eine „Spezialregelung“ erforderlich wäre.

666 *M. Heckel* JuS 1976, 450 (457).

667 *Bogs* Der Staat 9 (1970), 43 (57 f.); *Obermayer* DÖV 1976, 80 (82 Fn. 19).

668 BVerwGE 61, 152 (158).

669 *Obermayer* DÖV 1976, 80 (81).

670 Vgl. *Dopjans*, Geistlichenprivileg, S. 132 f.

Außerdem sehen viele andere Mitgliedstaaten der NATO ähnliche Befreiungen vor.[671]

Ein entsprechendes Rücksichtnahmegebot, das mit zahlreichen Unsicherheiten einhergeht, lässt sich aber weder unmittelbar noch mittelbar aus der Verfassung herleiten.

Insgesamt ist das Geistlichenprivileg der §§ 11 Abs. 1 Nr. 1 bis 3, 12 Abs. 2 WPflG – trotz entgegenstehender Rechtsprechung des Bundesverwaltungsgerichts[672] und Literaturmeinung[673] – daher *verfassungswidrig.*[674]

(2) Familiärer Todesfall infolge einer Wehr- oder Zivildienstbeschädigung (§ 11 Abs. 2 S. 1 Nr. 1 WPflG)

Zudem ist für die Befreiung von Wehrpflichtigen, deren Vater, Mutter, Bruder oder Schwester an den Folgen einer Wehr- oder Zivildienstbeschädigung verstorben ist, eine verfassungsrechtliche Begrenzung erforderlich. Durch den bezweckten Schutz der Familien vor (weiteren) Opfern könnte an Art. 6 Abs. 1 GG angeknüpft werden.[675]

Zweifel an einer entsprechenden Begründung entstehen jedoch dadurch, dass aus ökonomischer Perspektive der Erhalt einer wirtschaftlichen Stütze, was Art. 6 Abs. 1 GG als (Teil-) Zweck zu Grunde liegt, bereits von § 12 Abs. 4 WPflG umfasst ist.[676] Zudem sind auch Einzelkinder grundsätzlich dienstpflichtig. Insofern muss der Grund außerhalb ökonomischer Erwägungen liegen. Tatsächlich wird primär auf die betroffenen Wehrpflichtigen abgestellt, denen wegen ihrer Erfahrungen ein entsprechender Dienst erspart werden solle.[677] Aber

---

671 Hinweis von *Dopjans*, Geistlichenprivileg, S. 133.

672 BVerwGE 34, 291 (293); 61, 152 (157 ff.).

673 *Oldiges*, in: Achterberg/Püttner/Würtenberger, Besonderes Verwaltungsrecht II, § 23 Rn. 172; *Johlen*, Wehrpflichtrecht, Rn. 69; *Obermayer* DÖV 1976, 80 (83); ohne Begründung *Manfred Gubelt*, in: v. Münch/Kunig, GG I, Art. 3 Rn. 76; *Ulfried Hemmrich*, in: v. Münch/Kunig, GG III, Art. 140 Rn. 12.

674 *Günter Dürig*, in: Maunz/Dürig, GG, Art. 3 Abs. III (1973) Rn. 115; *Stefan Korioth*, in: Maunz/Dürig, GG, Art. 140 GG Art. 136 WRV (2003) Rn. 45; *Karl-Hermann Kästner*, in: BK, Art. 140 (2010) Rn. 213 ff.; *Schickedanz* NJW 1970, 1871 (1872); *Müller-Volbehr* JuS 1981, 728 (730 f.); ohne Begründung *Werner Heun*, in: Dreier, GG I, Art. 3 Rn. 89.

675 *Boehm-Tettelbach*, WPflG, § 11 (2009) Rn. 10; vgl. *Begründung*, in: BT-Drs 15/3279, S. 9 (11) (zu § 10 ZDG).

676 *Dieter Walz*, in: Steinlechner/Walz, WPflG, § 11 Rn. 41.

677 Abg. *Kliesing*, in: Verhandlungen des Deutschen Bundestages, 2. Wahlperiode, 157. Sitzung, 04.07.1956, S. 8569 (8578); Abg. *Bazille*, ebda., S. 8569 (8607); Abg. *Lüders*, ebda., S. 8569 (8612 f.); BVerfGE 38, 154 (165, 169).

auch diese Besorgnis wird bereits durch das Recht auf *Kriegsdienstverweigerung aus Gewissensgründen* (S. 64 ff.) berücksichtigt, das jedoch einen qualifizierten Antrag nach § 2 KDVG verlangt. Die Regelung ist daher mangels ersichtlichen Rechtfertigungsgrundes, jedenfalls aber aus Gründen der Verhältnismäßigkeit, *verfassungswidrig.*[678]

(3) Dritte Söhne (§ 11 Abs. 2 S. 1 Nr. 2 WPflG)

Ferner bedarf die Unterscheidung wegen der Abstammung durch die „Dritte-Söhne-Regelung" nach § 11 Abs. 2 S. 1 Nr. 2 WPflG einer verfassungsrechtlichen Rechtfertigung. Da es Art. 3 Abs. 3 S. 1 GG an einem Gesetzesvorbehalt fehlt, kommt nur eine Begrenzung aus kollidierendem Verfassungsrecht in Betracht.[679] Insofern bestehen keine Besonderheiten zur Wehrgleichheit aus Art. 3 Abs. 1 GG (vgl. S. 95).

Als im Verfassungsrecht angelegter Grund wird der Schutz der Familie (Art. 6 Abs. 1 GG) angeführt. Der Zweck der Vorschrift bestehe darin, Familien nicht noch stärker zu belasten, wenn bereits zwei Söhne Grundwehrdienst in der Bundeswehr geleistet haben.[680] Die besondere Belastung der Familien wird darin gesehen, dass sie den Dienstleistenden infolge des geringen Wehrsolds Unterhalt leisten müssen und dieser sich somit bei mehreren Söhnen wesentlich erhöhe.[681] Insgesamt bezweckt die Befreiung nach § 11 Abs. 2 S. 1 Nr. 2 WPflG die Gleichheit der Familien (Art. 6 Abs. 1 i. V. m. Art. 3 Abs. 1 GG).

Zwar besteht dessen Verfassungsrang. Die pauschale Befreiung der dritten Söhne ist für die Familiengleichheit auch geeignet.

Doch bereits bei der Erforderlichkeit stellt sich die Frage, ob die nicht (wie § 11 Abs. 2 S. 1 Nr. 2 WPflG) pauschale Regelung des § 12 Abs. 4 Nr. 1 und 2 WPflG ein gleich wirksames, aber gleichheitsrechtlich milderes Mittel ist. Dadurch könnte dem Schutz der Familie in gleichheitsrechtlich milderer Art und Weise Rechnung getragen werden.[682] Ob diese Frage noch in die Einschätzungsprärogative des Gesetzgebers fällt oder nicht kann jedoch dahinstehen, weil die Belange der Familiengleichheit und des Unterscheidungsverbots nach der Abstammung durch § 11 Abs. 2 S. 1 Nr. 2 WPflG nicht proportional in Ein-

---

678 Im Ergebnis *Sachs* NWVBl 2000, 405 (411 Fn. 95); a. A. *Fleischhauer*, Wehrgerechtigkeit, S. 140 f.

679 BVerfGE 92, 91 (109); 121, 241 (257); *Michael Sachs*, in: Stern, Staatsrecht IV/2, S. 1762; *Lerke Osterloh*, in: Sachs, GG, Art. 3 Rn. 254; *Wolfgang Rüfner*, in: BK, Art. 3 Abs. 2 und 3 (1996) Rn. 574 f.; *Hans D. Jarass*, in: Jarass/Pieroth, GG, Art. 3 Rn. 134.

680 BVerwG NZWehrR 1997, 261 (262).

681 VG Braunschweig NVwZ-RR 1989, 23 (24).

682 So *Walz* NZWehrR 1994, 221 (223 f.); *Fleischhauer*, Wehrgerechtigkeit, S. 143.

klang gebracht werden. Der Familiengleichheit wird zwar insofern Rechnung getragen, als durch die Befreiung vom Wehrdienst für die dritten Söhne während des Wehrdienstes keine zusätzliche Unterhaltsverpflichtung entstehen kann. Allerdings kommt durch die pauschale Befreiung das Unterscheidungsverbot wegen der Abstammung nicht zu einer maximalen Wirkung. Ob und wie hoch die elterliche Unterhaltsleistung *tatsächlich* besteht, lässt die Regelung außer Acht.[683] Bei deren Höhe wären sowohl die Besoldung als auch Zusatzleistungen (Gemeinschaftsverpflegung, freie Heilfürsorge, ggf. Mobilitätszuschlag, Weihnachts- und Entlassungsgeld) zu berücksichtigen.[684] Darüber hinaus scheinen doch eher die Eltern als Begünstigte in Frage zu kommen, wenn an eine Mehrzahl von Kindern Begünstigungen geknüpft werden. Daran knüpft das Gesetz jedoch nicht an, sondern an die erbrachte Dienstleistung. Haben also in kinderreichen Familien Töchter wegen Art. 12a Abs. 1 GG; § 1 Abs. 1 WPflG oder Söhne wegen §§ 9 bis 11 WPflG keine Dienste geleistet, kommt die Regelung nicht zum Tragen. Es besteht trotz mehrerer Kinder eine Unterhaltsverpflichtung. Begünstigte sind also nicht die Familien, sondern die dritten Brüder. Damit wird letztlich eine „Sippenbegünstigung" begründet, die - wie die „Sippenhaftung" - durch Art. 3 Abs. 3 S. 1 GG gerade ausgeschlossen werden soll.[685] Sofern ältere Geschwister Grundwehrdienst oder Zivildienst geleistet haben, sind sie damit lediglich ihrer durch Art. 12a Abs. 1 GG, §§ 1; 3 WPflG auferlegten Pflicht nachgekommen. Sofern *sie* andere (honorige) Dienste nach § 11 Abs. 2 S. 1 Nr. 2 c-g WPflG geleistet haben, mag *ihnen* der Gesetzgeber entsprechende Begünstigungen zukommen lassen. Die Begünstigung anderer, wenn auch verwandter, Personen bleibt hingegen außerhalb verfassungsrechtlicher Erwägungen. Die Bestimmung des § 11 Abs. 2 S. 1 Nr. 2 WPflG ist somit - entgegen dem Bundesverwaltungsgericht[686] - *unverhältnismäßig* und verstößt gegen Art. 3 Abs. 3 S. 1 GG.[687]

---

683 *Fleischhauer*, Wehrgerechtigkeit, S. 144.

684 *Steinlechner* NZWehrR 1994, 225 (226 f.).

685 Vgl. zum Ausschluss von Sippenhaft durch Art. 3 Abs. 3 S. 1 GG *Michael Sachs*, in: Stern, Staatsrecht IV/2, S. 1728; *ders.*, in: HStR VIII, § 182 Rn. 43; *Joachim Englisch*, in: Stern/Becker, Grundrechte-Komm., Art. 3 Rn. 85; *Wolfgang Rüfner*, in: BK, Art. 3 Abs. 2 und 3 (1996) Rn. 828; *Marion Eckertz-Höfer*, in: AK-GG, Art. 3 Abs. 2, 3 (2001) Rn. 114; *Werner Heun*, in: Dreier, GG I, Art. 3 Rn. 127; *Christian Starck*, in: v. Mangoldt/Klein/Starck, GG I, Art. 3 Rn. 385; *Ute Sacksofsky*, in: Umbach/Clemens, GG I, Art. 3 Rn. 318.

686 BVerwG NZWehrR 1997, 261 (262); LKV 1998, 61 (62); LKV 2000, 537; LKV 2003, 275.

687 *Steinlechner* RiA 1990, 222; *Walz* NZWehrR 1994, 221 (223 f.); zweifelnd *Boehm-Tettelbach*, WPflG, § 11 (2007) Rn. 16a; *Sachs* NWVBl 2000, 405 (411 Fn. 95); *Stein-*

(4) Verheiratete (§ 11 Abs. 2 S. 1 Nr. 3a WPflG)

In der Befreiung von Verheirateten nach § 11 Abs. 2 S. 1 Nr. 3a WPflG sah der Gesetzgeber eine Ausformung des Schutzes der Ehe nach Art. 6 Abs. 1 GG.[688] Eine gemeinsame Lebensgrundlage aufzubauen, erscheine angesichts der heutigen Lebensbedingungen schwieriger als in anderen Zeiten. Wer daher in sehr jungen Jahren vor Erreichen der Heranziehungsaltersgrenze eine solch weit reichende persönliche Bindung eingehe, solle bei der Entwicklung der gemeinsamen Lebensgestaltung nicht dadurch zusätzlichen Belastungen ausgesetzt werden, dass er Wehr- oder Zivildienst ableisten muss.[689]

Unabhängig von der Frage der „heutigen Lebensbedingungen" geht der Gesetzgeber zu Recht davon aus, dass die Ableistung des Wehrdienstes in das von Art. 6 Abs. 1 GG geschützte[690] eheliche Zusammenleben eingreifen würde und folglich seinerseits rechtfertigungsbedürftig wäre. Immerhin ist der Wehrdienst mit einem dauerhaften Aufenthalt in einer Kaserne außerhalb der ehelichen Wohnung verbunden, was zu einer Entfremdung führen kann. Daneben ist der Wehrpflichtige während seiner Dienstpflicht nicht in der Lage, anderweitiges Einkommen zu erzielen. Er selbst erhält daher zusätzlich zu einem Wehrsold, um sich persönliche Gebrauchsgegenstände zu beschaffen, auch Verpflegung, Wohnung und Krankenversorgung. Allerdings kann er seiner sich aus Art. 6 Abs. 2 GG ergebenden Unterhalts- und Beistandspflicht[691] nicht mehr gerecht werden, so dass für den Staat eine Fürsorgepflicht für abhängige Ehepartner entsteht.[692] Ob nun die vom Gesetzgeber vorgebrachten „zusätzlichen" Belastungen für die Ehe bestehen oder nicht,[693] mag daher wegen des Eingriffs in das eheliche Zusammenleben dahinstehen. Eine verfassungsrechtliche Begrenzung liegt

---

lechner NZWehrR 1994, 225 (226 ff.) spricht von „Ungerechtigkeiten"; *Heß/Sauerland* NZWehrR 1999, 26 (29 ff.) mit Hinweis auf die nicht erfassten Brüder von Zeitsoldaten der NVA, die drei Jahre gedient haben.

688 *Begründung*, in: BT-Drs 15/3279, S. 9; auch *Weckler* NZWehrR 2007, 244 (247).

689 *Begründung*, in: BT-Drs 15/3279, S. 9; für „Billigkeit" oder „Humanität" *v. Rotteck*, Gleichheit, in: v. Rotteck/Welcker, Staats-Lexikon, S. 655 (658).

690 BVerfGE 42, 95 (101); 76, 1 (42 ff.); BVerwGE 110, 99 (105); *Martin Burgi*, in: Friauf/Höfling, GG, Art. 6 (2002) Rn. 24; *Gerhard Robbers*, in: v. Mangoldt/Klein/Starck, GG I, Art. 6 Rn. 73 f.; *Bodo Pieroth*, in: Jarass/Pieroth, GG, Art. 6 Rn. 4; *Sachs*, Grundrechte, B 6 Rn. 11.

691 BVerfGE 31, 194 (207); 108, 52 (72); 113, 88 (109 f.); *Martin Burgi*, in: Friauf/Höfling, GG, Art. 6 (2007) Rn. 124; *Gerhard Robbers*, in: v. Mangoldt/Klein/Starck, GG I, Art. 6 Rn. 215.

692 *Neubauer* FinArch 1984, 107 (110).

693 *Fleischhauer* NZWehrR 2008, 112 (116).

in jedem Fall vor. Die Befreiung der verheirateten Wehrpflichtigen erscheint zudem geeignet und erforderlich.

Im Rahmen der Proportionalität hat der Gesetzgeber das zwischen der Wehrdienstgleichheit gemäß Art. 3 Abs. 1 GG und dem Schutz der Ehe gemäß Art. 6 Abs. 1 GG entstandene Spannungsverhältnis zugunsten der Institutsgarantie gelöst. Als Ausgleich zwischen den kollidierenden Interessen wird zwar vorgeschlagen, bei besonderen finanziellen Belastungen eine Ausgleichszahlung an Verheiratete zu entrichten.[694] Diese Möglichkeit kann jedoch lediglich finanziellen Erschwernissen Rechnung tragen, nicht aber das *immaterielle Interesse an einer ehelichen Lebensgemeinschaft* entschädigen.

Insbesondere kann wegen des tiefen Einschnitts, den der Wehrdienst für die Freiheitssphäre des Einzelnen bedeutet, kein pauschaler Vorrang der Wehrdienstgleichheit angenommen werden.[695] Denn das eheliche Zusammenleben gehört zum Kerngehalt der abwehrrechtlichen Freiheitskomponente des Art. 6 Abs. 1 GG.[696] Staatlicher Zwang, der das räumliche Zusammenleben der Ehegatten erschweren oder verhindern würde, kann daher nur *im Einzelfall* aus *überwiegenden Gesichtspunkten* begründet werden.[697] Ein entsprechend gewichtiger Grund wäre zwar die Wehrdienstgleichheit. Daraus kann aber nicht geschlossen werden, dass umgekehrt eine Entscheidung zugunsten dieses Verfassungsgutes die einzig rechtmäßige ist. Wegen des intensiven Eingriffs in den Kernbereich der Ehe kann in der Ausnahme für Verheiratete daher *kein Verfassungsverstoß* gesehen werden.[698]

(5) Eingetragene Lebenspartner (§ 11 Abs. 2 S. 1 Nr. 3b WPflG)

Bei der Befreiung von eingetragenen Lebenspartnern nach § 11 Abs. 2 S. 1 Nr. 3b WPflG verweist der Gesetzgeber in seiner Begründung für die Neuregelung lediglich auf seine Ausführungen zu Verheirateten.[699] Insofern mag daran angeknüpft werden, dass auch in diesem Fall die Entwicklung der früh gewählten gemeinsamen Lebensgestaltung schützenswert ist. Offen bleibt aber der verfas-

---

694 *Fleischhauer*, Wehrgerechtigkeit, S. 148 f.

695 So aber *Fleischhauer* NZWehrR 2008, 112 (116).

696 *Gerhard Robbers*, in: v. Mangoldt/Klein/Starck, GG I, Art. 6 Rn. 73.

697 *Gerhard Robbers*, in: v. Mangoldt/Klein/Starck, GG I, Art. 6 Rn. 74.

698 Im Ergebnis *Gerhard Robbers*, in: v. Mangoldt/Klein/Starck, GG I, Art. 6 Rn. 133; *Hahnenfeld* BWV 1976, 121; *Tetzlaff*, Vom (un)möglichen Zustand des Wehrpflichtrechts, S. 316; anders *Rupert Scholz*, in: Maunz/Dürig, GG, Art. 12a (2001) Rn. 25, 46 Fn. 82; *Fleischhauer*, Wehrgerechtigkeit, S. 147 ff.; zweifelnd *Dieter Walz*, in: Steinlechner/Walz, WPflG, § 11 Rn. 58.

699 *Begründung*, in: BT-Drs 15/3279, S. 9.

sungsrechtliche Anknüpfungspunkt für diese Unterscheidung zwischen Wehrpflichtigen.

Art. 6 Abs. 1 GG ist dafür jedenfalls untauglich, auch wenn die Gesetzesbegründung („Gleiches gilt für [...] eingetragene Lebenspartner") eine entsprechende Deutung nahe legt. Während die Privilegierung von Verheirateten mit Art. 6 Abs. 1 GG gerechtfertigt werden kann (S. 116 ff.), genießen eingetragene Lebenspartner diesen Schutz weder unter dem Gesichtspunkt der Ehe noch dem der Familie.[700] Umgekehrt ist deren Gemeinschaft nach Art. 6 Abs. 1 GG aber auch nicht verboten.[701] Geschützt wird sie vielmehr durch *Art. 2 Abs. 1 GG.*[702] Folglich ist diese Verfassungsnorm der Grund für die Befreiung vom Wehrdienst nach § 11 Abs. 2 S. 1 Nr. 3b WPflG. Dieses Gesetz ist zum Schutz der gemeinsamen Lebensführung auch geeignet und erforderlich.

Im Rahmen der Proportionalität ist zunächst zu konstatieren, dass bei der Kollision zwischen der Wehrdienstgleichheit und Art. 2 Abs. 1 GG die eingetragene Lebenspartnerschaft durch Art. 2 Abs. 1 GG *schwächer geschützt* ist als der Schutz der Ehe nach Art. 6 Abs. 1 GG. Denn das allgemeine Auffanggrundrecht des Art. 2 Abs. 1 GG ist der gesamten verfassungsmäßigen Rechtsordnung als Begrenzung unterworfen, wohingegen Eingriffe in Art. 6 Abs. 1 GG nur durch den begrenzenden Gehalt anderer Verfassungsnormen gerechtfertigt werden können. Ein gleichermaßen gesteigerter verfassungsrechtlicher Schutz wie bei der Ehe besteht also nicht, auch wenn der Gesetzgeber nicht verpflichtet ist, Lebenspartnerschaften in jeder Hinsicht schlechter als Ehen zu behandeln.[703]

---

700 BVerfGE 10, 59, (66); 105, 313 (345 f.; 351); *Christian v. Coelln*, in: Sachs, GG, Art. 6 Rn. 6; *Markus Kotzur*, in: Stern/Becker, Grundrechte-Komm., Art. 6 Rn. 17; *Martin Burgi*, in: Friauf/Höfling, GG, Art. 6 (2002) Rn. 19; *Peter Badura*, in: Maunz/Dürig, GG, Art. 6 (2005) Rn. 42 f., 55; *Gerhard Robbers*, in: v. Mangoldt/Klein/Starck, GG I, Art. 6 Rn. 45; *Sachs*, Grundrechte, B 6 Rn. 3, 23; *ders.* JR 2001, 45; *Stern*, Staatsrecht IV/1, S. 373 ff.; *Hufen*, Grundrechte, § 16 Rn. 9; dagegen *Kai Möller*, Der Ehebegriff des Grundgesetzes und die gleichgeschlechtliche Ehe, DÖV 2005, 64 ff.

701 BVerfGE 105, 313 (345 ff.); *Markus Kotzur*, in: Stern/Becker, Grundrechte-Komm., Art. 6 Rn. 31 f.; *Gerhard Robbers*, in: v. Mangoldt/Klein/Starck, GG I, Art. 6 Rn. 45; *Hufen*, Grundrechte, § 16 Rn. 9; *Sachs* JR 2001, 45 (48 f.); kritisch *Stern*, Staatsrecht IV/1, S. 485 ff.

702 BVerfGE 82, 6 (16); 87, 234 (267); 104, 51 (59); BVerwGE 100, 287 (294 f., 299); *Christian v. Coelln*, in: Sachs, GG, Art. 6 Rn. 6; *Peter Badura*, in: Maunz/Dürig, GG, Art. 6 (2000) Rn. 55; *Gerhard Robbers*, in: v. Mangoldt/Klein/Starck, GG I, Art. 6 Rn. 47; *Horst Dreier*, in: Dreier, GG I, Art. 2 I Rn. 67; *Pieroth/Schlink*, Grundrechte, Rn. 693.

703 BVerfGE 105, 313 (348); 124, 199 (226); *Horst Dreier*, in: Dreier, GG I, Art. 2 I Rn. 67; *Sachs* JR 2001, 45 (48 f.); *Zimmermann*, in: Steinberger FS, S. 645 (657 ff.).

Dieser grundsätzlich niedrigere Rang wird gleichwohl aufgewertet, weil eine (hypothetische) Differenzierung zwischen Verheirateten und eingetragenen Lebenspartnern mit einer *Verschiedenbehandlung innerhalb dieser auf Dauer angelegten Partnerschaften* einherginge. Denn die Befreiung nach § 11 Abs. 2 S. 1 Nr. 3b WPflG kann schon aus systematischen Gründen nicht isoliert von der Befreiung von Eheleuten nach § 11 Abs. 2 S. 1 Nr. 3a WPflG gesehen werden, zumal diese verfassungsgemäß ist (S. 116 ff.), wie es für diese akzessorische Betrachtung notwendig ist (vgl. S. 106 ff.).

Das Bundesverfassungsgericht hat jüngst in seinem Beschluss zur betrieblichen Hinterbliebenenrente (VBL) klargestellt, dass in diesem Fall zwischen Eheleuten und eingetragenen Lebenspartnern keine Gründe von solchem Gewicht bestehen, die eine unterschiedliche Behandlung rechtfertigen würden.[704] Der strenge Kontrollmaßstab der „neuen Formel" ergibt sich in dieser vergleichbaren Konstellation daraus, dass mittelbar[705] nach der sexuellen Orientierung differenziert würde, die an die Merkmale des Art. 3 Abs. 3 GG heranreichen würde.[706] Dazu bedürfte es jenseits der bloßen Berufung auf Art. 6 Abs. 1 GG eines hinreichend gewichtigen Sachgrundes, der gemessen am Regelungsgegenstand und –ziel die Benachteiligung erklären könnte.[707]

Daran gemessen dienen die beiden ersten Ausnahmen des § 11 Abs. 2 S. 1 Nr. 3 WPflG der jeweils früh gewählten auf Dauer angelegten gemeinsamen Lebensgestaltung. Dass nun aus der einen Gemeinschaft Kinder entstehen[708] können und aus der anderen nicht, ist unter diesem Gesichtspunkt nicht von Bedeutung, da diesem Anliegen in § 11 Abs. 2 S. 1 Nr. 3c WPflG Rechnung getragen wird. Insgesamt sind daher keine Unterschiede erkennbar, die in Bezug von Wehrdienstausnahmen eine Schlechterstellung von eingetragenen Lebenspartnern erklären könnten.

Insofern würde die Vorenthaltung der Wehrdienstbefreiung für eingetragene Lebenspartner mit einer *rechtfertigungsbedürftigen Ungleichbehandlung* ein-

704 BVerfGE 124, 199 (219 ff.).

705 BGH NJW-RR 2007, 1441 (1442) (zu Art. 141 EGV, jetzt Art. 157 AEU) argumentiert hingegen mit dem Familienstand als Differenzierungskriterium, da die Ehe und die eingetragene Lebenspartnerschaft jeweils unabhängig von der sexuellen Orientierung eingegangen werden könnten.
Auch wenn homosexuelle Menschen eine Ehe eingehen können, entspricht dies nicht der Lebenswirklichkeit und würde die Negierung einer sexuellen Gemeinschaft verlangen. So auch BVerfGE 124, 199 (221).

706 BVerfGE 124, 199 (220 ff.); *Zimmermann*, in: Steinberger FS, S. 645 (659 f.).

707 BVerfGE 124, 199 (226).

708 Auf die Tatsache, dass Kinder in nicht unerheblicher Zahl auch in eingetragenen Lebenspartnerschaften leben, hat BVerfGE 124, 199 (229 f.) hingewiesen.

hergehen. Bei der Abwägung mit der Wehrdienstgleichheit erhält der Schutz der eingetragenen Lebenspartnerschaft dadurch ein zusätzliches Gewicht. Unter diesem Aspekt kann die Einschätzung des Gesetzgebers nicht als fehlerhaft eingeordnet werden, sich zugunsten der allgemeinen Handlungsfreiheit sowie des Gleichheitsinteresses gegen die Wehrdienstgleichheit entschieden zu haben.

(6) Ausübung elterlicher Sorge (§ 11 Abs. 2 S. 1 Nr. 3c WPflG)

Für die Befreiung von Personen, welche die elterliche Sorge ausüben, hat schon der Gesetzgeber auf den Schutz der Familie nach Art. 6 Abs. 1 GG als im Verfassungsrecht angelegte Begrenzung der Wehrdienstgleichheit verwiesen.[709]

Im Wege des Grundsatzes *lex specialis derogat legi generali* ist beim Schutz der Lebensgemeinschaft zwischen Eltern und Kindern zunächst an *Art. 6 Abs. 3 GG* als verfassungsrechtliche Begrenzung zu denken. Dieses Grundrecht schützt auch vor einer nur vorübergehenden Trennung.[710] Diese setzt aber voraus, dass *das Kind* mit hoheitlicher Zwangsgewalt aus der Familie herausgenommen wird.[711] Der Wehrdienst trennt aber nicht das Kind, sondern den Erziehungsberechtigten zumindest räumlich von der Familie. Gegen die Anwendbarkeit von Art. 6 Abs. 3 GG spricht ferner, dass dieses Grundrecht nicht die Erziehungsberechtigten von ihren Pflichten befreien soll.[712]

Außerdem kommt als verfassungsrechtliche Begrenzung des Art. 3 Abs. 1 GG der Abwehrcharakter des speziellen *Art. 6 Abs. 2 GG* in Betracht. Danach sind Pflege und Erziehung der Kinder das natürliche Recht der Eltern und die zuvörderst ihnen obliegende Pflicht. Durch den Wehrdienst wird das Aufenthaltsbestimmungsrecht der Eltern beschränkt, so dass die Wahrnehmung von Pflege und Erziehung der Kinder erschwert wird. Schutzgut von Art. 6 Abs. 2 GG ist jedoch primär die freie elterliche Bestimmung von Erziehungszielen und

---

709 *Begründung*, in: BT-Drs 15/3279, S. 9; *Weckler* NZWehrR 2007, 244 (247), der zudem auf die „Bekämpfung der demographischen Entwicklung“ verweist. Auch schon *v. Rotteck*, Gleichheit, in: v. Rotteck/Welcker, Staats-Lexikon, S. 655 (658), der lediglich auf „Billigkeit“ oder „Humanität“ abstellt.

710 *Stern*, Staatsrecht IV/1, S. 539.

711 BVerfGE 24, 119 (139); 31, 194 (210); BVerfG (3. Kammer des Zweiten Senats) NJW 1988, 1256 (1257); *Höfling*, in: HStR VII, § 155 Rn. 59; *Stern*, Staatsrecht IV/1, S. 539; *Sachs*, Grundrechte, B 6 Rn. 42; *Markus Kotzur*, in: Stern/Becker, Grundrechte-Komm., Art. 6 Rn. 51; *Gerhard Robbers*, in: v. Mangoldt/Klein/Starck, GG I, Art. 6 Rn. 269; *Rolf Gröschner*, in: Dreier, GG I, Art. 6 Rn. 124; BVerfGE 24, 119 (142); 31, 194 (210); 76, 1 (48); 107, 104 (118) reduziert den Schutz auf die Wegnahme der Kinder zum Zwecke einer staatlichen Zwangserziehung.

712 *Gerhard Robbers*, in: v. Mangoldt/Klein/Starck, GG I, Art. 6 Rn. 260.

Erziehungsmitteln.[713] Entsprechende staatliche Erziehungsinhalte werden durch den Wehrdienst jedoch nicht bestimmt. Daher kommt auch Art. 6 Abs. 2 GG nicht zum Tragen.

Als Grund für die Ungleichbehandlung in § 11 Abs. 2 S. 1 Nr. 3c WPflG ist insofern mit dem Gesetzgeber auf den allgemeinen Schutz der Familie nach *Art. 6 Abs. 1 GG* zurückzugreifen. Dieses Grundrecht enthält das umfassende familiäre Zusammenleben zwischen Eltern, auch nur einem Eltern*teil*, und Kindern.[714] Durch die Verpflichtung zum Wehrdienst würde der räumliche und persönliche familiäre Kontakt erheblich gestört. Zu ihm gehören auch der Aufbau und die Kontinuität emotionaler Bindungen zu Vater und Mutter.[715] Dabei wird der spezifische Erziehungsbeitrag des Vaters nicht durch die Betreuung des Kindes seitens der Mutter entbehrlich.[716] Zudem spielen altersbedingt geringe Interaktionsmöglichkeiten keine Rolle.[717] Der Schutz dieser Freiheitssphäre aus Art. 6 Abs. 1 GG ist - neben dem Erhalt einer Unterhaltsmöglichkeit (S. 116 ff.) - ein im Verfassungsrecht angelegter Differenzierungsgrund. Zu dessen Zweckerreichung ist die Bestimmung des § 11 Abs. 2 S. 1 Nr. 3c WPflG geeignet und erforderlich.

Im Rahmen der Proportionalität der Regelung wird mitunter versucht, die Schutzwürdigkeit des Grundrechtsträgers von Art. 6 Abs. 1 GG zu relativieren, indem man unterstellt, Wehrdienstpflichtige könnten für die begrenzte Zeit des Grundwehrdienstes das Sorgerecht für ein Kind übernehmen, um sich deswegen vom Wehrdienst befreien zu lassen.[718] Dieser Einwand greift aber nicht durch, weil das Sorgerecht nicht „vorläufig" übernommen wird, sondern *auf Dauer* (vgl. § 1618a BGB). Außerdem ist es eine doch recht gewagte Unterstellung, Wehrdienstpflichtige würden ihr Sorgerecht nach Ende der Einberufungsmöglichkeit wieder abgeben.

---

713 Abg. *Wessel*, 21. Sitzung des Hauptausschusses, in: ParlRat XIV/1, Nr. 21, S. 596 (614); Abg. *Heuss*, ebda., S. 596 (614); *Höfling*, in: HStR VII, § 155 Rn. 20 f., 38; *Christian v. Coelln*, in: Sachs, GG, Art. 6 Rn. 59; *Stern*, Staatsrecht IV/1, S. 516 ff.; *Markus Kotzur*, in: Stern/Becker, Grundrechte-Komm., Art. 6 Rn. 44; *Dagmar Coester-Waltjen*, in: v. Münch/Kunig, GG I, Art. 6 Rn. 64.

714 BVerfGE 45, 104 (123); 80, 81 (90 ff.); *Christian v. Coelln*, in: Sachs, GG, Art. 6 Rn. 14; *Gerhard Robbers*, in: v. Mangoldt/Klein/Starck, GG I, Art. 6 Rn. 91; *Martin Burgi*, in: Friauf/Höfling, GG, Art. 6 (2002) Rn. 24; *Sachs*, Grundrechte, B 6 Rn. 13, 16.

715 BVerfG (2. Kammer des Zweiten Senats) FamRZ 2006, 1822 (1823).

716 BVerfG (2. Kammer des Zweiten Senats) FamRZ 2006, 1822 (1823).

717 BVerfG (2. Kammer des Zweiten Senats) FamRZ 2006, 1822 (1823 f.).

718 *Dieter Walz*, in: Steinlechner/Walz, WPflG, § 11 Rn. 58.

Somit besteht für den Gesetzgeber, ähnlich wie bei der Ausnahme zugunsten Verheirateter nach § 11 Abs. 2 S. 1 Nr. 3a WPflG, ein im Rahmen der Proportionalität zu lösendes Spannungsverhältnis zwischen der Wehrdienstgleichheit und dem Familienschutz nach Art. 6 Abs. 1 GG. Dass familiäre Beeinträchtigungen grundsätzlich nicht so schwer wiegen, wie das Interesse, die Last des Wehrdienstes auf alle Staatsbürger gleich zu verteilen,[719] kann so pauschal nicht überzeugen. Eine eindeutige Wertehierarchie gibt die Verfassung nämlich nicht vor.[720] Daher ist es schon im Allgemeinen ausgeschlossen, die Bedeutung der Grundrechte und gesetzgeberischen Ziele abstrakt in ihrer relativen Wertigkeit zu erfassen.[721] Im Besonderen gewinnt das Recht aus Art. 6 Abs. 1 GG an Gewicht, indem das besonders *sensible räumliche Zusammenleben der Familie* betroffen ist und so die Aufrechterhaltung *familiärer Bindungen* ernsthaft gefährdet wird.[722] Für das behauptete Vorrangverhältnis fehlt es somit an jeglichem normativen Anhaltspunkt. Beide Güter von Verfassungsrang stehen vielmehr grundsätzlich gleichrangig nebeneinander (vgl. S. 116 ff.).[723] Die Entscheidung des Gesetzgebers zugunsten von Art. 6 Abs. 1 GG ist daher *verfassungsgemäß.*[724]

(7) Abgeordnete (§ 12 Abs. 3 WPflG)

Außerdem bedarf die Zurückstellung von Abgeordneten nach § 12 Abs. 3 WPflG einer verfassungsrechtlichen Rechtfertigung.

Als im Verfassungsrecht angelegter Grund wird die Aufrechterhaltung der Funktionsfähigkeit der Parlamente[725] (vgl. Art. 20 Abs. 2 S. 1 GG) angeführt. Ob das Parlament *insgesamt* jedoch durch den Wehrdienst einzelner Abgeordneter in seiner Arbeitsweise beeinträchtigt werden könnte, mag aber bezweifelt werden.

Zweck der Vorschrift ist daher vielmehr zum einen die *personelle Funktionentrennung* als Ausprägung des Gewaltenteilungsgrundsatzes gemäß Art. 20

---

719 *Fleischhauer* NZWehrR 2008, 112 (116).

720 *Sachs*, Grundrechte, A 10 Rn. 40; *Stern*, Staatsrecht III/2, S. 827 ff.

721 *Sachs*, Grundrechte, A 10 Rn. 40.

722 Vgl. *Gerhard Robbers*, in: v. Mangoldt/Klein/Starck, GG I, Art. 6 Rn. 91, der zur Rechtfertigung „überwiegende Gründe" verlangt.

723 Für einen Vorrang des Elternrechts VG Kassel NJW 1989, 851.

724 *Christian Starck*, in: v. Mangoldt/Klein/Starck, GG I, Art. 3 Rn. 82; *Gerhard Robbers*, in: v. Mangoldt/Klein/Starck, GG I, Art. 6 Rn. 133; *Tetzlaff*, Vom (un)möglichen Zustand des Wehrpflichtrechts, S. 316; anders *Rupert Scholz*, in: Maunz/Dürig, GG, Art. 12a (2001) Rn. 46 Fn. 82.

725 BVerwGE 51, 49 (51); *Dieter Walz*, in: Steinlechner/Walz, WPflG, § 12 Rn. 29; *Fleischhauer*, Wehrgerechtigkeit, S. 154.

Abs. 2 S. 2 GG[726]. Denn im Unterschied zu Art. 137 Abs. 1 GG löst das Wehrpflichtgesetz den drohenden *Konflikt zwischen Exekutivamt und Abgeordnetenmandat* zugunsten des Abgeordneten. Beiden Vorschriften ist aber gemein, dass die „Personalunion" von Kontrolleuren *der* Verwaltung und Amtswaltern *innerhalb* der Verwaltung verhindert werden soll.[727]

Zum anderen ist der *Schutz des einzelnen Abgeordneten* bezweckt, wie er sich aus Art. 48 Abs. 2 GG ergibt. Dieser Schutz wird wie bei Arbeitnehmern (§§ 2, 3 AbgG; §§ 2, 3 AbgG NRW) auf entsprechende Vorstufen des Mandats erstreckt. Wehrdienst und Abgeordnetenmandat schließen sich zwar nicht zwingend aus (S. 91 f.). Der Wehrdienst würde aber sowohl die *Wahrnehmung des Mandats* als auch *den Wahlkampf* schon in zeitlicher Hinsicht erheblich erschweren. Denn die Abgeordnetentätigkeit ist eine Funktion, die den vollen Einsatz der Arbeitskraft fordert und eine weitere volle berufliche Beschäftigung schon aus tatsächlichen Gründen in der Regel nicht zulässt.[728] Ein wesentlicher Teil der Legislaturperiode könnte nicht der Parlamentsarbeit, sondern müsste der Ableistung der entsprechenden Dienste gewidmet werden. Entsprechendes gilt für die Vorbereitung auf das Amt des Abgeordneten, das durch die Ableistung des Wehrdienstes - insbesondere im Hinblick auf andere Bewerber - nicht beeinträchtigt werden darf.

Die Zurückstellung der Abgeordneten ist zum *Schutz des einzelnen Abgeordneten* sowie einer *personellen Funktionentrennung* geeignet und erforderlich. Im Rahmen der Proportionalitätserwägungen ist zu berücksichtigen, dass der (mit diesen Zwecken abzuwägende) Eingriff in die Wehrdienstgleichheit dadurch an Intensität verliert, dass die Zurückstellung nach § 12 WPflG nur *vorläufigen Charakter* hat. Sie wird gewährt, um besondere Nachteile zu vermeiden, die sich im Einzelfall gerade aus dem Einberufungszeitpunkt ergeben können, bei einer späteren Einberufung aber voraussichtlich entfallen würden und deshalb durch eine Hinausschiebung des Wehrdienstes vermieden werden sollen.[729] Der Wehrdienst erfolgt der gesetzlichen Konzeption zufolge also noch zu einem späteren Zeitpunkt. Dies kommt besonders in § 5 Abs. 1 S. 2 Nr. 1a WPflG zum Ausdruck, der in diesem Fall die Altersobergrenze für die Heran-

---

726 Dazu *Michael Sachs*, in: Sachs, GG, Art. 20 Rn. 91.

727 Zu Art. 137 Abs. 1 GG BVerfGE 12, 73 (77); 38, 326 (339); 57, 43 (62); 98, 145 (160); *Siegfried Magiera*, in: Sachs, GG, Art. 137 Rn. 4; *Johannes Masing*, in: Dreier, GG III, Art. 137 Rn. 7; *Axel v. Campenhausen*, in: v. Mangoldt/Klein/Starck, GG III, Art. 137 Rn. 1.

728 BVerfGE 118, 217 (324 f.); *Hassemer/Di Fabio/Mellinghoff/Landau* BVerfGE 118, 338 (348).

729 *Begründung zum Entwurf eines Wehrpflichtgesetzes*, in: BT-Drs II/2303, S. 1 (20); BVerwGE 30, 281 (283).

ziehung zum Grundwehrdienst auf die Vollendung des 25. Lebensjahres anhebt. Ob die Verwaltung von dieser Möglichkeit tatsächlich Gebrauch macht, ist bei der Frage der Verfassungsmäßigkeit der gesetzlichen Regelung grundsätzlich ohne Belang (vgl. S. 140 ff.). Jedenfalls hat der Gesetzgeber durch die nur vorläufige Regelung einen proportionalen Ausgleich zwischen dem Eingriff in die Wehrdienstgleichheit und den verfassungsrechtlichen Belangen der Art. 20 Abs. 2 S. 2 und Art. 48 Abs. 2 GG geschaffen. Die Ausnahme für Abgeordnete nach § 12 Abs. 3 WPflG ist daher *verfassungsgemäß*.[730]

(8) Besondere Härte aus persönlichen Gründen (§ 12 Abs. 4 und 6 WPflG)

Nicht recht eindeutig ist die im Verfassungsrecht angelegte Begrenzung für eine besondere Härte nach § 12 Abs. 4 WPflG. Zunächst soll dem Umstand Rechnung getragen werden, dass eine Ableistung des Wehrdienstes im *Einzelfall unverhältnismäßig* (im freiheitsrechtlichen Sinne) sein kann.[731] Daher ließe sich allgemein die Verhältnismäßigkeit als verfassungsrechtliche Begrenzung anführen, die sich aus dem Rechtsstaatsprinzip gemäß Art. 20 Abs. 2 S. 2 und Abs. 3 GG ergibt[732]. Dieser Gedanke hilft insofern nicht weiter, als die drei Kriterien der Verhältnismäßigkeit (Geeignetheit, Erforderlichkeit, Proportionalität) als Bezugspunkt einen legitimen Zweck voraussetzen.[733] Der Hinweis auf die Verhältnismäßigkeit als Grund für die Bestimmung des § 12 Abs. 4 WPflG würde also die Suche nach einer Verfassungsnorm nur verlagern.

Diese ist vielmehr in dem Schutz vor dem *besonders intensiven*, vom Normalfall erheblich abweichenden, *Eingriff* in die durch den Wehrdienst betroffenen *Freiheitsrechte* (Fn. 160) zu finden. Nach der überwiegenden Auffassung wird diese Maßnahme zwar generell damit gerechtfertigt, dass der Staat seiner Verpflichtung, die verfassungsmäßige Ordnung zu schützen, nur mit Hilfe der Bürger nachkommen könne (S. 51 ff.).[734] Dies schließt aber nicht aus, dass in

730 *Rupert Scholz*, in: Maunz/Dürig, GG, Art. 12a (2001) Rn. 46.

731 BVerwGE 30, 281 (283); *Dieter Walz*, in: Steinlechner/Walz, WPflG, § 12 Rn. 4.

732 BVerfGE 23, 127 (133); 86, 288 (347); 90, 145 (173); *Michael Sachs*, in: Sachs, GG, Art. 20 Rn. 146; *Stern*, Staatsrecht III/2, S. 771 ff.; für eine Herleitung aus den Grundrechten *Klaus F. Gärditz*, in: Friauf/Höfling, GG, Art. 20 (6. Teil) (2011) Rn. 203 ff.

733 BVerfGE 115, 118 (162); 115, 276 (304 ff.); 120, 274 (318 f.); *Michael Sachs*, in: Sachs, GG, Art. 20 Rn. 149; *Gerhard Robbers*, in: BK, Art. 20 (2009) Rn. 1915; *Horst Dreier*, in: Dreier, GG I, Vorb. Rn. 146; *Helmuth Schulze-Fielitz*, in: Dreier, GG II, Art. 20 (Rechtsstaat) Rn. 181; *Karl-Peter Sommermann*, in: v. Mangoldt/Klein/Starck, GG II, Art. 20 Rn. 314.

734 BVerfGE 12, 45 (51); 38, 154 (167); 48, 127 (161); *Heike Krieger*, in: Friauf/Höfling, GG, Art. 12a (2006) Rn. 21; *Rupert Scholz*, in: Maunz/Dürig, GG, Art. 12a (2001) Rn. 15 f.; *Jörn Ipsen*, in: BK, Art. 12a (2010) Rn. 21; *Gilbert Gornig*, in:

atypischen Konstellationen *besondere* Härtefälle entstehen können, in denen Einzelne wesentlich stärker in ihren Freiheitspositionen beeinträchtigt werden als der durchschnittliche Wehrpflichtige. Ziel des § 12 WPflG ist es, diesen *Einzelfällen* gerecht zu werden, wenn aus freiheitsrechtlicher Sicht die Ableistung des Wehrdienstes unverhältnismäßig zu sein droht.[735] Bei dieser administrativ zu treffenden Entscheidung sind das betroffene Freiheitsrecht und die Wehrdienstgleichheit zu berücksichtigen, die eine restriktive Auslegung der Härtefälle verlangt.[736] Daher sind die vom Wehrdienst betroffenen *Freiheitsrechte* im Verfassungsrecht angelegte Gründe für die Befreiung. Wegen des Härtefallcharakters ist der Eingriff in die Wehrdienstgleichheit proportional. Zudem ist bei der Verhältnismäßigkeit dieser Ungleichbehandlungen von Bedeutung, dass es sich bei ihnen um *einzelfallbezogene Härtefallregelungen* handelt. Anders als bei den Befreiungen nach § 11 WPflG werden - mit Ausnahme der Abgeordneten nach § 12 Abs. 3 WPflG - keine Personengruppen verschont, sondern einzelne Personen nach einer individuellen Prüfung. Damit wird nicht zuletzt dem Umstand Rechung getragen, dass der Wehrdienst intensiv in die Freiheitsrechte des Einzelnen eingreift. Wenn sich der Gesetzgeber bei der Abwägung beider Güter für einen Vorrang des (jeweils) besonders intensiv betroffenen Freiheitsrechts (Härtefall) entscheidet, kann dies bei einer gleichheitsrechtlichen Untersuchung nicht zur Verfassungswidrigkeit führen.

So dient die Zurückstellung nach § 12 Abs. 4 S. 2 Nr. 1 WPflG zur Unterstützung von Verwandten in Notsituationen dem *Schutz der Familie* nach Art. 6 Abs. 1 GG.[737] Damit soll nicht nur die wesentliche Grundlage für die gelungene leibliche und seelische Entwicklung von Kindern geschützt werden, sondern auch das Verhältnis erwachsener Familienmitglieder untereinander.[738] Für diese erhofft man sich besonders in Krisensituationen eine Stabilisierung durch die sozial integrierende Wirkung der Familie.[739] Die Zurückstellung wegen eines

---

v. Mangoldt/Klein/Starck, GG I, Art. 12a Rn. 34; *Reinhard Bergmann*, in: Hömig, GG, Art. 12a Rn. 2.

735 BVerwGE 47, 321 (323); 122, 331 (339); *Johlen*, Wehrpflichtrecht, Rn. 37.

736 Für eine enge Auslegung wegen des Ausnahmecharakters des § 12 WPflG *Reinhart* DVBl 1964, 65 (68).

737 *Fleischhauer*, Wehrgerechtigkeit, S. 156.

738 BVerfGE 57, 170 (178); 80, 81 (91); BVerwG DVBl 1983, 460 (461); *Christian v. Coelln*, in: Sachs, GG, Art. 6 Rn. 14; *Peter Badura*, in: Maunz/Dürig, GG, Art. 6 (2005) Rn. 60; *Gerhard Robbers*, in: v. Mangoldt/Klein/Starck, GG I, Art. 6 Rn. 83; *Rolf Gröschner*, in: Dreier, GG I, Art. 6 Rn. 77.

739 BVerfGE 57, 170 (178); *Christian v. Coelln*, in: Sachs, GG, Art. 6 Rn. 14; *Gerhard Robbers*, in: v. Mangoldt/Klein/Starck, GG I, Art. 6 Rn. 84; *Rolf Gröschner*, in: Dreier, GG I, Art. 6 Rn. 77.

hilfsbedürftigen Angehörigen lässt sich jedoch nur rechtfertigen, wenn man *nicht* der engen Auslegung des Familienbegriffs folgt, der lediglich die Kleinfamilie umfasst.[740] Für den Schutz eines weiten Kreises von Angehörigen spricht zunächst der allgemeine Sprachgebrauch. Teleologisch kommt hinzu, dass die Familie als Lebens-, Erziehungs- und Wirtschaftsgemeinschaft geschützt ist.[741] Diese stabilisierende Wirkung eines Generationenvertrages besteht häufig nicht nur zwischen Eltern und Kindern, sondern auch zwischen Großeltern und Enkeln. Dieser Aspekt würde außer Acht gelassen, wenn der Schutz des Art. 6 Abs. 1 GG auf die Kleinfamilie reduziert würde. Diese Bedeutung der Beziehungen zwischen (weiten) Angehörigen wird zudem in Art. 104 Abs. 4 GG ausdrücklich benannt,[742] welcher entsprechend § 52 Abs. 1 StPO; § 11 Abs. 1 Nr. 1 StGB einen weiten Angehörigenbegriff umfasst.[743] Daher ist einem *weiten Familienbegriff* zu folgen.[744] Insofern bestehen gegen die Zurückstellung nach § 12 Abs. 4 S. 2 Nr. 1 WPflG keine verfassungsrechtlichen Bedenken.

Außer bei der Unentbehrlichkeit für Verwandte sieht § 12 Abs. 4 S. 2 Nr. 2 WPflG bei der Unentbehrlichkeit für die Erhaltung und Fortführung eines *eigenen* Betriebs eine Zurückstellung vor. Nicht überzeugend ist die Begründung des Gesetzgebers, der auf den Schutz einer Existenzgrundlage abstellt.[745] Denn die (wirtschaftliche) Existenz wird gewährleistet durch die Entrichtung eines Wehrsolds sowie den Anspruch auf Verpflegung, Unterkunft, Dienstbekleidung und Heilfürsorge nach §§ 2 ff. WSG. Die Betriebsführung wird vielmehr von der *Unternehmerfreiheit* des Art. 12 Abs. 1 GG geschützt, der die freie Gründung

---

740 Für ein solches Verständnis BVerfGE 48, 327 (339); *Christian v. Coelln*, in: Sachs, GG, Art. 6 Rn. 17; *Martin Burgi*, in: Friauf/Höfling, GG, Art. 6 (2002) Rn. 20.

741 *Kloepfer*, Grundrechte, § 67 Rn. 19.

742 *Sachs*, Grundrechte, B 6 Rn. 14.

743 *Christoph Degenhart*, in: Sachs, GG, Art. 104 Rn. 28; *Sebastian Müller-Franken*, in: Stern/Becker, Grundrechte-Komm., Art. 104 Rn. 109; *Hinrich Rüping*, in: BK, Art. 104 (2008) Rn. 90 f.; *Philip Kunig*, in: v. Münch/Kunig, GG III, Art. 104 Rn. 35; *Helmuth Schulze-Fielitz*, in: Dreier, GG III, Art. 104 Rn. 57.

744 BVerfG (2. Kammer des Ersten Senats) NJW 2009, 1133 f.; EGMR NJW 1979, 2449 (2452); EuGRZ 1982, 304 (311); BayObLG FamRZ 1991, 1080 (1083); *Markus Kotzur*, in: Stern/Becker, Grundrechte-Komm., Art. 6 Rn. 41; *Gerhard Robbers*, in: v. Mangoldt/Klein/Starck, GG I, Art. 6 Rn. 87 f.; *Rolf Gröschner*, in: Dreier, GG I, Art. 6 Rn. 77; *Dagmar Coester-Waltjen*, in: v. Münch/Kunig, GG I, Art. 6 Rn. 11; *Ingo Richter*, in: AK-GG, Art. 6 (2001) Rn. 15a; *Stern*, Staatsrecht IV/1, S. 398 f.; *Sachs*, Grundrechte, B 6 Rn. 14; *Michael/Morlok*, Grundrechte, Rn. 255.

745 Vgl. *Begründung*, in: BT-Drs 15/3279, S. 1 (11) (zu § 11 Abs. 4 S. 2a ZDG); *Dieter Walz*, in: Steinlechner/Walz, WPflG, § 12 Rn. 84; *Fleischhauer*, Wehrgerechtigkeit, S. 157.

und Führung eines Unternehmens umfasst.[746] Durch die Ableistung des Wehrdienstes kann diese Leitungsaufgabe - schon aus zeitlichen Gründen - faktisch unmöglich gemacht werden. Insofern ist die Befreiung nach § 12 Abs. 4 S. 2 Nr. 2 WPflG zum Schutz der Unternehmerfreiheit geeignet und erforderlich. Insbesondere kommt (anders als beim Schutz der Berufsfreiheit abhängig beschäftigter Personen) bei Selbständigen eine Sicherstellung des Arbeitsplatzes durch ein während des Wehrdienstes ruhenden Arbeitsverhältnisses (vgl. § 1 ArbPlSchG) nicht in Betracht. Die Proportionalität der Vorschrift ergibt sich aus ihrem Härtefallcharakter. Erforderlich ist nämlich nicht nur die gewöhnliche besondere Belastung junger Menschen durch einen eigenen Betrieb, sondern auch eine drohende *Existenzgefährdung* des Betriebs.[747] Ein bloßer Rückgang genügt nicht.[748] § 12 Abs. 4 S. 2 Nr. 2 WPflG verlangt also einen *qualifizierten Eingriff* in die Unternehmerfreiheit. Daher hat bei dem Konflikt zwischen der Unternehmerfreiheit und der Wehrgleichheit grundsätzlich letztere ein höheres Gewicht. Eine Ausnahme besteht demnach nur bei einem qualifizierten Eingriff in die Unternehmerfreiheit. Insofern bringt die Norm beide Verfassungsbestimmungen in Einklang. Sie ist proportional.

Einer Betriebsführung zeitlich vorgelagert kann nach § 12 Abs. 4 S. 2 Nr. 3 WPflG bereits im Ausbildungsstadium eine Zurückstellung erfolgen. Der Gesetzgeber begründet diese Regelung mit einer „angespannten Arbeitsmarktlage“[749], da junge Menschen ohne Ausbildung nur unter besonderen Schwierigkeiten an Arbeitsplätze gelangen. Somit wäre das staatliche Handlungsziel, *Arbeitslosigkeit* zu *bekämpfen* ein im Verfassungsrecht angelegter Differenzierungsgrund. Er leitet sich aus dem Sozialstaatsprinzip (Art. 20 Abs. 1 GG) und dem allgemeinen Persönlichkeitsrecht (Art. 2 Abs. 1 und Art. 1 Abs. 1 GG) ab[750] und ist Element des gesamtwirtschaftlichen Gleichgewichts aus Art. 109 Abs. 2 GG.[751] Hinzu kommt, dass ein bereits weitgehend geförderter Ausbildungsab-

---

746 BVerfGE 50, 290 (363); *Johannes Dietlein*, in: Stern, Staatsrecht IV/1, S. 1818; *Breuer*, in: HStR VIII, § 170 Rn. 87.

747 BVerwG Buchholz 448.0 § 12 WPflG Nr. 71.

748 *Dieter Walz*, in: Steinlechner/Walz, WPflG, § 12 Rn. 84.

749 Vgl. *Begründung*, in: BT-Drs 15/3279, S. 1 (11) (zu § 11 Abs. 4 S. 2b ZDG); auch *Weckler* NZWehrR 2007, 244 (247).

750 BVerfGE 100, 279 (284); 103, 293 (307); 116, 202 (223); *Gerhard Robbers*, in: BK, Art. 20 (2009) Rn. 1535 ff.; *Karl-Peter Sommermann*, in: v. Mangoldt/Klein/Starck, GG II, Art. 20 Rn. 112; *Hans D. Jarass*, in: Jarass/Pieroth, GG, Art. 20 Rn. 119.

751 BVerfGE 79, 311 (338); *Michael Rodi*, in: BK, Art. 109 (2004) Rn. 221 f.; *Hans D. Jarass*, in: Jarass/Pieroth, GG, Art. 109 Rn. 10.

schnitt des Wehrpflichtigen nicht unterbrochen werden soll.[752] Die Ausbildung ist von der *Berufsfreiheit* des Art. 12 Abs. 1 GG geschützt[753] und stellt daher eine weitere verfassungsrechtliche Begrenzung der Wehrdienstgleichheit dar.[754] Hinsichtlich beider Zwecke ist die Befreiung vom Wehrdienst geeignet und erforderlich. Die Proportionalität des § 12 Abs. 4 S. 2 Nr. 3 WPflG resultiert aus der Rechtsfolge der Regelung die lediglich eine Zurückstellung vom Wehrdienst festlegt, jedoch keine dauerhafte Befreiung. Die widerstreitenden Güter von Verfassungsrang werden dadurch zum Ausgleich gebracht, indem *kurzfristig* der Ausbildungsfreiheit Vorrang eingeräumt wird, *mittelfristig* aber auch der Wehrgleichheit durch die spätere Ableistung des Wehrdienstes Genüge getan wird. Hinzu kommt, dass es sich um einen *qualifizierten Eingriff* in die Ausbildungsfreiheit handeln muss, da bereits ein Ausbildungsabschnitt von einem Drittel absolviert sein muss[755]. Somit ist die Befreiung von Auszubildenden verfassungsgemäß.

(9) Unentbehrlichkeit im Betrieb (§ 12 Abs. 7 WPflG)

Den verschiedenen Zurückstellungen des § 12 Abs. 7 WPflG zugunsten von Betrieben bzw. Behörden (mit Ausnahme von § 12 Abs. 4 S. 2 Nr. 2 WPflG) liegen unterschiedliche Motive zu Grunde, auch wenn nun eine homogene Regelung besteht. So kommt bei der Erforderlichkeit zur Erhaltung des elterlichen Betriebs der *Schutz der Familie als Wirtschaftsgemeinschaft* zum Vorschein. In dieser Eigenschaft ist sie auch von Art. 6 Abs. 1 GG geschützt.[756] Die Verantwortungsbeziehung zu anderen Familienangehörigen wäre von der Auferlegung des Wehrdienstes betroffen. Diesbezüglich ist Art. 6 Abs. 1 GG ein im Verfassungsrecht angelegter Differenzierungsgrund.

Ein weiteres Motiv ist die *Unternehmerfreiheit* gemäß Art. 12 Abs. 1 GG zugunsten des Arbeitgebers. Zuletzt ist auch die *Funktionsfähigkeit der Verwaltung*, die das Grundgesetz insgesamt voraussetzt,[757] zugunsten der betroffenen

752 BVerwGE 8, 200 (201); 21, 138 (139); 22, 349 (350); 24, 123 (124); 31, 318 (323); 34, 278 (279); *Heimerl* ThürVBl 1998, 128 (134 f.).

753 BVerfGE 33, 303 (330); 52, 380 (388); 84, 34 (55); *Breuer*, in: HStR VIII, § 170 Rn. 56; *Hufen*, Grundrechte, § 35 Rn. 48.

754 *Rupert Scholz*, in: Maunz/Dürig, GG, Art. 12a (2001) Rn. 46 (i. V. m. dem Sozialstaatsprinzip).

755 BVerwGE 36, 334 (339 f.); 65, 223 (224); *Dieter Walz*, in: Steinlechner/Walz, WPflG, § 12 Rn. 114.

756 Zu diesem Schutzgegenstand BVerfGE 80, 81 (90 ff.); *Christian v. Coelln*, in: Sachs, GG, Art. 6 Rn. 14; *Peter Badura*, in: Maunz/Dürig, GG, Art. 6 (2005) Rn. 62.

757 *Michael Sachs*, in: Stern, Staatsrecht IV/2, S. 1560; *Voßkuhle* Die Verwaltung 29 (1996), 511 (531 f.).

Dienstbehörde nach § 12 Abs. 7 S. 1 Var. 3 WPflG eine verfassungsmäßige Begrenzung der Wehrdienstgleichheit. Die Zurückstellung vom Wehrdienst ist für diese Zwecke geeignet und erforderlich. Für die Proportionalität der Norm spricht (ähnlich wie bei § 12 Abs. 4 S. 2 Nr. 3 WPflG), dass es sich lediglich um eine (vorübergehende) Zurückstellung vom Wehrdienst handelt, jedoch keine (dauerhafte) Befreiung. Der Wehrdienst ist daher noch zu leisten, wenn auch zu einem späteren Zeitpunkt. Darüber hinaus bedarf es auch bei § 12 Abs. 7 S. 1 WPflG einer restriktiven Auslegung. „Unentbehrlichkeit" kann nur bei einer Besonderheit im Vergleich zu den üblichen Erschwernissen in anderen Betrieben vorliegen, die durch die Abwesenheit des Wehrpflichtigen betroffen sind. Dies wäre etwa bei einer *Insolvenzgefahr* der Fall. Unter Berücksichtigung einer engen Auslegung wären sämtliche Befreiungsvorschriften nach § 12 Abs. 7 WPflG *verfassungsgemäß*.

(10) Dienst im Entwicklungsdienst (§ 13b WPflG)

Als Rechtfertigungsgrund für die Befreiung von Entwicklungshelfern werden in der Literatur das Sozialstaatsprinzip, „die besonderen Schwierigkeiten des Entwicklungsdienstes" und eine Unabkömmlichkeit genannt.[758] Diese Bemühungen scheitern. Denn das Sozialstaatsprinzip erweist sich einerseits als zu unbestimmt und weit für eine Rechtfertigung (S. 197 f.). Darüber hinaus hat sich die Wehrdienstdauer (sechs Monate, § 5 Abs. 2 S. 1 WPflG) inzwischen so sehr reduziert, dass von einer besonderen *zeitlichen* Beeinträchtigung nicht mehr gesprochen werden kann. Daher scheiden auch „besondere Schwierigkeiten" des Entwicklungsdienstes und eine sich daraus ergebende Unabkömmlichkeit aus. Ferner ist der Entwicklungsdienst nicht verfassungsrechtlich geschützt. Er ist daher keine verfassungsrechtliche Begrenzung, auch wenn seine Ehrenwertigkeit nicht bezweifelt werden soll. Mangels erkennbaren Rechtfertigungsgrundes ist § 13b WPflG somit mit der Wehrdienstgleichheit nicht vereinbar.

(11) Vollzugsdienst der Polizei, Dienst bei der Bundespolizei (§§ 42, 42a WPflG)

Als verfassungsrechtlicher Rechtfertigungsgrund für die Befreiung von Vollzugsdienstpolizisten und Bundespolizisten könnte die Gewährleistung der inneren Sicherheit im Konfliktfall herangezogen werden. Doch ist eine pauschale Sonderbehandlung für Polizisten nicht erforderlich. Wie bei anderen Berufen (§ 13 WPflG) kann eine Unabkömmlichkeitsregelung den Anforderungen Im

758 *Rupert Scholz*, in: Maunz/Dürig, GG, Art. 12a (2001) Rn. 45; *Fleischhauer*, Wehrgerechtigkeit, S. 163 f.

Verteidigungsfall ebenso Rechnung tragen. Dadurch würde eine größere Einzelfallgerechtigkeit erzielt. Daher verstoßen die §§ 42, 42a WPflG gegen die Wehrdienstgleichheit.

(12) Zwischenergebnis

Die gesetzlichen Regelungen zur Befreiung von Geistlichen, bei einem familiären Todesfall infolge einer Wehr- oder Zivildienstbeschädigung, von Helfern im Entwicklungsdienst sowie von Polizisten im Vollzugsdienst und Bundespolizisten sind verfassungswidrig und daher nichtig. Die Befreiung dritter Söhne verstößt zudem gegen Art. 3 Abs. 3 S. 1 GG.

dd. Die Garantie des Wesensgehalts nach Art. 19 Abs. 2 GG

Eine letzte „Notbremse“[759] gegen gesetzgeberische Eingriffe findet sich in Art. 19 Abs. 2 GG. Danach darf in keinem Falle ein Grundrecht in seinem Wesensgehalt angetastet werden. Die Grundrechte des Grundgesetzes sollen dadurch fester und sicherer gemacht werden, damit sie nicht (wie unter der Weimarer Reichsverfassung) leer laufen.[760]

Nicht nur die Bestimmung von Ausrichtung (individuell oder generell) und Inhalt (absolut oder relativ) der Wesensgehaltgarantie ist umstritten, sondern bereits der Anwendungsbereich. Bei der Wehrdienstgleichheit haben sich Rechtsprechung und Literatur hingegen klar, wenn auch unbewusst, positioniert.

Bei der *Ausrichtung der Wesensgehaltgarantie* betrachtet eine generelle Perspektive die Auswirkungen ausschließlich auf das Grundrecht als solches[761] (so auch wörtlich Art. 63 Abs. 1 Verf. Hessen) während andere kumulativ auch auf die Bedeutung des Grundrechts für den einzelnen Grundrechtsträger abstellen.[762]

---

759 *Herzog*, in: Zeidler FS II, S. 1415 (1423).

760 *Stern*, Staatsrecht III/2, S. 851, 864, 867; *Kokott*, in: HGR I, § 22 Rn. 76; *Peter Michael Huber*, in: v. Mangoldt/Klein/Starck, GG I, Art. 19 Rn. 112; *Brenner* Der Staat 32 (1993), 493 (504).

761 *Lerche*, in: HStR V², § 122 Rn. 27 f.; *Hans D. Jarass*, in: Jarass/Pieroth, GG, Art. 19 Rn. 9; *Herzog*, in: Zeidler FS II, S. 1415 (1423 ff.); *Brenner* Der Staat 32 (1993), 493 (505 f.).

762 *Michael Nierhaus*, in: BK, Art. 19 Abs. 2 (2008) Rn. 87 ff.; *Horst Dreier*, in: Dreier, GG I, Art. 19 II Rn. 12 f.; *Peter Michael Huber*, in: v. Mangoldt/Klein/Starck, GG I, Art. 19 Rn. 170; *Walter Krebs*, in: v. Münch/Kunig, GG I, Art. 19 Rn. 24; *Alexy*, S. 268 f.

Daneben ist offen, was den *Inhalt des Wesensgehalts* ausmacht. Mitunter finden sich sehr abstrakte Ausführungen[763], andere sehen in Art. 19 Abs. 2 GG eine leer laufende, bloß deklaratorische Verfassungsnorm.[764] Der Grund dürfte in einer relativen Auslegung liegen, die bei der Bestimmung des Inhalts des Wesensgehalts teilweise auf das Verhältnismäßigkeitsprinzip[765], teilweise auf die Menschenwürde[766] abstellt. Beide Gehalte finden sich aber schon in anderen Verfassungsbestimmungen.

Daher wird Art. 19 Abs. 2 GG mehrheitlich *absolut* interpretiert, wonach die Wesensgehaltgarantie einen grundrechtsspezifischen, unantastbaren Kern schützt.[767] Trotz der damit einhergehenden Schwierigkeiten ist diese Aufgabe nicht ungewöhnlich. Denn auch bei den Institutsgarantien ist eine Abgrenzung zwischen Essentialien und Akzidentalien erforderlich.[768] Anhaltspunkte zur Bestimmung eines entsprechenden *identitäts- und typusbestimmenden Kernbestandes* sind das „Wirkungsgefüge", in das die einschränkende Norm gestellt ist[769] und die spezifische Funktion des Grundrechts im Gesamtsystem der Grundrechte.[770] Vom Grundrecht muss nach der Beschränkung überhaupt noch etwas übrig bleiben.[771]

Diese Vorgaben können auch bei der Bestimmung des Wesensgehalts der Wehrdienstgleichheit herangezogen werden. Zwar wird die Anwendbarkeit des

763 *Dürig* AöR 81 (1956), 117 (156), der den Inhalt des Art. 19 Abs. 2 GG aus den „historisch-politisch-soziologischen Anschauungen der Rechtsgemeinschaft über das Wesen bestimmter Einrichtungen und Normenkomplexe" bestimmt.

764 *Häberle*, Wesensgehaltgarantie, S. 234 f.; *Hesse*, Verfassungsrecht, Rn. 332; ähnlich *Hans D. Jarass*, in: Jarass/Pieroth, GG, Art. 19 Rn. 9.

765 BVerfGE 22, 180 (219 f.); 27, 344 (352); 109, 133, (156); 117, 71 (96); BGHSt 4, 375 (377), 385 (392); 7, 394 ff.; BGHZ 6, 270 (279), 22, 167 (175 ff.); BVerwGE 1, 48 (51); 4, 167 (172); 47, 330 (358); *Michael Nierhaus*, in: BK, Art. 19 Abs. 2 (2008) Rn. 57 ff.; *Walter Krebs*, in: v. Münch/Kunig, GG I, Art. 19 Rn. 24; *Hesse*, Verfassungsrecht, Rn. 332; *Alexy*, S. 271 f.; ähnlich *Häberle*, Wesensgehaltgarantie, S. 234 ff.

766 BVerwGE 47, 330 (357 f.); *Peter Michael Huber*, in: v. Mangoldt/Klein/Starck, GG I, Art. 19 Rn. 123 ff.; *Christoph Brüning*, in: Stern/Becker, Grundrechte-Komm., Art. 19 Rn. 41; *Kokott*, in: HGR I, § 22 Rn. 89; *Dürig* AöR 81 (1956), 117 (136).

767 BVerfGE 6, 32 (41); 7, 377 (411); 34, 238 (245); *Michael Sachs*, in: Sachs, GG, Art. 19 Rn. 44; *Hans D. Jarass*, in: Jarass/Pieroth, GG, Art. 19 Rn. 9; *Stern*, Staatsrecht III/2, S. 865, 874; *Höfling* Jura 1994, 169 (172); *Krausnick* JuS 2007, 1088 (1092).

768 *Stern*, Staatsrecht III/2, S. 874 f.

769 BVerfGE 2, 266 (285); 22, 180 (219); 61, 82 (113); *Stern*, Staatsrecht III/2, S. 875 f.

770 BVerfGE 22, 180 (219); 109, 133, (156); 117, 71 (96); *Stern*, Staatsrecht III/2, S. 875; *Michael Nierhaus*, in: BK, Art. 19 Abs. 2 (2008) Rn. 144.

771 OVG Münster OVGE 8, 277 (290).

Art. 19 Abs. 2 GG auf die Gleichheitssätze teilweise verneint.[772] Die Stimmen für eine Geltung auch bei Art. 3 Abs. 1 GG nehmen aber zu.[773] Dafür spricht die Sicht der Gleichheitssätze als immaterielle Persönlichkeitsrechte (S. 22 ff.), die den „allgemeinen Grundrechtsbeschränkungsvorschriften" wie Art. 19 Abs. 2 GG unterliegen. Hinzu kommt nicht zuletzt der Wortlaut, der von einem „Grundrecht" und nicht etwa von einem „Freiheitsrecht" spricht.

In der Rechtsprechung wurde der Wesensgehaltschutz bei den Gleichheitsgrundrechten bislang jedoch nicht ausdrücklich erwähnt.

Die Literatur legt den Wesensgehalt des allgemeinen Gleichheitssatzes meist relativ aus, indem eine Identifikation mit dem Verhältnismäßigkeitsprinzip[774] oder der Menschenwürde[775] erfolgt. Eine eingehendere Auseinandersetzung findet sich bei *Markus Schefer*, der (aus schweizer Sicht) die allgemeine Rechtsfähigkeit und Diskriminierungsverbote zum Kerngehalt zählt.[776]

Zur Wehrdienstgleichheit finden sich - soweit ersichtlich - bislang keine Ausführungen.

Allerdings verlangt die herkömmliche Auffassung bei der Normierung von Wehrdienstausnahmen als „Ausprägung der Wehrgerechtigkeit": Wehrdienstausnahmen müssen bestimmt und *insgesamt überschaubar* sein.[777] Dieser Personenkreis muss bereits in der Gegenwart feststehen und darf in Zukunft nur auf solche Fälle erweitert werden, die in der Praxis nicht allzu zahlreich sind.[778]

Fasst man die Wehrdienstgleichheit als immaterielles Persönlichkeitsrecht auf, lassen sich diese Anforderungen der allgemeinen Grundrechtsdogmatik

---

772 *Horst Dreier*, in: Dreier, GG I, Art. 19 II Rn. 9; *Gerd Roellecke*, in: Umbach/Clemens, GG I, Art. 19 I-III Rn. 51; aus österreichischer Sicht *Pöschl*, Gleichheit vor dem Gesetz, S. 573 f.

773 *Günter Dürig*, in: Maunz/Dürig, GG, Art. 3 Abs. I (1973) Rn. 21; *Michael Nierhaus*, in: BK, Art. 19 Abs. 2 (2008) Rn. 121; *Christoph Enders*, in: Epping/Hillgruber, GG, Art. 19 Rn. 22; *Michael Sachs*, in: Stern, Staatsrecht IV/2, S. 1566 f.; *Leisner-Egensperger*, in: HGR III, § 70 Rn. 6; *Kloepfer*, Gleichheit als Verfassungsfrage, S. 59; *Huster*, Rechte und Ziele, S. 242; *Martini*, Rechtsgleichheit, S. 275 f.

774 *Huster*, Rechte und Ziele, S. 242.

775 *Günter Dürig*, in: Maunz/Dürig, GG, Art. 3 Abs. I (1973) Rn. 21 ff.; *Martini*, Rechtsgleichheit, S. 276.

776 *Schefer*, Kerngehalte, S. 471 ff.

777 BVerfGE 38, 154 LS (168); BVerwGE 59, 23 (30); *Martin Oldiges*, in: Achterberg/Püttner/Würtenberger, Besonderes Verwaltungsrecht II, § 23 Rn. 173; *Kloepfer*, Grundrechte, § 71 Rn. 24; *Gramm* NZWehrR 2007, 221 (231 f.); *Voland* ZRP 2007, 185 (186); *ders.* NJW 2009, Heft 18, S. XII (XIV); *Fleischhauer*, Wehrgerechtigkeit, S. 146.

778 BVerfGE 38, 154 (168); *K. Ipsen*, in: Rauschning FS, S. 105 (114); *Voland* DÖV 2004, 453 (457).

überhaupt und der Wesensgehaltgarantie im Besonderen zuordnen: Ausgehend vom Schutzgegenstand der Wehrdienstgleichheit, der Verpflichtung aller Menschen zum Wehrdienst (S. 22 ff.), soll der Gesetzgeber nicht durch die Bestimmung zahlreicher (im Übrigen jeweils isoliert verfassungsgemäßer) Ausnahmen den grundrechtlichen Schutz faktisch leer laufen lassen.

In dieser quantitativen Vorgabe liegt letztlich einer der wenigen, wenn auch bislang unerkannten, Fälle der Wesensgehaltgarantie mit einem *selbständigen Anwendungsbereich*, der insbesondere über den Verhältnismäßigkeitsgrundsatz hinausgeht. Vertreter eines relativen Wesensgehaltbegriffs, die letztlich eine Identität von Verhältnismäßigkeitsprinzip und Wesensgehaltgarantie annehmen, können diese quantitativen Vorgaben für den Gesetzgeber somit nicht erklären. Daneben wird auch eine individuelle Betrachtung den besonderen, anerkannten Anforderungen der Wehrdienstgleichheit nicht gerecht.

Unter Berücksichtigung der allgemeinen Anforderungen der „Wehrgerechtigkeit“ haben sich also sehr schleichend ein *absolutes und ein generelles* Verständnis bei der Auslegung der Wesensgehaltgarantie durchgesetzt.

(1) Restriktive Auslegung des Bundesverwaltungsgerichts

Von diesen Anforderungen scheint das *Bundesverwaltungsgericht* in seinem Urteil vom 19. Januar 2005 abgerückt zu sein: Aus dem Grundsatz der Wehrgerechtigkeit ließen sich keine strikten quantitativen Vorgaben herleiten, da die Zahl der anerkannten Kriegsdienstverweigerer und Untauglichen nicht vorhergesagt oder begrenzt werden könne.[779] Bei den Erörterungen zur Problematik administrativer Wehrdienstausnahmen (S. 140 ff.) verlangt das Gericht gar eine (weitere) gesetzliche *Erweiterung der Wehrdienstausnahmen*, um verfassungsgemäße (!) Zustände wiederherzustellen.[780] Insgesamt lege der Grundsatz der Wehrgerechtigkeit den Gesetzgeber nicht auf eine restriktive Regelung der Wehrdienstausnahmen fest.[781]

(2) Verwaltungsgericht Köln

Diesem Ansatz trat das *Verwaltungsgericht Köln* entgegen. Es sah bei seiner Subsumtion unter das gegenwärtige „System der Wehrdienstausnahmen“ einen Verstoß gegen die (generelle Qualifikation der) Überschaubarkeit der Wehr-

779 BVerwGE 122, 331 (338); so auch *Hahn* JR 2006, 89 (90); *Voland* ZRP 2007, 185 (186).

780 BVerwGE 122, 331 (340).

781 BVerwGE 122, 331 (339); in diesem Verständnis auch *Antwort der Bundesregierung*, in: BT-Drs 16/1760, S. 1 f.; *dies.*, in: BT-Drs 16/10805, S. 1 (2).

dienstausnahmen.[782] Durch das „Zweite Gesetz zur Änderung des Zivildienstes und anderer Vorschriften" vom 27. September 2004[783] und das „Gesetz zur Änderung wehrrechtlicher und anderer Vorschriften" vom 31. Juli 2008[784] sowie die im Haushaltsplan ausgewiesene Zahl der Stellen (vgl. Art. 87a Abs. 1 S. 2, Art. 110 Abs. 2 S. 1 GG) für Wehrpflichtige würden weniger als 20 % eines Geburtsjahrgangs zum Wehrdienst herangezogen. Vor der Gesetzesänderung hätten hingegen noch etwa 40 % aller Männer zur Verfügung gestanden.[785] Wenn aber nur noch eine Minderheit Dienst leiste, weil der Rest gesetzlich von der Dienstleistung befreit sei, könne von einer *gleichen Last für alle pflichtigen Bürger* nicht mehr gesprochen werden.[786] Vielmehr sei es Ausdruck der Wehrgerechtigkeit, dass es nicht unbegrenzt in der Macht des Gesetzgebers stehe, Wehrdienstausnahmen beliebig zu erweitern.[787]

Der Anregung des Bundesverwaltungsgerichts, die Wehrdienstausnahmen dem Bedarf der Bundeswehr an Wehrpflichtigen entsprechend mit weiteren Wehrdienstausnahmen anzupassen, lehnte das Verwaltungsgericht Köln ab, weil sich sachliche Kriterien für die Veränderung der Verfügbarkeitskriterien und Wehrdienstausnahmen faktisch beliebig begründen ließen, ihre Berechtigung aber selten konsensfähig sei.[788]

(3) Eigener Ansatz

Beide Ansätze können nicht überzeugen.

Das Bundesverwaltungsgericht bricht mit seiner Blankovollmacht für grenzenlos viele gesetzliche Wehrdienstausnahmen mit der Rechtsprechung des Bundesverfassungsgerichts, das als Ausprägung der Wehrgerechtigkeit eine „enge und überschaubare" Ausgestaltung der Ausnahmen verlangt.[789] Materiell negiert das Bundesverwaltungsgericht mit der Wesensgehaltgarantie des Art. 19 Abs. 2 GG eine allgemeine Anforderung an grundrechtseinschränkende Gesetze.

---

782 VG Köln, Beschluss vom 15.04.2005, 8 K 8564/04, Rn. 28; Beschluss vom 03.12.2008, 8 K 5791/08, Rn. 21 ff.; Beschluss vom 03.12.2008, 8 K 5913/08, Rn. 22 ff.

783 BGBl I, 2358.

784 BGBl I, 1629.

785 VG Köln, Beschluss vom 03.12.2008, 8 K 5791/08, Rn. 37; Beschluss vom 03.12.2008, 8 K 5913/08, Rn. 39.

786 VG Köln, Beschluss vom 03.12.2008, 8 K 5913/08, Rn. 29.

787 VG Köln, Beschluss vom 03.12.2008, 8 K 5791/08, Rn. 27 f.; Beschluss vom 03.12.2008, 8 K 5913/08, Rn. 29 f.

788 VG Köln, Beschluss vom 15.04.2005, 8 K 8564/04, Rn. 29; Beschluss vom 03.12.2008, 8 K 5791/08, Rn. 29; Beschluss vom 03.12.2008, 8 K 5913/08, Rn. 31; auch *Voland* ZRP 2007, 185 (186).

789 BVerfGE 38, 154 LS (168).

Denn Art. 12a Abs. 1 GG ermächtigt nur zu einer *allgemeinen* Wehrpflicht (S. 33).[790] Das Merkmal der Allgemeinheit wurde vom Wortlaut des Grundgesetzes zwar nicht aufgenommen. Es ergibt sich aber nach dem Willen des Verfassunggebers[791] aus der historischen Tradition der allgemeinen Wehrpflicht – in Abgrenzung zu anderen (ständisch geordneten) Wehrdienstformen.[792] Die Pflicht zum Wehrdienst ist aber nur dann allgemein, wenn sie grundsätzlich für jedermann gilt (S. 22 ff.). Eine gesetzliche Ausweitung der Wehrdienstausnahmen, die zu einer geringen Anzahl von Pflichtigen führt, erhält den Anspruch, *für jeden* zu gelten, jedoch nicht aufrecht. Er wird vielmehr in sein Gegenteil umgekehrt, indem der *Wehrdienst* (faktisch) *grundsätzlich nicht* mehr besteht – mit *Ausnahme* der Pflichtigen. Der Schutzbereich der Wehrdienstgleichheit liefe entgegen Art. 19 Abs. 2 GG leer, wenn er in die freie Ausgestaltungsbefugnis des Gesetzgebers gestellt werden würde.[793] Der Charakter einer allgemeinen Wehrpflicht steht also der vom Bundesverwaltungsgericht vorgeschlagenen Ausweitung der gesetzlichen Ausnahmen zur Herstellung verfassungsgemäßer Zustände diametral entgegen.

Nicht überzeugend ist der in sich widersprüchliche Einwand des Verwaltungsgerichts Köln, dass sich sachliche Kriterien faktisch beliebig begründen ließen, ihre Berechtigung aber selten konsensfähig sei.[794] Denn sachliche Kriterien schließen eine Beliebigkeit ja gerade aus. Zudem kommt es im Rahmen der Wesensgehaltgarantie ohnehin nicht auf die Sachlichkeit bzw. den Verfassungsrang (S. 95 ff.) der einzelnen Wehrdienstausnahme, sondern des *gesamten Ausnahmekomplexes* an.

---

790 BVerfGE 12, 45 LS 1 (50 ff.); 38, 145 (167); 48, 127 (160 f.); 69, 1 (24); BVerwGE 92, 153 (155); *F. Kirchhof*, in: HStR IV, § 84 Rn. 81; *K. Ipsen*, in: Rauschning FS, S. 105 (110 f.); *Krieger* Jura 2006, 769; *Hahn* JR 2006, 89 (90); *Voland* ZRP 2007, 185 (186); *Gramm* NZWehrR 2007, 221 (230); siehe aber die Ausführungen BVerwGE 122, 331 (339).

791 Vgl. auch zu den gesetzlichen Regelungen: *Begründung zum Entwurf eines Wehrpflichtgesetzes*, in: BT-Drs II/2303, S. 1 (14) „Der vorliegende Gesetzentwurf begründet die allgemeine Wehrpflicht."; *Schriftlicher Bericht des Ausschusses für Verteidigung*, in: BT-Drs II/2575, S. 1 „(...) und daß dieser Beitrag nur auf der Grundlage der allgemeinen Wehrpflicht verwirklicht werden könne."

792 BVerfGE 12, 45 (50 f.); 48, 127 (161); 69, 1 (22); 105, 61 (71); *Heike Krieger*, in: Friauf/Höfling, GG, Art. 12a (2006) Rn. 1 ff.; *F. Kirchhof*, in: HStR IV, § 84 Rn. 81.

793 Vgl. *Kommission „Gemeinsame Sicherheit und Zukunft der Bundeswehr" 2000*, S. 65; *Voland* NJW 2009, Heft 18, S. XII (XIV).

794 VG Köln, Beschluss vom 15.04.2005, 8 K 8564/04, Rn. 29; Beschluss vom 03.12.2008, 8 K 5791/08, Rn. 29; Beschluss vom 03.12.2008, 8 K 5913/08, Rn. 31; auch *Voland* ZRP 2007, 185 (186).

Nicht überzeugend ist außerdem, dass das Verwaltungsgericht Köln bei der Subsumtion unter die Überschaubarkeit der Wehrdienstausnahmen auf die sog. „*Außenwirkung*“ (S. 140 ff.) abstellt, die sich aus den tatsächlich Einberufenen eines kompletten männlichen (wohl auch „deutschen und in Deutschland lebenden“) Jahrgangs ergibt. Denn in dieser Quote sind auch *administrativ* befreite Personen (nicht Gemusterte und nicht Einberufene) enthalten, die sich nicht auf *gesetzliche* Wehrdienstausnahmen zurückführen lassen. Es wäre denkbar, dass der Gesetzgeber ausreichend enge und überschaubare Ausnahmen schafft, die *Behörden* aber *contra legem* nur einen Teil heranziehen (so etwa die Verwaltungspraxis vom 1. Juli 2003 bis zum 30. April 2004 durch die Befreiung durch Verwaltungsvorschriften, dazu S. 95 ff.). Das Verwaltungsgericht Köln müsste dann einen *Verstoß des Gesetzgebers* (!) gegen Art. 19 Abs. 2 GG annehmen, obwohl die Administrative den Verfassungsverstoß herbeigeführt hätte. Dies kann nicht überzeugen (zu Besonderheiten beim Durchschlagen eines strukturellen Vollzugsdefizits S. 152 ff.).

Zur Auflösung der Frage der gegenwärtigen Überschaubarkeit der normativen Wehrdienstausnahmen kann daher nur eine (hier sog.) „Wehrdienstpflichtigenquote“ maßgebend sein, die sich aus allen Wehrpflichtigen abzüglich der gesetzlichen Wehrdienstausnahmen ergibt.

(4) Subsumtion

Auf Basis der jüngst vom Bundesministerium der Verteidigung verkündeten Zahlen sind von allen Wehrpflichtigen die Wehrdienstausnahmen zu subtrahieren. Danach sind nur noch 29, 5 % aller Wehrpflichtigen wehrdienstpflichtig.[795] Der inzwischen überwiegende Anteil von 70, 5 % ist durch die aufgeführten Ausnahmen befreit. Dieser Anstieg ist nicht zuletzt auf die 2004 kodifizierten Wehrdienstausnahmen zurückzuführen. Den größten Anteil macht dabei der Anstieg bei den Untauglichen infolge der Streichung des Tauglichkeitsgrads 3 aus. Insgesamt kann bei der *Befreiung von über zwei Dritteln der Wehrpflichtigen* nicht mehr von einer Bestimmtheit und Überschaubarkeit der Wehrdienstausnahmen gesprochen werden. Daher ist das Wehrpflichtgesetz insgesamt mit der *Wehrdienstgleichheit i. V. m. Art. 19 Abs. 2 GG unvereinbar.* Für eine Vermeidung der Gleichheitswidrigkeit[796] durch eine Analogie oder verfassungskonforme Auslegung bleibt kein Raum.

Etwas anderes ergibt sich auch nicht aus der unbestimmbaren Zahl an anerkannten Kriegsdienstverweigerer und Untauglichen. Hält der Gesetzgeber diese

795 *Antwort der Bundesregierung*, in: BT-Drs 17/1281.

796 Dazu *Michael Sachs*, in: Stern, Staatsrecht IV/2, S. 1587 ff.

Ausnahmen im gegenwärtigen Umfang für zwingend (was bei der Kriegsdienstverweigerung aus Gewissensgründen wegen Art. 4 Abs. 3 GG anzunehmen ist), ist eine *allgemeine* Wehrpflicht nicht zu erfüllen.[797] Um den Vorgaben der Wehrdienstgleichheit gerecht zu werden, können die Wehrdienstausnahmen nur reduziert werden oder die Wehrpflicht abgeschafft werden.

4. Judicial self-restraint?

Fraglich bleibt aber, ob das Bundesverfassungsgericht die Verfassungswidrigkeit des Wehrpflichtgesetzes erklären würde. Denn nach der hier erfolgten Untersuchung ist nicht nur eine einzelne Wehrdienstausnahme verfassungswidrig, was die Wirksamkeit des Wehrpflichtgesetzes unberührt lassen könnte,[798] sondern das gesamte Gesetz.

Das Bundesverfassungsgericht hat sich im Zusammenhang mit der allgemeinen Wehrpflicht stets zurückhaltend geäußert, was mitunter als *judicial self-restraint*[799] angesehen wird. Tatsächlich spricht das Gericht von militärischen, allgemeinpolitischen, wirtschafts- und gesellschaftspolitischen Gründen, die bei der Entscheidung für die allgemeine Wehrpflicht zu berücksichtigen seien.[800] Das Gericht könne nur dann korrigierend eingreifen, wenn einzelne Maßnahmen die im Grundgesetz getroffene Entscheidung für eine funktionstüchtige Landesverteidigung *evident* beeinträchtigen sollten.[801] Dieser eingeschränkte Prüfungsmaßstab einer Evidenzkontrolle wird teilweise auf die Prüfung der Wehrgleichheit übertragen.[802]

Allerdings beschränkt sich das Bundesverfassungsgericht in den Entscheidungen auf die Verhältnismäßigkeit (besonders die Proportionalität) von *freiheitsrechtlichen* Grundrechtseingriffen. Deren legitimer Zweck ist die Landesverteidigung. Im Rahmen der Proportionalität (Angemessenheit) stellt sich dann die Frage nach dem Gewicht dieses Zwecks, welcher in der Tat mit militärischen, allgemeinpolitischen, wirtschafts- und gesellschaftspolitischen Erwägungen einhergeht, die gerichtlich kaum zu beurteilen sind und eher der „politischen Klugheit und ökonomischen Zweckmäßigkeit"[803] unterliegen.

Davon ist aber doch die Frage zu trennen, ob die gegenwärtige Ausgestaltung der allgemeinen Wehrpflicht mit dem *Grundrecht der Wehrgleichheit* ver-

797 Dasselbe Ergebnis tritt bei einer Massenverweigerung nach Art. 4 Abs. 3 GG ein.
798 BVerwGE 122, 331 (344).
799 *Bausback/Schall* BayVBl 2011, 33 (35); *Fleischhauer*, Wehrgerechtigkeit, S. 207 ff.
800 BVerfGE 12, 45 (52); 48, 127 (160 f.); 105, 61 (72 f.).
801 BVerfGE 48, 127 (160).
802 *Bausback/Schall* BayVBl 2011, 33 (35 f.); *Fleischhauer*, Wehrgerechtigkeit, S. 207 ff.
803 BVerfGE 105, 61 (72).

einbar ist. Anders als bei Eingriffen in die freiheitsrechtlichen Schutzgüter ist der legitime Zweck für Eingriffe nicht die Landesverteidigung, sondern andere verfassungsrechtliche Entscheidungen wie etwa Art. 6 Abs. 1 GG (Beispiele S. 116 ff., 120 ff.). Bei der Proportionalität kommt es dann auf eine Abwägung zwischen der Wehrgleichheit und dem legitimen Zweck an. Militärische, allgemeinpolitische, wirtschafts- oder gesellschaftspolitische Erwägungen sind dabei nicht relevant.

Im Unterschied zu den freiheitsrechtlichen Grundrechtseingriffen ist bei den Eingriffen in die Wehrgleichheit darüber hinaus die Vereinbarkeit mit der Wesensgehaltgarantie von Bedeutung. Auch dabei kommt eine einschränkende Auslegung nicht in Betracht.

Hinzu kommt, dass bei den gleichheitsrechtlichen Fragestellungen nicht die allgemeine Wehrpflicht schlechthin, sondern lediglich die derzeitige gesetzliche Ausgestaltung in Frage steht. Der Gesetzgeber kann sich also durchaus für eine allgemeine Wehrpflicht entscheiden. Er hat jedoch die wehrgleichheitsrechtlichen Vorgaben zu beachten.

Im Ergebnis kann die vom Bundesverfassungsgericht für Eingriffe in Freiheitsrechte angenommene eingeschränkte Kontrolldichte *nicht* auf die Wehrgleichheit übertragen werden.

5. Inhalt der Entscheidung des Bundesverfassungsgerichts

Von der Frage der Kontrolldichte ist die Frage nach dem Inhalt der Entscheidung des Bundesverfassungsgerichts bei dem festgestellten Verstoß gegen die Wehrdienstgleichheit zu trennen. Grundsätzlich sind die verfassungswidrigen Normen des Wehrpflichtgesetzes für *nichtig* zu erklären gemäß § 78 Satz 1 BVerfGG (ggf. i. V. m. § 82 Abs. 1 und § 95 Abs. 3 Sätze 1 und 2 BVerfGG).

Insbesondere bei Verstößen gegen den Gleichheitssatz hat sich zuletzt die bloße *Unvereinbarkeitserklärung* mit dem Grundgesetz eingeschlichen, um die Gestaltungsfreiheit des Gesetzgebers zu wahren, welcher zur Beseitigung des Verstoßes mehrere, verschiedene Möglichkeiten besitzt.[804] Dabei wird z. T. die *Weitergeltung der Norm* angeordnet, um Verfahrensaussetzungen und ihre Folgen zu vermeiden.[805]

---

804 BVerfGE 22, 349 (361 f.); 28, 227 (242 f.); 73, 40 (101); 110, 94 (138 ff.); 111, 289 (306); 115, 381 (393); 117, 1 (69); 120, 125 (167); 122, 210 (245); *Lerke Osterloh*, in: Sachs, GG, Art. 3 Rn. 130 ff.; *Joachim Englisch*, in: Stern/Becker, Grundrechte-Komm., Art. 3 Rn. 169 ff.; *Pieroth/Schlink*, Grundrechte, Rn. 515 ff.

805 BVerfGE 116, 229 (242); 118, 45 (78 f.); 118, 168 (211); 121, 30 (31, 68); 121, 317 (376).

Dagegen wird zwar vorgebracht, dass auch die Nichtigerklärung gleichheitswidriger Normen dem Gesetzgeber alle Möglichkeiten zur Neugestaltung der gesamten Rechtslage offen halte.[806] So komme etwa der erneute - gleichheitsgerechte - Erlass des Gesetzes in Betracht, bei dessen möglicher Rückwirkung auf den Entscheidungszeitpunkt zudem kein Vertrauensschutz eingreife.[807]

Bei dem vorliegenden Verstoß des gesamten Wehrpflichtgesetzes gegen die Wehrdienstgleichheit wäre die Nichtigerklärung des Gesetzes mit der Aufhebung der allgemeinen Wehrpflicht verbunden. Damit ginge möglicherweise eine Reduzierung der Verteidigungsfähigkeit der Bundesrepublik Deutschland einher. Daher kann die Rechtsfolge bei dieser Verletzung der Wehrdienstgleichheit durch das Wehrpflichtgesetz insgesamt nur eine Unvereinbarkeitserklärung mit dem Grundgesetz sein.[808] Des Weiteren ist für eine Übergangszeit vorläufig die Weitergeltung der Norm anzuordnen.

6. Ergebnis

Die Wehrdienstausnahmen sind insgesamt nicht mehr überschaubar und verstoßen daher gegen Art. 19 Abs. 2 GG. Das Wehrpflichtgesetz ist daher mit dem Grundgesetz nicht vereinbar. Für eine Übergangszeit bleibt es hingegen anwendbar.

III. Administrative Wehrdienstausnahmen (Rechtsanwendungsgleichheit)

„Die allgemeine Wehrpflicht ist Ausdruck des allgemeinen Gleichheitsgedankens. Ihre Durchführung steht unter der Herrschaft des Art. 3 Abs. 1 GG."[809] Durch diese Formulierung bringt das Bundesverfassungsgericht zum Ausdruck, dass die Wehrgleichheit die Legislative und die *Exekutive* bindet. Dieser Aspekt ist regelmäßig der Schwerpunkt in der Literatur bei der Auseinandersetzung mit der Wehrgleichheit.[810]

---

806 *Michael Sachs*, in: Stern, Staatsrecht IV/2, S. 1584 f.; *Wolfgang Rüfner*, in: BK, Art. 3 Abs. 1 (1992) Rn. 129; *Detterbeck*, Streitgegenstand, S. 436 f.

807 *Michael Sachs*, in: Stern, Staatsrecht IV/2, S. 1584; *Wolfgang Rüfner*, in: BK, Art. 3 Abs. 1 (1992) Rn. 129.

808 *Voland* DÖV 2004, 453 (460).

809 BVerfGE 48, 127 LS 2 (162); 69, 1 (22); BVerwGE 110, 40 (56); 122, 331 (337).

810 *Juliane Kokott*, in: Sachs, GG, Art. 12a Rn. 10 f.; *Heike Krieger*, in: Friauf/Höfling, GG, Art. 12a (2006) Rn. 23 f.; *Joachim Englisch*, in: Stern/Becker, Grundrechte-Komm., Art. 3 Rn. 56; *Jörn Ipsen*, in: BK, Art. 12a (2010) Rn. 72 ff.; *Hans Hofmann*,

Die Bindung der vollziehenden Gewalt resultiert schon nach allgemeinen Grundsätzen aus Art. 1 Abs. 3 GG. Danach steht alle Staatsgewalt „unter der Herrschaft" *aller* Grundrechte, also auch der Wehrgleichheit. Unter Einschluss der Judikative ist somit insgesamt nicht nur von einer „doppelten Stoßrichtung"[811], sondern von einer „dreifachen Stoßrichtung" zu sprechen.

1. Problemaufriss

Trotz der grundgesetzlichen Vorgabe leisteten im Jahr 2009 nur 16, 9 % der in Deutschland lebenden deutschen Männer eines Jahrgangs Grundwehrdienst.[812] 83, 1 % leisteten folglich keinen Grundwehrdienst.

Dieser schon seit Jahren weitgehend unveränderte Befund führte zu zahlreichen juristischen und politischen Diskussionen zur sog. „Wehrgerechtigkeit" (zum Begriff S. 8 ff.). Neben den politischen Argumenten fehlt es dabei auch in der juristischen Auseinandersetzung nicht selten an argumentativer Schärfe. Dies erklärt sich wohl schon mit den vielfältigen Zahlen und ihren Berechnungsmethoden, die in Rechtsprechung und Literatur genannt werden. So beschränken sich bereits in der obigen Angabe der Grundwehrdienstleistenden die relativen Zahlen auf Wehrpflichtige, erfassen also nicht alle Menschen. Würde man noch Frauen oder Ausländer einbeziehen, würde sich der Anteil der Dienst Leistenden noch weiter erheblich verringern.

Des Weiteren benennen die Zahlenangaben nicht den jeweils Grundrechtsverpflichteten.[813] Überzeugende juristische Überlegungen mit einer Bestimmung von Rechtsfolgen können aber nur gelingen, wenn nach *Zurechnungssubjekten*

---

in: Schmidt-Bleibtreu/Hofmann/Hopfauf, GG, Art. 12a Rn. 7; *Helge Sodan*, in: Sodan, GG, Art. 12a Rn. 5; *Tetzlaff*, Vom (un)möglichen Zustand des Wehrpflichtrechts, S. 314 ff.; vgl. auch zur Steuergleichheit BVerfGE 84, 239 (268 ff.); 110, 94 (112 ff.); laut *Antwort der Bundesregierung*, in: BT-Drs 16/1760, S. 1 f., *dies.*, in: BT-Drs 16/10805, S. 1 (2) ist Maßstab der Wehrgerechtigkeit ausschließlich die Zahl der tatsächlich für den Wehrdienst zur Verfügung stehenden jungen Männer.

811 *Unterreitmeier* ZRP 2007, 163 (164).

812 *Antwort der Bundesregierung*, in: BT-Drs 17/1281.

813 Etwa *Tetzlaff*, Vom (un)möglichen Zustand des Wehrpflichtrechts, S. 336, der von einem „unvertretbar" hohen Anteil an nicht Dienst leisten spricht, ohne denjenigen zu benennen, der diese Zahl zu vertreten hat; auch *Gramm* NZWehrR 2007, 221 (231), der bei einer Berechnung nicht Gemusterte und Untaugliche abzieht, obwohl die eine Gruppe von der Verwaltung, die andere vom Gesetzgeber befreit wird.

unterschieden wird, sobald abweichend von Art. 3 Abs. 1 GG nicht alle Personen Wehrdienst leisten:[814]

Die *Legislative* hat die *Wehrdienstausnahmen* zu verantworten. Quantitativer verfassungsrechtlicher Maßstab ist dabei insbesondere Art. 19 Abs. 2 GG (S. 130 ff.). Von allen Wehrpflichtigen sind also die Wehrdienstausnahmen zu subtrahieren. Danach werden 70, 5 % aller Wehrpflichtigen durch Wehrdienstausnahmen (anerkannte Kriegsdienstverweigerer, Unabkömmlichkeit, Wehrdienstunfähigkeit und Wehrdienstausnahmen i. e. S. [§ 11 WPflG]) befreit.[815] Umgekehrt sind nach den Gesetzen nur noch 29, 5 % wehrdienstpflichtig.[816]

Die *Exekutive* ist nach Abzug aller Wehrpflicht- und Wehrdienstausnahmen zum *vollständigen Vollzug der gesetzlichen Vorgaben* verpflichtet, also zur Musterung (§§ 16 f. WPflG) und Einberufung (§ 21 WPflG) *aller* Wehrdienstpflichtigen (sog. „*Innenwirkung*"). Nach Angaben des Bundesministeriums für Verteidigung wurden 2009 von allen Wehrpflichtigen 6, 2 % nicht gemustert, 6, 4 % wurden nicht einberufen.[817] Insgesamt wurden also 12, 6 % contra legem behandelt. Die sog. „Heranziehungsquote" betrug folglich 87, 4 %. Nur diese Zahl kann (grundsätzlich allein) der Verwaltung zugerechnet werden.[818]

Für eine klare Zurechnung ist diese Trennung zwischen erster und zweiter Gewalt unerlässlich. Denn der Verwaltung können die Anzahl und die Ausgestaltung der (grund-) gesetzlichen Befreiungen nicht zugerechnet werden. Umgekehrt kann dem Gesetzgeber die „Heranziehungsquote" grundsätzlich nicht zugerechnet werden. Im Rahmen der Rechtsfolgen administrativer Verstöße gegen die Wehrgleichheit sind Ausnahmen zu erörtern (S. 152 ff.).

Zahlen, die sich aus überschneidenden Verantwortungsbereichen ergeben, ziehen nicht zuletzt eine unklare Rechtslage nach sich. Werden hingegen isoliert die gesetzlichen Regelungen untersucht, hat dies allein deren Verfassungsmäßigkeit/-widrigkeit und mithin (grundsätzlich, zu Ausnahmen S. 138 ff.) deren Wirksamkeit/Nichtigkeit zur Folge. Werden zudem isoliert die das Gesetz konkretisierenden Verwaltungsakte in Form von den Einberufungsbescheiden (bzw.

814 Für eine Unterscheidung nach „Verantwortungsbereichen" auch BVerfGE 84, 239 (284); 110, 94 (112, 136); *Funke* AöR 132 (2007), 168 (186), zur „Zurechnung" BVerfGE 84, 239 (272); 110, 94 (111, 136); *Funke* AöR 132 (2007), 168 (177 ff.).

815 *Antwort der Bundesregierung*, in: BT-Drs 17/1281.

816 Im Ergebnis für diesen Maßstab wohl auch BVerfG (3. Kammer des Zweiten Senats) NJW 2004, 2297 (2298); BVerfG (1. Kammer des Zweiten Senats) NVwZ 2010, 183 f.

817 *Bundesministerium der Verteidigung* auf Anfrage von *Gilbert Gornig*, in: v. Mangoldt/Klein/Starck, GG I, Art. 12a Rn. 12.

818 BVerwGE 110, 40 (52); *Reinhard Bergmann*, in: Hömig, GG, Art. 12a Rn. 3; *Thesen* ZRP 2002, 276; *Münster* DVBl 2005, 789 (791 f.).

deren Unterbleiben) untersucht, hat dies (grundsätzlich) allein deren Rechtmäßigkeit/Rechtswidrigkeit zur Folge.

Die in Rechtsprechung und Literatur überwiegend zu Grunde gelegten Zahlen leiden hingegen an *Verschränkungen* bei der Verantwortlichkeit, wodurch die Bestimmung einer Rechtsfolge erschwert wird.

Zum einen wird auf die bereits oben erwähnte sog. „*Außenwirkung*" abgestellt, die sich aus der Quote der tatsächlich Einberufenen eines kompletten männlichen (wohl auch „deutschen und in Deutschland lebenden") Jahrgangs ergibt.[819] Diese Quote von 16, 9 % lässt aber außer Acht, dass sich die übrigen 83, 1 % teilweise aus nicht gemusterten oder nicht einberufenen Personen (exekutiv zu verantworten), teilweise aus anerkannten Kriegsdienstverweigerern, unabkömmlichen, befreiten oder untauglichen Personen (legislativ zu verantworten) zusammensetzt. Für eine politische Debatte mag die Zahl nützlich sein. Für die Zurechnung zu *einem* Grundrechtsverpflichteten hilft sie hingegen nicht weiter.

Zum anderen wird die Zahl der „*Verfügbaren*" für maßgeblich gehalten, indem von den Wehrpflichtigen diejenigen abgezogen werden, die Wehrdienst *oder* einen Ersatzdienst (Art. 12a Abs. 2 GG) geleistet haben.[820] Im Jahr 2009 haben lediglich 39, 5 % einen entsprechenden Dienst geleistet, 60, 5 % also nicht.[821] Die Grenze zur Verfassungswidrigkeit sei überschritten, wenn 50 % der Wehrpflichtigen eines Altersjahrgangs zu keinem Dienst herangezogen würden.[822] Demnach wären die gesetzlichen Bestimmungen zur Wehrpflicht verfassungswidrig, obwohl die Zahl teilweise auf gesetzwidrigem Verwaltungshandeln beruht.

Unklar bleibt, ob von dieser Quote auch Befreiungen umfasst sind, die wegen des Dienstes im Zivil- und Katastrophenschutz, bei der Polizei oder im Entwicklungsdienst erfolgen. Gegen diese Quote spricht zudem, dass auch die Kriegsdienstverweigerung aus Gewissensgründen eine Wehrdienstausnahme ist.

---

819 VG Köln, Beschluss vom 15.04.2005, 8 K 8564/04, Rn. 18, 28, 32 ff.; Beschluss vom 03.12.2008, 8 K 5791/08, Rn. 28; Beschluss vom 03.12.2008, 8 K 5913/08, Rn. 34 ff.; *Klümper*, Legitimation für die Wehrpflicht?, S. 154 ff.; *Fleischhauer*, Wehrgerechtigkeit, S. 173.

820 *Juliane Kokott*, in: Sachs, GG, Art. 12a Rn. 10; *Werner Heun*, in: Dreier, GG I, Art. 12a Rn. 15; *Voland* DÖV 2004, 453 (458); *ders.* ZRP 2007, 185; *Tetzlaff*, Vom (un)möglichen Zustand des Wehrpflichtrechts, S. 335 ff.

821 *Antwort der Bundesregierung*, in: BT-Drs 17/1281.

822 *Juliane Kokott*, in: Sachs, GG, Art. 12a Rn. 10; *Werner Heun*, in: Dreier, GG I, Art. 12a Rn. 15; *Fleischhauer*, Wehrgerechtigkeit, S. 201; strenger *Voland* DÖV 2004, 453 (458); *ders.* ZRP 2007, 185; *Fleischhauer* NZWehrR 2008, 112 (119), die bereits 30 % genügen lassen.

Zwar werden oft äußerst anspruchsvolle und gesellschaftlich wertvolle Dienste geleistet. Die Konzeption des Art. 12a Abs. 1 GG geht aber von anderen Diensten aus, die ggf. sogar den Einsatz des Lebens verlangen. Der Ersatzdienst nach Art. 12a Abs. 2 GG ist keine Alternative, sondern eine Sekundärverpflichtung, ein Surrogat der primären Dienstpflichten des Art. 12a Abs. 1 GG.[823] Von einem allgemeinen sozialen Pflichtjahr (S. 165 ff.) ist hingegen (noch) nicht die Rede. Daher ist nicht erkennbar, warum eine (wenn auch bereits tatbestandlich eine Ungleichbehandlung ausschließende, S. 64 ff.) Wehrdienstausnahme bei der Berechnung der Wehrdienstleistenden von vornherein außer Betracht bleiben soll. Für die Exekutive als Grundrechtsverpflichtete kann daher nur die *Heranziehungsquote* maßgeblich sein.

2. Tatbestand der Wehrdienstgleichheit

Daher ist der empirische Befund einer Heranziehungsquote von 87, 4 % nach den allgemeinen Grundsätzen der Wehrdienstgleichheit zu untersuchen.

a. Berechtigte der Wehrdienstgleichheit

Grundrechtsberechtigte sind alle Wehrdienstpflichtigen.

b. Grundrechtsverpflichtete

Eine Besonderheit zu den bisherigen Erörterungen ergibt sich erst beim *Grundrechtsverpflichteten.* Hier ist die verfassungsrechtliche Vorgabe aus Art. 3 Abs. 1 GG nicht mehr gegen die gesetzgebende, sondern gegen die *vollziehende Gewalt* gerichtet.

Deren Bindung hat die *Kommission „Gemeinsame Sicherheit und Zukunft der Bundeswehr"* mit dem Vorschlag einer Auswahlwehrpflicht[824] missachtet. Man ging davon aus, dass sich die sog. „Wehrgerechtigkeit" nur auf das abstrakte Bestehen der Wehrpflicht richte, nicht aber auf die tatsächliche Heranziehung. Diese habe sich nicht an der Stärke des Geburtsjahrgangs, sondern ausschließlich am Bedarf der Streitkräfte zu orientieren.[825] Daher könne aus den Wehr-

---

823 BVerfGE 48, 127 (165); *Juliane Kokott*, in: Sachs, GG, Art. 12a Rn. 21; *Heike Krieger*, in: Friauf/Höfling, GG, Art. 12a (2006) Rn. 36; *Rupert Scholz*, in: Maunz/Dürig, GG, Art. 12a (2001) Rn. 88; *Gilbert Gornig*, in: v. Mangoldt/Klein/Starck, GG I, Art. 12a Rn. 91; *Dreist* BWV 2004, 169 (174); *Pietzcker*, in: Heinze GS, 637 (638); *Tetzlaff*, Vom (un)möglichen Zustand des Wehrpflichtrechts, S. 340.

824 *Kommission „Gemeinsame Sicherheit und Zukunft der Bundeswehr" 2000*, S. 60, 65 ff.

825 *Kommission „Gemeinsame Sicherheit und Zukunft der Bundeswehr" 2000*, S. 65.

dienstpflichtigen lediglich ein kleiner Teil bedarfsorientiert herangezogen werden.

Nach Art. 1 Abs. 3 GG wird aber jede Staatsgewalt, also auch die Exekutive, an die Grundrechte gebunden. Darüber hinaus bindet Art. 20 Abs. 3 GG die vollziehende Gewalt an das „Gesetz", somit auch an die Grundrechte.[826] Eine Auswahlwehrpflicht wäre aber mit Art. 3 Abs. 1 GG nicht vereinbar und verfassungswidrig.[827] Im Ergebnis ist die Exekutive grundrechtsverpflichtet.

c. Schutzgegenstand der Wehrpflichtgleichheit

Der sachliche Grundrechtstatbestand bleibt auch bei der Bindung der vollziehenden Gewalt unverändert. Danach sind *alle* Wehrdienstpflichtigen zum Wehrdienst verpflichtet (S. 22 ff.).[828] *Jede* Abweichung verlangt eine Erklärung durch die Verschiedenheit der Vergleichsgruppen.

Insofern *veranschaulicht* die Heranziehungs*quote* von 87, 4 % lediglich, dass 12, 6 % wehrdienstgleichheitswidrig einen Vorteil genießen. Für die Eröffnung des sachlichen Grundrechtstatbestandes wäre aber bereits die - contra legem - fehlende Heranziehung *eines* anderen Wehrdienstpflichtigen ausreichend. Dies folgt schon aus der Gesetzesbindung des Art. 20 Abs. 3 Hs. 2 GG. Zudem verlangt die gewaltenteilende Verfassungsordnung, dass die Maßstäbe des Gesetzgebers von der mit dem Vollzug des Gesetzes beauftragten Verwaltung in strikter Legalität umgesetzt und so Belastungsgleichheit gewährleistet wird.[829] Quoten über die Befreiung vom Wehrdienst können somit nur bei *gesetzlichen* Befreiungen vor dem Maßstab des Art. 19 Abs. 2 GG (S. 134 ff.) von Bedeutung sein. Bei administrativen Befreiungen genügt jedoch *eine* gleichheitswidrige Behandlung. Dieser umfassende Schutzanspruch wird in Rechtsprechung und Literatur durch zahlreiche Restriktionsversuche verengt:

---

826 *Michael Sachs*, in: Sachs, GG, Art. 20 Rn. 107 f.; *Helmuth Schulze-Fielitz*, in: Dreier, GG II, Art. 20 (Rechtsstaat) Rn. 93; *Hans D. Jarass*, in: Jarass/Pieroth, GG, Art. 20 Rn. 38; für „Recht" *Karl-Peter Sommermann*, in: v. Mangoldt/Klein/Starck, GG II, Art. 20 Rn. 265.

827 Im Ergebnis *Jörn Ipsen*, in: BK, Art. 12a (2010) Rn. 73; *Hans Hofmann*, in: Schmidt-Bleibtreu/Hofmann/Hopfauf, GG, Art. 12a Rn. 7; *Fleischhauer*, Wehrgerechtigkeit, S. 189 ff.

828 BVerfGE 69, 1 (35); *Heike Krieger*, in: Friauf/Höfling, GG, Art. 12a (2006) Rn. 24; *Jörn Ipsen*, in: BK, Art. 12a (2010) Rn. 73; *Reinhard Bergmann*, in: Hömig, GG, Art. 12a Rn. 3; *Neubauer* FinArch 1984, 107 (112, 118 f.); *Unterreitmeier* ZRP 2007, 163 (164); *Edinger*, Wehrausgleichsabgabe, S. 7.

829 BVerfGE 84, 239 (271); *Michael Sachs*, in: Sachs, GG, Art. 20 Rn. 110; *Helmuth Schulze-Fielitz*, in: Dreier, GG II, Art. 20 (Rechtsstaat) Rn. 170.

Bisweilen findet sich die Aussage, die Einberufung erfolge ausschließlich aus Gründen des „öffentlichen Interesses und nicht auch im Interesse der Wehrpflichtigen".[830] Zwar begründet die Einberufung zum Wehrdienst regelmäßig kein subjektives Recht, sondern greift in Freiheitsrechte ein. Die daraus gezogene Folgerung, die eine Negierung des Grundrechtsschutzes zur Folge hat, kann - wohl als Relikt der Lehre vom besonderen Gewaltverhältnis[831] - nicht überzeugen. Spätestens seit der Strafgefangenen-Entscheidung des Bundesverfassungsgerichts[832] ist diese Entwicklung des 19. Jahrhunderts aufgegeben worden. So hat das Bundesverwaltungsgericht auch in jüngerer Zeit zu Recht betont, dass der Wehrpflichtige nicht jede Auswahlentscheidung der Behörde hinzunehmen braucht.[833]

Unabhängig von dieser vollständigen Negierung der Geltung des Gleichheitssatzes wird die Heranziehung nicht aller Wehrpflichtigen (Ausschöpfungsrest) - wohl etwas resignierend - als „unvermeidbar" hingenommen[834] oder auf eine bloße Willkürprüfung[835] reduziert. Teilweise werden bereits bloße Bemühungen gebilligt. Solche schon den Schutzbereich verkürzende Einschränkungen wie „*möglichst* alle verfügbaren Wehrpflichtigen"[836], „*prinzipiell* jeder Wehrpflichtige, der tauglich ist"[837] oder „der *ganz überwiegende Teil* der jungen

830 BVerwGE 45, 197 LS; 71, 63 (66); 79, 68 (71 f.); 92, 153 (156 f.); VG Arnsberg, Beschluss vom 29.03.2004, 3 L 403/04, Rn. 8; *K. Ipsen*, in: Rauschning FS, S. 105 (108).

831 Dazu *Stern*, Staatsrecht III/1, S. 1376 ff.; *Juliane Kokott*, in: Sachs, GG, Art. 17a Rn. 2 ff.; *Vitzthum*, in: HGR II, § 48; *Peine*, in: HGR III, § 65.

832 BVerfGE 33, 1 ff.

833 BVerwGE 122, 331 (336); BVerwG DÖV 2003, 683 (684); NVwZ-RR 2004, 269 (270) ohne aber von „Grundrechten", sondern lediglich von einer „verfassungsrechtlich geschützten Individualrechtssphäre" zu sprechen; *Tetzlaff*, Vom (un)möglichen Zustand des Wehrpflichtrechts, S. 332.

834 BVerwGE 92, 153 (155); 122, 331 (339); VG Stuttgart DÖV 2001, 654 (655); *Gilbert Gornig*, in: v. Mangoldt/Klein/Starck, GG I, Art. 12a Rn. 11; *Hahn* JR 2006, 89 (90); *Fleischhauer*, Wehrgerechtigkeit, S. 192 f.; *ders.* NZWehrR 2008, 112 (118); vgl. BVerfGE 84, 239 (272).

835 BVerfGE 38, 154 (166 f.); 48, 127 (162); BVerwGE 122, 331 (336); *Gilbert Gornig*, in: v. Mangoldt/Klein/Starck, GG I, Art. 12a Rn. 10; *Hahn* JR 2006, 89; *Klümper*, Legitimation für die Wehrpflicht?, S. 7, 152; *Tetzlaff*, Vom (un)möglichen Zustand des Wehrpflichtrechts, S. 318; vor Entwicklung der „neuen Formel" *Knut Ipsen/Jörn Ipsen*, in: BK, Art. 12a (1976) Rn. 90; jetzt aber *Jörn Ipsen*, in: BK, Art. 12a (2010) Rn. 73.

836 BVerwGE 122, 331 (339); *Kloepfer*, Grundrechte, § 71 Rn. 27; *Boehm-Tettelbach*, WPflG, § 1 (2008) Rn. 9f; *Hahn* JR 2006, 89 (90); ähnlich *Klümper*, Legitimation für die Wehrpflicht?, S. 7, 151 f.

837 *Jörn Ipsen*, in: BK, Art. 12a (2010) Rn. 73; ähnlich *Gramm* NZWehrR 2007, 221 (230).

Männer"[838] stützen sich hingegen auf keine verfassungsrechtliche Grundlage. Zudem schaffen derart unbestimmte Rechtsbegriffe große Rechtsunsicherheit. Letztlich besteht die Gefahr, dass so die Wehrdienstgleichheit beim Gesetzesvollzug unterlaufen wird.

Das Bundesverwaltungsgericht hat dieses Grundrecht zuletzt gar von seiner Eigenschaft als subjektives Recht des Individuums gelöst, indem es kollektiviert worden ist: Die Wehrgerechtigkeit sei bereits dann gewährleistet, wenn *die Zahl* (Hervorhebung durch Verfasser) derjenigen, die tatsächlich Wehrdienst leisten, *der Zahl* (Hervorhebung durch Verfasser) derjenigen, die nach Maßgabe der Bestimmungen des Wehrpflichtgesetzes für den Wehrdienst zur Verfügung stehen, zumindest *nahe komme* (Hervorhebung durch Verfasser). Eine Verletzung der Wehrgerechtigkeit *drohe* (Hervorhebung durch Verfasser), wenn die Zahl der Angehörigen eines Altersjahrgangs, die tatsächlich Wehrdienst leisten, *deutlich* (Hervorhebung durch Verfasser) hinter der Zahl der verfügbaren Wehrpflichtigen dieses Jahrgangs zurückbleibe.[839] Leisteten über 90 % der Verfügbaren Wehrdienst, sei die Wehrgerechtigkeit gewahrt.[840]

Das Bundesverwaltungsgericht relativiert so erneut[841] die inzwischen allgemeine[842] Anerkennung des *Gleichheitssatzes als subjektives Recht.* Folgt man hingegen dieser Rechtsprechung, bestimmt sich die gleichheitsrechtliche Grundrechtsrelevanz einer Differenzierung nach der Zugehörigkeit zu einer zahlenmäßig äußerst vage bestimmten Gruppe. Erst wenn eine Vielzahl an Personen rechtswidrig in den Genuss einer Befreiung vom Wehrdienst kommt, kommt danach eine Verletzung des Gleichheitssatzes in Betracht.

Es kann aber keinen Unterschied machen, ob neben dem Wehrpflichten A eine zahlenmäßig große oder kleine Gruppe im Verhältnis zum Wehrpflichtigen B einen gesetzwidrigen Vorteil genießt. Der Wehrpflichtige B wird contra le-

---

838 *Gramm* NZWehrR 2007, 221 (230); ähnlich *Antwort der Bundesregierung*, in: BT-Drs 16/10805, S. 1 (2 f.); *Dieter Walz*, in: Steinlechner/Walz, WPflG, Vor § 9 Rn. 17; *Voland* ZRP 2007, 185 (186 f.).

839 BVerwGE 122, 331 (339); BVerwG NJW 2006, 2871; auch VG Köln NJW 2004, 2609 (2611); *Heike Krieger*, in: Friauf/Höfling, GG, Art. 12a (2006) Rn. 24; *Hans D. Jarass*, in: Jarass/Pieroth, GG, Art. 12a Rn. 3; *Voland* ZRP 2007, 185.

840 BVerwGE 122, 331 (342).

841 Bereits BVerwGE 65, 167 (173 f.); 92, 153 (157).

842 BVerfGE 6, 84 (91); 12, 281 (296), 116, 1 (12 f.); BVerwGE 34, 278 (281); 55, 349 (351); *Michael Sachs*, in: Stern, Staatsrecht IV/2, S. 1483; *ders.*, Friauf FS, S. 309 ff.; *Lerke Osterloh*, in: Sachs, GG, Art. 3 Rn. 38; *Stefan Huster*, in: Friauf/Höfling, GG, Art. 3 (2003) Rn. 42; *Günter Dürig*, in: Maunz/Dürig, GG, Art. 3 Abs. I (1973) Rn. 285; *Manfred Gubelt*, in: v. Münch/Kunig, GG I, Art. 3 Rn. 2; *Werner Heun*, in: Dreier, GG I, Art. 3 Rn. 17; *Christian Starck*, in: v. Mangoldt/Klein/Starck, GG I, Art. 3 Rn. 229; *Funke* AöR 132 (2007), 168 (192 f.).

gem anders behandelt als der Wehrpflichtige A. Nur diese Feststellung ist für den sachlichen Grundrechtstatbestand relevant. Ob neben A noch weitere Wehrpflichtige wehrgleichheitswidrig bevorteilt werden, ist hingegen ohne Belang.

So ist auch bei *Eingriffen in Freiheitsrechte* eine quantitative Vorgabe irrelevant. Beispielsweise liegt ein Eingriff in die Versammlungsfreiheit nach Art. 8 Abs. 1 GG bereits dann vor, wenn *eine* Versammlung verboten wird. Es bedarf hingegen nicht erst einer Quote von (zuvor) verbotenen Versammlungen. Insgesamt kann jede Form von Grundrechtstatbestandsverkürzungen nicht überzeugen.

Trotz dieser restriktiven Auslegungen wird (oft gleichzeitig) auch versucht, die Verschiedenbehandlung der einzelnen Wehrdienstpflichtigen mit der *optimalen Deckung des Personalbedarfs der Bundeswehr* zu erklären,[843] der sich aus dem jeweiligen Haushaltsplan (Art. 87a Abs. 1 S. 2, Art. 110 Abs. 2 S. 1 GG) ergibt. Mit der Verringerung der Anzahl neuer Wehrdienstleistender werde so der Funktionsfähigkeit der Bundeswehr (Art. 87a GG) gedient.

Hintergrund dieser Überlegung ist die seit Ende des Kalten Krieges politisch motivierte Reduzierung des Grundumfangs der Streitkräfte. Während bei Einführung der allgemeinen Wehrpflicht die geforderte Sollstärke noch 500.000 Mann betrug[844], besteht gemäß Art. 3 Abs. 2 Zwei-plus-Vier-Vertrag eine Reduzierungspflicht auf 370.000 Personen. Gegenwärtig liegt die Sollstärke (auch durch eine angespannte finanzielle Situation) infolge der Neuorientierung der Streitkräfte hin zur Krisenprävention und Krisenbewältigung nur noch bei ca. 250.000 Soldaten.[845] Aus diesem Grund hat sich seit dem Jahr 2000 die Zahl der Wehrdienstleistenden von 151.000 auf 76.000 fast halbiert.[846]

Die Argumentation mit einer optimalen Deckung des Personalbedarfs der Bundeswehr kollidiert jedoch mit der Legitimation für die allgemeine Wehrpflicht. Diese geht davon aus, dass der Staat den Schutz seiner Bürger nur mit Hilfe der Bürger leisten könne (S. 51 f.). Ist jedoch nur eine kleine Elite für die Ableistung des Wehrdienstes erforderlich, wird die Abhängigkeit von der Hilfe *der* Bürger auf die Hilfe *weniger* Bürger reduziert. Als Extrembeispiel könnte mit einer „optimalen Deckung des Personalbedarfs der Bundeswehr" im Ergeb-

---

843 BVerfGE 48, 127 (162); BVerwGE 36, 323 (326); 45, 197 (198); 122, 331 (336 f.); VG Köln NJW 2004, 2609 (2610); *Juliane Kokott*, in: Sachs, GG, Art. 12a Rn. 10; *Schmude*, in: Arndt FS, S. 169 (170); *Bausback/Schall* BayVBl 2011, 33 (35); *Fleischhauer*, Wehrgerechtigkeit, S. 103 f., 171 f.

844 *Bundesminister der Verteidigung Blank*, in: Verhandlungen des Deutschen Bundestages, 2. Wahlperiode, 143. Sitzung, 04.05.1956, S. 7479 (7480).

845 *Antwort der Bundesregierung*, in: BT-Drs 17/1281.

846 *Antwort der Bundesregierung*, in: BT-Drs 17/1281.

nis eine bis auf eine Person sinkende Gruppe an Wehrdienstleistenden begründet werden.

Zusätzlich zu diesem materiellen Einwand überzeugt diese Begründung für die Heranziehung bzw. Nicht-Heranziehung der *einzelnen* Wehrpflichtigen auch dogmatisch nicht. Denn über die individuelle Einberufung oder Verschonung entscheidet so letztlich der Zufall. Eine Verschiedenbehandlung wegen Zufall oder einer optimalen Deckung des Personalbedarfs der Bundeswehr erklärt sich aber nicht aus der Verschiedenheit der herangezogenen bzw. nicht herangezogenen Personen. Somit handelt es sich um eine Ungleichbehandlung.

3. Beeinträchtigung (Eingriff)

Diese Ungleichbehandlung erfolgt durch die Verschiedenbehandlung bei der Heranziehung zum Wehrdienst, die ein Verwaltungsakt i. S. d. § 35 S. 1 VwVfG ist. Die Ungleichbehandlung ist der Staatsgewalt also zurechenbar.

4. Rechtfertigung

Im Rahmen der verfassungsrechtlichen Rechtfertigung bedarf die Ungleichbehandlung zunächst einer *gesetzlichen Regelung*. Eine Befreiung, die nicht auf Grund einer gesetzlichen Regelung ergeht, ist verfassungswidrig (S. 95 ff.). Bei administrativen Befreiungen kommt aus systematischen Gründen hinzu, dass die befreienden Vorschriften der §§ 9 ff. WPflG abschließend sind.[847] Eine darüber hinausgehende administrative Befreiung kommt nicht in Betracht. Ein möglicherweise entstehendes Spannungsverhältnis zwischen dem Prinzip der funktionsfähigen Verteidigung und der Wehrdienstgleichheit ist vom Gesetzgeber zu lösen. Auch wenn sich die Verschiedenbehandlung durch die Verwaltung unmittelbar aus der Verfassung ergeben mag (Funktionsfähigkeit der Bundeswehr, S. 148), bedarf sie doch einer gesetzlichen Regelung.

Insoweit geht der Einwand von *Jürgen Schmude*, es handele sich um eine nicht realisierbare Forderung,[848] fehl. Er sieht zwei mögliche Konsequenzen: Entweder würde der Umfang der Streitkräfte nicht nach militärischen Erfordernissen, sondern nach der Stärke der Geburtsjahrgänge bestimmt. Alternativ würden Regelungen praktiziert, die erkennbar nicht am militärischen Bedarf orientiert seien, sondern an der Absicht, niemanden „davonkommen“ zu lassen.[849]

---

847 BVerfGE 38, 154 (167 f.); 48, 127 (162 f.); 69, 1 (24); BVerwGE 36, 323 (325 f.); 45, 197 (200 f.); 92, 153 (155); 122, 331 (333); *Dieter Walz*, in: Steinlechner/Walz, WPflG, Vor § 9 Rn. 17; *Hahn* JR 2006, 89.

848 *Schmude*, in: Arndt FS, S. 169 (171).

849 *Schmude*, in: Arndt FS, S. 169 (171).

Diese Argumentation lässt außer Acht, dass die Wehrdienstgleichheit ein *subjektives (Grund-) Recht* gegen staatliches Handeln ist und - wie jedes Grundrecht - nicht unter dem Vorbehalt militärischer Erfordernisse steht. Eingriffe in den Schutzbereich bedürfen nach allgemeinen Grundrechtslehren einer (klaren) gesetzlichen Regelung. Andernfalls wäre eine faktische Umstrukturierung der Streitkräfte in eine Berufsarmee ohne Gesetzesänderung denkbar, wobei fehlende Soldaten durch die vereinzelte Heranziehung von Wehrdienstpflichtigen kompensiert werden. Die unterlassene Heranziehung der überwiegenden Mehrheit der Wehrdienstpflichtigen könnte dann mit dem gesunkenen Personalbedarf gerechtfertigt werden. Eine solche Auswahlwehrpflicht wäre jedoch mit Art. 1 Abs. 3 GG unvereinbar (S. 143). Eine entsprechende Fassung des § 21 WPflG („Ungediente Wehrpflichtige werden von den Kreiswehrersatzämtern in Ausführung des Musterungsbescheides *nach Personalbedarf* zum Wehrdienst einberufen.") wäre zudem durchaus realisierbar. Im Ergebnis ist daher jede Form administrativer Befreiungen - unabhängig von den Gründen - rechtswidrig.

5. Rechtsfolgen

Indem die Verwaltung durch die nicht gerechtfertigte Ungleichbehandlung bei der Heranziehung zum Wehrdienst die Wehrdienstgleichheit verletzt, stellt sich die Frage nach den prozessualen Konsequenzen.

Verstöße des Gesetzgebers gegen die Verfassung führen grundsätzlich zur Nichtigkeit des Gesetzes (§ 78 Satz 1 BVerfGG; ggf. i. V. m. § 82 Abs. 1 und § 95 Abs. 3 Sätze 1 und 2 BVerfGG)[850]. Verstöße der Verwaltung bei Rechtsakten gegen das Gesetz sind rechtswidrig, aber *grundsätzlich wirksam.*[851] Verwaltungsakte können jedoch mit einer Anfechtungsklage nach § 42 Abs. 1 Alt. 1 VwGO angegriffen werden.

a. Rechtsfolgen für den Einzelakt

Verletzt die Heranziehung eines Wehrpflichtigen die Wehrdienstgleichheit, ist er in seinem Grundrecht aus Art. 3 Abs. 1 GG verletzt. Der Einberufungsbescheid ist somit rechtswidrig. Durch diesen belastenden Verwaltungsakt wird der Wehrdienstpflichtige in seinem subjektiven Recht (S. 98 f.) aus Art. 3 Abs. 1 GG verletzt. Der Einberufungsbescheid als belastender Verwaltungsakt wäre

850 Zu Ausnahmen *Dieter Hömig*, in: Maunz/Schmidt-Bleibtreu/Klein/Bethge, BVerfGG, § 95 (2009) Rn. 41 ff.; *Sachs*, Verfassungsprozessrecht, Rn. 521, 154 ff.

851 *Klaus F. Gärditz*, in: Friauf/Höfling, GG, Art. 20 (6. Teil) (2011) Rn. 94; *Maurer*, Allgemeines Verwaltungsrecht, § 10 Rn. 21 ff.; *Detterbeck*, Allgemeines Verwaltungsrecht, Rn. 621 ff.

folglich nach § 113 Abs. 1 S. 1 VwGO aufzuheben.[852] Anders hat das Bundesverwaltungsgericht entschieden.

aa. Die Rechtsprechung des Bundesverwaltungsgerichts

Das Gericht und die ihm folgende Literatur853 verlangen kumulativ zu der als „objektiv“ bezeichneten Verletzung der Wehrgerechtigkeit als zusätzliche Hürde eine subjektive Rechtsverletzung.

Ausgangspunkt dieser Überlegung ist die bereits an anderer Stelle (S. 144 ff.) vorgefundene Behauptung, die Einberufung diene nur dem öffentlichen Interesse an einer optimalen Personalbedarfsdeckung der Bundeswehr. Eine subjektive Rechtsverletzung komme erst dann in Betracht, wenn ein Anspruch auf ermessensfehlerfreie Entscheidung, ein Anspruch auf Abwehr willkürlicher Diskriminierung oder ein Rechtsschutzersuchen gegen ein verfassungswidriges Wehrpflichtgesetz bestehe.[854]

bb. Eigener Ansatz

Das Bundesverwaltungsgericht entfernt sich durch das Erfordernis einer kumulativen subjektiven Rechtsverletzung von allgemeinen verwaltungsrechtlichen Grundsätzen (S. 149 f.). Danach verletzt allgemein ein rechtswidriger belastender Verwaltungsakt den Adressaten (wenn er Grundrechtsträger ist) in seinem Recht aus Art. 2 Abs. 1 GG[855] - unabhängig davon, aus welchen objektivrechtlichen Gründen der Verwaltungsakt rechtswidrig ist. Denn der Verwaltungsakt ist dann nicht mehr mit dem schlichten Gesetzesvorbehalt der verfassungsmäßigen Ordnung vereinbar.[856] Im Besonderen verletzt ein wehrdienstgleichheitswidriger Einberufungsbescheid zudem das subjektive Recht auf Wehrdienstgleichheit.

Verlangt man hingegen (wie das Bundesverwaltungsgericht) für eine erfolgreiche Anfechtungsklage kumulativ eine (weitere) subjektive Rechtsverletzung missachtet man auch an dieser Stelle den *subjektiv öffentlichen Rechtsstatus des Gleichheitssatzes*. Denn eine Verletzung von Art. 3 Abs. 1 GG ist bereits eine Verletzung eines subjektiven Rechts. Jede weitere Anforderung für eine erfolg-

---

852 Im Ergebnis VG Köln NJW 2004, 2609 (2610); *Michael Sachs*, in: Stern, Staatsrecht IV/2, S. 1592 f.; *Voland* DÖV 2004, 453 (461); *Münster* DVBl 2005, 789 f.; *Unterreitmeier* ZRP 2007, 163

853 *Reinhard Bergmann*, in: Hömig, GG, Art. 12a Rn. 3; *Krieger* Jura 2006, 769 (770 ff.); *Hahn* JR 2006, 89 f.

854 BVerwGE 45, 197 (199); 122, 331 (336); *Krieger* Jura 2006, 769 (770 ff.); *Hahn* JR 2006, 89 f.

855 Seit BVerfGE 6, 32 (37 ff.).

856 *Münster* DVBl 2005, 789.

reiche Anfechtungsklage gegen wehrgleichheitswidrige Einberufungsbescheide geht über das *Klägerbegehren* hinaus (§ 88 VwGO) und verstößt so gegen Art. 20 Abs. 3 Hs. 2 GG, weil kein Leistungsbegehren geltend gemacht wird.[857] Ein Abwehrrecht gegen einen angefochtenen wehrgleichheitswidrigen Einberufungsbescheid kann somit durchaus geltend gemacht werden.[858] Denn auf den Schutzzweck der Norm kommt es in der Eingriffsverwaltung nicht an.[859]

cc. Keine „Gleichheit im Unrecht"?

Unabhängig von einer fehlenden kumulativen Rechtsverletzung wird gegen die Aufhebung wehrdienstgleichheitsrechtswidriger Einberufungsbescheide vorgebracht, einen *Rechtsanspruch auf Fehlerwiederholungen* gebe es nicht.[860] Die Argumentation läuft so auf das Schlagwort „keine Gleichheit im Unrecht"[861] hinaus. Dieses Prinzip beruht auf der Vorstellung, dass im Konflikt zwischen der Gesetzmäßigkeit der Verwaltung und dem Gleichheitssatz das erste Prinzip grundsätzlich den Vorrang haben müsse.[862]

Dieser enge Zusammenhang zwischen einer Gleichheitsverletzung und einem „Anspruch auf Fehlerwiederholung" besteht jedoch - anders als das Postulat „keine Gleichheit im Unrecht" suggerieren soll - nicht. Dem Wehrdienstgleichheitsverstoß liegt nämlich eine Anfechtungssituation zu Grunde, in der das Grundrecht in seiner klassischen *Abwehrfunktion* des status negativus[863] zur Geltung kommt.[864] Diese Grundrechtsverletzung kann durch die Aufhebung der ge-

857 *Münster* DVBl 2005, 789 (790).

858 Dies lassen BVerwGE 92, 153 (156); BVerwG Buchholz 11 Art 12a GG Nr 2; VG Stuttgart DÖV 2001, 654 (655) außer Acht.

859 *Helge Sodan*, in: Helge Sodan/Jan Ziekow, Verwaltungsgerichtsordnung Großkommentar, 3. Aufl., Baden-Baden 2010, § 42 Rn. 384; ähnlich VG Leipzig SächsVBl 1995, 237 (239).

860 *Walz* NZWehrR 2004, 153 (159); *Hahn* JR 2006, 89.

861 Dazu BVerfGE 9, 213 (222 f.); 21, 245 (261); 50, 142 (166); 105, 252 (278 f.); BVerwGE 45, 197 (199); 92, 153 (157); 122, 331 (335); *Michael Sachs*, in: Stern, Staatsrecht IV/2, S. 1591 ff.; *Lerke Osterloh*, in: Sachs, GG, Art. 3 Rn. 46 ff.; *Stefan Huster*, in: Friauf/Höfling, GG, Art. 3 (2004) Rn. 114 ff.; *Joachim Englisch*, in: Stern/Becker, Grundrechte-Komm., Art. 3 Rn. 52 f.; *Günter Dürig*, in: Maunz/Dürig, Art. 3 Abs. I (1973) Rn. 179 f.; *Christian Starck*, in: v. Mangoldt/Klein/Starck, GG I, Art. 3 Rn. 274 ff.

862 BVerfGE 50, 142 (166); *Stefan Huster*, in: Friauf/Höfling, GG, Art. 3 (2004) Rn. 115; *Christian Starck*, in: v. Mangoldt/Klein/Starck, GG I, Art. 3 Rn. 274; differenzierend VG Leipzig SächsVBl 1995, 237 (239).

863 *G. Jellinek*, System der subjektiven öffentlichen Rechte, S. 94 ff.

864 *Münster* DVBl 2005, 789 (790).

setzwidrigen Befreiung anderer Wehrdienstpflichtiger *oder* durch die Befreiung auch des in seinem Gleichheitsrecht Verletzten erfolgen.[865] Darüber kann die Behörde nach Aufhebung der rechtswidrigen Einberufung entscheiden. Reduziert man das Gleichheitsbegehren hingegen auf einen Anspruch auf Fehlerwiederholung, wird die erste Möglichkeit, die Aufhebung der gesetzwidrigen Befreiung anderer Wehrdienstpflichtiger, ausgeblendet und gleichheitsrechtswidriges Verwaltungshandeln verfestigt.[866] Von einem „*Anspruch* auf Fehlerwiederholung" ist also nicht zwingend die Rede, sondern nur von einer *Abwehr* einer Gleichheitsverletzung.

Insofern verkennt das Bundesverwaltungsgericht die Bedeutung des Gleichheitssatzes als immaterielles Persönlichkeitsrecht, wenn es Wehrpflichtigen den Einwand nimmt, dass andere Wehrpflichtige contra legem nicht zum Wehrdienst herangezogen werden[867]. Allgemein sei darüber hinaus angemerkt, dass ein Verstoß gegen den Gleichheitssatz zugleich einen Verstoß gegen die Gesetzmäßigkeit der Verwaltung darstellt. Der vorausgesetzte Kollisionsfall zwischen Gleichheitssatz und Gesetzmäßigkeit der Verwaltung besteht *so* also gar nicht.[868]

Im Ergebnis sind die wehrdienstgleichheitswidrig ergangenen Einberufungsbescheide rechtswidrig und aufzuheben.

b. Rechtsfolgen für das Gesetz

Schon aus dem Gewaltenteilungsgrundsatz des Art. 20 Abs. 2 S. 2 GG folgt, dass gesetzwidriges Verwaltungshandeln für das Gesetz grundsätzlich unschädlich ist.[869]

Eine Ausnahme hat das Bundesverfassungsgericht erstmals in seinem Urteil vom 27. Juni 1991 zur Besteuerung von festverzinslichen Wertpapieren angenommen[870] und diese Rechtsprechung am 9. März 2004 (erneut im Steuerrecht) bestätigt[871]. Danach könne das Verwaltungshandeln auf das Gesetz durchschlagen, wenn das rechtswidrige Verwaltungshandeln bereits im Gesetz angelegt

865 VG Leipzig SächsVBl 1995, 237 (239); vgl. *Michael Sachs*, in: Stern, Staatsrecht IV/2, S. 1592 f.

866 VG Leipzig SächsVBl 1995, 237 (239).

867 BVerwGE 122, 331 (340).

868 *Michael Sachs*, in: Stern, Staatsrecht IV/2, S. 1592 f.

869 *Krieger* Jura 2006, 769 (772); *Gerhard Zimmer*, Funktion – Kompetenz – Legitimation, Gewaltenteilung in der Ordnung des Grundgesetzes, Berlin 1979, S. 341 ff.; *Brun-Otto Bryde*, Die Effektivität von Recht als Rechtsproblem, 1993, S. 13-15, 20.

870 BVerfGE 84, 239 (271 ff.).

871 BVerfGE 110, 94 (112 ff.).

sei.[872] Insoweit kommt es auch auf eine Relation zwischen Norm und Vollzugsrealität an.[873]

aa. Die Rechtsprechung des Bundesverfassungsgerichts

Der Entscheidung des Bundesverfassungsgerichts lag der Sachverhalt zu Grunde, dass die Beschwerdeführer zur Einkommensteuer über ihre Kapitaleinkünfte veranlagt wurden. Diese Steuerbelastung beruhte allein auf der Erklärung der Steuerpflichtigen in ihrer Steuererklärung, die nach den Vollziehungsvorschriften (weitgehend) nicht kontrolliert wurde. Durch dieses Erhebungsverfahren sahen sich die Beschwerdeführer in ihrem Gleichheitsrecht verletzt. Es führe nämlich zu offenbaren Ungleichheiten, ob der Steuerpflichtige seine Kapitaleinkünfte ordnungsgemäß erkläre oder verschweige.

Das Bundesverfassungsgericht stellt zunächst klar, dass die Besteuerungsgleichheit mit der Gleichheit der *normativen* Steuerpflicht und der Gleichheit bei deren *Durchsetzung* zwei Komponenten habe.[874] Daraus folge, dass Steuergesetze in ein normatives Umfeld eingebettet sein müssten, welches die Gleichheit der Belastung auch hinsichtlich des tatsächlichen Erfolges prinzipiell gewährleiste.[875] Wirke sich hingegen eine Erhebungsregelung gegenüber einem Besteuerungstatbestand in der Weise *strukturell gegenläufig* aus, dass der Besteuerungsanspruch weitgehend nicht durchgesetzt werden könne *und* sei dieses Ergebnis *dem Gesetzgeber zuzurechnen*, so führe die dadurch bewirkte Gleichheitswidrigkeit zur Verfassungswidrigkeit auch der materiellen Norm.[876] Eine Zurechnung erfolge nicht nur, wenn die Ungleichheit im Belastungserfolg ihre Ursache in gesetzlichen Regelungen des Erhebungsverfahrens habe, sondern auch, wenn sie auf Verwaltungsvorschriften beruhe, die der Gesetzgeber bewusst und gewollt bei seiner Regelung hingenommen habe.[877] Erforderlich sei aber, dass sich dem Gesetzgeber die Erkenntnis aufdrängen musste, dass für die in Frage stehende Steuer das von Verfassungs wegen vorgegebene Ziel der Gleichheit im Belastungserfolg prinzipiell nicht zu erreichen sei und er sich dieser Erkenntnis nicht verschließen durfte.[878] Drängte sich der strukturelle Erhe-

872 BVerfGE 84, 239 (268 ff.); 110, 94 (112); kritisch *Funke* AöR 132 (2007), 168 (178 ff.).
873 BVerfGE 110, 94 (139).
874 BVerfGE 84, 239 (271).
875 BVerfGE 84, 239 (271).
876 BVerfGE 84, 239 (272).
877 BVerfGE 84, 239 (272).
878 BVerfGE 84, 239 (272).

bungsmangel erst nachträglich auf, sei dieser Mangel binnen angemessener Frist zu beseitigen.[879]

Im zu entscheidenden Fall werde die steuerliche Lastengleichheit verfehlt, weil die Steuerbelastung nahezu allein auf der Erklärungsbereitschaft des Steuerpflichtigen beruhe.[880] Regelungen, die die Durchsetzung des Steueranspruchs sichern sollen, müssten aber auf die Eigenart des konkreten Lebensbereichs und des jeweiligen Steuertatbestandes ausgerichtet werden.[881] Da die Steuerfestsetzung von der Steuerehrlichkeit abhänge, müsse diese durch hinreichende Kontrollmöglichkeiten abgestützt werden.[882] Die Beschwerdeführer seien hingegen noch nicht in Art. 3 Abs. 1 GG verletzt, weil die bestehende Rechtslage für eine Übergangszeit noch hingenommen werden könne.[883]

bb. Übertragbarkeit der steuerrechtlichen Grundsätze auf die Wehrdienstgleichheit?

Die in diesem Urteil entwickelten Grundsätze überträgt das Bundesverwaltungsgericht auf die Wehrdienstgleichheit: Die gesetzlichen Bestimmungen über die Wehrpflicht insgesamt seien verfassungswidrig, wenn der Gesetzgeber trotz einer *mit dem Grundsatz der Wehrgerechtigkeit offensichtlich nicht mehr zu vereinbarenden* Lücke zwischen verfügbaren und einberufenen Wehrpflichtigen untätig bleibe.[884] Dann sei die Wehrpflicht bereits in ihrer gesetzlichen Konzeption berührt, so dass sie verfassungsrechtlich keinen Bestand mehr haben könne. Dränge sich für den Gesetzgeber ein entsprechender Handlungsbedarf später auf, bestehe ab diesem Zeitpunkt eine angemessene Frist zur Korrektur.[885]

Bei den Überlegungen zur Übertragbarkeit der steuerrechtlichen Entwicklungen auf die Wehrpflicht drängen sich strukturelle Gemeinsamkeiten - trotz der vom Bundesverfassungsgericht betonten bereichsspezifischen Anwendbarkeit[886] - geradezu auf: Denn Steuerpflicht und Wehrpflicht sind jeweils Elemente der „klassischen Quadriga" der Grundpflichten (S. 39 ff.). Beiden Pflichten ist somit die Eigenschaft als Gemeinlast ohne Gegenleistung eigen. Unter der Geltung des Grundgesetzes verlangt Art. 3 Abs. 1 GG dabei jeweils eine Pflichten-

879 BVerfGE 84, 239 (272).
880 BVerfGE 84, 239 (273).
881 BVerfGE 84, 239 (273).
882 BVerfGE 84, 239 (273).
883 BVerfGE 84, 239 (275, 284 f.).
884 BVerwGE 122, 331 (340 f.); im Ansatz bereits BVerwG 6 B 63.00 Buchholz 11 Art. 12a GG Nr. 2.
885 BVerwGE 122, 331 (341).
886 BVerfGE 84, 239 (268).

gleichheit, deren spiegelbildliche Ausprägungen die abgabenrechtliche Lastengleichheit und die Wehrgleichheit sind.

Gleichwohl stößt eine schematische Übertragung des Urteils vom 27. Juni 1991 auf die Wehrdienstgleichheit auf einige Hindernisse. Während in dem der Entscheidung zu Grunde liegenden Sachverhalt der Vollzugsmangel durch eine *Täuschung der Bürger* in der Steuererklärung bewirkt worden war, beruhte die unterlassene Heranziehung zum Wehrdienst auf dem *Willen des Gesetzgebers*, welcher militärpolitische Zielsetzungen umsetzen wollte. Während dem Gesetzgeber also einerseits lediglich ein *unterlassenes Kontrollsystem* vorzuwerfen ist, ist er andererseits *Initiator* der Verschiedenbehandlung. Wenn der Gesetzgeber aber nach der steuerrechtlichen Rechtsprechung schon durch Unterlassen mit der Verfassungswidrigkeit seines materiellen Regelungswerkes rechnen muss, gilt dies *erst Recht* bei aktivem Tun. Hinzu kommt, dass sich eine Differenzierung der Pflichtigen wegen des besonders intensiven Grundrechtseingriffs im Wehrpflichtrecht noch gravierender auswirkt.[887] Im Ergebnis ist die Rechtsfolge des strukturellen Vollzugsdefizits daher auf die Wehrdienstgleichheit übertragbar.[888] Der Bestand der gesetzlichen Regelungen zur allgemeinen Wehrpflicht insgesamt ist daher unter wehrdienstgleichheitsrechtlichen Aspekten neben einer zu großen quantitativen Ausweitung (S. 130 ff.) auch durch den Vollzug des Gesetzes bedroht.

cc. Subsumtion

Fraglich ist daher, zu welchem Ergebnis der Durchschlag eines strukturellen Vollzugsdefizits im Wehrpflichtrecht führt. Dabei ist die gegenwärtige Heranziehungsquote von 87, 4 % unter die bundesverfassungsgerichtlichen Anforderungen zu subsumieren.

Erforderlich ist eine *erheblich ungleiche Belastung*, die dem *Gesetzgeber zuzurechnen* ist. Eine derartige Erheblichkeit ist jedenfalls dann gegeben, wenn über die Hälfte der grundsätzlich Pflichtigen ihrer Pflicht nicht nachkommen.[889] Da lediglich 12, 6 % aller Wehrpflichtigen ihre gesetzliche Pflicht nicht erfüllen, bestehen gegenwärtig keine Bedenken.[890]

Hinsichtlich der zweiten Voraussetzung für ein durchschlagendes Vollzugsdefizit, der *Zurechenbarkeit für den Gesetzgeber*, ist Folgendes noch hilfsweise zu ergänzen: Eine Zurechenbarkeit verlangt, dass die Gleichheitswidrigkeit auf

887 *Fleischhauer*, Wehrgerechtigkeit, S. 199.

888 *Wolfgang Rüfner*, in: BK, Art. 3 Abs. 1 (1992) Rn. 171; *Meyer* DÖV 2005, 551 (558).

889 Vgl. BVerfGE 84, 239 (276).

890 Selbst wenn man mit *Fleischhauer*, Wehrgerechtigkeit, S. 200 eine Quote von 20 % verlangt, ist die gegenwärtige Heranziehungsquote unbedenklich.

entsprechenden Verwaltungsvorschriften beruht oder der strukturelle Vollzugsmangel bei nachträglicher Aufdrängung nicht behoben wurde.[891] Eine Indizwirkung kann zudem entstehen, wenn überzogene Anforderungen an die Behörden gestellt werden, um den Vollzug sicherzustellen.[892] Dadurch grenzt sich das strukturelle Vollzugsdefizit vom bloß tatsächlichen Vollzugsdefizit ab.[893]

Bei der Gesetzgebung zur Wehrpflicht ist der Bundesgesetzgeber taugliches Zurechnungsobjekt, weil der Bund sowohl für die materielle Norm (Art. 73 Abs. 1 Nr. 1 GG) als auch für die Vollzugsvorschriften (Art. 87b GG sowie Art. 87a Abs. 1 S. 2, Art. 110 Abs. 2 S. 1 GG) die Gesetzgebungskompetenz besitzt.[894]

Zurechenbar war insoweit die Praxis administrativer Wehrdienstausnahmen in Form von Verwaltungsvorschriften, die inzwischen aufgehoben worden sind (S. 95 ff.). Gegenwärtig gibt es solche Anweisungen nicht mehr. Sehr wohl dem Gesetzgeber zurechenbar sind die veröffentlichten Zahlen von 12,6 % an Wehrdienstpflichtigen, die keinen Wehrdienst leisten, weil dieses geringe Vollzugsdefizit *bekannt und zurechenbar* ist. Wegen der *fehlenden Erheblichkeit dieser Größe* kommt eine Verfassungswidrigkeit der gesetzlichen Wehrpflicht wegen eines strukturellen Vollzugsdefizits jedoch nicht in Betracht. Im Ergebnis bewirkt die gegenwärtige Heranziehungsquote also keine Verfassungswidrigkeit des Wehrpflichtgesetzes.

6. Ergebnis

Im Ergebnis ist jede administrative Befreiung vom Wehrdienst ohne gesetzliche Grundlage mit der Wehrdienstgleichheit der Herangezogenen unvereinbar. Entsprechende Einberufungsbescheide verletzen die Verpflichteten in Art. 3 Abs. 1 GG und sind aufzuheben.

Die zum Steuerrecht entwickelte Rechtsprechung, wonach ein strukturelles Vollzugsdefizit die Verfassungswidrigkeit eines Gesetzes bewirken kann, ist auf die Wehrpflicht übertragbar. Die Voraussetzungen liegen jedoch nicht vor, weil es sich um keine erheblich ungleiche Belastung handelt, die dem Gesetzgeber zurechenbar ist.

---

891 BVerfGE 84, 239 (272).

892 BVerfGE 110, 94 (115 f.).

893 *Funke* AöR 132 (2007), 168 (172 f.).

894 Der für das Steuerrecht zutreffende Einwand von *Funke* AöR 132 (2007), 168 (178 ff.), die steuerrechtlichen Entscheidungen des Bundesverfassungsgerichts zu strukturellen Vollzugsmängeln berücksichtigten nicht die jeweiligen Kompetenzbeschränkungen, greift im Wehrpflichtrecht somit nicht durch.

3. Teil Lösungen der wehrgleichheitsrechtlichen Probleme

Der aufgezeigte Verstoß des Wehrpflichtgesetzes gegen die Wehrdienstgleichheit stellt Legislative und Exekutive vor neue Herausforderungen. Denn statt einer allgemeinen Wehrpflicht, wie sie die Verfassung vorschreibt, besteht nur noch eine „Restwehrpflicht“[895]. Sollte sich dieses Defizit auch künftig (politisch) nicht beheben lassen, ist der Staat verpflichtet, den als „gleich“ gedachten Zustand aller Staatsbürger, der durch die geltenden Bestimmungen zur Wehrpflicht gestört wurde, wiederherzustellen.[896]

Entsprechende Vorschläge sind in der politischen Diskussion bereits erörtert worden. Der Ausgangspunkt ist stets die unbefriedigende Feststellung, dass faktisch lediglich ein Teil der Menschen den *allgemeinen* Dienst leistet, während sich der andere Teil Beruf und Ausbildung widmen kann und darüber hinaus keine familiären und wirtschaftlichen Nachteile hinnehmen muss. Dadurch leidet nicht zuletzt die Dienstbereitschaft der Wehrdienstleistenden.[897]

Die Lösungen können sodann durch *Restitutionen* und *Kompensationen* erfolgen. In Anlehnung an die zivilrechtliche Naturalrestitution (vgl. § 249 BGB) geht man bei der *Restitution* davon aus, einen gleichartigen, wirtschaftlich gleichwertigen Zustand herzustellen.[898]

Der sicherste Weg, um die gegenwärtige Verfassungswidrigkeit zu beseitigen, wäre daher die *Aussetzung bzw. Abschaffung der Wehrpflicht*, die gegenwärtig[899] eine politische Mehrheit zu finden scheint. Auch das Modell der SPD, Dänemarks und Schwedens, nur *freiwillige* Frauen und Männer zu einem gemeinnützigen Dienst (freiwilliges soziales Jahr, Grundwehrdienst, freiwilliges ökologisches Jahr oder Engagement in der Entwicklungszusammenarbeit) ein-

---

895 Abg. *Nachtwei*, in: Verhandlungen des Deutschen Bundestages, 15. Wahlperiode, 106. Sitzung, 30.04.2004, S. 9633 (9637).

896 Vgl. *Voßkuhle*, Kompensationsprinzip, S. 25.

897 *Edinger*, Wehrausgleichsabgabe, S. 205 f.

898 *Voßkuhle*, Kompensationsprinzip, S. 20.

899 Siehe noch *Karl-Theodor Freiherr zu Guttenberg*, Grußwort des Bundesministers der Verteidigung, in: Ahammer, Andreas/Nachtigall, Stephan (Hrsg.), Wehrpflicht – Legitimes Kind der Demokratie, Berlin 2010, S. 11: „Als integraler Bestandteil der Streitkräfte leisten sie (die Grundwehrdienstleistenden, Anm. des Verfassers) auch künftig durch ihren Dienst einen unverzichtbaren Beitrag zum Betrieb und Schutz der ‚Basis Inland‘ und damit zur Unterstützung der Einsätze der Bundeswehr. (...) Die Bundesregierung wird auch weiterhin Sorge dafür tragen, dass der Wehrdienst auch zukünftig sinnvoll ausgestaltet bleibt und der in der Gesellschaft vorhandene, breite Konsens über die allgemeine Wehrpflicht bekräftigt wird. (...)“

zuziehen[900], stünde nicht im Konflikt zur Wehrgleichheit, weil die Freiwilligkeit der Dienstleistung die Verschiedenbehandlung erklären könnte.

Eine *Kompensation* steht nach *Andreas Voßkuhle* „für einen Ausgleich ‚durch etwas anderes', ‚etwas Vergleichbares', eben ein Surrogat und zielt auf die Herstellung eines dem alten gleichwertigen Zustands ab“[901]. Dabei liegen ihr als formalisierte Grundstruktur die festen Parameter zu Grunde: „Soll“-Zustand = „Ist“-Zustand + Kompensationsleistung.[902]

Insofern ist eine Kompensation durch eine *besondere Begünstigung* der Wehrdienstpflichtigen denkbar, wie es etwa am 14. Dezember 1967 der Bundesminister der Verteidigung zum Ausdruck gebracht hat.[903] Schon Art. 145 § 26 Verf. Portugal 1826 garantierte „die Belohnung für die dem Staate geleisteten Civil- oder Militairdienste“[904]. Vorgeschlagen werden neben den Privilegien beim Einstieg in Studium und Beruf und der Anrechnung von Wehrdienstzeiten als Zeit der Betriebszugehörigkeit nach §§ 11a; 12 ArbPlSchG insbesondere eine Anpassung des Wehrsolds an das durchschnittliche Erwerbseinkommen eines vergleichbaren, nicht dienenden Altersgenossen sowie Steuererleichterungen.[905]

Dieser Vorschlag ist jedoch schon *praktischen* Einwänden ausgesetzt, weil die Leistungen mit einem praktisch kaum durchzusetzenden Ausgabevolumen verbunden wären. Die Idee soll daher nicht weiter vertieft werden.

Darüber hinaus kann der Kompensationsgedanke auch die nicht Wehrdienstpflichtigen treffen, indem vergleichbare *Pflichten für nicht Wehrdienstpflichtige* begründet werden, um einen wehrgleichheitsgemäßen Zustand durch die Abschöpfung ungerechtfertigter Vorteile herstellen zu können.

Die bislang[906] erörterte Lösung, *mehr Personen einziehen* zu können, indem die Dauer des Grundwehrdienstes reduziert wird, scheidet aus. Denn durch die Begrenzung des Grundwehrdienstes auf sechs Monate durch das Gesetz vom 31. Juli 2010[907] ist bereits die Grenze erreicht, bei der eine sinnvolle Ausbildung noch möglich ist.

Vielmehr sind sowohl eine andere Naturalleistungspflicht als auch eine Abgabenpflicht zu Gunsten des Gemeinwesens denkbar. In diesem Sinne forderte

900 *Arnold*, in: Ahammer/Nachtigall, Wehrpflicht, S. 172 (175 f.).

901 *Voßkuhle*, Kompensationsprinzip, S. 20.

902 *Voßkuhle*, Kompensationsprinzip, S. 48.

903 *Der Bundesminister der Verteidigung*, in: BT-Drs V/2405, 2; ähnlich *Hahnenfeld* BWV 1976, 121 f.

904 Später auch § 77 Verf. Litauen 1922.

905 *Wehrstruktur-Kommission der Bundesregierung, Wehrgerechtigkeit 1971*, S. 54 f.; weitere Beispiele bei *Hahnenfeld* BWV 1976, 121 (124 f.).

906 *Fleischhauer*, Wehrgerechtigkeit, S. 253 f.

907 BGBl I, 1052.

bereits am 27. April 1962 der Wehrbeauftragte des Deutschen Bundestages, dass es notwendig und wünschenswert sei, „jenen, die nicht Soldat sein müssen, andere staatsbürgerliche Verpflichtungen aufzuerlegen, um damit einen Ausgleich gegenüber der bisher ungleichen Belastung der wehrpflichtigen Soldaten zu schaffen“[908]. Als entsprechende Grundpflichten kommen eine Naturalleistungspflicht in Form eines sozialen Pflichtjahres wie auch eine Zahlungspflicht der nicht wehrdienstleistenden Personen in Form einer Wehrabgabe in Betracht. Die Verfassungsmäßigkeit dieser Optionen soll im Folgenden erörtert werden.

A. Soziales Pflichtjahr

Die „nächstliegende Lösung“[909], um den Verstoß gegen die Wehrdienstgleichheit zu beheben, ist die Einführung eines sozialen Pflichtjahres. Dann wäre in Anlehnung an § 1 ZDG (grundsätzlich[910]) jeder Mensch zur Ableistung eines Dienstes verpflichtet, der dem Allgemeinwohl dient. Befreiungen wären nur in besonderen Ausnahmekonstellationen zulässig (etwa bei [schweren] Behinderungen nach § 2 Abs. 1 und 2 SGB IX). Insbesondere die erhöhten Tauglichkeitsanforderungen - wie sie zurzeit an Wehrdienstleistende gestellt werden (dazu S. 71 ff.) - müssten wieder gesenkt werden. Diese Änderung und der Wegfall von „Ersatzdienstleistenden“ führten zu einer erheblich höheren Dienstpflichtigenquote (zum Begriff S. 134 ff.).

Bei dem sozialen Pflichtjahr denkt man an die positiven Erfahrungen mit dem inzwischen vertrauten Ersatzdienst, der regelmäßig durch den Zivildienst erfüllt wird. Dieser hat sich seit seiner Einführung am 13. Januar 1960[911] zu einem „wichtigen Element des sozialen Zusammenhalts“[912] entwickelt. Die Begründung der erheblichen Pflichten eines sozialen Pflichtjahres wird mit den positiven Erfahrungen mit dem Zivildienst legitimiert, bei dem die *positiven Auswirkungen auf alle Betroffenen* betont wird. Diese sollen zum Verständnis für die Forderung nach dieser weitreichenden Pflicht kurz skizziert werden.

Die *Zivildienstleistenden* selbst erfahren menschliche Zuwendung, bauen zu hilfebedürftigen Menschen Beziehungen auf und gewinnen Vertrauen.[913] In einer sich entsolidarisierenden Gesellschaft wird eine „Kultur des Helfens“[914] ge-

---

908 *Der Wehrbeauftragte des Deutschen Bundestages*, in: BT-Drs IV/371, 32.
909 *Roman Herzog*, in: Maunz/Dürig, GG, Art. 4 (1988) Rn. 212.
910 Zu den verschiedenen Vorschlägen S. 10 ff.
911 BGBl I, 10 ff.
912 *Schröder*, in: Ahammer/Nachtigall, Wehrpflicht, S. 149.
913 *Niermann* ZRP 2010, 31.
914 *Köhler* ZRP 1995, 140 (141).

übt und so der soziale und geistige Reifeprozess vorangetrieben. Sogar mit Blick auf das spätere Berufsleben wird von erlernten Schlüsselkompetenzen gesprochen wie Verantwortungsbereitschaft, Kommunikationsfähigkeit, Einfühlungsvermögen, Teamfähigkeit und Organisationstalent.[915] Insgesamt bewirkt dieser „Dreiklang des Zivildienstes (Pflichterfüllung, Hilfe für Andere, Chance zur Persönlichkeitsentwicklung)" daher eine „positive Sozialisationsinstanz für junge Männer"[916].

Für die *betreuten insbes. alten Menschen* in Pflegeheimen wird durch die Zivildienstleistenden als Enkelgeneration der Alltag aufgehellt. Menschen, die in heimischer Umgebung betreut werden, werden ein möglichst langes Verweilen in vertrauter Umgebung ermöglicht und damit Heimaufenthalte mit ihren häufig negativen Begleitumständen vermieden oder verkürzt. Für betreuungsbedürftige Jugendliche kann durch (fast) Gleichaltrige oft leichter eine Orientierung gegeben werden als durch gut ausgebildete Sozialpädagogen.[917] Kinder und Jugendliche mit Behinderungen können bei der schwierigen Integration in die Gesellschaft unterstützt werden. Darüber hinaus haben Zivildienstleistende oft Zeit, die den professionellen Betreuern fehlt. Insgesamt haben die Verhältnisse zwischen Betreuten und Zivildienstleistenden daher bisweilen über das Ende des Zivildienstes hinaus Bestand.[918]

Auch die *Angehörigen* von hilfsbedürftigen Personen profitieren von den geleisteten Hilfsdiensten.[919]

Nicht zuletzt den *Hilfseinrichtungen* kommen die mit der starken Fluktuation einhergehenden ständigen Impulse junger (teilweise gebildeter) und kostengünstiger Arbeitskräfte zu Gute.[920]

Letztlich sind aus Sicht des *Staates* die Tätigkeiten der Zivildienstleistenden für die Aufrechterhaltung gewisser Standards, etwa im Sozialbereich, unentbehrlich. Insbesondere die demographische Entwicklung führt zu einer zunehmenden Zahl Pflegebedürftiger und lässt die Nachfrage nach sozialen Diensten steigen. Außerdem verlagern die fortschreitende Auflösung der Familienverbände und zunehmende innerfamiliäre Schwierigkeiten Versorgungsfunktionen auf gesellschaftliche Einrichtungen.

Aufgrund dieser Vorteile des Zivildienstes und des gleichzeitig abnehmenden Bedarfs an Wehrpflichtigen (S. 71 ff.) konnte sogar vermutet werden, dass

915 *Schröder*, in: Ahammer/Nachtigall, Wehrpflicht, S. 149 (150).
916 *Schröder*, in: Ahammer/Nachtigall, Wehrpflicht, S. 149.
917 *Niermann* ZRP 2010, 31.
918 *Schröder*, in: Ahammer/Nachtigall, Wehrpflicht, S. 149.
919 *Schröder*, in: Ahammer/Nachtigall, Wehrpflicht, S. 149.
920 Spiegel-Online vom 12.01.2004, „Ohne Zivis droht die Katastrophe".

die allgemeine Wehrpflicht besteht, um den Zivildienst aufrechtzuerhalten.[921] Dieses Verständnis lag wohl auch der Stellungnahme des Bundesrates vom 14. Mai 2004 zu Grunde:[922]

„Es ist davon auszugehen, dass mit dem Gesetzesvorhaben (durch den Rückgang der Zahl der Einberufungen und Verkürzung der Dienstzeit im Zivildienst) ein nicht unerhebliches Einsparpotential im Bereich des Wehr- und Zivildienstes beim Bund zu erwarten ist. Andererseits werden damit gleichzeitig weitere Lücken im Bereich des Zivildienstes aufgerissen. Folge wird sein, dass es zu weiteren Leistungseinschränkungen, insbesondere im Bereich der mobilen sozialen Dienste und in der Behindertenbetreuung, kommen wird oder sich die Leistungen erheblich verteuern werden. Diese Einschränkungen werden angesichts leerer Kassen der Länder und der Träger sozialer Dienste nur schwer kompensiert werden können. Auch können die Kostensteigerungen nicht einfach auf dem Rücken von behinderten, kranken und alten Menschen ausgetragen werden."

Vorausgegangen sind dieser Stellungnahme eine kleine Anfrage von Abgeordneten und der Fraktion der FDP[923] und am 30. April 2004 eine Aktuelle Stunde im Bundestag zur „Haltung der Bundesregierung zur allgemeinen Wehrpflicht und zu Plänen für ein soziales Pflichtjahr"[924].

Dadurch verdrehte die Rechtswirklichkeit jedoch die verfassungsrechtliche Ausgangslage, welche die Ersatzdienstpflicht lediglich als *Surrogat* für die nicht erfüllte Primärdienstleistungspflicht, den Wehrdienst, ansieht, falls der Kriegsdienst mit der Waffe aus Gewissensgründen verweigert wird (vgl. Art. 12a Abs. 2 GG).

Während die gegenwärtige Verfassungswidrigkeit - und mithin Nichtigkeit - der allgemeinen Wehrpflicht für die Streitkräfte zu bewältigen wäre, wäre die damit einhergehende Nichtigkeit der akzessorischen Zivildienstpflicht aus den genannten Gründen weitaus problematischer. Dieselbe Situation ergäbe sich, falls sich der Gesetzgeber für die Aussetzung oder Abschaffung der Wehrpflicht entscheiden sollte. Daher finden sich zunehmend Stimmen, die für den Erhalt

---

921 Vgl. auch Staatssekretär *Wagner*, in: Verhandlungen des Deutschen Bundestages, 15. Wahlperiode, 106. Sitzung, 30.04.2004, S. 9633 (9635), der mit personellen Engpässen der Gemeinden bei der Besetzung der freiwilligen Feuerwehren für die Wehrpflicht argumentiert; ähnlich Abg. *C. Schmidt*, ebda., S. 9636.

922 *Stellungnahme des Bundesrates*, in: BT-Drs 15/3279, S. 1 (15); ähnlich Abg. *Nachtwei*, in: Verhandlungen des Deutschen Bundestages, 15. Wahlperiode, 106. Sitzung, 30.04.2004, S. 9633 (9637).

923 BT-Drs 15/3027.

924 Verhandlungen des Deutschen Bundestages, 15. Wahlperiode, 106. Sitzung, 30.04.2004, S. 9633 ff.

des Zivildienstes in modifizierter Form als Primärpflicht plädieren - das „(soziale) Pflichtjahr“[925] bzw. die „allgemeine Dienstpflicht“[926].

I. Die verschiedenen Modelle

In der politischen Diskussion werden dabei verschiedene Modelle vertreten. Das „*allgemeine Wahlmodell*“ eröffnet den Verpflichteten die Möglichkeit zwischen einem Dienst in den Streitkräften und einem Dienst in einer sozialen Einrichtung zu wählen.[927] Der bisherige Zivildienst würde dadurch als gleichrangige alternativ zu erfüllende Primärpflicht neben dem Dienst in den Streitkräften anerkannt. Verpflichtet würden sowohl Männer als auch Frauen.

Dieses Modell ist zum einen mit Art. 12a Abs. 1 und 2 GG nicht vereinbar, die eine Wahlmöglichkeit zwischen einem zivilen Dienst und dem Dienst in den Streitkräften („Postkartenlösung“) ausschließen.[928] Zum anderen lässt Art. 12a Abs. 1 GG eine Dienstverpflichtung nur von Männern zu, von Frauen[929] nach Art. 12a Abs. 4 S. 2 GG nur im Verteidigungsfall.[930] Daher kommt eine Verwirklichung dieser Idee nur durch Verfassungsänderung in Betracht.

Jeweils einem dieser Einwände sind auch die beiden Modifikationen des Modells ausgesetzt, die sich jeweils nur auf eine der zwei „neuen Komponenten“ beschränken:

---

925 So die Terminologie bei *Kübler* DÖV 1962, 809; *Frank* KJ 1996, 238; *Scherl* Sozialer Fortschritt 2004, 109; *Pietzcker*, in: Heinze GS, 637; *Feger* BayVBl 2011, 364.

926 So die Terminologie bei *Roman Herzog*, in: Maunz/Dürig, GG, Art. 4 (1988) Rn. 212; *Günter Dürig*, in: Maunz/Dürig, GG, Art. 3 Abs. I (1973) Rn. 231a; *Köhler* ZRP 1995, 140; *Steinlechner* ZRP 1995, 321; *Raue*, Allgemeine Dienstpflicht, S. 85; *Dreist* BWV 2004, 193; Ahammer/Dorner, in: Ahammer/Nachtigall, Wehrpflicht, S. 361; *Engels*, Allgemeine Dienstpflicht; *Schindler*, Allgemeine Dienstpflicht; *Fleischhauer*, Wehrgerechtigkeit, S. 239.

927 Wohl *H. Köhler*, in: Berliner Rede des Bundespräsidenten vom 21.09.2006, XIV; *Feger* BayVBl 2011, 364; *Ahammer/Dorner*, in: Ahammer/Nachtigall, Wehrpflicht, S. 361 (362); *Ulrich Dinkelaker*, zit. nach Schindler, Allgemeine Dienstpflicht, S. 33.

928 BVerfGE 48, 127 (165 ff.); *Juliane Kokott*, in: Sachs, GG, Art. 12a Rn. 22; *Heike Krieger*, in: Friauf/Höfling, GG, Art. 12a (2006) Rn. 38; *Martin Nolte*, in: Stern/Becker, Grundrechte-Komm., Art. 12a Rn. 20; *Rupert Scholz*, in: Maunz/Dürig, GG, Art. 12a (2001) Rn. 91 ff.; *Gilbert Gornig*, in: v. Mangoldt/Klein/Starck, GG I, Art. 12a Rn. 91; vgl. auch zur schweizer Verfassung *Schindler*, Allgemeine Dienstpflicht, S. 183 f.

929 Vgl. § 2 Nr. 3 i. V. m. § 3 Arbeitssicherstellungsgesetz.

930 *Juliane Kokott*, in: Sachs, GG, Art. 12a Rn. 32; *Martin Nolte*, in: Stern/Becker, Grundrechte-Komm., Art. 12a Rn. 40; *Rupert Scholz*, in: Maunz/Dürig, GG, Art. 12a (2001) Rn. 192; *Hans D. Jarass*, in: Jarass/Pieroth, GG, Art. 12a Rn. 15.

So sieht das „*männliche Wahlmodell*“ die Dienstpflicht nur für Männer vor.[931] Diese können wählen, ob sie ihren Dienst in den Streitkräften oder in sozialen Einrichtungen ableisten. Das „*allgemeine Pflichtmodell*“ dehnt die Wehrpflicht auf Frauen aus.[932] Dieses Modell wird nicht nur wegen des Verstoßes gegen Art. 12a Abs. 1 und Abs. 4 S. 2 GG, sondern auch aus politischen Gründen mehrheitlich abgelehnt, weil auf diese Weise die Zahl der Wehrpflichtigen erheblich anstiege. Dies ist aber ausdrücklich nicht erwünscht.[933]

Zuletzt wird ein Pflichtdienst für nicht wehrdienstpflichtige Wehrpflichtige gefordert (so auch Art. 276 Abs. 3 Verf. Portugal 1976).[934]

Wegen der Vorgaben der gesetzesvorbehaltsähnlichen Einschränkungsermächtigung des Art. 12a GG bestünde das einzig denkbare Modell ohne Verfassungsänderung in der Einführung eines sozialen Pflichtjahres *statt* des Wehrdienstes. Die Befürworter wollen dazu sowohl Männer als auch Frauen verpflichten.[935]

II. Kritik

Diese Idee wird in der rechtspolitischen Diskussion mit verschiedenen Argumenten angegriffen.

Finanzpolitisch wird kritisiert, dass der zusätzliche Verwaltungsapparat, der mit dem Aufbau eines sozialen Pflichtjahres verbunden sei, erhebliche Kosten verursache.[936] Hinzu kämen, zusätzlich zu dem Verdienst der Pflichtigen, indirekte Kosten, indem ein Jahrgang für ein Jahr vom beruflichen Erwerbsleben

---

931 Antrag *Junge Union*, in: 5. Parteitag der Christlich Demokratischen Union Deutschlands, Niederschrift, Hamburg, 21.-23. Februar 1994, S. 250; *Junge Union*, in: FTD vom 23.11.2009; *Florian Gerster*, zit. nach Schindler, Allgemeine Dienstpflicht, S. 33 f.

932 Präsident des DIHK *Ludwig Georg Braun*, in: Berliner Zeitung, 11.8.2001.

933 Abg. *Brandt-Elsweier*, in: Verhandlungen des Deutschen Bundestages, 14. Wahlperiode, 128. Sitzung, 27.10.2000, S. 12311 (12339 f.); Abg. *Beck*, ebda., S. 12341 f.; Abg. *Bläss*, ebda., S. 12343; Abg. *Karwatzki*, ebda., S. 12345.

934 Antrag *Landesverband CDU Baden-Württemberg*, in: 5. Parteitag der Christlich Demokratischen Union Deutschlands, Niederschrift, Hamburg, 21.-23. Februar 1994, S. 248 ff.

935 *Wolfgang Böhmer, Sigmar Gabriel, Peer Steinbrück*, in: Tagesspiegel vom 19.01.2004; *dies.*, in: Spiegel-Online vom 19.01.2004; *dies.*, in: Die Tageszeitung vom 20.01.2004; *Otto Schily*, in: SZ vom 19.03.2004; *Die Zukunftskommission des Landes Nordrhein-Westfalen vom 20.04.2009*; wohl auch *Roland Koch*, in: Die Welt vom 25.04.2004.

936 Abg. *Dümpe-Krüger*, in: Verhandlungen des Deutschen Bundestages, 15. Wahlperiode, 106. Sitzung, 30.04.2004, S. 9633 (9641); *Köhler* ZRP 1995, 140 (141).

abgehalten würde.[937] Außerdem befürchtet man in *ökonomischer* Hinsicht, dass freie Arbeitsverhältnisse substituiert werden könnten und der Markt nachhaltig manipuliert werde.[938] *Demokratietheoretisch* wird vorgebracht, dass der freiheitsrechtliche Rechtsstaat das Zwangsrecht nicht auf moralische oder religiöse Inhalte richten dürfe.[939] Zwang schrecke eher ab. Die Erfahrungen aus der Zeit des Nationalsozialismus (S. 165 ff.) werden - soweit ersichtlich - wegen der veränderten sozialen und politischen Lage nicht mehr vorgebracht. Argumentiert wird hingegen noch mit den zahlreichen Verbindlichkeiten der jungen Generation durch die Staatsverschuldung.[940] Zuletzt wird auch in *praktischer* Hinsicht bezweifelt, ob Zwang die im Pflegebereich erforderliche Zuwendung herbeiführen könne.[941] Die mangelnde Motivation könne dann sogar zu einer Verschlechterung der Pflegequalität führen. Selbst wenn die Motivation vorhanden sei, könnten die Verpflichteten in einigen Einsätzen (psychisch und physisch) überfordert sein.

Ungeachtet dieser Bedenken modifizieren andere den Adressatenkreis der Pflicht: Sie fordern eine Ableistung der entsprechenden Dienste durch Bezieher von Leistungen nach §§ 19 ff. SGB II („Hartz 4“).[942]

III. Historische Entwicklung

Die jüngsten Konzepte eines Pflichtdienstes stehen in einer langen Tradition. Abzugrenzen ist die „gemeinwohlorientierte“ Dienstpflicht jedoch von Sklaverei (Entpersonalisierung und völlige Entrechtung[943]) oder Leibeigenschaft (persönliche Bindung aufgrund eines Untertänigkeits- und Hörigkeitsverhältnisses, die

---

937 Abg. *Lenke*, in: Verhandlungen des Deutschen Bundestages, 15. Wahlperiode, 106. Sitzung, 30.04.2004, S. 9633 (9638); *Wolf Schäfer*, in: SZ vom 27.08.2010; *Köhler* ZRP 1995, 140 (141).

938 Abg. *Lenke*, in: Verhandlungen des Deutschen Bundestages, 15. Wahlperiode, 106. Sitzung, 30.04.2004, S. 9633 (9638); *Köhler* ZRP 1995, 140 (141).

939 Abg. *Daub*, in: Verhandlungen des Deutschen Bundestages, 15. Wahlperiode, 106. Sitzung, 30.04.2004, S. 9633; Abg. *Lenke*, ebda., S. 9638, die darauf verweist, dass weltweit nur in der Diktatur Birma ein entsprechender Zwangsdienst bestehe; Abg. *Dümpe-Krüger*, ebda., S. 9641; *Wolfgang Bosbach*, in: Tagesspiegel vom 19.01.2004; *Köhler* ZRP 1995, 140 (141).

940 *Ankenbrand*, in: FAZ vom 28.08.2010.

941 *Köhler* ZRP 1995, 140 (141).

942 *Michael Glos*, Spiegel-Online vom 13.05.2008; *Steinlechner* ZRP 1995, 321 (323); *Scherl* Sozialer Fortschritt 2004, 109 ff.

943 *Michael Sachs*, in: Stern, Staatsrecht IV/1, S. 995.

gegen Entschädigung gelöst werden kann). Diese Formen der Herabwürdigung wurden bereits in den ersten Verfassungen verboten (S. 170 ff.).

1. Die Begründung von Arbeitspflichten

Bereits während der Französischen Revolution formulierte 1794 *Therese Cabarrus-Fontenay* die Idee eines sozialen Pflichtjahres für Frauen.[944] Im laufenden 19. Jahrhundert tauchte der Gedanke immer wieder auf. Im Jahre 1820 der Pastor *Klönne*[945] und gegen Ende des Jahrhunderts 1894/1895 erhoben *Ida von Kortzfleisch* sowie der Theologe *Fabarius* entsprechende Forderungen.[946] Letzteren ging es (dem tradierten Familienbild entsprechend) noch um eine „Vorbildung zur tüchtigen Hausfrau oder Stütze“ [947]. Ähnliche Motive verfolgte 1900 *Georg Schwiening*. Er wollte einer Zerrüttung des Familienlebens von Arbeitern Einhalt gebieten, indem berufstätige Frauen in der Industrie zu ihrem „häuslichen Pflichtenkreis“ zurückgeführt werden könnten.[948]

Während des Ersten Weltkriegs sprachen sich zudem liberale Kräfte um *Helene Lange* und *Gertrud Bäumer* für eine weibliche Dienstpflicht aus.[949] Dahinter steckte wohl die Strategie dieser Frauen, ähnlich wie bei den jüdischen Bürgern,[950] über Staatsbürgerpflichten auch an Staatsbürgerrechte, insbesondere das Wahlrecht, zu gelangen.[951]

Umgesetzt wurde in dieser Zeit lediglich eine Arbeitspflicht für deutsche Männer nach dem Gesetz über den vaterländischen Hilfsdienst vom 5. Dezember 1916.[952] Zum einen verpflichtete es Männer, die nicht zum Dienst in der bewaffneten Macht einberufen waren (§ 7). Zum anderen konnten Arbeitnehmer, die hilfsdienstpflichtig waren, daran gehindert werden, ihren Arbeitsplatz ohne Zustimmung des „Arbeitgebers“ aufzugeben (§ 9). Faktisch lief dies auf eine „Militarisierung der Arbeitsverhältnisse“ hinaus.

---

944 Vgl. *Marawske-Birkner*, Der weibliche Arbeitsdienst, S. 23 f.

945 Vgl. *Marawske-Birkner*, Der weibliche Arbeitsdienst, S. 24.

946 Vgl. *Marawske-Birkner*, Der weibliche Arbeitsdienst, S. 24 ff., 29 ff., die insoweit einen Vorläufer zum Reichsarbeitsdienst sieht.

947 *Marawske-Birkner*, Der weibliche Arbeitsdienst, S. 25.

948 *Georg Schwiening*, Die Dienstpflicht der Frauen, 1900.

949 *Lange* Die Frau 22 (1915), 577 ff.; *Gertrud Bäumer*, in: Phantasien und Tatsachen in der Frage des weiblichen Dienstjahrs, in: Die Frau 23 (1916), 321 ff.

950 Dazu *Berger/Römer-Hillebrecht*, in: Ahammer/Nachtigall, Wehrpflicht, S. 117 (118 ff.).

951 Vgl. *Lange* Die Frau 22 (1915), 577 (580 f.); vgl. etwa Art. 279 Verf. Frankreich 1795: „Kein Franzose kann Bürgerrechte ausüben, wenn er nicht in die Rolle der stillliegenden Nationalgarde eingeschrieben ist.“

952 RGBl., 1333 ff.; dazu *Wahsner*, Erfassung und Integration als System, S. 41 ff.

In Friedenszeiten wurde der Dienstpflicht-Gedanke erst während des Nationalsozialismus normiert. Dem völkisch-totalitären Verständnis entsprechend ging man statt von einer subjektiv öffentlichen Rechtsstellung der Bürger[953] von einer „pflichtgebundenen gliedhaften Rechtsstellung des Volksgenossen in der Gemeinschaft“[954] aus. Die persönliche, private und grundrechtlich geschützte Freiheitssphäre, die vom Staat zu respektieren ist, wurde aufgehoben und durch zahlreiche Einzelpflichten ersetzt.[955]

So verpflichtete das *Reichsarbeitsdienstgesetz* am 26. Juni 1935[956] als „völkische Hauptpflicht“[957] alle jungen Deutschen beiderlei Geschlechts zwischen dem 18. und 25. Lebensjahr, ihrem Volk im Reichsarbeitsdienst zu dienen (§ 1 Abs. 2 Reichsarbeitsdienstgesetz). Dieser umfasste die „Durchführung gemeinnütziger Arbeiten“ (§ 1 Abs. 4 Reichsarbeitsdienstgesetz). Darunter verstand man Landeskulturarbeiten, Bauern- und Stadtsiedlungsarbeiten sowie Wegearbeiten. Hinzu kamen Nebenarbeitsaufgaben wie die Erntehilfe oder die Anlegung von Flug- oder Thingplätzen.[958] Zweck war die Erziehung der deutschen Jugend „im Geiste des Nationalsozialismus zur Volksgemeinschaft und zur wahren Arbeitsauffassung, vor allem zur gebührenden Achtung der Handarbeit“ (§ 1 Abs. 2 Reichsarbeitsdienstgesetz).

Zu erwähnen ist ferner das Gesetz über die *Hitlerjugend* vom 1. Dezember 1936[959]. Denn § 1 Abs. 2 Jugenddienstverordnung vom 25. März 1939[960] verpflichtete alle Jugendlichen vom 10. bis zum vollendeten 18. Lebensjahr, in der Hitler-Jugend Dienst zu tun. Gleichwohl wurde nicht zur „Arbeit“ verpflichtet, sondern zur körperlichen, geistigen und sittlichen Erziehung „im Geiste des Nationalsozialismus zum Dienst am Volk und zur Volksgemeinschaft“ (§ 2 Gesetz über die Hitlerjugend).

Als die Kriegsplanungen des Deutschen Reiches bereits einsetzten, wurden zum Zwecke der Verteidigung und der Kriegsführung zwei weitere Zwangs-

---

953 So bereits *G. Jellinek*, System der subjektiven öffentlichen Rechte, S. 41 ff.

954 *Huber*, Verfassungsrecht des Großdeutschen Reiches, S. 364.

955 *Huber*, Verfassungsrecht des Großdeutschen Reiches, S. 359 ff.; *Weber*, Leistungspflichten, S. 5 ff.

956 RGBl. I, 769; die Dienstpflicht der Mädchen wurde erst durch die „Verordnung über die Durchführung der Reichsarbeitsdienstpflicht für die weibliche Jugend“ vom 4. September 1939, RGBl. I, 1693 umgesetzt; insgesamt dazu *Huber*, Verfassungsrecht des Großdeutschen Reiches, S. 427 ff.; *Weber*, Leistungspflichten, S. 25 f.

957 *Weber*, Leistungspflichten, S. 13, 21.

958 *Huber*, Verfassungsrecht des Großdeutschen Reiches, S. 430; *Weber*, Leistungspflichten, S. 22.

959 RGBl. I, 993; dazu *Huber*, Verfassungsrecht des Großdeutschen Reiches, S. 305 f.

960 RGBl. I, 710.

dienste eingeführt: die Dienstpflicht nach § 1 der Verordnung zur Sicherstellung des Kräftebedarfs für Aufgaben von besonderer staatspolitischer Bedeutung vom 22. Juni 1938[961] und die Notdienstleistungspflicht nach § 1 Abs. 1 der Notdienstverordnung vom 15. Oktober 1938[962]. Dadurch sollten vor allem kriegswichtigen Betrieben der Privatwirtschaft die benötigten Arbeitskräfte zugewiesen werden.[963]

Eng verwandt mit diesen Maßnahmen ist das am 15. Februar 1938[964] eingeführte *Pflichtjahr* für Mädchen, das gleichfalls vorsah, eine Tätigkeit in einem privatrechtlichen Arbeitsverhältnis abzuleisten. Der Zweck der Regelung bestand darin, den unter besonders starkem Mangel an Arbeitskräften leidenden Haushaltungen und landwirtschaftlichen Betrieben die unentbehrlichen weiblichen Hilfskräfte zu sichern.[965] Somit wurde schon mittelbar die Kriegsführung bzw. ihre Vorbereitung unterstützt.[966]

Während des Zweiten Weltkrieges griff die Reichsregierung auf weitere, noch massivere Formen der Arbeitsverpflichtung zurück, indem sie zusätzlich Ausländer heranzog. Gemeinhin verbindet man dieses Ausmaß der Zwangsarbeit erst mit dem Nationalsozialismus, doch bereits im Ersten Weltkrieg wurden neben Kriegsgefangenen auch zivile ausländische Zwangsarbeiter eingesetzt.[967] Freilich waren seinerzeit die Übergänge zwischen der „freiwilligen" Unterzeichnung von Arbeitsverträgen und zwangsweisen Deportationen noch fließend.

Ähnlich verhielt es sich in den ersten Kriegsjahren des Zweiten Weltkrieges. Verpflichtungen beschränkte man noch auf Kriegsgefangene denn die völkische Regierung befürchtete, dass durch erzwungene Arbeit lediglich wenig qualifizierte Tätigkeiten - etwa in der Landwirtschaft - erbracht werden könnten. Höheren Anforderungen zu genügen, ließe sich kaum mit Zwang erreichen, so dass man zuerst noch auf freiwillige Anwerbungen setzte.[968] Zudem hätte man sich in Widerspruch zur eigenen Ideologie gesetzt, die darauf gerichtet war, jeglichen

961 RGBl. I, 652.

962 RGBl. I, 1441.

963 *Weber*, Leistungspflichten, S. 61.

964 „Anordnung zur Durchführung des Vierjahresplans über den verstärkten Einsatz von weiblichen Arbeitskräften in der Land- und Hauswirtschaft", RuStAnz Nr. 43, 15.2.1938; RuStAnz Nr. 305, 23.12.1938.

965 *Weber*, Leistungspflichten, S. 70 f.

966 *Kübler* DÖV 1962, 809 (811).

967 *Herbert*, Fremdarbeiter, S. 30 ff.

968 *Herbert*, Fremdarbeiter, S. 95 ff.

ausländischen Einfluss in Deutschland zu verhindern, „um das deutsche Blut reinzuhalten“[969].

Gleichwohl verschärfte sich das Problem, einen Ersatz für die Kriegsdienst leistenden deutschen Männer zu finden. Nachdem man anfangs auf deutsche Frauen zurückgegriffen hatte und so zum ersten Mal der eigenen (Weiblichkeits-) Ideologie widersprach,[970] gab man ab 1942 durch die Ostarbeitererlasse auch die völkischen und sicherheitspolizeilichen Bedenken gegen einen Einsatz ziviler ausländischer, zumal osteuropäischer, Menschen auf.[971] Nicht zuletzt wurde so eine „Vernichtung durch Arbeit“ bezweckt.[972]

Für deutsche Männer und Frauen begründete darüber hinaus die „Verordnung zur Durchführung des Vierjahresplanes“ vom 18. Oktober 1936[973] die Grundlage, um weitere „Kriegsdienstpflichten“ zu legitimieren. So erlaubte die „Verordnung zur Sicherstellung des Kräftebedarfs für Aufgaben von besonderer staatspolitischer Bedeutung“ vom 13. Februar 1939[974], Bewohner des Reichsgebiets für Aufgaben zu verpflichten, „die der Beauftragte für den Vierjahresplan als besonders bedeutsam und unaufschiebbar bezeichnet (§ 1 Abs. 1)“.

Auch nach dem Ende des Zweiten Weltkriegs und der nationalsozialistischen Regierung bestanden Dienstleistungspflichten. Angesichts der weit reichenden Zerstörung des deutschen Staatsgebietes zogen die Besatzungsmächte und Landesgesetze Teile der Bevölkerung zu Arbeitsdiensten heran, um die Grundversorgung aufrecht zu erhalten.[975] Mit In-Kraft-treten des Grundgesetzes sind diese Pflichten jedoch entfallen.

Dennoch kamen bereits in den frühen 1960er Jahren Forderungen nach einer gemeinwohlorientierten Dienstpflicht auf.[976] Angesichts der allgemeinen Wehrpflicht für Männer wurde ein Pflichtjahr für junge Frauen verlangt. Dadurch sollte der Personalmangel bei den Pflegeberufen behoben und eine Vorberei-

969 *Huber*, Verfassungsrecht des Großdeutschen Reiches, S. 369.

970 *Herbert*, Fremdarbeiter, S. 53 ff.

971 *Herbert*, Fremdarbeiter, S. 178 ff.; *Delacampagne*, Sklaverei, S. 290 f.

972 *Armin Nolzen*, Die NSDAP, der Krieg und die deutsche Gesellschaft, in: Jörg Echtenkamp (Hrsg.), Die deutsche Kriegsgesellschaft 1939 bis 1945, Erster Halbband, Politisierung, Vernichtung, Überleben, München 2004, S. 99 (147 ff.); *Karola Fings*, Sklaven für die „Heimatfront“. Kriegsgesellschaft und Konzentrationslager, ebda., S. 195 (231 ff.).

973 RGBl. I, 887.

974 RGBl. I, 206; vgl. auch „Dienstpflicht-Durchführungsanordnung“ vom 2. März 1939, RGBl. I, 403 ff.

975 Nachw. bei *Michael Sachs*, in: Stern, Staatsrecht IV/1, S. 1004 f. Fn. 77.

976 Vgl. die Nachweise bei *Kübler* DÖV 1962, 809 Fn. 1 ff.

tungshilfe für die Ehe geleistet werden.[977] Durchsetzen konnte sich dieser Gedanke aber bis heute nicht.

Auch in anderen europäischen Staaten wurde die Einführung einer allgemeinen Dienstpflicht diskutiert. In der Schweiz wurden seit Mitte der 1970er Jahre entsprechende Vorschläge gemacht, um einem veränderten Gefahrenspektrum gerecht zu werden.[978] Auch in Frankreich, Österreich und den Niederlanden gab es entsprechende Überlegungen.[979]

Zusätzlich zu diesen Vorschlägen und gesetzlichen Normierungen wurden Arbeitspflichten *verfassungsrechtlich* begründet oder zugelassen. Anfangs finden sich entsprechende Bestimmungen zumal in sozialistischen Verfassungen.[980] Art. 18 Verf. Russische Sozialistische Föderative Sowjetrepublik 1918 formulierte etwa: „Die Russische Sozialistische Föderative Sowjetrepublik erachtet die Arbeit als Pflicht aller Bürger der Republik und verkündet die Losung: `Wer nicht arbeitet, soll auch nicht essen!`". Dementsprechend wurde die Zwangsarbeit („Gulag") mit bis zu 2 Millionen Häftlingen systematisch ausgeweitet.[981] Ähnliche Einrichtungen gab es in China, Kuba, in den kommunistischen Staaten Südostasiens und einigen afrikanischen Staaten.[982]

Diesen Gedanken nahmen die Verfassungen der sozialistischen osteuropäischen Staaten später auf. Die Verfassung der DDR von 1968/1974 bestimmte in Art. 24 Abs. 2: „Gesellschaftlich nützliche Tätigkeit ist eine ehrenvolle Pflicht für jeden arbeitsfähigen Bürger. Das Recht auf Arbeit und die Pflicht zur Arbeit bilden eine Einheit." Die überwiegende Literatur in der DDR hielt diese Bestimmung zwar lediglich für eine moralische Pflicht und keine Rechtspflicht,[983] doch bleibt in diesem Fall der Unterschied zwischen beiden Pflichten dunkel. § 249 StGB-DDR bestrafte denjenigen, der „das gesellschaftliche Zusammenleben der Bürger oder die öffentliche Ordnung und Sicherheit beeinträchtigt, indem er sich aus Arbeitsscheu einer geregelten Arbeit entzieht, obwohl er arbeitsfähig ist". Daneben konnte der Staat zur Erfüllung der Pflicht zur Arbeit Zwang anwenden.[984] Im Ergebnis war die Pflicht zur Arbeit in Art. 24 Abs. 2 Verf. DDR daher eine Rechtspflicht. Im Unterschied dazu war die Pflicht der Jugend-

---

977 Vgl. *Kübler* DÖV 1962, 809 (810).

978 Vgl. die Nachweise bei *Schindler*, Allgemeine Dienstpflicht, S. 10 ff.

979 Vgl. die Nachweise bei *Schindler*, Allgemeine Dienstpflicht, S. 32.

980 Siehe aber auch schon Art. 71 Verf. Russland 1906: „Die russischen Untertanen sind verpflichtet, (…) die Dienstleistungen gemäß den Bestimmungen des Gesetzes zu übernehmen."

981 Dazu *Delacampagne*, Sklaverei, S. 291 ff.

982 *Delacampagne*, Sklaverei, S. 293.

983 Vgl. die Nachweise bei *Mampel*, Verfassung der DDR, Art. 24 Rn. 40.

984 *Mampel*, Verfassung der DDR, Art. 24 Rn. 41.

lichen nach Art. 25 Abs. 4 Verf. DDR 1968/1974, einen Beruf zu lernen, auch tatsächlich nur moralisch. Deren Einhaltung durfte nicht erzwungen werden.[985]

Auch freiheitliche Verfassungen sahen Arbeitspflichten vor. So verpflichtete Art. 133 Abs. 1 WRV alle Staatsbürger (rechtlich), „nach Maßgabe der Gesetze persönliche Dienste für den Staat und die Gemeinde zu leisten." Das umfasste beispielsweise polizeiliche und kommunale Pflichten wie die Feuer- und Wasserwehrpflicht oder kommunale Hand- und Spanndienste.[986] Insgesamt ist die Norm aber restriktiv ausgelegt worden. Art. 132 WRV verpflichtete zur Übernahme ehrenamtlicher Tätigkeiten. Dadurch wurde aber keine Arbeitspflicht begründet, sondern der Bürger in die Tätigkeit des Staates organschaftlich eingebunden.[987] Die in Art. 163 WRV normierte sittliche Pflicht, seine geistigen und körperlichen Kräfte so zu betätigen, wie es das Wohl der Gesamtheit erfordert, ist dem Wortlaut entsprechend nur als *sittliche*, nicht aber als *rechtliche* Pflicht aufgefasst worden.[988] Dadurch fügte sich die Norm zu den unverbindlichen Programmsätzen der sozialen Grundrechte und Grundpflichten der Weimarer Reichsverfassung.

Die Landesverfassungen nach dem Zweiten Weltkrieg knüpften an diese Entwicklungen an. So wurde die Pflicht zu persönlichen Diensten für Staat und Gemeinde[989] ebenso aufgegriffen wie die (sittliche) Pflicht zur Arbeit[990]. Die Interpretation der Normen entspricht im Wesentlichen derjenigen zur Weimarer Reichsverfassung.[991]

2. Verfassungsrechtlich gegenläufige Vorgaben

Bereits seit den ersten Verfassungen gab es nicht nur die Zulassung oder Begründung von Arbeitspflichten, sondern auch das *Verbot* für Verpflichtungen, Dienstleistungen persönlich erbringen zu müssen. Sie sind als Reaktion auf die Verhältnisse persönlicher Unfreiheit zu verstehen.

985 *Mampel*, Verfassung der DDR, Art. 25 Rn. 36.

986 *Anschütz*, WRV, Art. 133 Anm. 1; *Giese*, WRV, Art. 133 Anm. 1.

987 *Anschütz*, WRV, Art. 132.

988 *Anschütz*, WRV, Art. 163 Anm. 2; *Giese*, WRV, Art. 163 Anm. 1.

989 Art. 25 S. 1 Verf. Hessen 1946; Art. 21 Abs. 2 Verf. Rheinland Pfalz 1947; auch Art. 17 Abs. 2 Sachsen-Anhalt 1947.

990 Art. 8 Abs. 1 Verf. Bremen; Art. 28 Abs. 2 Verf. Hessen 1946; Art. 53 Abs. 2 Verf. Rheinland Pfalz 1947.

991 Zu Art. 8 Abs. 1 Verf. Bremen: *Heinzgeorg Neumann*, Die Verfassung der Freien Hansestadt Bremen, Stuttgart u. a. 1996, Art. 8 Rn. 3; zu Art. 21 Verf. Rheinland Pfalz 1947: *Adolf Süsterhenn/Hans Schäfer*, Kommentar der Verfassung für Rheinland Pfalz, Koblenz 1950, Art. 21 Anm. 3; *Christoph Grimm*, in: Christoph Grimm/Peter Caesar, Verfassung für Rheinland-Pfalz, Baden-Baden 2001, Art. 21 Rn. 13 ff.

Ähnlich wie in Art. 12 Abs. 2 und 3 GG wurde aber auch (ausnahmsweise) die Möglichkeit von Dienstpflichten eröffnet.

So wandte sich das Massachusetts Body of Liberties von 1641 in Nr. 5 gegen den Zwang "to any publique worke or service", ermöglichte aber gewisse Dienste unter einem Vorbehalt. Art. 18 der Erklärung der Rechte des Menschen und des Bürgers von 1793 erlaubte einem jeden, über seine Dienste und seine Zeit frei zu verfügen.

In den Verfassungen des Vormärz tauchen nur vereinzelt entsprechende Schutzbestimmungen auf.[992] Sie wandten sich zumeist noch gegen die Sklaverei oder Frondienste. In diesem Sinne statuierte auch § 166 FRV „Jeder Unterthänigkeits- und Hörigkeitsverband hört für immer auf."

In Form eines Gesetzesvorbehalts wandte sich Art. 19 S. 4 Verf. Paraguay 1870 gegen jede „persönliche Dienstleistung, es sei denn auf Grundlage eines Gesetzes oder einer durch Gesetz begründeten Strafe."[993] In Europa fand ein Verbot des Arbeitszwangs erst nach dem Zweiten Weltkrieg und unter dem Eindruck des Nationalsozialismus Eingang in die Verfassungen.[994] Nach dem Ende des Sozialismus wurden entsprechende Verbote zudem besonders in den osteuropäischen Verfassungen aufgenommen.[995]

IV. Einführung eines sozialen Pflichtjahres durch Gesetz

Entscheidet sich der Gesetzgeber für die Einführung eines sozialen Pflichtjahres, stellt sich die Frage nach der Vereinbarkeit mit dem Grundgesetz, insbesondere mit den Grundrechten.

1. Grundrechtstatbestand des Art. 12 Abs. 2 GG

Als zentrale Abwehrrechte gegen Dienstleistungspflichten wirken im Grundgesetz Art. 12 Abs. 2 und 3 GG.

992 Art. 26 Großherzogtum Hessen 1820; § 53 Verf. Sachsen-Altenburg 1831; § 15 VU Hohenzollern-Sigmaringen 1832.

993 Ähnlich Art. 29 Verf. Guatemala 1879; Art. 26 Verf. Ecuador 1906.

994 Art. 23 Verf. Italien 1947; Art. 10 Verf. Zypern 1960; Art. 22 Abs. 3 Verf. Griechenland 1975; Art. 25 Abs. 2 Verf. Spanien 1978.

995 Art. 48 Abs. 4 Verf. Bulgarien 1991; Art. 39 Verf. Rumänien 1991; Art. 18 Verf. Slowakei 1992; § 29 Abs. 2 Verf. Estland 1992; Art. 48 Abs. 3 bis 5 Verf. Litauen 1992; Art. 65 Abs. 2 Verf. Polen 1997; Art. 106 Verf. Lettland 1998.

a. Schutzgegenstand

Voraussetzung einer *Verletzung* dieser Bestimmungen ist, dass sie einen eigenständigen, von anderen Grundrechten gelösten Schutzgegenstand aufweisen.

Manche Literaten betrachten Art. 12 Abs. 2 und 3 GG lediglich als „Schranken-Schranken“ für die allgemeine Handlungsfreiheit aus Art. 2 Abs. 1 GG[996] oder als qualifizierte Gesetzesvorbehalte der negativen Berufsfreiheit ansehen.[997] Letzteres mag auf den systematischen Zusammenhang zu Art. 12 Abs. 1 GG zurückzuführen sein.

Einen identischen Grundrechtstatbestand gewährleisten Art. 12 Abs. 1 sowie Abs. 2 und 3 GG jedoch *nicht*: Denn Art. 12 Abs. 2 und 3 GG gestalten die Grundrechtsberechtigung als Jedermann-Grundrecht, während Art. 12 Abs. 1 GG die Deutscheneigenschaft verlangt.[998] Andererseits kann die Grundrechtsberechtigung der Berufsfreiheit auch weiter reichen als bei Art. 12 Abs. 2 und 3 GG, die juristische Personen nicht umfassen.[999] Diese Normen verlangen - anders als bei Art. 12 Abs. 1 GG – auch keine Tätigkeit, die „auf Dauer“ oder einen „Erwerb“ ausgerichtet ist.[1000] Letztlich kann die entgegen Art. 12 Abs. 2 und 3 GG erzwungene Arbeit zahlreiche besondere oder allgemeine Grundrechte betreffen.[1001] Eine Zuordnung zu *einem* Grundrecht, wie es einer Grundrechtsbegrenzung eigen ist, gelingt somit nicht.

---

996 *Pieroth/Schlink*, Grundrechte, Rn. 937; *Gusy* JuS 1989, 710 (711).

997 *v. Mangoldt*, GG, Art. 12 Anm. 3; wohl auch *Köhler* ZRP 1995, 140 (141); *Bausback/Schall* BayVBl 2011, 33 (37).

998 *Michael Sachs*, in: Stern, Staatsrecht IV/1, S. 1031; *Martin Nolte*, in: Stern/Becker, Grundrechte-Komm., Art. 12 Rn. 64; *Bachof*, in: HGrR III/1, 155 (257); *Manfred Gubelt*, in: v. Münch/Kunig, GG I, Art. 12 Rn. 77; *Gerrit Manssen*, in: v. Mangoldt/Klein/Starck, GG I, Art. 12 Rn. 315; *Dieter C. Umbach*, in: Umbach/Clemens, GG I, Art. 12 Rn. 133; *Hans D. Jarass*, in: Jarass/Pieroth, GG, Art. 12 Rn. 114; *Helge Sodan*, in: Sodan, GG, Art. 12 Rn. 36; *Kloepfer*, Grundrechte, § 70 Rn. 114.

999 *Michael Sachs*, in: Stern, Staatsrecht IV/1, S. 1031; *ders.*, in: Sachs, GG, Art. 19 Rn. 68; *Christoph Brüning*, in: Stern/Becker, Grundrechte-Komm., Art. 19 Rn. 55; *Peter Michael Huber*, in: v. Mangoldt/Klein/Starck, GG I, Art. 19 Rn. 313; *Horst Dreier*, in: Dreier, GG I, Art. 19 III Rn. 35; *Hans D. Jarass*, in: Jarass/Pieroth, GG, Art. 12 Rn. 114; *Dieter C. Umbach*, in: Umbach/Clemens, GG I, Art. 12 Rn. 134; *Matthias Ruffert*, in: Epping/Hillgruber, GG, Art. 12 Rn. 138; differenzierend *Bachof*, in: HGrR III/1, 155 (258); *Thilo Marauhn*, in: Grote/Marauhn, EMRK/GG, Kap. 12 Rn. 24; anders *Manfred Gubelt*, in: v. Münch/Kunig, GG I, Art. 12 Rn. 77.

1000 *Michael Sachs*, in: Stern, Staatsrecht IV/1, S. 1018; *Bachof*, in: HGrR III/1, 155 (258); *Göppel*, Arbeitszwang, S. 9; *Wahsner*, Erfassung und Integration als System, S. 92.

1001 *Michael Sachs*, in: Stern, Staatsrecht IV/1, S. 1018; *Martin Nolte*, in: Stern/Becker, Grundrechte-Komm., Art. 12 Rn. 44.

Gestützt wird dieses Ergebnis durch die Entstehungsgeschichte: Zwischenzeitliche wurde der Schutz vor Arbeitszwang und Zwangsarbeit im dritten Absatz von Art. 5 normiert, der vom Ausschuß für Grundsatzfragen in Erster Lesung angenommen worden war. Dieser regelte im ersten Absatz noch die Freizügigkeit.[1002] Insofern greift es auch zu kurz, die Art. 12 Abs. 2 und 3 GG lediglich als „Schranken-Schranken" der allgemeinen Handlungsfreiheit aus Art. 2 Abs. 1 GG zu sehen. Vielmehr haben Art. 12 Abs. 2 und 3 GG einen eigenständiger Schutzgegenstand.[1003]

aa. Arbeit

Nachdem nun das „ob" eines eigenständigen Schutzgegenstands der Art. 12 Abs. 2 und 3 GG entwickelt worden ist, geht es nun um das „was" des Schutzgegenstandes: Während Art. 12 Abs. 2 GG vor dem Zwang „zu einer bestimmten Arbeit" schützt, schützt Art. 12 Abs. 3 vor „Zwangsarbeit". Beide Absätze enthalten somit die Worte „Zwang" und „Arbeit". Zunächst stellt sich daher die Frage, wie „*Arbeit*" jeweils auszulegen ist.

Allgemein versteht man unter Arbeit eine „Tätigkeit, die einen nicht unbedeutenden Aufwand erzeugt, üblicherweise entgeltlich verrichtet wird und persönlich sowie nicht als bloße Begleiterscheinung zu anderweitigen Pflichten zu erbringen ist"[1004]. Somit bereitet es auch keine Schwierigkeiten, ein soziales Pflichtjahr mit dem damit einhergehenden Aufwand einer „Arbeit" zuzuordnen.

Offen ist hingegen, ob das soziale Pflichtjahr den Schutz vor Zwang zu einer Arbeit nach Art. 12 Abs. 2 oder nach Abs. 3 GG berührt. Dafür ist entscheidend, in welchem Verhältnis die beiden Absätze zueinander stehen.

1002 *Entwurf zum Grundgesetz*, Formulierung der Fachausschüsse, in: ParlRat VII, Nr. 1 S. 1 (3).

1003 *Martin Nolte*, in: Stern/Becker, Grundrechte-Komm., Art. 12 Rn. 45; *Rupert Scholz*, in: Maunz/Dürig, GG, Art. 12 (2006) Rn. 488; *Manfred Gubelt*, in: v. Münch/Kunig, GG I, Art. 12 Rn. 77; *Joachim Wieland*, in: Dreier, GG I, Art. 12 Rn. 68; *Helge Sodan*, in: Sodan, GG, Art. 12 Rn. 36; *Matthias Ruffert*, in: Epping/Hillgruber, GG, Art. 12 Rn. 137; *Michael/Morlok*, Grundrechte, Rn. 360; wohl auch *Gerrit Manssen*, in: v. Mangoldt/Klein/Starck, GG I, Art. 12 Rn. 294; *Dieter C. Umbach*, in: Umbach/Clemens, GG I, Art. 12 Rn. 126; *Göppel*, Arbeitszwang, S. 8 ff.; *Wahsner*, Erfassung und Integration als System, S. 92; wohl auch BayVerfGHE 7, 77 (81).

1004 BVerwGE 22, 26 (29); *Michael Sachs*, in: Stern, Staatsrecht IV/1, S. 1021 ff.; *ders.*, Grundrechte, B 12 Rn. 67; *Thomas Mann*, in: Sachs, GG, Art. 12 Rn. 180; *Martin Nolte*, in: Stern/Becker, Grundrechte-Komm., Art. 12 Rn. 47; *Rupert Scholz*, in: Maunz/Dürig, GG, Art. 12 (2006) Rn. 492; *Gerrit Manssen*, in: v. Mangoldt/Klein/Starck, GG I, Art. 12 Rn. 298; *Matthias Ruffert*, in: Epping/Hillgruber, GG, Art. 12 Rn. 141; *Breuer*, in: HStR VIII, § 170 Rn. 119.

Rüdiger Breuer hält die Diskussion zwar für müßig, da jeweils ein „prinzipielles Verbot“ bestehe.[1005] Die Relevanz der Abgrenzung zeigt sich aber, wenn man die Anforderungen der jeweils unterschiedlichen qualifizierten Gesetzesvorbehalte berücksichtigt: Denn würde eine Verwaltungsbehörde (etwa ein „Bundesamt für den Sozialdienst“) einen sozialen Pflichtdienst auferlegen, wäre dies außerhalb einer gerichtlich angeordneten Freiheitsentziehung mit Art. 12 Abs. 3 GG unvereinbar.

Auch wenn *Hans D. Jarass* feststellt, dass der Unterschied zwischen Zwangsarbeit und Arbeitszwang bisher wenig geklärt ist,[1006] sind bei der Interpretation der beiden Absätze jedenfalls zwei unterschiedliche Richtungen erkennbar.

(1) Einheitliches Grundrecht

Teile der Literatur sehen Art. 12 Abs. 2 und 3 GG als einheitliches Grundrecht.[1007] Man knüpft dabei an die ältere Rechtsprechung des Bundesverfassungsgerichts an, das im Zusammenhang mit Art. 12 Abs. 2 S. 1 GG von „Zwangsarbeit“ sprach[1008] oder einen Verstoß gegen *das* Verbot von Arbeitszwang und Zwangsarbeit (Art. 12 Abs. 2 *und* 3 GG) prüfte[1009] (Hervorhebungen durch Verfasser).

Paradoxerweise werden innerhalb dieser Strömung gleichwohl Unterscheidungsversuche unternommen (, sobald die Zuordnung zu einem der qualifizierten Gesetzesvorbehalte zu erfolgen hat). Dann differenzieren einige, indem sie ein *qualitativen* Stufenverhältnis annehmen: Zwangsarbeit sei ein besonders schwerer Unterfall des Arbeitszwangs, der den Einsatz der gesamten Arbeitskraft über einen erheblichen Zeitraum hinweg erfordere.[1010] Andere orientieren sich an dem Adjektiv „bestimmt“, welches nur im Absatz 2 enthalten ist. Arbeitszwang liege bei einer zwangsweisen *Einzelheranziehung* zu einer *bestimmten* Arbeitsleistung vor, während Zwangsarbeit die Bereitstellung der gesamten

---

1005 *Breuer*, in: HStR VIII, § 170 Rn. 125.

1006 *Hans D. Jarass*, in: Jarass/Pieroth, GG, Art. 12 Rn. 117.

1007 *Rupert Scholz*, in: Maunz/Dürig, GG, Art. 12 (2006) Rn. 490; *Manfred Gubelt*, in: v. Münch/Kunig, GG I, Art. 12 Rn. 77; *Dieter C. Umbach*, in: Umbach/Clemens, GG I, Art. 12 Rn. 126, 132; *Hans D. Jarass*, in: Jarass/Pieroth, GG, Art. 12 Rn. 113; *Breuer*, in: HStR VIII, § 170 Rn. 125; *Kloepfer*, Grundrechte, § 70 Rn. 108; *Michael/Morlok*, Grundrechte, Rn. 360; *Uber*, in: Schack FS, S. 167 (178); *Göppel*, Arbeitszwang, S. 80; *Wahsner*, Erfassung und Integration als System, S. 92.

1008 BVerfGE 22, 380 (383).

1009 BVerfGE 74, 102 (115); 83, 119 (125 f.).

1010 *Dieter C. Umbach*, in: Umbach/Clemens, GG I, Art. 12 Rn. 132; *Hans D. Jarass*, in: Jarass/Pieroth, GG, Art. 12 Rn. 117.

Arbeitskraft für grundsätzlich *unbegrenzte* („unbestimmte") *Tätigkeiten* umfasse.[1011]

Gegen das Verständnis als einheitliches Grundrecht spricht nicht nur der bereits erhobene Einwand, dass spätestens bei der Zuordnung zu einem der qualifizierten Gesetzesvorbehalte eine Unterscheidung erfolgen *muss*,[1012] sondern auch, dass die erwähnte Abgrenzung die generelle Möglichkeit der Unterscheidung zeigen. Hinzu kommt, dass der Begriffswechsel von „Arbeitszwang" zu „Zwangsarbeit" andernfalls (und entgegen der Entstehungsgeschichte[1013]) nicht zu erklären wäre.[1014] Zudem stellen beide Absätze in den *unterschiedlichen Gesetzesvorbehalten* besondere Anforderungen. Daher kann im Umkehrschluss nur von *jeweils besonderen Schutzgegenständen* ausgegangen werden. Zwar überzeugt das Argument, dass die Gewährleistungen in unterschiedlichen Absätzen normiert sind,[1015] nicht. Denn auch die Religionsfreiheit, die nach herrschender Meinung ein einheitliches Grundrecht ist,[1016] wird in Art. 4 Abs. 1 *und* 2 GG geschützt. Insgesamt können Art. 12 Abs. 2 und 3 GG jedoch nicht als einheitliches Grundrecht gesehen werden.

(2) Eigenständige Schutzgegenstände

Aufgrund dieser Erwägungen haben die Verbote von „Arbeitszwang" und „Zwangsarbeit" eigenständige Schutzgegenstände.[1017] Inzwischen hat sich auch

---

1011 *Rupert Scholz*, in: Maunz/Dürig, GG, Art. 12 (2006) Rn. 504; *Helmut Rittstieg*, in: AK-GG, Art. 12 (2001) Rn. 153; *Manfred Gubelt*, in: v. Münch/Kunig, GG I, Art. 12 Rn. 90; *Kloepfer*, Grundrechte, § 70 Rn. 113.

1012 *Gerrit Manssen*, in: v. Mangoldt/Klein/Starck, GG I, Art. 12 Rn. 296; *Matthias Ruffert*, in: Epping/Hillgruber, GG, Art. 12 Rn. 139; *G. Kirchhof*, Lohnsteuerverfahren, S. 161.

1013 Für einen „scharfen Gegensatz" Abg. *Zinn*, 5. Sitzung des Ausschußes für Grundsatzfragen, in: ParlRat V/1, Nr. 6, S. 88 (98).

1014 *Michael Sachs*, in: Stern, Staatsrecht IV/1, S. 1060; *Thilo Marauhn*, in: Grote/Marauhn, EMRK/GG, Kap. 12 Rn. 9; wohl auch *v. Münch*, Staatsrecht II, Rn. 666.

1015 *Gerrit Manssen*, in: v. Mangoldt/Klein/Starck, GG I, Art. 12 Rn. 296; *Matthias Ruffert*, in: Epping/Hillgruber, GG, Art. 12 Rn. 139.

1016 BVerfGE 24, 236 (245); 83, 341 (354); 108, 282 (297); *Martin Morlok*, in: Dreier, GG I, Art. 4 Rn. 54; *Hans D. Jarass*, in: Jarass/Pieroth, GG, Art. 4 Rn. 1; *Manfred Wenckstern*, in: Umbach/Clemens, GG I, Art. 4 Rn. 50; *Helge Sodan*, in: Sodan, GG, Art. 4 Rn. 4; *Reinhard Bergmann*, in: Hömig, GG, Art. 4 Rn. 3; *Sachs*, Grundrechte, B 4 Rn. 3; a. A. *Stefan Muckel*, in: Friauf/Höfling, GG, Art. 4 (2009) Rn. 5 ff.; *Stern*, Staatsrecht IV/2, S. 918 f.; *Karl-Hermann Kästner*, in: Stern/Becker, Grundrechte-Komm., Art. 4 Rn. 49 ff.; wohl auch *Juliane Kokott*, in: Sachs, GG, Art. 4 Rn. 13.

1017 *Michael Sachs*, in: Stern, Staatsrecht IV/1, S. 1019 f., 1060; *Martin Nolte*, in: Stern/Becker, Grundrechte-Komm., Art. 12 Rn. 45; *Joachim Wieland*, in: Dreier,

das Bundesverfassungsgericht dieses differenzierende Verständnis zu eigen gemacht und zitiert nur noch Art. 12 Abs. 2 GG isoliert (ohne Abs. 3)[1018] bzw. spricht bei Art. 12 Abs. 3 GG (ohne Abs. 2) von „Zwangsarbeit“[1019].

Zur Abgrenzung beider Absätze wird teilweise vom *Zweck der Verpflichtung* ausgegangen: Arbeitszwang i. S. d. Art. 12 Abs. 2 GG sei jede einseitige Heranziehung zu einer bestimmten Arbeit, welche der Erfüllung rechtlicher Pflichten des Staates zu dienen bestimmt sei.[1020] Demgegenüber umfasse Zwangsarbeit i. S. d. Art. 12 Abs. 3 GG nur solche Arbeiten, die nicht zur Entlastung des Staates angeordnet werden, sondern zur Strafe oder aus pädagogischen Motiven.[1021] Die Zweckbestimmung ergebe sich, wenn man die vom Parlamentarischen Rat als zulässig anerkannten Arbeiten des Arbeitszwangs heranziehe.[1022]

Diese Argumentation mit der Entstehungsgeschichte kann jedoch nicht überzeugen. Denn einer zweckorientierten Auslegung trat schon im Ausschuß für Grundsatzfragen der Abgeordnete *Heuss* entgegen, der zum (ausnahmsweise) zulässigen Arbeitszwang ausführte: „Mit dem Hinweis auf das Gemeinwohl ist es auch nicht getan; denn schließlich kann man die Zwangsarbeit beim Bau von Kanälen auch mit dem Hinweis auf das Gemeinwohl begründen.“[1023] Entsprechend wurde später ein Vorschlag des Allgemeinen Redaktionsausschusses vom 16. November 1948, der in Art. 5a einen Allgemeinwohlbezug enthielt,[1024] wegen dessen Weite gestrichen.[1025]

GG I, Art. 12 Rn. 68; *Gerrit Manssen*, in: v. Mangoldt/Klein/Starck, GG I, Art. 12 Rn. 296; *Thilo Marauhn*, in: Grote/Marauhn, EMRK/GG, Kap. 12 Rn. 9; *Matthias Ruffert*, in: Epping/Hillgruber, GG, Art. 12 Rn. 139; *G. Kirchhof*, Lohnsteuerverfahren, S. 161; *Bachof*, in: HGrR III/1, 155 (257).

1018 BVerfGE 92, 91 (111 f.); bereits BVerwGE 2, 313 (314); BayVerfGHE 7, 77 (81).

1019 BVerfGE 98, 169 (204 ff.); abw. M. des Richters *Kruis*, in: BVerfGE 98, 217.

1020 *Joachim Wieland*, in: Dreier, GG I, Art. 12 Rn. 68; *Gusy* JuS 1989, 710 (712).

1021 *Gerrit Manssen*, in: v. Mangoldt/Klein/Starck, GG I, Art. 12 Rn. 305; *Joachim Wieland*, in: Dreier, GG I, Art. 12 Rn. 69; *Gusy* JuS 1989, 710 (714 f.).

1022 *Gusy* JuS 1989, 710 (712 f.).

1023 Abg. *Heuss*, 5. Sitzung des Ausschußes für Grundsatzfragen, in: ParlRat V/1, Nr. 6, S. 88 (93); auch Abg. *Schmid*, ebda., S. 88 (96), der fragt: „Was hindert dann festzulegen, daß die Arbeit im Uranbergbau und sonstige Zwangsarbeiten dem öffentlichen Wohl dienen.“; ähnlich Abg. *v. Mangoldt*, 23. Sitzung des Ausschußes für Grundsatzfragen, in: ParlRat V/2, Nr. 30, S. 603 (619).

1024 *Stellungnahme des Allgemeinen Redaktionsausschußes vom 16. November 1948*, in: ParlRat VII, Nr. 2, S. 36 (37).

1025 Abg. *v. Mangoldt*, 23. Sitzung des Ausschusses für Grundsatzfragen, in: ParlRat V/2, Nr. 30, S. 603 (619).

Außerdem müsste man so die nationalsozialistische Zwangsarbeit (S. 165 ff.) anders auslegen, als es die Mitglieder des Parlamentarischen Rates ausdrücklich taten: nicht als „Zwangsarbeit", sondern als „Arbeitszwang". Denn deren Zweck bestand darin, den nationalsozialistischen Staat im Rahmen der Kriegswirtschaft zu entlasten.[1026] Freilich ginge mit der Zuordnung solcher Pflichten zu Art. 12 Abs. 2 GG - insbesondere wegen der Anforderungen des qualifizierten Gesetzesvorbehalts - noch nicht deren Verfassungsmäßigkeit einher. Die Zuordnung zur Zwangsarbeit hingegen ist im Parlamentarischen Rat formuliert worden.[1027] Die Unterscheidung nach der Zweckbestimmung der Arbeit kann also nicht überzeugen.

Folglich wird zur Abgrenzung auf den *Kontrollumfang* der Tätigkeit abgestellt. Zwangsarbeit sei jede umfassend kontrollierte, von den Kontrollorganen vorgegebene Arbeit.[1028] Doch der unbestimmte Rechtsbegriff der „umfassenden Kontrolle" kann wegen seiner fehlenden Schärfe ebenfalls kein rechtssicheres Abgrenzungskriterium leisten.[1029] Diesem Einwand ist auch die Abgrenzung nach der *gegenständlichen und zeitlichen Begrenzung*[1030] ausgesetzt.

Deshalb ist zunächst vom Wortlaut der Art. 12 Abs. 2 und 3 GG auszugehen, der entgegen verbreiteter Ansicht[1031] durchaus zur Auslegung tauglich ist. Zwar enthalten sowohl der Schutzgegenstand des Arbeitszwangs als auch derjenige der Zwangsarbeit die Begriffe „Arbeit" und „Zwang". Eine Lösung lässt sich aber finden, wenn man von den jeweils signifikanten Merkmale der Gesetzesvorbehalte ausgeht: Während dieser in Absatz 2 von einer *allgemeinen* Arbeitspflicht spricht, setzt Absatz 3 wegen des Kriteriums Freiheitsentziehung einen *individualisierbaren* Personenkreis voraus. Die qualifizierten Gesetzesvorbehalte, die Tätigkeiten umfassen, die vom Schutzgegenstand ohnehin umfasst sind, knüpfen somit an den *verpflichteten Adressatenkreises* an. Ist die Arbeitspflicht demnach (grundsätzlich) allgemein, handelt es sich um Arbeits-

---

1026 *Michael Sachs*, in: Stern, Staatsrecht IV/1, S. 1060.

1027 Abg. *Schmid*, 5. Sitzung des Ausschusses für Grundsatzfragen, in: ParlRat V/1, Nr. 6, S. 88 (90 f.).

1028 *Michael Sachs*, in: Stern, Staatsrecht IV/1, S. 1062; ähnlich *G. Kirchhof*, Lohnsteuerverfahren, S. 161.

1029 Kontur gewinnt das Merkmal hingegen, wenn man ausgehend vom Wortlaut davon ausgeht, dass „Zwangsarbeit" die Arbeit in einer „Zwangslage" meine, so *G. Kirchhof*, Lohnsteuerverfahren, S. 161.

1030 *Bachof*, in: HGrR III/1, 155 (256); *Matthias Ruffert*, in: Epping/Hillgruber, GG, Art. 12 Rn. 142.

1031 *Gerrit Manssen*, in: v. Mangoldt/Klein/Starck, GG I, Art. 12 Rn. 297; *Dieter C. Umbach*, in: Umbach/Clemens, GG I, Art. 12 Rn. 130; *Breuer*, in: HStR VIII, § 170 Rn. 125; *Gusy* JuS 1989, 710 (711).

zwang. Wird lediglich ein engerer Personenkreis (durch ein „Quasi-Sonderopfer“) verpflichtet, handelt es sich um Zwangsarbeit.[1032]

Diese Interpretation stützt sich zudem mit den Überlegungen im *Parlamentarischen Rat*, welcher Arbeitszwang für einige Gruppen ausschließen wollte.[1033] Beispielsweise sah man „Zwangsarbeit“ mit Sklavenarbeit[1034] verbunden, die ebenso wenig eine allgemeine Pflicht ist wie die „Ostarbeitererlasse“ während des Nationalsozialismus (S. 165 ff.), als wenige Bevölkerungsteile (i. d. R. von besetzten Staaten) zu Diensten verpflichtet wurden. Zudem ist die für zulässig gehaltene[1035] Arbeit von Häftlingen nicht allgemein.

Umgekehrt lassen sich durch diese Abgrenzung allgemeiner Dienste wie Feuerwehrpflicht, Deichschutz oder gemeindlicher Hand- und Spanndienste Art. 12 Abs. 2 GG zuordnen, wie es im Parlamentarischen Rat vorgesehen war.[1036]

Die Verpflichtung zu einem sozialen Pflichtjahr, welches sich an einen allgemeinen Personenkreis richtet, fällt daher unter den Schutz von Art. 12 Abs. 2 GG. Demnach wäre die Einführung eines sozialen Pflichtjahres an diesem Absatz, nicht aber an Art. 12 Abs. 3 GG zu messen.

bb. Bestimmte Arbeit

Die von Art. 12 Abs. 2 GG geschützte Freiheit muss sich auf eine *bestimmte* Arbeit beziehen. Die Tätigkeit muss also nach Inhalt, Zweck und Ausmaß festgelegt sein.[1037] Dadurch lässt sie sich von einer allgemeinen Arbeitspflicht (vgl.

1032 Vgl. Abg. *Zinn*, 5. Sitzung des Ausschusses für Grundsatzfragen, in: ParlRat V/1, Nr. 6, S. 88 (97): „Nur darf eine derartige Dienstleistungspflicht nicht für bestimmte Gruppen, sondern muß für alle eingeführt werden.“

1033 Vgl. Abg. *Paul*, 5. Sitzung des Ausschusses für Grundsatzfragen, in: ParlRat V/1, Nr. 6, S. 88 (96).

1034 Abg. *Zinn*, 5. Sitzung des Ausschusses für Grundsatzfragen, in: ParlRat V/1, Nr. 6, S. 88 (98).

1035 Abg. *Zinn*, 5. Sitzung des Ausschusses für Grundsatzfragen, in: ParlRat V/1, Nr. 6, S. 88 (90).

1036 Abg. *Zinn*, 5. Sitzung des Ausschusses für Grundsatzfragen, in: ParlRat V/1, Nr. 6, S. 88 (89); Abg. *v. Mangoldt*, ebda., S. 88 (92, 94); Abg. *Heuss*, ebda., S. 88 (93); Abg. *Schmid*, ebda., S. 88 (96).

1037 *Gerrit Manssen*, in: v. Mangoldt/Klein/Starck, GG I, Art. 12 Rn. 302; *Manfred Gubelt*, in: v. Münch/Kunig, GG I, Art. 12 Rn. 80; *Rupert Scholz*, in: Maunz/Dürig, GG, Art. 12 (2006) Rn. 493; *Breuer*, in: HStR VIII, § 170 Rn. 119; für eine rein deklaratorische Bedeutung dieses Merkmals *Gusy* JuS 1989, 710 (712).

Art. 163 Abs. 1 WRV) abgrenzen, die an Art. 12 Abs. 1 GG zu messen wäre.[1038] Das Ausmaß der Arbeitspflicht bei einem sozialen Pflichtjahr wäre durch die Beschränkung auf eine anerkannte Dienststelle (vgl. § 3 ZDG), eine bestimmte Dauer (vgl. § 24 ZDG) und eine bestimmte Arbeitszeit (vgl. § 32 ZDG) innerhalb eines entsprechenden Rahmens hinreichend konkretisiert. Insgesamt handelt es sich bei dem sozialen Pflichtjahr um eine bestimmte Arbeit.

cc. Teleologische Reduktion des Tatbestandes?

Das Bundesverfassungsgericht hat den Schutzgegenstand des Art. 12 Abs. 2 GG teleologisch reduziert. Es schließt sich dabei an die entsprechende Auslegung des Art. 4 Abs. 2 EMRK durch die Europäische Kommission für Menschenrechte am 17. Dezember 1963[1039] (S. 202 ff.) an. Das Bundesverfassungsgericht verlangt (kumulativ zu der Auferlegung einer bestimmten Arbeit) eine *mit der Arbeit einhergehende Herabwürdigung der menschlichen Persönlichkeit* wie bei den im nationalsozialistischen System[1040] oder in anderen totalitären Herrschaftsformen[1041] (S. 165 ff.) üblich gewordenen Formen, wobei auf den Normzweck verwiesen wird. Nachdem das Gericht inzwischen eigenständige Schutzgegenstände (S. 175 ff.) anerkannt hat, bleibt abzuwarten, ob es diese Restriktion sowohl auf die Zwangsarbeit als auch den Arbeitszwang bezieht. Teile der Literatur sind dem Gericht gefolgt,[1042] sehen die Herabwürdigung mitunter auch als Tatbestandsmerkmal der Arbeit.[1043]

Allerdings führt das Merkmal der „Herabwürdigung der menschlichen Persönlichkeit" nicht nur zu Abgrenzungsschwierigkeiten[1044], sondern auch zu einer Überschneidung mit dem Schutz der Menschenwürde nach Art. 1 Abs. 1 GG. Für das Grundrecht aus Art. 12 Abs. 2 GG bliebe dann kein eigenständiger Schutzgegenstand.[1045] Hinzu kommt, dass im Parlamentarischen Rat gewisse

---

1038 *Martin Nolte*, in: Stern/Becker, Grundrechte-Komm., Art. 12 Rn. 50; *Joachim Wieland*, in: Dreier, GG I, Art. 12 Rn. 68; *Gerrit Manssen*, in: v. Mangoldt/Klein/Starck, GG I, Art. 12 Rn. 302.

1039 Abgedruckt in: EuGRZ 1975, 51 (52); später auch EGMR EuGRZ 1985, 477 (482).

1040 BVerfGE 22, 380 (383).

1041 BVerfGE 74, 102 (120 f.); 83, 119 (126).

1042 *Thomas Mann*, in: Sachs, GG, Art. 12 Rn. 179; *Kloepfer*, Grundrechte, § 70 Rn. 111; *Feger* BayVBl 2011, 364 (365); wohl auch *Manfred Gubelt*, in: v. Münch/Kunig, GG I, Art. 12 Rn. 77 f.

1043 *Dieter Umbach*, in: Umbach/Clemens, GG I, Art. 12 Rn. 127; *Hans D. Jarass*, in: Jarass/Pieroth, GG, Art. 12 Rn. 115.

1044 *Michael Sachs*, in: Stern, Staatsrecht IV/1, S. 1020; *Martin Nolte*, in: Stern/Becker, Grundrechte-Komm., Art. 12 Rn. 92.

1045 *Gerrit Manssen*, in: v. Mangoldt/Klein/Starck, GG I, Art. 12 Rn. 317.

Dienste für unbedenklich gehalten (S. 175 ff.) worden sind. Dies berechtigt aber noch nicht zu einer teleologischen Reduktion des grundrechtlichen Schutzgegenstandes. Dass diese Dienstleistungspflichten unbedenklich sind, zeigt sich in der Rechtfertigungsmöglichkeit von Beeinträchtigungen des Grundrechtstatbestandes. Andernfalls würde der qualifizierte Gesetzesvorbehalt seinen Anwendungsbereich verlieren, der durch die Merkmale einer „herkömmlichen, allgemeinen, für alle gleichen öffentlichen" Dienstleistungspflicht gerade darauf angelegt ist, die genannten Pflichten (ausnahmsweise) zuzulassen.[1046] Eine Beeinträchtigung des Schutzes vor „herabwürdigenden Arbeiten" könnte jedoch nicht gerechtfertigt werden, da ein Eingriff in die Menschenwürde mit einem Verstoß einhergeht.[1047] Für eine teleologische Reduktion des Tatbestandes fehlt es daher an der Voraussetzung einer „sinngemäß geforderten Einschränkung"[1048], da bereits der vollständige Wortsinn des Art. 12 Abs. 2 (a. E.) GG einer zu weit gefassten Regel entgegensteht. Der qualifizierte Gesetzesvorbehalt zeigt insofern auch den Unterschied zu Art. 4 Abs. 2 EMRK, der als absolutes Verbot[1049] eine restriktive Auslegung verlangt (S. 202 ff.). Die Begründung der teleologischen Reduktion mit der Entstehungsgeschichte erscheint aus einem weiteren Grund nicht tragfähig. Im Parlamentarischen Rat wurde nämlich nicht nur der Schutz vor „totalitären" Dienstpflichten bezweckt, sondern - auf Wunsch der Gewerkschaften - auch der Schutz vor „neuen" Dienstpflichten in einem künftigen demokratischen Rechtsstaat,[1050] die nicht zwingend mit einer Würdeverletzung einhergehen. Hinzu kommt, dass durch eine Beschränkung auf bestimmte historische Erfahrungen die Gefahr besteht, dass der Gesetzgeber möglicherweise blind wird gegen neue Verletzungsformen, schleichende Transformationen und „heimliche Wertperversionen".[1051] Eine teleologische Reduktion ist somit abzulehnen.[1052] Der Schutzgegenstand des Art. 12 Abs. 2 GG ist durch ein soziales Pflichtjahr somit betroffen.

1046 *Michael Sachs*, in: Stern, Staatsrecht IV/1, S. 1020; *Pietzcker*, in: Heinze GS, 637 (639).

1047 BVerfGE 75, 369 (380); 93, 266 (293); 107, 275 (284); 109, 279 (313 ff.); *Michael Sachs*, in: Stern, Staatsrecht III/1, S. 352; *Stern*, Staatsrecht IV/1, S. 94 ff.; *Wolfram Höfling*, in: Sachs, GG, Art. 1 Rn. 11; *Christoph Enders*, in: Friauf/Höfling, GG, Art. 1 (2005) Rn. 52 f.

1048 *Larenz/Canaris*, Methodenlehre, S. 210.

1049 *Grabenwarter*, EMRK, § 20 Rn. 39.

1050 Abg. *Schmid*, in: 5. Sitzung des Ausschußes für Grundsatzfragen, in: ParlRat V/1, Nr. 6 S. 88 (96); Abg. *v. Mangoldt*, in: 32. Sitzung des Ausschußes für Grundsatzfragen, in: ParlRat V/2, Nr. 42 S. 911 (942).

1051 *Michael Köhler*, Zwangsarbeitsverbot und Jugendstrafrecht, JZ 1988, 749 (750).

1052 *Michael Sachs*, in: Stern, Staatsrecht IV/1, S. 1020; *Martin Nolte*, in: Stern/Becker, Grundrechte-Komm., Art. 12 Rn. 64, 92; *Gerrit Manssen*, in: v. Mangoldt/Klein/Starck, GG I, Art. 12 Rn. 317; *Joachim Wieland*, in: Dreier, GG I,

b. Grundrechtsberechtigung

Da Art. 12 Abs. 2 GG als Menschenrecht ausgestaltet ist,[1053] ist jedermann grundrechtsberechtigt.

2. Beeinträchtigung (Eingriff)

Die Beeinträchtigung des Grundrechtstatbestandes umfasst bereits der Wortlaut des Art. 12 Abs. 2 GG. Dieser normiert, dass „niemand zu einer bestimmten Arbeit *gezwungen* werden darf (...).“ Darin sehen einige lediglich eine Verdeutlichung des Umfangs der Gewährleistung.[1054]

Aufschluss über die Rechtsnatur des Merkmals „Zwang“ liefert aber dessen Auslegung. Zwang umfasst zunächst staatliche Imperative, also Gesetze oder behördliche sowie gerichtliche Anordnungen, die ihre Adressaten zu einer bestimmten Arbeit verpflichten.[1055] Dazu gehören ferner sonstige Zwangseinwirkungen, die den Grundrechtsträger zur Leistung einer bestimmten Arbeit veranlassen.[1056] Die Nähe sowohl zum „klassischen“[1057] als auch zum „modernen“[1058]

Art. 12 Rn. 68; *Thilo Marauhn*, in: Grote/Marauhn, EMRK/GG, Kap. 12 Rn. 16; *Matthias Ruffert*, in: Epping/Hillgruber, GG, Art. 12 Rn. 137; *Michael/Morlok*, Grundrechte, Rn. 361.

1053 *Michael Sachs*, in: Stern, Staatsrecht IV/1, S. 1031; *Manfred Gubelt*, in: v. Münch/Kunig, GG I, Art. 12 Rn. 77; *Gerrit Manssen*, in: v. Mangoldt/Klein/Starck, GG I, Art. 12 Rn. 315; *Helmut Rittstieg*, in: AK-GG, Art. 12 (2001) Rn. 148; *Hans D. Jarass*, in: Jarass/Pieroth, GG, Art. 12 Rn. 114; *Breuer*, in: HStR VIII, § 170 Rn. 118; *Kloepfer*, Grundrechte, § 70 Rn. 114.

1054 *Joachim Wieland*, in: Dreier, GG I, Art. 12 Rn. 68; wohl auch *Gusy* JuS 1989, 710 (712).

1055 *Gerrit Manssen*, in: v. Mangoldt/Klein/Starck, GG I, Art. 12 Rn. 303; *Matthias Ruffert*, in: Epping/Hillgruber, GG, Art. 12 Rn. 141; *Gusy* JuS 1989, 710 (712); *G. Kirchhof*, Lohnsteuerverfahren, S. 155 f.

1056 *Michael Sachs*, in: Stern, Staatsrecht IV/1, S. 1030; *Martin Nolte*, in: Stern/Becker, Grundrechte-Komm., Art. 12 Rn. 91; *Rupert Scholz*, in: Maunz/Dürig, GG, Art. 12 (2006) Rn. 494; *Gerrit Manssen*, in: v. Mangoldt/Klein/Starck, GG I, Art. 12 Rn. 304; *Breuer*, in: HStR VIII, § 170 Rn. 122.

1057 Dazu *Michael Sachs*, in: Stern, Staatsrecht III/2, S. 82 ff.; *Peine*, in: HGR III, § 57 Rn. 20 ff.; *Weber-Dürler* VVDStRL 57 (1998), 57 (60 ff.).

1058 Dazu *Michael Sachs*, in: Stern, Staatsrecht III/2, S. 128 ff.; *Peine*, in: HGR III, § 57 Rn. 29 ff.; *Weber-Dürler* VVDStRL 57 (1998), 57 (74 ff.).

Eingriffsbegriff ist somit offenkundig. Folglich ist dogmatisch von einer „Konkretisierung des Eingriffs“ zu sprechen.[1059]

Die rechtliche Verpflichtung zu einem bestimmten sozialen Dienst ist ein entsprechender Zwang und mithin ein Eingriff.

3. Rechtfertigung

Der Eingriff in Art. 12 Abs. 2 GG ist gerechtfertigt, wenn sich das soziale Pflichtjahr auf eine grundgesetzliche Grundrechtsbegrenzung stützen kann und wenn die Anforderungen an die Grundrechtsbeschränkungen erfüllt sind.

a. Begrenzungen des Grundrechts: Qualifizierter Gesetzesvorbehalt

Begrenzt wird der Schutz vor Arbeitszwang durch den qualifizierten Gesetzesvorbehalt[1060] der Dienstpflichtklausel, welche eine „herkömmliche, allgemeine, für alle gleiche öffentliche Dienstleistungspflicht“ ausnahmsweise zulässt. Ein soziales Pflichtjahr bedürfte also einer gesetzlichen Grundlage.[1061]

aa. Gesetzgebungskompetenz

Ein Gesetz zur Einführung eines sozialen Pflichtjahres muss nicht nur den verfahrensrechtlichen Anforderungen der Art. 76 ff. GG Genüge tun, sondern auch kompetenzgerecht erlassen werden.

Eine ausschließliche Gesetzgebungskompetenz des Bundes nach Art. 71, 73 Abs. 1 Nr. 1 GG scheidet mangels eines verteidigungspolitischen Bezugs aus.[1062] Der (einem sozialen Pflichtjahr nur faktisch gleiche) Zivildienst wird

---

1059 *Martin Nolte*, in: Stern/Becker, Grundrechte-Komm., Art. 12 Rn. 51; wohl auch *Gerrit Manssen*, in: v. Mangoldt/Klein/Starck, GG I, Art. 12 Rn. 304; *Breuer*, in: HStR VIII, § 170 Rn. 122; *G. Kirchhof*, Lohnsteuerverfahren, S. 155 f.

1060 Anders *Bachof*, in: HGrR III/1, 155 (260), der eine Ausnahme vom Schutzgegenstand annimmt.

1061 Vgl. BVerwGE 2, 313 (314); *Michael Sachs*, in: Stern, Staatsrecht IV/1, S. 1032; *Thomas Mann*, in: Sachs, GG, Art. 12 Rn. 185; *Martin Nolte*, in: Stern/Becker, Grundrechte-Komm., Art. 12 Rn. 93; *Rupert Scholz*, in: Maunz/Dürig, GG, Art. 12 (2006) Rn. 501; *Hans D. Jarass*, in: Jarass/Pieroth, GG, Art. 12 Rn. 118; *Manfred Gubelt*, in: v. Münch/Kunig, GG I, Art. 12 Rn. 84; *Matthias Ruffert*, in: Epping/Hillgruber, GG, Art. 12 Rn. 149; *Kloepfer*, Grundrechte, § 70 Rn. 116; *Raue*, Allgemeine Dienstpflicht, S. 85 (89).

1062 *Christoph Degenhart*, in: Sachs, GG, Art. 73 Rn. 6; *Arnd Uhle*, in: Maunz/Dürig, GG, Art. 73 (2010) Rn. 46; *Dieter Umbach*, in: Umbach/Clemens, GG II, Art. 73 Rn. 25; *Rüdiger Sannwald*, in: Schmidt-Bleibtreu/Hofmann/Hopfauf, GG, Art. 73 Rn. 17; *Raue*, Allgemeine Dienstpflicht, S. 85 (92); *Steinlechner* ZRP 1995, 321 (322).

dagegen von diese Norm erfasst, weil ein Surrogationsverhältnis zum Wehrdienst besteht.[1063]

In Betracht kommen vielmehr eine ausschließliche Gesetzgebungskompetenz des Bundes nach Art. 71, 73 Abs. 1 Nr. 8 GG („Rechtsverhältnisse der im Dienste des Bundes und der bundesunmittelbaren Körperschaften des öffentlichen Rechtes stehenden Personen“) sowie eine konkurrierenden Gesetzgebungskompetenz des Bundes nach Art. 72, 74 Abs. 1 Nr. 7 GG („öffentliche Fürsorge“).

Die einschlägige Norm findet sich, wenn man das *Dreiecksverhältnisses* zwischen Dienstleistenden, Hilfsbedürftigen und Staat auflöst: Die öffentliche Fürsorge nach Art. 74 Abs. 1 Nr. 7 GG umfasst die Unterstützung Hilfsbedürftiger in Notlagen durch die öffentliche Hand oder von ihr Beliehene mit öffentlichen Mitteln.[1064] Unabhängig von der Frage, ob der Dienst der Verpflichteten als „öffentliches Mittel“ einzuordnen ist, begründet der Staat durch ein soziales Pflichtjahr eine *Pflicht* für junge Erwachsene. Die „Unterstützung Hilfsbedürftiger“ ist lediglich eine (mittelbare) Folge dieser Verpflichtung, welche einer eigenständigen Gesetzgebungskompetenz bedarf. So ist auch in einem vergleichbaren Zusammenhang für die Steuerpflicht eine eigene Gesetzgebungskompetenz erforderlich (vgl. Art. 105 GG), auch wenn die dadurch gewonnenen Mittel (zu einem erheblichen Anteil) für die öffentliche Fürsorge verwendet werden. Aus Art. 74 Abs. 1 Nr. 7 GG lässt sich die Gesetzgebungskompetenz des Bundes für ein soziales Pflichtjahr somit nicht begründen.

Demgegenüber erstreckt sich die ausschließliche Gesetzgebungskompetenz nach Art. 73 Abs. 1 Nr. 8 GG auf die Rechtsverhältnisse aller Beschäftigten beim Bund oder bundesunmittelbaren Körperschaften. Die zu Grunde gelegten rechtspolitischen Vorschläge für ein soziales Pflichtjahr (S. 162 ff.) knüpfen an den Zivildienst an, der die Zivildienstleistenden durch das Bundesamt für den Zivildienst als Bundesoberbehörde beschäftigt (§ 2 Abs. 1 ZDG). Daher wären auch die Verpflichteten eines sozialen Pflichtjahres beim Bund, etwa einem

1063 BVerfGE 62, 354 (368); *Christoph Degenhart*, in: Sachs, GG, Art. 73 Rn. 6; *Wolfram Höfling*, in: BK, Art. 73 Nr. 8 (2001) Rn. 28; *Arnd Uhle*, in: Maunz/Dürig, GG, Art. 73 (2010) Rn. 45; *Markus Heintzen*, in: v. Mangoldt/Klein/Starck, GG II, Art. 73 Rn. 17; *Rupert Stettner*, in: Dreier, GG II, Art. 73 Rn. 10; *Philip Kunig*, in: v. Münch/Kunig, GG III, Art. 73 Rn. 8; *Dieter Umbach*, in: Umbach/Clemens, GG II, Art. 73 Rn. 22; *Rüdiger Sannwald*, in: Schmidt-Bleibtreu/Hofmann/Hopfauf, GG, Art. 73 Rn. 16; *Christian Seiler*, in: Epping/Hillgruber, GG, Art. 73 Rn. 3.1; für Art. 12a Abs. 2 S. 3 als lex specialis *Andreas Haratsch*, in: Sodan, GG, Art. 73 Rn. 3.

1064 *Christoph Degenhart*, in: Sachs, GG, Art. 74 Rn. 35; *Theodor Maunz*, in: Maunz/Dürig, GG, Art. 74 (1984) Rn. 106; *Stefan Oeter*, in: v. Mangoldt/Klein/Starck, GG II, Art. 74 Rn. 55; *Andreas Haratsch*, in: Sodan, GG, Art. 74 Rn. 11.

„Bundesamt für den Sozialdienst", organisiert. Der Begriff des „Rechtsverhältnisses" i. S. d. Art. 73 Abs. 1 Nr. 8 GG umfasst sowohl die Begründung und Beendigung des öffentlichen Dienstverhältnisses als auch die Rechten und Pflichten des Dienstnehmers sowie die Besoldung.[1065] Weitergehende Regelungsmaterien durch ein „Sozialjahrgesetz" sind nicht ersichtlich. Dafür spricht zudem, dass teilweise auch die Gesetzgebungskompetenz für die (strukturell vergleichbaren) Zivildienstleistenden aus dieser Norm entnommen wird,[1066] die Mehrheit stellt hingegen auf Art. 73 Abs. 1 Nr. 1 GG als lex specialis ab.[1067] Daher besteht die Gesetzgebungskompetenz des Bundes für ein soziales Pflichtjahr nach Art. 73 Abs. 1 Nr. 8 GG.[1068]

bb. Qualifizierte Anforderungen des Art. 12 Abs. 2 GG

Ferner muss ein soziales Pflichtjahr die besonderen, qualifizierten Anforderungen erfüllen.

(1) Allgemein

Das soziale Pflichtjahr ist zunächst (als lex specialis zum Einzelfallgesetzverbot gemäß Art. 19 Abs. 1 S. 1 GG)[1069] *allgemein* auszugestalten. Erforderlich ist somit eine Geltung für jedermann, eine personelle Gleichheit.[1070] Damit knüpft die Anforderung der Allgemeinheit an die Erfordernisse des Gleichheitssatzes[1071] an, der zwar keinen unmittelbar grundpflichtbegründenden Charakter hat,

---

1065 *Wolfram Höfling*, in: BK, Art. 73 Nr. 8 (2001), Rn. 13 ff.; *Christoph Degenhart*, in: Sachs, GG, Art. 73 Rn. 44; *Arnd Uhle*, in: Maunz/Dürig, GG, Art. 73 (2010) Rn. 182 ff.; *Markus Heintzen*, in: v. Mangoldt/Klein/Starck, GG II, Art. 73 Rn. 86.

1066 BVerfGE 39, 128 (141); *Bodo Pieroth*, in: Jarass/Pieroth, GG, Art. 73 Rn. 28.

1067 Siehe die Nachweise in Fn. 1063.

1068 Gegen eine Gesetzgebungskompetenz des Bundes wohl *Antwort der Bundesregierung*, in: BT-Drs 15/3267, 1 (4).

1069 *Michael Sachs*, in: Stern, Staatsrecht IV/1, S. 1037.

1070 BayVerfGHE 7, 77 (83); *Michael Sachs*, in: Stern, Staatsrecht IV/1, S. 1034; *Thomas Mann*, in: Sachs, GG, Art. 12 Rn. 186; *Martin Nolte*, in: Stern/Becker, Grundrechte-Komm., Art. 12 Rn. 95; *Rupert Scholz*, in: Maunz/Dürig, GG, Art. 12 (2006) Rn. 498; *Joachim Wieland*, in: Dreier, GG I, Art. 12 Rn. 104; *Breuer*, in: HStR VIII, § 170 Rn. 123.

1071 *Michael Sachs*, in: Stern, Staatsrecht IV/1, S. 1035; *Rupert Scholz*, in: Maunz/Dürig, GG, Art. 12 (2006) Rn. 498; *Bachof*, in: HGrR III/1, 155 (261); *Joachim Wieland*, in: Dreier, GG I, Art. 12 Rn. 104; *Manfred Gubelt*, in: v. Münch/Kunig, GG I, Art. 12 Rn. 88; für eine separate Prüfung der Gleichheitssätze *Gerrit Manssen*, in: v. Mangoldt/Klein/Starck, GG I, Art. 12 Rn. 310.

aber als quasi-akzessorische Norm[1072] zum Tragen kommt, wenn eine Grundpflicht statuiert wird. Das Modell, das auch für Frauen ein soziales Pflichtjahr vorsieht, bereitet insofern keine Probleme.

(a) Frauen

Sollten Frauen von der Pflicht hingegen nicht betroffen sein (S. 162 ff.), kommt eine Unterscheidung wegen des Geschlechts in Betracht, so dass der Maßstab des Art. 3 Abs. 2 S. 1, Abs. 3 S. 1 GG anzuwenden ist.[1073] Danach darf niemand wegen seines Geschlechtes benachteiligt oder bevorzugt werden. Mit der Unterscheidung zwischen Männern und Frauen bei der Verpflichtung zu einem sozialen Pflichtjahr würde nach dem Geschlecht als Anknüpfungspunkt (vgl. S. 85 ff.) differenziert. Es handelt sich also um eine Unterscheidung „wegen" des Geschlechts. Dadurch müssten Männer benachteiligt oder bevorzugt werden. Eine Benachteiligung ist jede belastende Staatshandlung, die die Vergleichsperson nicht trifft.[1074] Ein soziales Pflichtjahr würde erheblich in die Freiheitssphäre der Männer eingreifen. Die Freiheitssphäre der Frauen bliebe hingegen unberührt. Es handelte sich also um eine Benachteiligung von Männern.

Eine Ungleichbehandlung scheidet jedoch schon tatbestandlich aus, wenn die ausschließliche Verpflichtung von Männern zu einem sozialen Pflichtjahr zwingend erforderlich ist, um Probleme zu lösen, die ihrer Natur nach nur entweder bei Männern oder bei Frauen auftreten können.[1075] Die alte Rechtsprechung sah bei einer möglicherweise vergleichbaren Dienstleistungspflicht, der Feuerwehrpflicht, leistungsbiologische Unterschiede zwischen Frauen und Männern.[1076]

Dieser Ansicht trat das Bundesverfassungsgericht in seinem Beschluss vom 24. Januar 1995 entgegen.[1077] Anlass für diese Entscheidung war ein Urteil des Europäischen Gerichtshofs für Menschenrechte, welches in der Feuerwehrabga-

---

1072 *Bethge* NJW 1982, 2145 (2149).

1073 Vgl. BVerfGE 48, 127 (165); 69, 1 (23).

1074 *Sachs*, Grundrechte, B 3 Rn. 77; *Manfred Gubelt*, in: v. Münch/Kunig, GG I, Art. 3 Rn. 103; vgl. BVerfGE 85, 191 (207).

1075 BVerfGE 85, 191 (207); 92, 91 (109); 114, 357 (364); *Michael Sachs*, in: Stern, Staatsrecht IV/2, S. 1654; *Lerke Osterloh*, in: Sachs, GG, Art. 3 Rn. 273; *Joachim Englisch*, in: Stern/Becker, Grundrechte-Komm., Art. 3 Rn. 154; *Wolfgang Rüfner*, in: BK, Art. 3 Abs. 2 und 3 (1992) Rn. 616.

1076 BVerwG KStZ 1959, 148 (149 f.); NVwZ 1995, 390 (391); BayVerfGH BayVBl 1979, 269 (272); VGH Mannheim VBlBW 1983, 41 (42); abw. M. der Richter *Spielmann* und *Gotchev* EuGRZ 1995, 394; abw. M. des Richters *Morenilla* EuGRZ 1995, 394 (395).

1077 BVerfGE 92, 91 (109 ff.).

be einen Verstoß gegen Art. 14 i. V. m. Art. 4 Abs. 3 lit. d EMRK sah, weil tatsächlich niemand zum Dienst einberufen worden war und die pflichtigen Männer ausschließlich zur Leistung der „Ausgleichs-“ Abgabe verpflichtet wurden.[1078]

Die Überlegungen, ob die Beschränkung einer Dienstpflicht auf Männer erforderlich ist, um Probleme zu lösen, die ihrer Natur nach nur entweder bei Männern oder bei Frauen auftreten können, kann auf das soziale Pflichtjahr übertragen werden. Danach haben Frauen zwar typischerweise ein schwächeres Knochengerüst, eine geringere Muskelmasse und eine niedrigere kardiopulmonale Leistungsfähigkeit.[1079] Diese Verschiedenheit lässt sich aber nicht zwingend auf biologische Unterschiede zurückführen, sondern auch auf körperliches Training, so dass auch Frauen eine höhere Muskelmasse als Männer haben können. Die genannten Unterschiede zwischen Männern und Frauen treten daher nicht „ihrer Natur nach“ auf. Den biologischen Verschiedenheiten könnte vielmehr durch *individuelle Tauglichkeitsuntersuchungen* Rechnung getragen werden.[1080] Dass Frauen zur Ableistung eines sozialen Pflichtjahrs grundsätzlich biologisch geeignet sind, zeigt das *professionelle Personal* im Einsatzbereich eines sozialen Pflichtjahres (Krankenhäuser, Pflegeheime, Jugendeinrichtungen), das mehrheitlich weiblich ist. Es kann daher nicht überzeugen, Frauen wegen (angeblicher) körperlicher Defizite von einem Pflichtdienst in diesen Einsatzgebieten zu befreien.

Die Beschränkung eines sozialen Pflichtjahres auf Männer würde daher in den Schutzgegenstand des Art. 3 Abs. 2 S. 1, Abs. 3 S. 1 GG eingreifen, da lediglich geschlechtstypische Verschiedenheiten zwischen Frauen und Männern eine Unvergleichbarkeit nicht begründen können.

Diese Benachteiligung wegen des Geschlechts könnte gerechtfertigt werden. Da es Art. 3 Abs. 2 S. 1, Abs. 3 S. 1 GG an einem Gesetzesvorbehalt fehlt, kommt nur eine Begrenzung aus kollidierendem Verfassungsrecht in Betracht.[1081] Als im Verfassungsrecht angelegter Grund könnte Art. 3 Abs. 2 GG in Betracht kommen, um frauenspezifische Nachteile, etwa durch Hausarbeit, Kinderbetreuung und Beruf, zu kompensieren. Unabhängig von der Frage nach der

---

1078 EGMR NVwZ 1995, 365 (366).

1079 BVerfGE 92, 91 (110).

1080 Vgl. BVerfGE 92, 91 (110); bereits *Sachs* VBlBW 1981, 273 (277); *Rozek* BayVBl 1993, 646 (650).

1081 BVerfGE 92, 91 (109); 114, 357 (364); *Michael Sachs*, in: Stern, Staatsrecht IV/2, S. 1668 ff.; *Hans D. Jarass*, in: Jarass/Pieroth, GG, Art. 3 Rn. 93; *Joachim Englisch*, in: Stern/Becker, Grundrechte-Komm., Art. 3 Rn. 153.

Begrenzungswirkung des Art. 3 Abs. 2 S. 2 GG[1082] würde durch eine Befreiung von Frauen diese *überkommene Rollenverteilung* jedoch eher weiter *verfestigt.*[1083]

Im Ergebnis wäre die Beschränkung eines sozialen Pflichtjahres auf Männer nicht mehr allgemein und mithin vom qualifizierten Gesetzesvorbehalt des Art. 12 Abs. 2 GG *nicht umfasst.*[1084]

(b) Ausländer

Nicht diskutiert wurde bislang die Frage, ob auch Ausländer, wie bei der Feuerwehrpflicht (Art. 23 Abs. 1 BayFwG a. F.) dienstleistungspflichtig gemacht werden könnten oder ob sie, wie bei der Wehrpflicht (§ 1 Abs. 1 WPflG), befreit werden könnten.

Eine Nichtheranziehung könnte mit der *amputierten staatsbürgerlichen Rechtsstellung* von Ausländern begründet werden (zur entsprechenden Wehrpflichtausnahme S. 59 ff.).[1085] Daher wurden besonders im 19. Jahrhundert die Grundpflichten wegen des erforderlichen Treueverhältnisses zum Staat noch auf Staatsbürger reduziert.[1086]

Diese Lehre konnte sich aber in ihrer Pauschalität nicht halten. Denn zum einen war diese Begrenzung primär ein rein politisches Kampfmittel.[1087] Zum anderen betreffen einige Grundpflichten wie die Abgabenpflicht oder die Gesetzesgehorsamspflicht gleichfalls Ausländer. Im Unterschied zur Wehrpflicht kann bei einem sozialen Pflichtjahr auch das Treueverhältnis der Ausländer zu ihrem Staat eine Differenzierung nicht erklären, weil dieses durch die Ableistung eines sozialen Pflichtjahres in Deutschland nicht beeinträchtigt wird. Außerdem ist auch kein grundlegend anderes Verhältnis zum deutschen Gemeinwesen[1088] erkennbar, zumal Ausländer (als Pflegebedürftige) von einer entspre-

---

1082 Verneinend *Michael Sachs*, in: Stern, Staatsrecht IV/2, S. 1677 ff.; *Christian Starck*, in: v. Mangoldt/Klein/Starck, GG I, Art. 3 Rn. 313; bejahend BVerfGE 114, 357 (370); *Joachim Englisch*, in: Stern/Becker, Grundrechte-Komm., Art. 3 Rn. 157; *Hans D. Jarass*, in: Jarass/Pieroth, GG, Art. 3 Rn. 97.

1083 Vgl. BVerfGE 92, 91 (112 f.); *Rozek* BayVBl 1993, 646 (652); *Dreist* BWV 2004, 193 (194); *Pietzcker*, in: Heinze GS, 637 (641).

1084 *Dreist* BWV 2004, 193 (194); *Engels*, Allgemeine Dienstpflicht, S. 72 f.; wohl auch *Götz* VVDStRL 41 (1983), 8 (26).

1085 Zum relevanten Maßstab bei Differenzierungen nach der Staatsangehörigkeit Fn. 380.

1086 *Hermann Schulze*, Lehrbuch des Deutschen Staatsrechtes, Erstes Buch: Das Deutsche Landesstaatsrecht, 1881, S. 354; *v. Rönne/Zorn*, Staatsrecht II, S. 79 ff.; auch noch *C. Schmitt*, Verfassungslehre, S. 175.

1087 *Hofmann* VVDStRL 41 (1983), 42 (71).

1088 So noch BVerwG KStZ 1959, 148 (150) zur Befreiung von der Feuerwehrpflicht.

chenden Dienstpflicht profitieren würden. Rechtspolitisch könnte die Verpflichtung von Ausländern vielmehr eine *integrierende Funktion* in dem Aufenthaltsstaat haben. In diesem Sinne differenziert auch *Art. 21 Verfassung Rheinland Pfalz*: Während die Pflicht zur Übernahme von Ehrenämtern nach Abs. 1 nur Staatsbürger trifft, erstreckt sich die Verpflichtung, persönliche Dienste für Staat und Gemeinde zu leisten, nach Abs. 2 auf *jedermann*. Im Unterschied zur Übernahme von Ehrenämtern sind die Dienstpflichten keine Teilkonkretisierung der staatsbürgerlichen Treuepflicht.[1089]

Somit besteht kein Unterschied zwischen einer allgemeinen Dienstpflicht und anderen Grundpflichten wie der Abgabenpflicht oder der Gesetzesgehorsamspflicht. Gleichheitsrechtlich ließe sich eine Differenzierung weder erklären noch - mangels ersichtlicher verfassungsrechtlicher Begrenzungen - rechtfertigen. Bei einer solchen Beschränkung des sozialen Pflichtjahrs auf Deutsche wäre diese Dienstpflicht nicht allgemein und daher mit Art. 12 Abs. 2 GG *unvereinbar*.

(2) Für alle gleich

Eine quasi-akzessorische Wirkung übt der Gleichheitssatz zudem durch das Erfordernis einer „für alle gleichen" Dienstleistungspflicht aus. Während sich das Merkmal der Allgemeinheit auf den erfassten Personenkreis bezieht, werden hier Anforderungen an den Inhalt der Pflicht gestellt. Das soziale Pflichtjahr muss daher für alle Pflichtigen *gleichen Inhalt und Umfang* haben.[1090]

(3) Öffentlicher Charakter

Verschiedene Auslegungsvarianten gibt es beim Merkmal des öffentlichen Charakters der Dienstleistungspflicht.

Eine *formelle* Interpretation verlangt die Erfüllung der Pflicht im Rahmen der Aufgaben eines *öffentlichen Rechtsträgers*.[1091] Insofern wird bezweifelt, ob ein soziales Pflichtjahr diese Anforderungen erfüllt.[1092] Denn die entsprechenden

---

1089 *Christoph Grimm*, in: Christoph Grimm/Peter Caesar, Verfassung für Rheinland-Pfalz, 2001, Art. 21 Rn. 13.

1090 Vgl. BayVerfGHE 7, 77 (84); *Michael Sachs*, in: Stern, Staatsrecht IV/1, S. 1036; *Thomas Mann*, in: Sachs, GG, Art. 12 Rn. 188; *Martin Nolte*, in: Stern/Becker, Grundrechte-Komm., Art. 12 Rn. 95; *Rupert Scholz*, in: Maunz/Dürig, GG, Art. 12 (2006) Rn. 499; *Gerrit Manssen*, in: v. Mangoldt/Klein/Starck, GG I, Art. 12 Rn. 310; *Breuer*, in: HStR VIII, § 170 Rn. 123; *Gusy* JuS 1989, 710 (713); *Frank* KJ 1996, 238 (242).

1091 *Michael Sachs*, in: Stern, Staatsrecht IV/1, S. 1036.

1092 *Michael Sachs*, in: Stern, Staatsrecht IV/1, S. 1036 f.

Dienste würden regelmäßig (ausgenommen wären etwa die Dienste für Umweltämter) in privatrechtlich organisierten Einrichtungen wie Krankenhäusern und anderen Pflegeeinrichtungen und -diensten geleistet.

Für eine formelle Auslegung eines „öffentlichen“ Charakters wird argumentiert, dass nur so der verlangten öffentlichen Natur der Dienstpflicht Genüge getan werde.[1093] Dagegen spricht aber schon die Entstehungsgeschichte. Denn im Parlamentarischen Rat wurde die Feuerwehrdienstpflicht als zulässige Dienstleistungspflicht nach Art. 12 Abs. 2 GG anerkannt.[1094] Diese konnte nach Art. 23 Abs. 1 BayFwG a. F. i. V. m. Art. 6 Abs. 2 S. 2, Art. 4 Abs. 1 S. 1 BayFwG auch in *freiwilligen Feuerwehren* geleistet werden, die als nichtrechtsfähige Vereine i. S. d. § 54 BGB organisiert sein können.[1095] Hinzu kommt, dass die Organisationsform der Dienststellen generell infolge zunehmender Privatisierungen zufällig erscheint. Zudem geht auch der allgemeine Sprachgebrauch davon aus, dass eine öffentliche Pflicht - im Unterschied zu einer privaten Pflicht - zum Wohle des Gemeinwesens ergeht. Daher ist einem *materiellen* Verständnis zu folgen, das auf den Zweck der Dienstpflicht abstellt.[1096] Bei einem sozialen Pflichtjahr würden *Aufgaben des Staates* - insbesondere im Bereich der Daseinsvorsorge - erfüllt, wie etwa die soziale Fürsorge[1097] oder der Schutz der natürlichen Lebensgrundlagen[1098]. Somit handelt es sich um eine öffentliche Dienstleistungspflicht.

(4) Herkömmlich

Letztlich verlangt der qualifizierte Gesetzesvorbehalt als „zentrale Grenze für einschränkende Gesetze“[1099] die Herkömmlichkeit der Dienstpflicht.[1100] Über-

---

1093 *Michael Sachs*, in: Stern, Staatsrecht IV/1, S. 1036 f.

1094 Abg. *Heuss*, 5. Sitzung des Ausschusses für Grundsatzfragen, in: ParlRat V/1, Nr. 6, S. 88 (93); Abg. *v. Mangoldt*, ebda., S. 94.

1095 BFHE 182, 195 (197); *Diederich Eckardt*, in: Heidel/Hüßtege/Mansel/Noack, BGB AT, § 54 Rn. 10.

1096 *Thomas Mann*, in: Sachs, GG, Art. 12 Rn. 185; *Martin Nolte*, in: Stern/Becker, Grundrechte-Komm., Art. 12 Rn. 95; *Rupert Scholz*, in: Maunz/Dürig, GG, Art. 12 (2006) Rn. 496; *Gerrit Manssen*, in: v. Mangoldt/Klein/Starck, GG I, Art. 12 Rn. 308; *Joachim Wieland*, in: Dreier, GG I, Art. 12 Rn. 104; *Manfred Gubelt*, in: v. Münch/Kunig, GG I, Art. 12 Rn. 84; *Thilo Marauhn*, in: Grote/Marauhn, EMRK/GG, Kap. 12 Rn. 23; *Matthias Ruffert*, in: Epping/Hillgruber, GG, Art. 12 Rn. 148; *Breuer*, in: HStR VIII, § 170 Rn. 123; *Kloepfer*, Grundrechte, § 70 Rn. 117; *Engels*, Allgemeine Dienstpflicht, S. 71.

1097 *Michael Sachs*, in: Sachs, GG, Art. 20 Rn. 46 f.

1098 *Dietrich Murswiek*, in: Sachs, GG, Art. 20a Rn. 14.

1099 *Gusy* JuS 1989, 710 (713); ähnlich *Frank* KJ 1996, 238 (242).

wiegend hält man eine Dienstpflicht für herkömmlich, wenn sie - ungeachtet des Wandels ihrer Einzelinhalte - im Wesentlichen in einer sicheren Tradition der Rechtsordnung und des Rechtsbewusstseins verwurzelt ist.[1101] Sie muss im Wesentlichen Inhalt, Zweck und Umfang beibehalten, kann aber Modifizierungen erfahren.[1102] Insofern strahlt diese Tradition auf die verschiedenen Komponenten der Dienstpflicht aus.

(a) Territorial

Territorial muss die Pflicht nicht *in dem gesamten Gebiet*, in welchem sie gesetzlich eingeführt wird, herkömmlich sein. Es genügt, dass dies in nicht unwesentlichen Landesteilen der Fall war.[1103] Ausgeschlossen sind nach dem Willen des Parlamentarischen Rates jedoch Dienstpflichten, wie sie in der Ostzone[1104] bestanden.

(b) Personell

Personell ist der Gesetzgeber nicht gehindert, ihrer Art nach herkömmliche Dienstleistungspflichten auf andere Pflichtenadressaten zu erweitern.[1105] Insofern bestehen weit reichende Umgestaltungsmöglichkeiten. Das Merkmal der Herkömmlichkeit ist daher *nicht* auf den verpflichteten Personenkreis anwend-

---

1100 Seit Abg. *Eberhard*, 18. Sitzung des Hauptausschusses, in: ParlRat XIV/1, Nr. 18 S. 532 (534); siehe auch bereits Abg. *Wunderlich*, 5. Sitzung des Ausschusses für Grundsatzfragen, in: ParlRat V/1, Nr. 6, S. 88 (97).

1101 BayVerfGHE 7, 77 (81); VGH Mannheim VBlBW 1983, 41; *Martin Nolte*, in: Stern/Becker, Grundrechte-Komm., Art. 12 Rn. 95; *Rupert Scholz*, in: Maunz/Dürig, GG, Art. 12 (2006) Rn. 497; *Gerrit Manssen*, in: v. Mangoldt/Klein/Starck, GG I, Art. 12 Rn. 309; *Kloepfer*, Grundrechte, § 70 Rn. 118; *Gusy* JuS 1989, 710 (713); *Frank* KJ 1996, 238 (242); *Raue*, Allgemeine Dienstpflicht, S. 85 (89); *Dreist* BWV 2004, 193; *Breuer*, in: HStR VIII, § 170 Rn. 123.

1102 *Rupert Scholz*, in: Maunz/Dürig, GG, Art. 12 (2006) Rn. 497; *Gerrit Manssen*, in: v. Mangoldt/Klein/Starck, GG I, Art. 12 Rn. 309; *Dieter Umbach*, in: Umbach/Clemens, GG I, Art. 12 Rn. 137.

1103 BayVerfGHE 7, 77 (81 f.); *Rupert Scholz*, in: Maunz/Dürig, GG, Art. 12 (2006) Rn. 497; *Gusy* JuS 1989, 710 (713); *Göppel*, Arbeitszwang, S. 145 ff.

1104 Abg. *Zinn*, 5. Sitzung des Ausschusses für Grundsatzfragen, in: ParlRat V/1, Nr. 6, S. 88 (89); Abg. *Schmid*, ebda., S. 88 (90 f.); Abg. *v. Mangoldt*, 23. Sitzung des Ausschusses für Grundsatzfragen, in: ParlRat V/2, Nr. 30, S. 603 (619).

1105 BVerfGE 92, 91 (111 f.); *Martin Nolte*, in: Stern/Becker, Grundrechte-Komm., Art. 12 Rn. 95; *Rupert Scholz*, in: Maunz/Dürig, GG, Art. 12 (2006) Rn. 497; *Manfred Gubelt*, in: v. Münch/Kunig, GG I, Art. 12 Rn. 87; *Gusy* JuS 1989, 710 (713); a. A. *Michael Sachs*, in: Stern, Staatsrecht IV/1, S. 1034; *ders.* VBlBW 1981, 273 (278).

bar. Die personelle Herkömmlichkeit der Dienstpflicht bindet den Gesetzgeber bei der Ausgestaltung eines sozialen Pflichtjahres also nicht.

(c) Inhaltlich

Inhaltlich verlangt die Herkömmlichkeit, dass die Pflicht im Wesentlichen denselben Inhalt und Umfang aufweist wie frühere Inanspruchnahmen.[1106] Daher scheidet etwa eine Umgestaltung der allgemeinen Wehrpflicht als herkömmliche Pflicht aus. Deren Voraussetzung ist nämlich die militärische Bedrohung des Staates von außen, der sich dieser Bedrohung nur mit Einsatz seiner Bürger wehren kann.[1107]

(d) Zeitlich

Weiter reichende Bindungen erfährt der Gesetzgeber in zeitlicher Hinsicht. Denn nach überwiegender Meinung muss die Dienstleistungspflicht bereits *vor Inkrafttreten des Grundgesetzes* anerkannter Bestandteil der deutschen rechtsstaatlichen Rechtsordnung gewesen sein.[1108] Da nach dem Willen des Parlamentarischen Rates insbesondere die Dienstpflichten während des Nationalsozialismus ausgeschlossen werden sollten,[1109] ist grundsätzlich an Dienstpflichten anzuknüpfen, die bereits vor 1933 bestanden.[1110]

Etwas anderes galt jedoch für die (inzwischen aufgehobene[1111]) *Hilfeleistungspflicht nach § 9a KatSchG*[1112], wodurch Männer und Frauen vom vollendeten 18. bis zum vollendeten 60. Lebensjahr verpflichtet wurden, bei der Bekämpfung der besonderen Gefahren und Schäden, die im Verteidigungsfall drohen, Hilfe zu leisten, wenn die vorhandenen Helfer im Einsatzfall nicht ausreichen. Damit knüpfte man an die *Luftschutzpflicht* nach § 2 Abs. 1 Luftschutzge-

---

1106 BayVerfGHE 7, 77 (83); *Rupert Scholz*, in: Maunz/Dürig, GG, Art. 12 (2006) Rn. 497.

1107 BVerfGE 12, 45 (51); 48, 127 (161).

1108 *Michael Sachs*, in: Stern, Staatsrecht IV/1, S. 1032; *G. Kirchhof*, Lohnsteuerverfahren, S. 152.

1109 Abg. *v. Mangoldt*, 5. Sitzung des Ausschußes für Grundsatzfragen, in: ParlRat V/1, Nr. 6, S. 88 (98); Abg. *Seebohm*, 44. Sitzung des Hauptausschusses, in: ParlRat XIV/2, Nr. 44 S. 1379 (1399).

1110 BVerfGE 22, 380 (383); 92, 91 (111); *Michael Sachs*, in: Stern, Staatsrecht IV/1, S. 1032 f.; *Martin Nolte*, in: Stern/Becker, Grundrechte-Komm., Art. 12 Rn. 95; *Bachof*, in: HGrR III/1, 155 (261); *Matthias Ruffert*, in: Epping/Hillgruber, GG, Art. 12 Rn. 150; *Kloepfer*, Grundrechte, § 70 Rn. 118; *Gusy* JuS 1989, 710 (713); *Frank* KJ 1996, 238 (241); *Dreist* BWV 2004, 193 (194).

1111 Aufgehoben durch Gesetz vom 25. März 1997, BGBl I, 726 (732 f.).

1112 Eingefügt durch Gesetz vom 21. Januar 1990, BGBl I, 121 (122).

setz an, die zwar mit Gesetz vom 26. Juni 1935[1113] eingeführt worden ist, aber auch im internationalen Umfeld akzeptiert ist und daher nicht als typisch nationalsozialistische Einrichtung zu sehen ist.[1114]

Beide Pflichten setzten daher einen *bewaffneten Konflikt* voraus. Zudem war die Verpflichtung von einer weitaus *geringeren zeitlichen Intensität*, so dass sie die Herkömmlichkeit eines sozialen Pflichtjahres nicht begründen können.[1115]

In zeitlicher Hinsicht könnte zudem die Pflicht zum *vaterländischen Hilfsdienst vom 5. Dezember 1916* (S. 165 ff.) herkömmlich sein. Diese galt jedoch nur im Kriegszustand, so dass sie zumindest in inhaltlicher Hinsicht nicht herkömmlich ist.

Etwas anderes könnte sich jedoch aus der *Ersatzdienstleistungspflicht* ergeben, die nun bereits seit 50 Jahren Teil der deutschen Rechtsordnung ist. Zeitlich kann auf eine gewisse bundesrepublikanische Rechtstradition zurückgeblickt werden, auch wenn eine vergleichbare Pflicht vor 1933 nicht bestanden hat. Inhaltlich wären die Aufgaben des sozialen Pflichtjahres mit denen der Ersatzdienstleistungspflicht identisch. Und in personeller Hinsicht unterliegt die Bestimmung der Pflichtenadressaten (Frauen) ohnehin kaum Bindungen (S. 190). Insofern könnte erwogen werden, den bisherigen Ersatzdienst als *territorial, personell und inhaltlich* herkömmliche Dienstleistungspflicht anzusehen.

Allerdings gab es nicht nur vor 1933 keine vergleichbare Pflicht, sondern während des Nationalsozialismus sind Pflichten eingeführt worden (S. 165 ff.), die durch das Grundgesetz zukünftig verhindert werden sollten. Folglich könnte dieser *Makel* einem sozialen Pflichtjahr strikt entgegenstehen.[1116] Eine entsprechende Makelbelastung setzt aber eine Vergleichbarkeit zwischen den Pflichten im Nationalsozialismus und dem sozialen Pflichtjahr voraus.

Dagegen spricht, dass erstere die Erziehung „im Geiste des Nationalsozialismus" bezweckten (S. 165 ff.) während mit einem sozialen Pflichtjahr die Behebung von personellen Engpässen und zumal die Förderung eines geistigen Reifeprozesses in einer freiheitlichen pluralistischen Demokratie bezweckt werden soll, der das soziale Bewusstsein und die Hilfsbereitschaft junger Menschen fördern soll. Im Unterschied zur kollektivistisch-nationalsozialistischen Arbeitspflicht stünde bei einem sozialen Pflichtjahr (zumindest auch) die individuelle Persönlichkeitsentwicklung im Vordergrund. Insofern ist fraglich, ob die zeitli-

---

1113 RGBl. I, 827 f.

1114 *Michael Sachs*, in: Stern, Staatsrecht IV/1, S. 1032 Fn. 266; *Rupert Scholz*, in: Maunz/Dürig, GG, Art. 12 (2006) Rn. 497; *Göppel*, Arbeitszwang, S. 136.

1115 *Pietzcker*, in: Heinze GS, 637 (640).

1116 So wohl *Frank* KJ 1996, 238 (243).

che Herkömmlichkeit auf die Verfassunggebung oder auf die Pflichtenbegründung abzielt. Denn ein soziales Pflichtjahr könnte *inzwischen herkömmlich* sein.

Der VGH Mannheim hat die Frage, ob auch eine spätere Entwicklung berücksichtigt werden kann, ausdrücklich offen gelassen.[1117] Offen für neue Entwicklungen nach dem Grundgesetz zeigen sich wohl einige Stimmen in der Literatur[1118] und die frühe Rechtsprechung des Bundesverwaltungsgerichts[1119], die auf die *jeweils* vorhandenen, sich möglicherweise *im Laufe der Zeit ändernden* sozialen Verhältnisse des Gebietes, für das die Dienstleistungspflicht normiert ist, abstellen.

Allerdings bezweckt das Merkmal der Herkömmlichkeit eine *Beschränkung* auf den überkommenen Bestand an Dienstpflichten und deren allmähliche *Zurückdrängung.*[1120] Der Parlamentarische Rat wandte sich ausdrücklich gegen die Neubegründung von Pflichten, nachdem der Allgemeine Redaktionsausschuß das Merkmal „herkömmlich" in seinem Vorschlag vom 13. Dezember 1948 mit der Begründung gestrichen hatte, die Einführung einer neuen Dienstleistungspflicht dürfe unter gewissen bisher noch nicht aufgetretenen Gesichtspunkten nicht unmöglich gemacht werden.[1121] Nach einer Eingabe der Gewerkschaften positionierte man sich entsprechend.[1122] Zudem wandte sich der Abgeordnete *v. Mangoldt*[1123] dagegen, Schwierigkeiten der Verwaltung mit Hilfe neuer Dienstpflichten zu bewältigen.

Hinzu kommt, dass ein soziales Pflichtjahr inzwischen faktisch herkömmlich sein mag. Das Merkmal der Herkömmlichkeit muss sich aber auch auf bestimmte rechtliche Qualitäten einer Pflicht beziehen. Denn der Ersatzdienst ist lediglich ein *Surrogat zum Wehrdienst.*[1124] Verfassungsrechtlicher Zweck des

1117 VGH Mannheim VBlBW 1983, 41.

1118 *Joachim Wieland*, in: Dreier, GG I, Art. 12 Rn. 104; *Manfred Gubelt*, in: v. Münch/Kunig, GG I, Art. 12 Rn. 87; *Bausback/Schall* BayVBl 2011, 33 (37).

1119 BVerwGE 2, 313 (314).

1120 *Gusy* JuS 1989, 710 (713).

1121 *Entwurf zum Grundgesetz*, in: ParlRat VII, Nr. 4 S. 133 (140); ähnlich bereits Abg. *v. Mangoldt*, 5. Sitzung des Ausschußes für Grundsatzfragen, in: ParlRat V/1, Nr. 6, S. 88 (97).

1122 32. Sitzung des Ausschußes für Grundsatzfragen, in: ParlRat V/2, Nr. 42 S. 910 (942).

1123 Abg. *v. Mangoldt*, 5. Sitzung des Ausschußes für Grundsatzfragen, in: ParlRat V/1, Nr. 6, S. 88 (98).

1124 BVerfGE 48, 127 (165 f.); 69, 1 (24); *Juliane Kokott*, in: Sachs, GG, Art. 12a Rn. 21; *Heike Krieger*, in: Friauf/Höfling, GG, Art. 12a (2006) Rn. 36; *Rupert Scholz*, in: Maunz/Dürig, GG, Art. 12a (2001) Rn. 88; *Gilbert Gornig*, in: v. Mangoldt/Klein/Starck, GG I, Art. 12a Rn. 91; *Frank* KJ 1996, 238 (243); *Dreist* BWV 2004, 169 (174); *Pietzcker*, in: Heinze GS, 637 (638); *Tetzlaff*, Vom (un)möglichen Zustand des Wehrpflichtrechts, S. 340.

Ersatzdienstes ist die Aufrechterhaltung von Pflichtengleichheit zwischen Wehrpflichtigen, die Wehrdienst leisten, und Wehrpflichtigen, die den Wehrdienst aus Gewissensgründen verweigern.[1125] Voraussetzung des Ersatzdienstes ist also das Vorliegen einer Kriegsdienstverweigerung aus Gewissensgründen nach Art. 4 Abs. 3 S. 1 GG.[1126] Die Ersatzdienstpflicht (Art. 12a Abs. 2 Satz 1 GG) ist somit lediglich aus der Wehrpflicht abgeleitet.[1127] Im Unterschied zu einem sozialen Pflichtjahr bestand und besteht der Ersatzdienst somit nicht um der Gemeinschaftsnützlichkeit selbst willen.[1128] Auch wenn Inhalt und Umfang wesentlich gleich sind, dienen soziales Pflichtjahr und Ersatzdienst doch völlig unterschiedlichen Zwecken. Somit kann eine Herkömmlichkeit im Ergebnis nicht begründet werden.[1129]

b. Qualifizierte Anforderungen des Art. 12a Abs. 1 und 2 GG

Außerdem werden zur Rechtfertigung der Beeinträchtigung des Art. 12 Abs. 2 GG auch die gesetzesvorbehaltsähnlichen Einschränkungsermächtigungen[1130] der Art. 12a Abs. 1 und 2 GG erwähnt.[1131] Nach diesen Vorschriften kommt jedoch nur das *männliche Pflichtmodell* (S. 162 ff.) in Betracht, da die Art. 12a Abs. 1 und 2 GG eine Einschränkungsermächtigung nur für Männer vorsehen. Die in dieser Hinsicht einzige Einschränkungsermächtigung für Frauen in

---

1125 *Reinhard Bergmann*, in: Hömig, GG, Art. 12a Rn. 4.

1126 BVerfGE 48, 127 (166); 69, 1 (21).

1127 *Götz* VVDStRL 41 (1983), 8 (25, 26); *Ahammer/Dorner*, in: Ahammer/Nachtigall, Wehrpflicht, S. 361 (363); *Fleischhauer*, Wehrgerechtigkeit, S. 250.

1128 *Frank* KJ 1996, 238 (243).

1129 *Reinhard Bergmann*, in: Hömig, GG, Art. 12a Rn. 4; *Kübler* DÖV 1962, 809 (812); *Raue*, Allgemeine Dienstpflicht, S. 85 (89 f.); *Köhler* ZRP 1995, 140 (142); *Frank* KJ 1996, 238 (243); *Dreist* BWV 2004, 193 (194); *Ahammer/Dorner*, in: Ahammer/Nachtigall, Wehrpflicht, S. 361 (363 ff.); *Fleischhauer*, Wehrgerechtigkeit, S. 245 ff.; *Engels*, Allgemeine Dienstpflicht, S. 73 ff.; a. A. wohl *Günter Dürig*, in: Maunz/Dürig, GG, Art. 3 Abs. I (1973) Rn. 231a; *Bausback/Schall* BayVBl 2011, 33 (37).

1130 *Michael Sachs*, in: Stern, Staatsrecht III/2, S. 489 ff.; in der Sache *Breuer*, in: HStR VIII, § 170 Rn. 124; für einen Gesetzesvorbehalt zu Art. 12 Abs. 1 GG *Heike Krieger*, in: Friauf/Höfling, GG, Art. 12a (2006) Rn. 14, 25; *Rupert Scholz*, in: Maunz/Dürig, GG, Art. 12a (2001) Rn. 18; *Gilbert Gornig*, in: v. Mangoldt/Klein/Starck, GG I, Art. 12a Rn. 2; *Werner Heun*, in: Dreier, GG I, Art. 12a Rn. 11; wohl auch *Juliane Kokott*, in: Sachs, GG, Art. 12a Rn. 2; für lex specialis zu Art. 12 Abs. 2, 3 GG *Gerrit Manssen*, in: v. Mangoldt/Klein/Starck, GG I, Art. 12 Rn. 319; *Hans D. Jarass*, in: Jarass/Pieroth, GG, Art. 12a Rn. 1; *Dieter Umbach*, in: Umbach/Clemens, GG I, Art. 12 Rn. 125; *Bausback/Schall* BayVBl 2011, 33 (37).

1131 *Pietzcker*, in: Heinze GS, 637 (638 f.); *Engels*, Allgemeine Dienstpflicht, S. 42 ff.

Art. 12a Abs. 4 GG setzt (wie alle Pflichten nach Art. 12a Abs. 3 bis 6 GG) den Verteidigungsfall (Art. 115a Abs. 1 S. 1 GG) voraus, dessen Normierung gleichzeitig mit Art. 12a GG in das Grundgesetz eingefügt worden sind[1132]. Diese Voraussetzungen liegen nicht vor.

Würde die Dienstpflicht auf Männer beschränkt, könnte eine Rechtfertigung nach Art. 12a Abs. 1 Var. 1 GG („Dienst in den Streitkräften") in Betracht kommen. Insoweit wird im Wege eines Erst-Recht-Schlusses erwogen, die Pflichten durch ein soziales Pflichtjahr zu legitimieren, da sie weit weniger intensiv seien als diejenigen beim Dienst in den Streitkräften.[1133] Gegen diese Auslegung spricht bereits der Wortlaut des Art. 12a Abs. 1 Var. 1 GG, der einen Dienst in den Streitkräften legitimiert, nicht aber in sozialen Einrichtungen. Sinn und Zweck dieser Ermächtigung ist zudem der Schutz der verfassungsmäßigen Ordnung, wofür der Einsatz der Bürger für erforderlich gehalten wird (S. 51 f.). Dass die Situation ohne ein soziales Pflichtjahr einer fehlenden Verteidigungsfähigkeit des Staates vergleichbar wäre, ist aber nicht erkennbar. Eine Erst-Recht-Legitimation aus Art. 12a Abs. 1 Var. 1 GG scheidet somit aus.[1134]

Ähnlich verhält es sich mit Art. 12a Abs. 1 Var. 2 GG. Dieser erlaubt einen Dienst „im Bundesgrenzschutz", den der Gesetzgeber am 21. Juni 2005[1135] in Bundespolizei umbenannt hat. Dessen Aufgaben sind verfassungsrechtlich nicht vorgegeben; sie müssen sich aber - trotz einiger Unterschiede zum Dienst in den Streitkräften[1136] - zumindest im Bereich der *Gefahrenabwehr* bewegen. Gesetzlich sind etwa der Schutz der Außengrenzen des Bundesgebietes (§ 2 BPolG), der Bahnanlagen (§ 3 BPolG), des Luftverkehrs (§ 4 BPolG) sowie ggf. Verfassungsorgane des Bundes (§ 5 BPolG) geregelt.[1137] Schon aus diesen Beispielen ist erkennbar, dass ein soziales Pflichtjahr mangels jedweden polizeilich-gefahrenabwehrrechtlichen Bezugs nicht unter Art. 12a Abs. 1 Var. 2 GG gefasst werden kann.[1138]

1132 Siebzehntes Gesetz zur Ergänzung des Grundgesetzes vom 24. Juni 1968, BGBl I, 709.

1133 Vgl. die Überlegung von *Pietzcker*, in: Heinze GS, 637 (644) zu Art. 4 Abs. 3 lit. b EMRK.

1134 *Bachof*, in: HGrR III/1, 155 (257 f. Fn. 389); *Pietzcker*, in: Heinze GS, 637 (644); im Ergebnis auch *Engels*, Allgemeine Dienstpflicht, S. 42.

1135 BGBl I, 1818.

1136 Dazu etwa *Juliane Kokott*, in: Sachs, GG, Art. 12a Rn. 17; *Heike Krieger*, in: Friauf/Höfling, GG, Art. 12a (2006) Rn. 33; *Kreutzer* DVBl 1970, 445 (446).

1137 *Juliane Kokott*, in: Sachs, GG, Art. 12a Rn. 15 f.; *Heike Krieger*, in: Friauf/Höfling, GG, Art. 12a (2006) Rn. 32; *Gilbert Gornig*, in: v. Mangoldt/Klein/Starck, GG I, Art. 12a Rn. 44; *Hans D. Jarass*, in: Jarass/Pieroth, GG, Art. 12a Rn. 4.

1138 Im Ergebnis *Engels*, Allgemeine Dienstpflicht, S. 43 f.

Auf den ersten Blick könnte sich eine Ermächtigung aus Art. 12a Abs. 1 Var. 3 und Abs. 2 GG ergeben, die Dienstpflichten zulassen, die denen eines sozialen Pflichtjahres zumindest faktisch entsprechen. Als Dienste in einem Zivilschutzverband i. S. d. Art. 12a Abs. 1 Var. 3 GG sind etwa die Tätigkeit beim Technischen Hilfswerk, der Deutschen Lebensrettungsgesellschaft, dem Deutschen Roten Kreuz, dem Malteser-Hilfsdienst, der Johanniter-Unfallhilfe und dem Arbeiter-Samariter Bund anerkannt.[1139] In diesen und ähnlichen Einrichtungen würde auch ein soziales Pflichtjahr durch eine nahezu identische Tätigkeit abgeleistet.

Diese rein faktische Überlegung kann *rechtlich* jedoch nicht überzeugen. Denn die Aufgaben von Zivilschutzverbänden beschränken sich auf die Bekämpfung von Gefahren und Schäden, die bei *Kriegseinwirkungen* drohen oder eintreten (§ 1 ZVSG).[1140] An einem vergleichbaren Bezug fehlt es bei einem sozialen Pflichtjahr, das eine ordentliche Dienstpflicht nicht im Rahmen der Gefahrenabwehr, sondern (regelmäßig) der Leistungsverwaltung, begründen würde. Art. 12a Abs. 1 Var. 3 GG kann eine allgemeine Dienstpflicht somit nicht begründen.[1141]

Gleichfalls setzt die Ermächtigung in Art. 12a Abs. 2 GG zu einer *Ersatz*dienstleistungspflicht schon nach dem Wortlaut wegen der strengen Akzessorietät einen Kriegsdienst mit der Waffe als Hauptpflicht voraus, der nicht mehr bestehen würde (S. 191 ff.). Auf die *politische Realität* oder die *Auffassung der Betroffenen*[1142] kommt es für die Auslegung des Art. 12a Abs. 2 GG hingegen nicht an.

Im Ergebnis können die Art. 12a Abs. 1 und 2 GG ein soziales Pflichtjahr daher nicht legitimieren.[1143]

1139 *Juliane Kokott*, in: Sachs, GG, Art. 12a Rn. 19; *Manfred Gubelt*, in: v. Münch/Kunig, GG I, Art. 12a Rn. 8; *Werner Heun*, in: Dreier, GG I, Art. 12a Rn. 23.

1140 Vgl. *Juliane Kokott*, in: Sachs, GG, Art. 12a Rn. 18; *Heike Krieger*, in: Friauf/Höfling, GG, Art. 12a (2006) Rn. 34; *Gilbert Gornig*, in: v. Mangoldt/Klein/Starck, GG I, Art. 12a Rn. 52; *Hans D. Jarass*, in: Jarass/Pieroth, GG, Art. 12a Rn. 4.

1141 *Frank* KJ 1996, 238 (243); *Engels*, Allgemeine Dienstpflicht, S. 44 ff.; vgl. auch zur schweizer Verfassung *Schindler*, Allgemeine Dienstpflicht, S. 193 f.

1142 Darauf abstellend *Bausback/Schall* BayVBl 2011, 33 (36 f.).

1143 BVerfGE 69, 1 (23); *Roman Herzog*, in: Maunz/Dürig, GG, Art. 4 (1988) Rn. 212; *Bernd Brunn*, in: Umbach/Clemens, GG I, Art. 12a Rn. 7.

c. Verfassungsrechtliche Begrenzung: Sozialstaatsprinzip?

Zudem wird das Sozialstaatsprinzip aus Art. 20 Abs. 1 GG als weitere[1144] (verfassungsrechtliche) Ausnahme vom Verbot von Arbeitszwang nach Art. 12 Abs. 2 GG diskutiert.[1145]

Teilweise wird angenommen, die Einzelgehalte dieses Strukturprinzips wie die Fürsorge für Hilfsbedürftige, beispielsweise finanziell Notleidende, Personen mit körperlichen und geistigen Gebrechen, Kranke, Schwerbehinderte, Pflegebedürftige, gesellschaftlich Benachteiligte sowie Arbeitslose[1146] läsen sich wie ein Aufgabenkatalog für Zivildienstleistende und mithin für ein soziales Pflichtjahr.[1147] Indem der Staat sich in den letzten fünfzig Jahren für den Zivildienst als festen Bestandteil der Sozialordnung entschieden habe, habe er eine Infrastruktur für bedürftige Menschen als „Zielgruppe" des Sozialstaatsprinzips geschaffen.[1148] Dieses System der Solidarität habe sich als Instrument des Sozialstaatsprinzips bewährt und als geschichtliches Faktum der Sozialpolitik fest in der gesellschaftlichen Pflichtenordnung etabliert.[1149] Folglich sei die Kodifizierung des Wehrersatzdienstes im Rahmen einer Allgemeinen Dienstpflicht lediglich die Kodifizierung eines bereits von der Verfassung geschützten Faktums.[1150]

Dieser Konzeption steht entgegen, dass Sozialstaatsprinzip zwar Legitimationsgrundlage zahlreicher sozialstaatlich motivierter Begrenzungen von Grundrechten (Art. 6 Abs. 2 und 3; Art. 12 Abs. 2; Art. 12a Abs. 1; Art. 14 Abs. 2 GG) ist. Diese haben in den entsprechenden Fällen jedoch eine spezielle und hinreichend bestimmte Ausformung *außerhalb* des allgemeinen Strukturprinzips des Art. 20 Abs. 1 GG erfahren. Das allgemeine und unbestimmte Sozialstaatsprinzip hingegen sagt aber nichts darüber aus, wie diese Aufgabe im Einzelnen zu verwirklichen ist.[1151] Insbesondere lässt sich aus Art. 20 Abs. 1 GG nicht die Aufgabe herleiten, zur Bewältigung der aufkommenden Probleme ein soziales

---

1144 Für eine abschließende Regelung des qualifizierten Gesetzesvorbehalts des Art. 12 Abs. 2 GG *Michael Sachs*, in: Stern, Staatsrecht III/2, S. 574.

1145 *Frank* KJ 1996, 238 (244); *Engels*, Allgemeine Dienstpflicht, S. 57 ff.; *Ahammer/Dorner*, in: Ahammer/Nachtigall, Wehrpflicht, S. 361 (366 ff.), die aber nicht klar herausstellen, ob sie das Sozialstaatsprinzip als eigenständige Grundrechtsbegrenzung oder als Verstärkung des Merkmals „herkömmlich" ansehen.

1146 *Gerhard Robbers*, in: BK, Art. 20 (2009) Rn. 1491 ff.; *Stern*, Staatsrecht I, S. 893 ff.

1147 *Ahammer/Dorner*, in: Ahammer/Nachtigall, Wehrpflicht, S. 361 (366).

1148 *Ahammer/Dorner*, in: Ahammer/Nachtigall, Wehrpflicht, S. 361 (367).

1149 *Ahammer/Dorner*, in: Ahammer/Nachtigall, Wehrpflicht, S. 361 (367).

1150 *Ahammer/Dorner*, in: Ahammer/Nachtigall, Wehrpflicht, S. 361 (367).

1151 BVerfGE 52, 283 (298); 59, 231 (262 f.); *Michael Sachs*, in: Stern, Staatsrecht III/2, S. 577; *Stern*, Staatsrecht I, S. 924; *Papier*, in: HGR III, § 64 Rn. 28; *Merten*, in: HGR III, § 60 Rn. 80.

Pflichtjahr einzuführen. Allgemein besteht Sozialstaatlichkeit daher nur in den Grenzen der Grundrechte, umgekehrt gelten Grundrechte aber nicht nach Maßgabe der Sozialstaatsklausel.[1152] Das Sozialstaatsprinzip kann daher außerhalb bestehender Gesetzesvorbehalte nicht zur Grundrechtsbegrenzung des Art. 12 Abs. 2 GG herangezogen werden.[1153]

4. Ergebnis

Im Ergebnis verstößt die Einführung eines sozialen Pflichtjahrs durch Gesetz gegen Art. 12 Abs. 2 GG.[1154]

V. Einführung eines Sozialen Pflichtjahres durch Verfassungsänderung

Somit kommt ein soziales Pflichtjahr nur durch eine oder aufgrund einer Verfassungsänderung nach Art. 79 GG in Betracht. Danach sind die formellen Anforderungen einer ausdrücklichen Änderung/Ergänzung des Wortlauts des Grundgesetzes (Art. 79 Abs. 1 S. 1 GG), eine Zustimmung von zwei Dritteln der Mitglieder des Bundestages und zwei Dritteln der Stimmen des Bundesrates (Art. 79 Abs. 2 GG) und die inhaltlichen Anforderungen des Art. 79 Abs. 3 GG zu beachten.

Bei der Einführung eines sozialen Pflichtjahres stellt sich insbesondere die Frage, ob die Grundsätze des Art. 1 GG berührt werden. Nach der sog. Objektformel ist die Menschenwürde betroffen, wenn der konkrete Mensch zum Objekt, zu einem bloßen Mittel, zur vertretbaren Größe herabgewürdigt wird[1155].

1152 *Michael Sachs*, in: Stern, Staatsrecht III/2, S. 578; *Merten*, in: HGR III, § 60 Rn. 80.

1153 *Frank* KJ 1996, 238 (244); *Engels*, Allgemeine Dienstpflicht, S. 63 ff.; *Fleischhauer*, Wehrgerechtigkeit, S. 251 f.

1154 BVerfGE 69, 1 (23); *Antwort der Bundesregierung*, in: BT-Drs 15/3267, 1 (4); *Stellungnahme der Bundesregierung*, in: BT-Drs 12/1867, S. 8 (9); *Der Bundesminister der Verteidigung*, in: BT-Drs V/2405, 2; *Roman Herzog*, in: Maunz/Dürig, GG, Art. 4 (1988) Rn. 212; *Frank* KJ 1996, 238 (241 ff.); *Dreist* BWV 2004, 193 ff.; *Pietzcker*, in: Heinze GS, 637 (639 ff.); *Raue*, Allgemeine Dienstpflicht, S. 85 (89 f.); *Fleischhauer*, Wehrgerechtigkeit, S. 241 ff.; so auch zu Art. 163 I WRV *Weigert*, in: H. C. Nipperdey, Grundrechte und Grundpflichten III, S. 485 (493 f.).

allgemein für eine Verfassungswidrigkeit *v. Münch*, Staatsrecht II, Rn. 670; offen *v. Mangoldt/Klein*, GG II, 2. Aufl. 1966, Art. 73 Anm. IV 3c; die „Zulässigkeit" bejahen *Hufen*, Grundrechte, § 35 Rn. 58; sofern auf Männer beschränkt: *Bausback/Schall* BayVBl 2011, 33 (38).

1155 *Dürig* AöR 81 (1956), 117 (127).

Von den dabei denkbaren Problemdimensionen[1156] kommt allein die *Wahrung der personalen Identität* in Betracht.[1157] Identität und Integrität umfassen dabei einen Prozess möglichst autonomer Selbstdarstellung. *Wolfram Höfling* verlangt: „Der Mensch darf nicht zum bloßen Gegenstand gemacht werden, er hat vielmehr das Recht zum Gegen-Stand: gegen fremdbestimmende Menschenprägung, gegen funktionalistische Konditionierung, gegen uniformierende Wesensbestimmung."[1158]

Insofern könnte sich eine soziale Dienstpflicht einigen Vorbehalten ausgesetzt sehen, da sie einer selbstbestimmten und selbstverwirklichenden Lebensplanung entgegensteht und durch den Zwang in das Leben der jungen Menschen eingreifen könnte. Auch wenn die Idee der Dienstpflicht nicht von vornherein schändlich sein mag und die geleisteten Dienste als solche für ein gedeihliches Zusammenleben unerlässlich sind, so achtet die Menschenwürde doch auch die an sich unerwünschte egoistische Selbstdarstellung und Selbstverwirklichung. Somit könnte in dem Dienst zu Gunsten Hilfsbedürftiger eine bloße funktionalistische Konditionierung zu sehen sein.[1159]

Derartige Befürchtungen gehen aber fehl: Denn die Erfahrungen mit dem Zivildienst haben gezeigt, dass die Dienstleistenden die Art des Dienstes frei wählen können. So ist etwa eine *Auswahl* zwischen einem Dienst im sozialen Bereich, im Bereich des Umweltschutzes, des Naturschutzes und der Landschaftspflege (vgl. § 4 Abs. 1 Nr. 1 ZDG) möglich. Wer also auf den Anblick von Blut oder den Umgang mit tragischen Schicksalsfällen verzichten möchte, kann wie bisher anderweitige Dienste leisten in einer frei gewählten Einrichtung, wie es derzeit 98 % aller Zivildienstleistenden[1160] praktizieren. Diese Einrichtungen lassen darüber hinaus (im Unterschied etwa zum Wehrdienst[1161]) auch *nicht* befürchten, dass eine erhöhte Gefahr von Würdeverletzungen durch schikanöses und persönlichkeitsbrechendes Verhalten besteht.

Daneben verlangen die Dienste gerade *keine schematische Ausfüllung der Tätigkeit* - wie etwa bei den Streitkräften -, sondern sind teilweise auf den individuellen Umgang mit Hilfsbedürftigen ausgerichtet. Die Art und Weise des Umgangs mit diesen Personen kann Ausdruck einer selbstbestimmten Prägung

---

1156 Dazu *Wolfram Höfling*, in: Sachs, GG, Art. 1 Rn. 19 ff.; *Stern*, Staatsrecht IV/1, S. 23 ff.; *Sachs*, Grundrechte, B 1 Rn. 14 ff.

1157 Dazu *Wolfram Höfling*, in: Sachs, GG, Art. 1 Rn. 35 ff.; *Stern*, Staatsrecht IV/1, S. 47 ff.

1158 *Wolfram Höfling*, in: Sachs, GG, Art. 1 Rn. 37.

1159 Wohl *Köhler* ZRP 1995, 140 (143).

1160 *Schröder*, in: Ahammer/Nachtigall, Wehrpflicht, S. 149.

1161 Beispiele bei *Wolfram Höfling*, in: Sachs, GG, Art. 1 Rn. 44; *C. Grimm*, Allgemeine Wehrpflicht und Menschenwürde, S. 73 ff.

sein. Nicht selten werden sogar persönliche Beziehungen aufgebaut. Insgesamt verstößt die Einführung eines sozialen Pflichtjahres nicht gegen die Menschenwürde.[1162] Eine entsprechende Verfassungsänderung wäre daher verfassungsgemäß.[1163]

Für die entsprechende Neufassung des Grundgesetzes erscheinen zwei Wege denkbar: Zum einen könnte das Adjektiv „herkömmlich" aus dem qualifizierten Gesetzesvorbehalt des Art. 12 Abs. 2 GG gestrichen werden. Zum anderen könnte das soziale Pflichtjahr in einer gesetzesvorbehaltsähnlichen Einschränkungsermächtigung eines neuen Art. 12b GG normiert werden. Danach könnten etwa „alle Menschen vom vollendeten achtzehnten Lebensjahr an zu einem Dienst, der dem Allgemeinwohl dient", verpflichtet werden. Die Pflicht könnte dann in einem Gesetz konkretisiert werden, welches Aufgaben und Organisation der Dienstpflicht, Ausnahmen für wenige Personen (z. B. Altersobergrenze, [schwer] Behinderte nach § 2 Abs. 1 und 2 SGB IX), die Rechtsstellung der Pflichtigen sowie Verfahrensvorschriften bestimmt. Eine Normierung in Art. 12a GG scheint wegen des (jedenfalls mittelbar) verteidigungspolitischen Bezugs dieser Norm nicht sinnvoll.

VI. Exkurs: Vereinbarkeit mit Unionsrecht

Unabhängig von der Vereinbarkeit mit nationalem Recht stellt sich zudem die Frage nach der Vereinbarkeit eines (verfassungsrechtlich legitimierten) sozialen Pflichtjahres mit Unionsrecht. Zwar führte ein entsprechender Verstoß des (Grund-) Gesetzes nicht zur Nichtigkeit der (Verfassungs-) Norm.[1164] Wegen des *unionsrechtlichen Anwendungsvorrangs* hätte sie praktisch gleichwohl keine Wirksamkeit.[1165] Daher müsste ein soziales Pflichtjahr mit Unionsrecht vereinbar sein. Dabei sind insbesondere das Beihilfeverbot nach Art. 107 AEUV und das Gleichbehandlungsgebot des Art. 157 AEUV problematisch.

1162 *Frank* KJ 1996, 238 (244); *Pietzcker*, in: Heinze GS, 637 (641 f.); *Raue*, Allgemeine Dienstpflicht, S. 85 (91 f.).

1163 *Dreist* BWV 2004, 193 (195); a. A. *Köhler* ZRP 1995, 140 (143); *Fleischhauer*, Wehrgerechtigkeit, S. 255, die den nach Art. 79 Abs. 3 GG verletzten Grundsatz jedoch nicht benennen; *Ahammer/Dorner*, in: Ahammer/Nachtigall, Wehrpflicht, S. 361 (365 f.) sehen in einer auf Männer beschränkten Dienstpflicht einen Verstoß gegen Art. 3 Abs. 3 GG, gehen aber diesbezüglich auf Art. 1 und 20 GG nicht ein.

1164 *Degenhart*, Staatsorganisationsrecht, Rn. 244.

1165 *Degenhart*, Staatsorganisationsrecht, Rn. 244; *Maurer*, Staatsrecht I, § 4 Rn. 37.

Eine *Beihilfe* ist gemäß Art. 107 Abs. 1 AEUV eine staatliche Begünstigung für bestimmte Unternehmen oder Produktionszweige, die den Wettbewerb verfälschen und den Handel zwischen den Mitgliedstaaten beeinträchtigen.

Eine *Begünstigung* ist jeder wirtschaftliche Vorteil, den ein Unternehmen ohne angemessene, d. h. marktübliche Gegenleistung erlangt.[1166] Die Einordnung eines sozialen Pflichtjahrs als Beihilfe wäre nicht schon wegen seines sozialen Charakters ausgenommen.[1167] Denn die Entlohnung der Pflichtigen würde durch den Bund, jedenfalls mittelbar durch die Zwischenschaltung der Dienststellen (vgl. § 6 Abs. 2 ZDG), einen wirtschaftlichen Vorteil bringen. Die Dienststellen müssten daher Personen nicht entlohnen, die in ihrem Pflichtenkreis tätig sind.

Diese Begünstigung würde zudem aus *staatlichen Mitteln* fließen. Anders wäre es lediglich, wenn ein von der Dienststelle zu zahlendes marktgerechtes Entgelt gesetzlich festgesetzt würde.[1168]

Darüber hinaus handelt es sich um eine selektive Begünstigung *bestimmter Unternehmen bzw. Produktionszweige* im sozialen oder ökologischen Sektor, da die Dienstpflicht jedenfalls nicht der gesamten Wirtschaft zu Gute kommt.[1169]

Außerdem verlangt eine Beihilfe i. S. d. Art. 107 Abs. 1 AEUV eine (drohende) *Wettbewerbsverfälschung*. Dies ist der Fall, wenn die Beihilfe tatsächlich oder potentiell in ein bestehendes oder in ein im Entstehen befindliches Wettbewerbsverhältnis zwischen Unternehmen oder Produktionszweigen zu Gunsten des Beihilfeempfängers eingreift und damit den Ablauf des Wettbewerbs verändert.[1170] Durch das soziale Pflichtjahr könnte in den grenzüberschreitenden Dienstleistungsverkehr (Art. 56 ff. AEUV) eingegriffen werden, indem etwa die Zuweisung von Dienstpflichtigen nicht in andere (benachbarten) Mitgliedstaaten erfolgt, so dass dort ansässige Anbieter von Pflegedienstleistungen benachteiligt wären.[1171] Allerdings ist es diesen Unternehmen nicht verwehrt, in den entsprechenden Bereichen des Allgemeinwohls auf dem deutschen Markt tätig zu werden und gleichfalls Dienstpflichtige zu beschäftigen. Somit handelt es sich lediglich um eine allgemeine Regelung der Sozialpolitik für alle Unternehmen auf dem deutschen Markt, der *keine Wettbewerbsverfälschung* nach sich zieht.[1172]

1166 *Daniel-Erasmus Khan*, in: Geiger/Khan/Kotzur, Art. 107 AEUV Rn. 8; *Hobe*, Europarecht, 4. Teil Rn. 446; allg. *Plenge*, EG-Beihilfenrecht, S. 54 ff.

1167 EuGH EuZW 1999, 534 (536).

1168 Vgl. EuGH NVwZ 2001, 665 (666); *Pietzcker*, in: Heinze GS, 637 (642).

1169 Vgl. *Daniel-Erasmus Khan*, in: Geiger/Khan/Kotzur, Art. 107 AEUV Rn. 14; *Hobe*, Europarecht, 4. Teil Rn. 452.

1170 *Hobe*, Europarecht, 4. Teil Rn. 450; allg. *Plenge*, EG-Beihilfenrecht, S. 53 f.

1171 *Pietzcker*, in: Heinze GS, 637 (642 f.).

1172 EuGH EuZW 1999, 534 (536 f.).

Ein soziales Pflichtjahr wäre daher *keine Beihilfe* i. S. d. Art. 107 Abs. 1 AEUV.[1173]

Hinsichtlich der Vereinbarkeit mit dem *Gleichbehandlungsgebot* des Art. 157 AEUV ist auf die Überlegungen zur „Allgemeinheit" der Dienstleistungspflicht (S. 184 ff.) zu verweisen. Insgesamt wäre ein soziales Pflichtjahr *mit Unionsrecht vereinbar.*

VII. Exkurs: Vereinbarkeit mit Art. 4 Abs. 2 EMRK

Letztlich bleibt noch die Frage nach der Vereinbarkeit eines sozialen Pflichtjahres mit *internationalen Übereinkommen.* Denn Art. 4 Abs. 2 EMRK sieht vor, dass niemand gezwungen werden darf, Zwangs- oder Pflichtarbeit zu verrichten. Zwar hat die EMRK in der Bundesrepublik Deutschland nur den Rang eines Gesetzes (vgl. Art. 59 Abs. 2 GG).[1174] Doch zum einen wäre eine Kündigung nach Art. 58 EMRK politisch nicht gewollt, zum anderen sind Inhalt und Entwicklungsstand der EMRK sowie die Rechtsprechung des Europäischen Gerichtshofs für Menschenrechte auch bei der *Auslegung des Grundgesetzes zu berücksichtigen.*[1175] Insofern ist die Vereinbarkeit eines sozialen Pflichtjahres mit Art. 4 Abs. 2 EMRK von Bedeutung.[1176]

Da Art. 1 Übereinkommen über Zwangs- und Pflichtarbeit der Internationalen Arbeitsorganisationen ILO, Übereinkommen Nr. 29 vom 28. Juli 1930[1177] Vorbild für die Garantie war,[1178] ist die Auslegung ebenso *parallel*[1179] wie nach

---

1173 *Pietzcker*, in: Heinze GS, 637 (643); *Ahammer/Dorner*, in: Ahammer/Nachtigall, Wehrpflicht, S. 361 (370 ff.).

1174 BVerfGE 74, 358 (370); 111, 307 (315, 317); *Rudolf Streinz*, in: Sachs, GG, Art. 59 Rn. 65a; *Bernhard Kempen*, in: v. Mangoldt/Klein/Starck, GG II, Art. 59 Rn. 92; *Stern*, Staatsrecht I, S. 273; a. A.: *Bleckmann* EuGRZ 1994, 149 ff., welcher der EMRK Verfassungsrang zukommen lässt.

1175 BVerfGE 74, 358 (370); 82, 106 (120); 111, 307 (316 f.); *Rudolf Streinz*, in: Sachs, GG, Art. 59 Rn. 65a; *Bernhard Kempen*, in: v. Mangoldt/Klein/Starck, GG II, Art. 59 Rn. 92.

1176 Vgl. BVerfGE 83, 119 (128).

1177 Siehe auch später Art. 8 Abs. 3 Internationaler Pakt über bürgerliche und politische Rechte vom 19.12.1966.

1178 EGMR EuGRZ 1985, 477 (481); *Pietzcker*, in: Heinze GS, 637 (643).

1179 EKMR EuGRZ 1975, 47 (48); EGMR EuGRZ 1985, 477 (481); *Thilo Marauhn*, in: Grote/Marauhn, EMRK/GG, Kap. 12 Rn. 15; *Schindler*, Allgemeine Dienstpflicht, S. 46 f.

der Transferklausel des Art. 52 Abs. 3 EUGrundRCharta zu Art. 5 Abs. 2 EUGrundRCharta[1180].

Im Unterschied zur Auslegung des Art. 12 Abs. 2 GG (S. 179 ff.) ist Art. 4 Abs. 2 EMRK jedoch ein *absolutes Verbot*, so dass mit jeder Beeinträchtigung des Grundrechtstatbestandes ein Verstoß gegen die Garantie einhergeht.[1181] Daher wird das einheitlich verstandene Verbot[1182] lediglich auf Verpflichtungen zu einer *höchstpersönlichen Dienstleistung* beschränkt, die *ungerecht oder unterdrückend* ist oder zwangsläufig Härten zur Folge hat.[1183] Bei dieser Auslegung wird bereits auf Gewährleistungsebene berücksichtigt, ob die mit einer Arbeit verbundenen Belastungen in einem angemessenen Verhältnis zu den zu erwartenden Vorteilen stehen.[1184]

Auf diese Abwägung kommt es jedoch nicht an, wenn schon begrifflich keine Zwangs- oder Pflichtarbeit vorliegt. Insoweit finden sich in Art. 4 Abs. 3 EMRK Legalausnahmen.

Zwar sieht Art. 4 Abs. 3 lit. b EMRK eine *Ausnahme* für den Militärdienst und einen entsprechenden Ersatzdienst vor. Wie bei Art. 12a Abs. 1 und 2 GG (S. 194 ff.) ist ein soziales Pflichtjahr davon jedoch nicht gedeckt.[1185] Daneben kommen auch übliche (vgl. S. 189 ff.) Bürgerpflichten und Notstandspflichten (vgl. S. 194 ff.) *nicht* (uneingeschränkt) in Betracht.[1186]

Somit kommt es auf eine *Abwägung* an. Zwar wäre ein soziales Pflichtjahr nicht von kurzer Dauer. Zudem würde es nur gegen ein geringes Entgelt geleistet. Diese Eigenschaften führen jedoch noch nicht zu einer Unterdrückung, weil sich insofern Parallelen zu den tatbestandlichen Ausnahmen der vier Unterabsätzen des Art. 4 Abs. 3 EMRK zeigen. Deren Zweck besteht ungeachtet ihrer

---

1180 *Wolfram Höfling*, in: Peter J. Tettinger/Klaus Stern (Hrsg.), Kölner Gemeinschaftskommentar zur Europäischen Grundrechte-Charta, 2006, Art. 5 Rn. 11; *Hans D. Jarass*, Charta der Grundrechte der Europäischen Union, Kommentar, 2010, Art. 5 Rn. 1.

1181 *Thilo Marauhn*, in: Grote/Marauhn, EMRK/GG, Kap. 12 Rn. 12; *Grabenwarter*, EMRK, § 20 Rn. 39.

1182 *Thilo Marauhn*, in: Grote/Marauhn, EMRK/GG, Kap. 12 Rn. 9; *Grabenwarter*, EMRK, § 20 Rn. 40.

1183 EKMR EuGRZ 1975, 51 (52); 47 (48); EGMR EuGRZ 1985, 477 (482); *Thilo Marauhn*, in: Grote/Marauhn, EMRK/GG, Kap. 12 Rn. 15 f.; *Grabenwarter*, EMRK, § 20 Rn. 40; gegen diese restriktive Auslegung *Köhler* ZRP 1995, 140 (142); *Engels*, Allgemeine Dienstpflicht, S. 103 f.

1184 EGMR EuGRZ 1985, 477 (482); *Grabenwarter*, EMRK, § 20 Rn. 40.

1185 *Grabenwarter*, EMRK, § 20 Rn. 44; *Pietzcker*, in: Heinze GS, 637 (644); *Schindler*, Allgemeine Dienstpflicht, S. 63 f.; *Engels*, Allgemeine Dienstpflicht, S. 104 f.; a. A. *Bausback/Schall* BayVBl 2011, 33 (38).

1186 *Schindler*, Allgemeine Dienstpflicht, S. 65 ff.; *Engels*, Allgemeine Dienstpflicht, S. 105 f.

Verschiedenheit im *Allgemeininteresse, der sozialen Solidarität und dem normalerweise Üblichen.*[1187] Der Motivation für ein soziales Pflichtjahr liegen die Erfahrungen mit dem Zivildienst zu Grunde, der für alle Beteiligten mit positiven Erfahrungen verbunden wird. Einer unterdrückenden Wirkung dieser Pflicht steht daher entgegen, dass (zumindest auch) pädagogisch motiviert der geistige Reifeprozess junger Menschen beschleunigt werden soll, indem durch bestimmte Erfahrungen der Gedanke der Solidarität gestärkt wird. Der Dienst ist den Pflichten in Art. 4 Abs. 3 EMRK also durchaus ähnlich. Dass Art. 4 Abs. 2 EMRK anders als das Grundgesetz auch neuen Dienstpflichten nicht grundsätzlich verschlossen ist, zeigt sich zudem in der Aussparung des Vorbehalts „herkömmlich".[1188] *Mangels unterdrückender* Wirkung ist daher der Tatbestand des Art. 4 Abs. 2 EMRK schon *nicht erfüllt.*

Insgesamt wäre ein soziales Pflichtjahr daher mit Art. 4 Abs. 2 EMRK *vereinbar.*[1189] Würde die Dienstleistungspflicht hingegen *auf Männer beschränkt,* wäre die Regelung mit Art. 14 EMRK *nicht vereinbar* (vgl. S. 185 ff.).[1190]

B. Wehrabgabe

Zur Vermeidung des Verstoßes des Wehrpflichtgesetzes gegen die Wehrdienstgleichheit wird außerdem eine *Wehrabgabe* diskutiert. Dabei handelt es sich um eine Verpflichtung zu einer Abgabenlast, die alternativ zur kompensatorischen Verpflichtung durch eine Naturallast (soziales Pflichtjahr) besteht. Insofern würde die real nicht vollziehbare Wehrdienstgleichheit zumindest durch eine ökonomische Lastengleichheit ersetzt.

Anders als beim sozialen Pflichtjahr (S. 184 ff.) lässt sich der Adressatenkreis klar bestimmen. Da sich der Verfassungsverstoß nicht aus der Unzulässigkeit einzelner Wehr*pflicht*ausnahmen oder der Summe der Wehrpflichtausnahmen ergibt (S. 58 ff.), sondern aus den Wehr*dienst*ausnahmen, beschränkt sich eine entsprechende Zahlungspflicht auf dienstbefreite *Wehrpflicht-*

1187 EGMR EuGRZ 1985, 477 (482).

1188 *Pietzcker*, in: Heinze GS, 637 (645).

1189 *Pietzcker*, in: Heinze GS, 637 (644 ff.); *Bausback/Schall* BayVBl 2011, 33 (38); zweifelnd *Frank* KJ 1996, 238 (244 f.); a. A. *Köhler* ZRP 1995, 140 (142 f.); *Raue*, Allgemeine Dienstpflicht, S. 85 (94); *Dreist* BWV 2004, 193 (195 f.); *Schindler*, Allgemeine Dienstpflicht, S. 61 ff.; *Engels*, Allgemeine Dienstpflicht, S. 101 ff.

1190 *Schindler*, Allgemeine Dienstpflicht, S. 69 ff.

ige.[1191] Frauen, Ausländer und Deutsche mit ständigem Auslandsaufenthalt wären von dieser Obliegenheit somit a priori befreit.

Verpflichtet wären hingegen *Untaugliche*, also 41, 2 % aller Wehrpflichtigen.[1192] Die überwiegende Mehrheit dieser Personen ist durch die die Wehrtauglichkeit hindernden Eigenschaften jedoch nicht gehindert, Beruf oder Ausbildung nachzugehen. Durch eine Wehrabgabe würden die finanziellen Vorteile, die Nichtdienende gegenüber Dienenden haben, den Nichtdienenden genommen und so zumindest ein finanzieller Ausgleich hergestellt. Nicht zuletzt trägt die Befreiung dieser Personen in der Summe maßgeblich zum Verstoß gegen die Wehrdienstgleichheit bei (S. 130 ff.). Die Entscheidung des Gesetzgebers, diese Wehrpflichtigen nicht zum Wehrdienst zu verpflichten, verlangt jedoch nicht die Befreiung von der Abgabenpflicht.[1193] Daher greift der Vorwurf der „Krüppelsteuer"[1194], der eine unbillige Härte infolge körperlicher Leiden suggerieren soll, nicht durch. Vielmehr ist es gerade der Kerngedanke der Wehrabgabe, die fehlende Wehrdienstverpflichtung anderweitig zu kompensieren.[1195] Umgekehrt überzeugen auch psychologisch staatspolitische Bedenken durch das Odium eines „Freikaufs"[1196] nicht. Denn die Entscheidung über eine Wehrdienstausnahme, die Voraussetzung für die Zahlungspflicht ist, trifft der Gesetzgeber und nicht der Wehrpflichtige.

Letztlich greift auch der Vorwurf, angesichts einer drohenden Zahlungspflicht müsse ein „Recht auf Dienen"[1197] eingeräumt werden, nicht durch. Denn für eine konsistente Begründung einer Abgabe genügt bereits ein umfassender Schutzgegenstand auf Gleichheit bei der Wehrverpflichtung. Dem Vorwurf eines „Rechts auf Dienen" ist daher nur die herrschende Meinung ausgesetzt, welche die Wehrgleichheit erheblich relativiert.

Im Ergebnis wären alle Wehrpflichtigen zu einem Beitrag zur Landesverteidigung verpflichtet: Der wehrdienstpflichtige Teil muss Wehrdienst leisten, der

---

1191 *Roman Herzog*, in: Maunz/Dürig, GG, Art. 4 (1988) Rn. 213 f., der aber körperlich oder geistig Behinderte ausnehmen will; *Kloepfer*, Grundrechte, § 71 Rn. 56; *Bihr*, Wehrsteuer, S. 39 f., 74; vgl. BVerwG KStZ 1959, 148; anders das tschechoslowakische Gesetz vom 19. Dezember 1934, das auch Frauen verpflichtete, vgl. *Oeftering*, Wehrsteuer, S. 13.

1192 *Antwort der Bundesregierung*, in: BT-Drs 17/1281.

1193 So aber *Edinger*, Wehrausgleichsabgabe, S. 44 f.

1194 *Schäffle*, Die Steuern, Besonderer Teil, S. 394; *Loeser*, Wehrsteuer, S. 50; krit. bereits *v. Harling*, Wehrsteuer, S. 11.

1195 *Bihr*, Wehrsteuer, S. 39 f., 73, der andernfalls für den Wehrdienstausgleich ein „Torso" befürchtet.

1196 *Hahnenfeld* BWV 1976, 121 (123).

1197 *Hahnenfeld* BWV 1976, 121 (123).

wehrdienstbefreite Teil müsste eine Abgabe leisten. Den Nichtdienenden könnte so vor Augen gehalten werden, dass auch sie einen Beitrag zur Verteidigung zu leisten haben.[1198]

I. Historischer Überblick

Die Idee einer Wehrabgabe geht auf eine lange Tradition zurück. Da aber die allgemeine Wehrpflicht erst seit einigen Jahrhunderten verbreitet ist (S. 36 ff.), können die älteren wehrabgabeähnlichen Pflichten lediglich als „Analoga“[1199] bezeichnet werden.

So hat bereits der römische König *Servius Tullius* während seiner politischen und militärischen Reform (Servianische Verfassung) die „aes hordearium“ eingeführt, die Grundstückseigentümer (daran knüpfte die Wehrpflicht an), die keinen Kriegsdienst leisteten, mit einer höheren Abgabe zur Beschaffung und Unterhaltung von Pferden belegte.[1200]

Auch das mittelalterliche Frankreich verpflichtete Personen zur Zahlung, die zur Heeresfahrt nicht erschienen.[1201] Dort wurde am 8. März 1800 auch die erste „Wehrabgabe“ nach heutigem Verständnis normiert,[1202] die 1818 wegen des geringen Ertrages und einer Änderung des Rekrutierungsgesetzes wieder aufgehoben wurde.[1203] Die Idee blieb aber präsent, so dass nach langer Diskussion[1204] einige Jahrzehnte später die „taxe militaire“ am 15. Juli 1889 Gesetzeskraft erlangte. Darin wurde eine Abfindungssumme von Männern verlangt, die ihrem Wehrdienst nicht nachkamen.[1205] Nach Wegfall der Zurückstellungs- und Befreiungsmöglichkeiten wurde auch dieses Gesetz am 21. März 1905 wieder aufgehoben.[1206]

Für die gegenwärtige Diskussion ist besonders die Rechtslage in der Schweiz von Bedeutung. Seit Beginn des 19. Jahrhunderts gibt es dort in den

---

1198 Vgl. Art. 16 Verf. Marokko 1972: „Alle Bürger tragen zur Verteidigung des Vaterlandes bei.“

1199 *Hauff*, Wehrsteuer, S. 9; *Kayser*, Wehrsteuer, S. 2.

1200 *Waldstein/Rainer*, Römische Rechtsgeschichte, 10. Aufl. 2005, § 17 Rn. 2 ff.

1201 *Schott*, Französische Wehrsteuer, S. 7 f.; *Kayser*, Wehrsteuer, S. 6 f.

1202 *Schott*, Französische Wehrsteuer, S. 11 ff.

1203 *Schott*, Französische Wehrsteuer, S. 16; *Kayser*, Wehrsteuer, S. 13.

1204 *Schott*, Französische Wehrsteuer, S. 17 ff.; *Kayser*, Wehrsteuer, S. 14 f.

1205 *Schott*, Französische Wehrsteuer, S. 75 ff.; *Loeser*, Wehrsteuer, S. 54 ff.; *Neubauer* FinArch 1984, 107 (108).

1206 *Loeser*, Wehrsteuer, S. 54 ff.

Kantonen Wehrabgaben.[1207] Nach einer erfolglosen Gesetzesinitiative 1875 trat am 28. Juni 1878 zudem eine bundesweite Regelung in Kraft.[1208] Die gegenwärtige Rechtslage bestimmt sich nach dem schweizerischen „Bundesgesetz über den Militärpflichtersatz“ vom 12. Juni 1959.[1209]

Dort sind Grundlage für die Berechnung die Person *und* das Einkommen, so dass eine Personaltaxe und eine Einkommenstaxe erhoben werden.[1210] Die Personaltaxe wird unabhängig von der wirtschaftlichen Lage (somit auch bei einem Einkommen unterhalb des betreibungsrechtlichen Existenzminimums) des einzelnen von jedem Ersatzpflichtigen erhoben. Dies wird mit den militärischen Pflichten begründet, die unabhängig von der wirtschaftlichen Lage anfallen.[1211] Daneben ist die Einkommenstaxe ein nach der wirtschaftlichen Leistungsfähigkeit abgestufter Zuschlag auf das Einkommen. Befreiungen von der Ersatzpflicht bestehen für Invaliden und Personen, die wegen körperlicher oder geistiger Gebrechen unfähig sind, den für sich und seine Familie notwendigen Lebensunterhalt zu erwerben.[1212]

Daneben gab es Wehrabgaben im europäischen Raum in Österreich-Ungarn (13. Juni 1880)[1213], Spanien, Portugal (1887), Bulgarien (15. Dezember 1891), Serbien (1. November 1896), Rumänien (17. März 1900), Italien, der Türkei (9. März 1918), der Tschechoslowakei (19. Dezember 1934) und Litauen (30. Juni 1936).[1214] Die Wehrabgabe erfreute sich also primär gegen Ende des 19. und zu Beginn des 20. Jahrhunderts besonderer Beliebtheit.

II. Entwicklung in Deutschland

Diese Rechtswirklichkeit in ausländischen Rechtsordnungen beeinflusste maßgeblich die Entwicklung im deutschen Raum, wo in dieser Zeit einige einschlä-

---

1207 Dazu *Baumann*, Die Entwicklung der Wehrpflicht in der schweizerischen Eidgenossenschaft von 1803-1874, 1932, S. 318 ff.

1208 *Kayser*, Wehrsteuer, S. 24 ff.; *Oeftering*, Wehrsteuer, S. 13; abgedr. bei *Marcinowski*, Wehrsteuer, S. 150 ff.

1209 Dazu *Edinger*, Wehrausgleichsabgabe, S. 38 ff.

1210 *Walti*, Militärpflichtersatz, S. 117 ff.

1211 *Walti*, Militärpflichtersatz, S. 117 f.

1212 *Walti*, Militärpflichtersatz, S. 86 ff.

1213 Österr. RGBl. 1880, 232 ff.; dazu ausf. *Kayser*, Wehrsteuer, S. 28 f.; *Loeser*, Wehrsteuer, S. 49 ff.

1214 *Hauff*, Wehrsteuer, S. 9 f.; *Kayser*, Wehrsteuer, S. 10; *Oeftering*, Wehrsteuer, S. 13 f.; *Bihr*, Wehrsteuer, S. 106 f., 113 f.

gige Monografien entstanden sind.[1215] Die Idee einer finanziellen Ausgleichspflicht für die nicht erbrachte Wehrdienstpflicht ist gleichwohl wesentlich älter.

Bereits während der Karolingerzeit wurden mehrere Kleinbauern zu Gestellungsverbänden zusammengeschlossen. Diese Verbände mussten mit ihrer Beisteuer (adiutorium) einen Mann ausrüsten.[1216] Auch wer infolge Alters, Krankheit oder seiner geistigen Verrichtungen wegen nicht mit ins Feld ziehen konnte, wurde auf eine gewisse Anlage (Heersteuer) taxiert.[1217] Seit Mitte des 12. Jahrhunderts konnte sich der Lehensmann durch Zahlung einer Heersteuer von der Pflicht zur Heerfahrt (Feldzüge des Lehensherrn) befreien.[1218] Durch die aufkommenden Söldnerheere blieb eine weitere Entwicklung jedoch aus. Parallelen finden sich erst wieder in der Befreiung einiger Bevölkerungsgruppen (Juden, Mennoniten, Quäker) von der Kantonspflicht gegen Zahlung bestimmter Abgaben zur Zeit Friedrich Wilhelms I.[1219] Am 13. Juni 1807 sprach sich *Prinz August von Preußen* für eine Wehrsteuer aus, die vom Gesetzgeber aber nicht umgesetzt wurde. Ebenso erfolglos blieb der Vorschlag des Kriegsministers *von Roon* während des preußischen Verfassungskonfliktes 1859, der auch im Norddeutschen Bund wieder aufgegriffen wurde.[1220] Umgesetzt wurde die Idee schließlich, nachdem sie durch Gesetz vom 24. Dezember 1866 in Sachsen noch auf „Unwürdige“ begrenzt blieb, am 19. März 1868 im Königreich Württemberg[1221] sowie am 29. April 1868 in Bayern.[1222] Durch die ausschließliche Gesetzgebungskompetenz des Reiches nach Art. 4 Nr. 14 RV 1871 wurden die Gesetze jedoch kurze Zeit später obsolet. Zuvor setzte sich im Norddeutschen Bund ein Kommissionsvorschlag bei den Beratungen über den Entwurf über das „Gesetz über die Verpflichtung zum Kriegsdienst“ nicht durch.[1223]

Im deutschen Kaiserreich wurde die Diskussion zwar weiter fortgesetzt[1224], Gesetzesinitiativen der Regierung vom 17. März 1881[1225] sowie 1906 und

---

1215 *Hauff*, Wehrsteuer; *v. Harling*, Wehrsteuer; *Kayser*, Wehrsteuer; *Loeser*, Wehrsteuer; *Oeftering*, Wehrsteuer.

1216 *Mitteis/Lieberich*, Rechtsgeschichte, S. 109.

1217 *Kayser*, Wehrsteuer, S. 3 ff.

1218 *Kimminich*, Deutsche Verfassungsgeschichte, 2. Aufl., S. 86; *Mitteis/Lieberich*, Rechtsgeschichte, S. 185.

1219 *Schott*, Französische Wehrsteuer, S. 7; *Marcinowski*, Wehrsteuer, S. 1.

1220 *Knies*, Mängel der Conskriptionspraxis, S. 60 ff.

1221 *Marcinowski*, Wehrsteuer, S. 138 f.

1222 *Fik*, Wehrsteuer, S. 4 ff.; *Kayser*, Wehrsteuer, S. 38 ff.; *Loeser*, Wehrsteuer, S. 37 f.; *Marcinowski*, Wehrsteuer, S. 139 ff.

1223 *Fik*, Wehrsteuer, S. 3.

1224 *Marcinowski*, Wehrsteuer; *v. Harling*, Wehrsteuer, S. 3 ff.; *Kayser*, Wehrsteuer, S. 51 ff.; *Loeser*, Wehrsteuer.

1225 Beratungen abgedr. bei *Marcinowski*, Wehrsteuer, S. 19 ff.

1908/1909 blieben jedoch ebenso erfolglos[1226] wie bereits der Vorschlag der Bundesratskommission vom 4. Oktober 1877.[1227] Nicht in diesen Zusammenhang ist der Wehrbeitrag vom 3. Juli 1913[1228] einzuordnen, welcher zur Deckung der Kosten der Wehrvorlage *von allen* Angehörigen des Deutschen Reichs einen einmaligen außerordentlichen Beitrag verlangte. Dieser Abgabe ging es also nicht um einen Ausgleich.

Gesamtstaatliche Gesetzeskraft erlangte eine Wehrsteuer erst am 20. Juli 1937. § 1 Abs. 1 Wehrsteuergesetz (WehrStG)[1229] erklärte jeden männlichen deutschen Staatsangehörigen, der nach dem 31. Dezember 1913 geboren ist, seinen Wohnsitz oder seinen gewöhnlichen Aufenthalt im Inland hat und nicht zur Erfüllung der zweijährigen aktiven Dienstpflicht (§ 8 des Wehrgesetzes) einberufen wird, für wehrsteuerpflichtig. Auch Juden, die infolge ihrer politischen Entrechtung von der Wehrpflicht ausgeschlossen wurden und für „wehrunwürdig" gehalten wurden, waren ebenso wehrsteuerpflichtig wie Geistliche (dazu S. 106 ff.).[1230] Befreiungen sah das Gesetz nur für Wehrpflichtige vor, die während der Ausübung der Arbeitsdienstpflicht oder des zweijährigen aktiven Wehrdienstes für den Wehrdienst untauglich geworden sind (§ 2 Abs. 1 WehrStG), oder wenn das Jahreseinkommen nicht mehr als 224 Reichsmark betrug (§ 2 Abs. 3 WehrStG). Infolge des Krieges ist die Zahl an Wehrsteuerpflichtigen stark zurückgegangen.[1231]

Auch in der Bundesrepublik wurde eine Geldzahlungspflicht wiederholt diskutiert.[1232] Der Bundesminister der Verteidigung *Gerhard Schröder* hielt am 14. Dezember 1967 eine „Wehrsteuer" allein jedoch nicht für geeignet, einen gerechten Ausgleich herbeizuführen.[1233] Daneben würden die Abgrenzung des steuerpflichtigen Personenkreises und die verwaltungsmäßige Durchführung einer solchen Abgabe nicht unerheblichen Schwierigkeiten begegnen.[1234] Später brachte Bundesverfassungsrichter *Martin Hirsch* in seiner abweichenden Mei-

---

1226 *Hauff*, Wehrsteuer, S. 10 ff.; *Loeser*, Wehrsteuer, S. 38 ff.

1227 *Fik*, Wehrsteuer, S. 6.

1228 RGBl., 505 ff.; dazu *Laband*, Staatsrecht IV, S. 499 ff.; *Erzberger*, Wehrbeitrag.

1229 RGBl. I, 821; dazu *Oeftering*, Wehrsteuer.

1230 *Heckel*, Wehrrecht des Grossdeutschen Reiches, S. 114 f.; 131 f.

1231 *Reinhardt* DStZ 1941, 349 (352).

1232 *Der Wehrbeauftragte des Deutschen Bundestages*, in: BT-Drs IV/371, 32; *Der Bundesminister der Verteidigung*, in: BT-Drs V/2405, 2; *Wehrstruktur-Kommission der Bundesregierung, Wehrgerechtigkeit 1971*, S. 28, 56; *Bihr*, Wehrsteuer; *Edinger*, Wehrausgleichsabgabe.

1233 *Der Bundesminister der Verteidigung*, in: BT-Drs V/2405, 2.

1234 *Der Bundesminister der Verteidigung*, in: BT-Drs V/2405, 2.

nung zur „Postkartenentscheidung“[1235] im Rahmen seiner Kritik an den prozessualen Konsequenzen des Urteils (Verfassungswidrigkeit des Gesetzes) die Wehrabgabe als vom Gesetzgeber in Betracht zu ziehende Alternative ins Spiel.[1236] Umgesetzt wurde die Idee jedoch nicht.

III. Einführung einer Ersatzabgabe durch Gesetz

Ob die Einführung einer solchen gesetzlichen Geldleistungspflicht mit dem Grundgesetz vereinbar wäre, ist unter mehreren Aspekten problematisch.

1. Grundrechtstatbestand

Als Grundrechtstatbestand gegen die Auferlegung einer entsprechenden Abgabe kommt zunächst Art. 14 Abs. 1 GG als Spezialfreiheitsrecht in Betracht. Das Eigentum schützt zwar alle vermögenswerten Rechtspositionen.[1237] Das Vermögen als solches ist hingegen nicht geschützt.[1238] Insofern ist der Schutz vor der Auferlegung öffentlicher Geldleistungspflichten grundsätzlich nicht umfasst, da durch die Besteuerung nicht auf ein bestimmtes Recht zugegriffen wird.[1239]

Eine Ausnahme besteht jedoch, wenn Geldleistungspflichten gerade an den Hinzuerwerb von Eigentum anknüpfen, wie es etwa bei der Einkommen- und Gewerbesteuer der Fall ist.[1240] Die Ausgleichszahlungspflicht durch eine Wehrabgabe soll lediglich die Verschonung vor einer Naturalleistungspflicht kom-

---

1235 BVerfGE 48, 127 ff.

1236 Abw. M. des Richters *Hirsch*, in: BVerfGE 48, 185 (201).

1237 BVerfGE 78, 58 (71); 83, 201 (208); *Rudolf Wendt*, in: Sachs, GG, Art. 14 Rn. 22 f.; *Hans-Jürgen Papier*, in: Maunz/Dürig, GG, Art. 14 (2010) Rn. 160; *Jan-R. Sieckmann*, in: Friauf/Höfling, GG, Art. 14 (2000) Rn. 42; *Otto Depenheuer*, in: v. Mangoldt/Klein/Starck, GG I, Art. 14 Rn. 113; *Sachs*, Grundrechte, B 14 Rn. 5; *Kloepfer*, Grundrechte, § 72 Rn. 20.

1238 *Rudolf Wendt*, in: Sachs, GG, Art. 14 Rn. 38; *Otto Depenheuer*, in: v. Mangoldt/Klein/Starck, GG I, Art. 14 Rn. 160; *Hans-Jürgen Papier*, in: Maunz/Dürig, GG, Art. 14 (2010) Rn. 160; *Sachs*, Grundrechte, B 14 Rn. 9; *v. Coelln* JuS 2009, 335 (336); anders *Otto Kimminich*, in: BK, Art. 14 (1992) Rn. 61 ff.

1239 BVerfGE 4, 7 (17); 78, 214 (230); 81, 108 (122); 97, 332 (349); *Otto Depenheuer*, in: v. Mangoldt/Klein/Starck, GG I, Art. 14 Rn. 168 f.; *Joachim Wieland*, in: Dreier, GG I, Art. 14 Rn. 56; *Hans D. Jarass*, in: Jarass/Pieroth, GG, Art. 14 Rn. 32a; *v. Coelln* JuS 2009, 335 (336); a. A. *Johannes Dietlein*, in: Stern, Staatsrecht IV/1, S. 2205 ff.; *Hans-Jürgen Papier*, in: Maunz/Dürig, GG, Art. 14 (2010) Rn. 169 ff.; *Brun-Otto Bryde*, in: v. Münch/Kunig, GG I, Art. 14 Rn. 23.

1240 BVerfGE 115, 97 (111).

pensieren. Mit Eigentumserwerb steht sie in keinerlei Zusammenhang. Es wird nur eine Wertsummenschuld begründet, die freistellt, aus welchen Mitteln das Geld hierfür aufgebracht wird. Betroffen ist also lediglich das Vermögen als solches.

Im Ergebnis ist der Schutzbereich des Art. 14 Abs. 1 GG daher *nicht* eröffnet, so dass als freiheitsrechtliches Abwehrrecht nur die *allgemeine Handlungsfreiheit* aus Art. 2 Abs. 1 GG in Betracht kommt.[1241]

2. Beeinträchtigung (Eingriff)

Die Auferlegung der gesetzlichen Zahlungspflicht greift in diesen Schutzbereich ein.

3. Rechtfertigung

Diese Zahlungspflicht bedarf einer Rechtfertigung.

a. Begrenzungen des Grundrechts: Gesetzesvorbehalt

Das Grundrecht der allgemeinen Handlungsfreiheit aus Art. 2 Abs. 1 GG unterliegt dem schlichten Gesetzesvorbehalt der verfassungsmäßigen Ordnung. Das beschränkende Gesetz muss also formell und materiell verfassungsgemäß sein.[1242]

Die *Gesetzgebungskompetenz* für die Abgabe bestimmt sich danach, ob sie nach dem grundgesetzlichen Abgabensystem als *Steuer, Gebühr, Beitrag oder Sonderabgabe* ausgestaltet ist. Handelt es sich um eine Steuer, bestimmt sich die Gesetzgebungskompetenz nach Art. 105 Abs. 2 GG. Bei den übrigen Abgabenarten sind die allgemeinen Kompetenzvorschriften der Art. 70 ff. GG einschlägig.[1243]

1241 Vgl. BVerfGE 9, 3 (11); 48, 102 (115 f.); 75, 108 (154 ff.); 108, 186 (234); 114, 371 (384); BVerfG (1. Kammer des Zweiten Senats) NVwZ 2009, 837; *Hans-Jürgen Papier*, in: Maunz/Dürig, GG, Art. 14 (2010) Rn. 161; *Hans-Detlef Horn*, in: Stern/Becker, Grundrechte-Komm., Art. 2 Rn. 31; *Horst Dreier*, in: Dreier, GG I, Art. 2 I Rn. 36; *Stern*, Staatsrecht IV/1, S. 914 ff.; anders *Rudolf Wendt*, in: Sachs, GG, Art. 14 Rn. 38 ff.

1242 BVerfGE 6, 32 (37 f.); 55, 159 (165); 80, 137 (153); *Dietrich Murswiek*, in: Sachs, GG, Art. 2 Rn. 89; *Stern*, Staatsrecht IV/1, S. 949 ff.; *Sachs*, Grundrechte, B 2 Rn. 31.

1243 BVerfGE 57, 139 (166).

In der Literatur findet sich keine einheitliche Terminologie für eine entsprechende Zahlungspflicht. So wird von einer Wehrausgleichsabgabe[1244], Wehrersatzabgabe[1245] oder Wehrabgabe[1246], mitunter auch von einer Wehrsteuer[1247] gesprochen. Letztlich kommt es für die Zuordnung zu einem Abgabentyp ohnehin nur auf den *materiellen Gehalt* und nicht auf ihre Bezeichnung oder haushaltsmäßige Behandlung an.[1248]

aa. Vorzugslast

Den Vorzugslasten (Gebühr und Beitrag) ist gemein, dass sie einen Finanzierungszweck für eine *ihnen unmittelbar gegenüberstehende Leistung* verfolgen, deren Kosten sie ganz oder teilweise decken sollen.[1249]

(1) Gebühr

Eine Gebühr zeichnet sich im Besonderen dadurch aus, dass sie als Gegenleistung für eine *besondere Leistung* der Verwaltung (Verwaltungsgebühr) oder für

---

1244 *Rupert Scholz*, in: Maunz/Dürig, GG, Art. 12a (2001) Rn. 138; *Werner Heun*, in: Dreier, GG I, Art. 12a Rn. 15; *Gilbert Gornig*, in: v. Mangoldt/Klein/Starck, GG I, Art. 12a Rn. 13; *Kloepfer*, Grundrechte, § 71 Rn. 56; *Hahnenfeld* BWV 1976, 121 (123); für „Ausgleichsabgabe" *Wehrstruktur-Kommission der Bundesregierung, Wehrgerechtigkeit 1971*, S. 56; *Juliane Kokott*, in: Sachs, GG, Art. 12a Rn. 10a; *Hans D. Jarass*, in: Jarass/Pieroth, GG, Art. 12a Rn. 3; *Hans Hofmann*, in: Schmidt-Bleibtreu/Hofmann/Hopfauf, GG, Art. 12a Rn. 7; *Edinger*, Wehrausgleichsabgabe.

1245 *Gilbert Gornig*, in: v. Mangoldt/Klein/Starck, GG I, Art. 12a Rn. 13.

1246 Abw. M. des Richters *Hirsch*, in: BVerfGE 48, 185 (201); *Fleischhauer*, Wehrgerechtigkeit, S. 255 ff.

1247 Gesetz vom 20. Juli 1937, RGBl. I, 821; *Der Wehrbeauftragte des Deutschen Bundestages*, in: BT-Drs IV/371, 32; *Der Bundesminister der Verteidigung*, in: BT-Drs V/2405, 2; *Roman Herzog*, in: Maunz/Dürig, GG, Art. 4 (1988) Rn. 213; *Theodor Maunz*, in: Maunz/Dürig, GG, Art. 4 (1979) Rn. 16; *Markus Heintzen*, in: v. Münch/Kunig, GG III, Art. 105 Rn. 29; *Hans Hofmann*, in: Schmidt-Bleibtreu/Hofmann/Hopfauf, GG, Art. 12a Rn. 7; *Hans Bernhard Brockmeyer*, in: Schmidt-Bleibtreu/Hofmann/Hopfauf, GG, Art. 105 Rn. 9; *Boehm-Tettelbach*, WPflG, Vor § 9 (2007) Rn. 9 ff.; *v. Harling*, Wehrsteuer; *Fik*, Wehrsteuer; *Kayser*, Wehrsteuer; *Loeser*, Wehrsteuer; *Oeftering*, Wehrsteuer; *Bihr*, Wehrsteuer; vgl. auch „Wehrtaxe" in Österr. RGBl. 1880, 232, „taxe militaire" in Frankreich vom 15. Juli 1889 oder die „tassa militare" in Italien.

1248 BVerfGE 7, 244 (251 f.); 55, 274 (305); 67, 256 (276); 92, 91 (114); 110, 370 (384); *Helmut Siekmann*, in: Sachs, GG, Vor Art. 104a Rn. 142; *Schoch* Jura 2010, 197 (198).

1249 BVerfGE 97, 332 (344); 110, 370 (388); *Helmut Siekmann*, in: Sachs, GG, Vor Art. 104a Rn. 93; *P. Kirchhof*, in: HStR V, § 119 Rn. 17; *Birk*, Steuerrecht, Rn. 117.

die *Inanspruchnahme* öffentlicher Einrichtungen und Anlagen (Benutzungsgebühr) erhoben wird (vgl. § 4 Abs. 2 KAG NRW).[1250] Sie ist somit das Entgelt für eine besondere *tatsächliche* Leistung der Verwaltung.

Eine derartige besondere Leistung der Verwaltung könnte in der *Befreiung vom Wehrdienst* mit den sich daraus ergebenden wirtschaftlichen und familiären Vorteilen zu sehen sein.[1251] Zwar handelt es sich dabei um ein Unterlassen. § 241 Abs. 1 S. 2 BGB stellt aber klar, dass eine Leistung auch in einem Unterlassen denkbar ist. Erforderlich ist wegen des Konnexitätsprinzips jedoch, dass der Verwaltung für das Unterlassen *Kosten* angefallen sind.[1252] Daher kann lediglich an die Kosten für das Auswahlverfahren angeknüpft werden.[1253] Diese Kosten entstehen jedoch im Interesse des Staates an der Feststellung der Einsetzbarkeit beim Wehrdienst. Für den Einzelnen soll hingegen keine Leistung erbracht werden.[1254] Darüber hinaus ist es nicht das Ziel der Wehrabgabe, den befreiten Wehrpflichtigen Verwaltungskosten aufzuerlegen, sondern einen Verstoß gegen die Wehrdienstgleichheit zu verhindern, indem ein finanzieller Ausgleich für die Möglichkeit, Beruf oder Ausbildung nachgehen zu können, geschaffen wird. Zwischen einer Wehrabgabe und den angefallenen Kosten fehlt es somit an der erforderlichen Konnexität.[1255]

Darüber hinaus verlangt der gebührenrechtliche Leistungsbegriff in Anlehnung an den zivilrechtlichen Leistungsbegriff[1256] eine *subjektive Komponente*.[1257] Die mittelbaren wirtschaftlichen und familiären Vorteile bestehen aber rein faktisch ohne jeden (staatlichen) Leistungswillen. Es fehlt daher an der sub-

1250 BVerfGE 7, 244 (254); 18, 392 (396); 110, 370 (388); 113, 128 (148); *Helmut Siekmann*, in: Sachs, GG, Vor Art. 104a Rn. 94 ff.; *Sebastian Müller-Franken*, in: Friauf/Höfling, GG, Art. 105 (2008) Rn. 92; *Klaus Vogel/Christian Waldhoff*, in: BK, Vorbem. z. Art. 104a-115 (1997) Rn. 407 ff.; *Lang*, in: Tipke/Lang, Steuerrecht, § 3 Rn. 20 f.; *Birk*, Steuerrecht, Rn. 118.

1251 So die Überlegung von *Edinger*, Wehrausgleichsabgabe, S. 72 ff.; dafür i. E. *Lesigang*, Das Wehrgeld, 1879.

1252 *Edinger*, Wehrausgleichsabgabe, S. 75.

1253 *Edinger*, Wehrausgleichsabgabe, S. 75.

1254 *Loeser*, Wehrsteuer, S. 27.

1255 *Fleischhauer*, Wehrgerechtigkeit, S. 259.

1256 BGHZ 58, 184 (188); 111, 382 (386); 162, 157 (160); *Martin Schwab*, in: Säcker/Rixecker, Münchener Kommentar zum Bürgerlichen Gesetzbuch, Band 5: §§ 705-853, 5. Aufl. 2009, § 812 Rn. 41 ff.; *Stefan Leupertz*, in: Prütting/Wegen/Weinreich, BGB Kommentar, 5. Aufl. 2010, § 812 Rn. 25.

1257 *Dieter Wilke*, Gebührenrecht und Grundgesetz, München 1973, S. 90 ff.; *Edinger*, Wehrausgleichsabgabe, S. 77 ff.

jektiven Leistungskomponente. Insgesamt handelt es sich bei der Wehrabgabe daher *nicht* um eine Gebühr.[1258]

(2) Beitrag

Während eine Gebühr in einem Synallagma zur staatlichen Leistung steht, dient ein Beitrag der Beteiligung der Interessenten an den Kosten einer öffentlichen Einrichtung (vgl. § 8 Abs. 2 KAG NRW).[1259] Die staatliche Gegenleistung ist also lediglich die dem Einzelnen gewährte Möglichkeit, aus konkreten Aufwendungen der Verwaltung einen individuellen Nutzen zu ziehen. Beitragspflichtig können nur diejenigen sein, die besondere Vorteile von der gemeindlichen Einrichtung haben.[1260]

Der Vorteil, der durch die sachliche Zweckbestimmung der Streitkräfte gewährt wird, liegt in einer *militärischen Landesverteidigung*. Diesen genießen alle Wehrpflichtigen. Daneben profitieren aber auch Nicht-Wehrpflichtige wie Frauen oder Ausländer von einer militärischen Landesverteidigung, die keine Natural- oder Geldleistungspflicht erbringen müssen. Während nun alle Bürger von der Einrichtung Bundeswehr profitieren, würden nur Einzelne zu einer Gegenleistung verpflichtet. Daher wäre eine Ausgestaltung als Beitrag *verfassungswidrig*.[1261]

bb. Steuer

Nach der Verneinung einer denkbaren verfassungsgemäßen Ausgestaltung als Vorzugslast kommt die Wehrabgabe als Steuer in Betracht. Dessen Begriffsbestimmung knüpft auch verfassungsrechtlich an den traditionellen gesetzlichen Steuerbegriff des § 1 RAO[1262] (jetzt § 3 Abs. 1 Hs. 1 AO) an.[1263] Danach ist eine

---

1258 *Loeser*, Wehrsteuer, S. 26 ff.; *Edinger*, Wehrausgleichsabgabe, S. 80 f.; *Fleischhauer*, Wehrgerechtigkeit, S. 259.

1259 BVerfGE 7, 244 (255 f.); 9, 291 (297 f.); 42, 223 (228); 123, 132 (140); *Helmut Siekmann*, in: Sachs, GG, Vor Art. 104a Rn. 97; *Sebastian Müller-Franken*, in: Friauf/Höfling, GG, Art. 105 (2008) Rn. 110; *Klaus Vogel/Christian Waldhoff*, in: BK, Vorbem. z. Art. 104a-115 (1997) Rn. 429; *Lang*, in: Tipke/Lang, Steuerrecht, § 3 Rn. 23; *Birk*, Steuerrecht, Rn. 118.

1260 BVerfGE 9, 291 (298); *Sebastian Müller-Franken*, in: Friauf/Höfling, GG, Art. 105 (2008) Rn. 110; *Monika Jachmann*, in: v. Mangoldt/Klein/Starck, GG III, Art. 105 Rn. 9; *Klaus Vogel/Christian Waldhoff*, in: BK, Vorbem. z. Art. 104a-115 (1997) Rn. 429.

1261 *Bihr*, Wehrsteuer, S. 81; *Edinger*, Wehrausgleichsabgabe, S. 99; *Fleischhauer*, Wehrgerechtigkeit, S. 260 f.

1262 Gesetz vom 13.12.1919, RGBl, 1993.

Steuer eine Geldleistung, die nicht eine Gegenleistung für eine besondere Leistung darstellt und von einem öffentlich-rechtlichen Gemeinwesen zur Erzielung von Einnahmen allen auferlegt wird, bei denen der Tatbestand zutrifft, an den das Gesetz die Leistungspflicht knüpft; die Erzielung von Einnahmen kann auch Nebenzweck sein.

Somit würde die Zuordnung zu einer Steuer von vornherein ausscheiden, wenn die gesetzliche Konzeption der Wehrabgabe den Ertrag nicht dem allgemeinen Staatshaushalt, sondern besonderen Bereichen - etwa dem Wehretat[1264] - zuweisen würde.

Daneben ist allein - das Negativmerkmal des Leistungszwecks wurde bereits bei den Vorzugslasten behandelt (S. 212 ff.) - der *Einnahmezweck* einer Wehrabgabe fraglich. Denn eine entsprechende Zahlungspflicht dient primär dazu, einen *Ausgleich* zwischen dienenden und nicht dienenden Wehrpflichtigen zu schaffen. Wie bereits 1937[1265] ist sie wehrpolitisch und nicht fiskalisch bedingt. Auf eine neue staatliche Einnahmequelle zielt sie primär nicht.

Gleichwohl genügt für die Zuordnung zu einer Steuer bereits ein *fiskalischer Nebenzweck.*[1266] Insofern spricht eine Vermutung dafür, dass eine Abgabe, die in die allgemeine Staatskasse fließt und damit zu den Deckungsmitteln des Haushalts zählt, neben ihrer außerfiskalischen Motivation auch einem *nicht ganz unerheblichen fiskalischen Zweck* dient.[1267] Verstärkt wird die Vermutung, je höher das Abgabeaufkommen prognostiziert wird.[1268] Vor diesem Hintergrund geht *Hans Edinger* von einer zumindest sekundären fiskalischen Zielrichtung der Wehrabgabe aus: Wegen der Vielzahl an zahlungspflichtigen Personen sei mit einer Einkunftshöhe zu rechnen, die jedenfalls wesentlich höher sei als bei anderen nicht unbedeutenden Bundessteuern.[1269] Folglich ordnet er die Wehrabgabe der Steuer zu.[1270]

1263 BVerfGE 3, 407 (435); 7, 245 (251); 38, 61 (79 f.); 67, 256 (282); 93, 319 (346); *Helmut Siekmann*, in: Sachs, GG, Vor Art. 104a Rn. 75; *Sebastian Müller-Franken*, in: Friauf/Höfling, GG, Art. 105 (2008) Rn. 58; *Vogel/Waldhoff*, in: BK, Vor Art. 104a (1997) Rn. 362; *Lang*, in: Tipke/Lang, Steuerrecht, § 3 Rn. 10; *Birk*, Steuerrecht, Rn. 114; *Schoch* Jura 2010, 197 (198).

1264 So §§ 1, 69 Wehrbeitragsgesetz 1913.

1265 *Oeftering*, Wehrsteuer, S. 13 („wehrerzieherisch"); *Reinhardt* DStZ 1941, 349 (352).

1266 BVerfGE 3, 407 (436); 16, 147 (161); *Helmut Siekmann*, in: Sachs, GG, Vor Art. 104a Rn. 79; *Lang*, in: Tipke/Lang, Steuerrecht, § 3 Rn. 18; *Elsner/Kaltenborn* JA 2005, 823 (825).

1267 *Edinger*, Wehrausgleichsabgabe, S. 149 f.

1268 *Edinger*, Wehrausgleichsabgabe, S. 150.

1269 *Edinger*, Wehrausgleichsabgabe, S. 160 ff., eine umfassende Ertragsprognose findet sich ab S. 154 ff.; *Hans Bernhard Brockmeyer*, in: Schmidt-

In historischer Kontinuität mag so an die mittelalterlichen Abgaben angeknüpft werden, denen fiskalische Erwägungen zu Grunde lagen,[1271] wie auch später der Diskussion im deutschen Kaiserreich[1272]. Ein Indiz für eine Steuer wäre, dass Vorläuferregelungen wie die Abgabe vom 19. März 1868 im Königreich Württemberg oder die Wehrsteuer von 1937 (§ 2 Abs. 1 und 3 WehrStG, S. 207 ff.) in steuertypischer Art und Weise Rücksicht auf die steuerliche Leistungsfähigkeit nahmen. Insofern bejaht *Franz Klein* die Steuereigenschaft, wenn das *Einkommen als Bemessungsgrundlage* für die Höhe der Abgabe herangezogen werde.[1273]

Mehr als eine Indizwirkung kann der Erhebungsgrundlage für die Abgabenhöhe, die kein Merkmal der Steuer ist[1274], jedoch nicht beigemessen werden. Auch die Ertragsprognose von *Hans Edinger* lässt außer Acht, dass schon im deutschen Kaiserreich die erwarteten Steuererträge für „verschwindend" gehalten wurden.[1275] Nach Einführung der Wehrsteuer 1937 bestätigte sich diese Einschätzung, als bereits 1941 wegen des geringen Aufkommens beklagt wurde, dass die Abgabe mit dem „Aufwand an Arbeit, den die Wehrsteuer bisher den Gemeinden, den Arbeitgebern und den Finanzämter verursacht hat (...) in keinem Verhältnis" stehe.[1276]

Entscheidend gegen eine Steuer spricht letztlich, dass die Wehrabgabe lediglich ein *Surrogat zum Wehrdienst*[1277] für nicht Wehrdienstleistende ist: Wehrdienstleistende haben den Wehrdienst, eine Naturalabgabe, zu leisten, die nicht der Deckung des öffentlichen Finanzbedarfs dient,[1278] sondern dem Schutz von Freiheit und Menschenwürde als den obersten Rechtsgütern der Gemeinschaft.[1279] Im Umkehrschluss kann daher auch die Wehrabgabe nicht fiskalischen Zwecken dienen. Deren Anknüpfungspunkt ist vielmehr eine öffentliche Dienstleistungspflicht und nicht die allgemeine steuerliche Leistungsfähigkeit.

Bleibtreu/Hofmann/Hopfauf, GG, Art. 105 Rn. 9 nimmt sogar eine vorrangige Finanzierungsfunktion an.

1270 Im Ergebnis auch *Kayser*, Wehrsteuer, S. 104 ff. (als Verkehrssteuer); *Hans Hofmann*, in: Schmidt-Bleibtreu/Hofmann/Hopfauf, GG, Art. 12a Rn. 7.

1271 *Neubauer* FinArch 1984, 107 (108).

1272 Reichskanzler *Fürst v. Bismarck*, in: Marcinowski, Wehrsteuer, S. 43.

1273 *Franz Klein*, in: Bruno Schmidt-Bleibtreu/Franz Klein, Kommentar zum Grundgesetz für die Bundesrepublik Deutschland, 8. Aufl., 1995, Art. 105 Rn. 9.

1274 *Bihr*, Wehrsteuer, S. 82.

1275 *Loeser*, Wehrsteuer, S. 100.

1276 *Reinhardt* DStZ 1941, 349 (352).

1277 Daher greift auch der Ablass-Vorwurf gegen die Wehrabgabe nicht durch, vgl. *Bihr*, Wehrsteuer, S. 117 f.

1278 *Neubauer* FinArch 1984, 107 (110).

1279 BVerfGE 48, 127 (161).

Die allgemeine Wehrpflicht und der Wehrdienst als Ursache der Wehrabgabe führen zu einer weiteren Überlegung gegen eine Steuer: Merkmal einer Steuer ist nämlich, dass sie voraussetzungslos erhoben wird. Die Wehrabgabe setzt jedoch (vorgeschaltet) die Wehrpflicht voraus, so dass etwa eine Zahlungspflicht von Frauen und Ausländern nicht in Betracht kommt. Die Wehrabgabe ist daher *wehrpflichtakzessorisch.*

In seiner Wehrverfassung geht das Grundgesetz von einer allgemeinen Wehrpflicht aus (S. 33). Dieser Verfassungssatz verlangt, dass zunächst alle wehrpflichtig und wehrdienstpflichtig sind. Ausnahmen bedürfen einer Erklärung bzw. Rechtfertigung (S. 59 ff.). Unterstellt man der Wehrabgabe hingegen einen Fiskalzweck, würde sie zum Erreichen möglichst hoher Einnahmen auf das Gegenteil zielen: möglichst viele Ausnahmen vom Wehrdienst. Denn ein großes Aufkommen könnte nur erzielt werden, wenn viele Pflichtige befreit würden. Dadurch wäre die Annahme eines Fiskalzwecks *gegenläufig zu ihrer Hauptpflicht*, dem Wehrdienst. Insgesamt kann daher - wie schon bei der französischen „taxe militaire" - nur die Idee des Lastenausgleichs und nicht der Einnahmeerzielung dominieren.[1280]

Darüber hinaus führt die Akzessorietät zur Wehrpflicht zur Bestimmung der möglichen Abgabenschuldner: Denkbar sind somit nur Wehrpflichtige. Die Wehrabgabe kann daher - trotz denkbarer Modifikationen nach dem Leistungsfähigkeitsprinzip - nur von einer *Gruppenverantwortlichkeit* ausgehen. Dieses Merkmal ist aber nicht einer Steuer, sondern einer Sonderabgabe eigen.[1281] Insgesamt kann die Wehrabgabe daher nicht als Steuer ausgestaltet werden. Die Gesetzgebungskompetenz ergibt sich also nicht aus Art. 105 Abs. 2 GG.

cc. Sonderabgabe (Ausgleichsabgabe)

Daher kommt eine Wehrabgabe als Sonderabgabe in Betracht, die (anders als die Vorzugslasten und die Steuer) weder verfassungsrechtlich noch gesetzlich geregelt ist. Da das Grundgesetz keinen abschließenden Kanon zulässiger Abgabetypen enthält,[1282] ist die Erhebung dieser nichtsteuerlichen Abgabe nicht aus-

1280 Im Ergebnis *Neubauer* FinArch 1984, 107 (124); *Fleischhauer,* Wehrgerechtigkeit, S. 262 f.; gegen jede Bedeutung der Einnahmeerzielung *Bihr*, Wehrsteuer, S. 81; vgl. BVerfGE 13, 167 (172).

1281 BVerfGE 67, 139 (166); *Monika Jachmann*, in: v. Mangoldt/Klein/Starck, GG III, Art. 105 Rn. 15; *Lang*, in: Tipke/Lang, Steuerrecht, § 3 Rn. 26; *P. Kirchhof*, in: HStR V, § 119 Rn. 69; *Elsner/Kaltenborn* JA 2005, 823 (826).

1282 BVerfGE 82, 159 (181); 110, 370 (387); 113, 128 (146 f.); 122, 316 (333); BVerfG (1. Kammer des Zweiten Senats) NVwZ 2009, 837 (838); *Klaus Vogel/Christian*

geschlossen. Die (Tatbestands- und Zulässigkeits-) Voraussetzungen der Sonderabgaben sind von Rechtsprechung und Lehre entwickelt worden. Man definiert sie primär *negativ* in Abgrenzung von den Vorzugslasten und der Steuer: Der Sonderabgabe steht keine unmittelbare Gegenleistung gegenüber; sie dient der Verwendung für besondere Sachaufgaben durch eine bestimmte Gruppe.[1283]

Beide Voraussetzungen sind bei der Wehrabgabe erfüllt: Denn zum einen fehlt es an einem Vorzug (S. 212 ff.), zum anderen soll durch die finanzielle Vorteilsabschöpfung der Verstoß gegen die Wehrgleichheit als besonderer Verwendungszweck verhindert werden. Die Gesetzgebungskompetenz einer solchen Sonderabgabe ergibt sich als *Annexkompetenz* zu den allgemeinen Vorschriften der Art. 70 ff. GG.[1284] Daher hat der Bund für die Erhebung einer Wehrabgabe die ausschließliche Gesetzgebungskompetenz nach Art. 73 Abs. 1 Nr. 1 GG.

b. Anforderungen an Beeinträchtigungen des Grundrechts (Schranken-Schranken)

Letztlich müsste die Wehrabgabe den materiellen Anforderungen genügen. Grundsätzlich sind Sonderabgaben wegen der *Gefahr* des Unterlaufens der finanzverfassungsrechtlichen (Gesetzgebungs-, Verwaltungs-, und Ertrags-) Kompetenzverteilung („Gefahr einer apokryphen Steuerverfassung“[1285]) und einer damit einhergehenden Gefahr des Zugriffs auf die Ressourcen der Bürger und des Unterlaufens der Vollständigkeit des Haushaltsplans nur unter engen Voraussetzungen zulässig.[1286] Die Anforderungen differieren allerdings - dem

---

Waldhoff, in: BK, Vor Art. 104a (1997) Rn. 450; *Werner Heun*, in: Dreier, GG III, Art. 105 Rn. 24; *Elsner/Kaltenborn* JA 2005, 823 (824); *Jochum* StuW 2006, 134; *Schoch* Jura 2010, 197 (199); anders *Helmut Siekmann*, in: Sachs, GG, Vor Art. 104a Rn. 152 f., der die Abgabenkategorie Sonderabgabe für grundgesetzwidrig hält.

1283 BVerfGE 82, 159 (178); 92, 91 (113); *Lang*, in: Tipke/Lang, Steuerrecht, § 3 Rn. 24 ff.; *Birk*, Steuerrecht, Rn. 121; *Henneke*, Finanzverfassung, Rn. 432 ff.; *Kluth* JA 1996, 260 f.; *Schoch* Jura 2010, 197 (199).

1284 BVerfGE 4, 7 (13); 55, 274 (297); 67, 256 (274); 108, 186 (212); 113, 128 (145); BVerfG (1. Kammer des Zweiten Senats) NVwZ 2009, 837; *Werner Heun*, in: Dreier, GG III, Art. 105 Rn. 25; *Lang*, in: Tipke/Lang, Steuerrecht, § 3 Rn. 24; *Birk*, Steuerrecht, Rn. 122; *Elsner/Kaltenborn* JA 2005, 823 (826); *Schoch* Jura 2010, 197 (200).

1285 *Selmer*, Steuerinterventionismus, S. 183.

1286 BVerfGE 92, 91 (113, 115 f.); 122, 316 (333 ff.); 123, 132 (140 f.); BVerfG (1. Kammer des Zweiten Senats) NVwZ 2009, 837 (838); *Birk*, Steuerrecht, Rn. 122; *Henneke*, Finanzverfassung, Rn. 426 ff.; *Jochum* StuW 2006, 134 (138 ff.); *Schoch* Jura 2010, 197 (198).

Gefahrenpotential für die bundesstaatliche Finanzverfassung entsprechend - danach, um welche *Art* von Sonderabgabe es sich handelt.[1287]

aa. Abgrenzung innerhalb der Sonderabgaben

Insoweit ist zwischen *Sonderabgaben im engeren Sinn* (Finanzierungssonderabgaben) und *Sonderabgaben im weiteren Sinn* (Abschöpfungsabgaben[1288], Sonderabgaben ohne Finanzierungsfunktion[1289], Sondervorteilsabgaben[1290]) zu unterscheiden.[1291]

Sonderabgaben im engeren Sinn sind allein diejenigen nichtsteuerlichen Abgaben, die weder Gebühr noch Beitrag sind und bei denen darüber hinaus auch mangels sonstiger spezieller Sach- und Zweckzusammenhänge eine Konkurrenz zur Steuer nicht von vornherein ausgeschlossen ist.[1292] Zum Schutz der grundgesetzlichen Finanzverfassung sind für Sonderabgaben im engeren Sinn folgende Zulässigkeitsvoraussetzungen entwickelt worden: Es bedarf der Verfolgung eines qualifizierten *Sachzwecks*, der *Inanspruchnahme einer homogenen Gruppe*, deren *Finanzierungsverantwortung*, der *gruppennützigen Verwendung des Aufkommens* sowie der periodischen Überprüfung der Abgaben.[1293] Darüber hinaus hat der Gesetzgeber die erhobenen Sonderabgaben *haushaltsrechtlich* vollständig zu dokumentieren.[1294]

Dagegen modifizieren Sonderabgaben im weiteren Sinn in Form von Ausgleichsabgaben die Tatbestandsvoraussetzungen der Sonderabgaben, indem ihr

---

1287 BVerfGE 57, 139 (167); 67, 256 (278); 123, 132 (141 f.); *Henneke*, Finanzverfassung, Rn. 450.

1288 *Markus Heintzen*, in: v. Münch/Kunig, GG III, Art. 105 Rn. 29.

1289 *Monika Jachmann*, in: v. Mangoldt/Klein/Starck, GG III, Art. 105 Rn. 16.

1290 *Waechter* ZG 2005, 97 (98, 112).

1291 BVerfGE 108, 186 (219 f.); 113, 128 (149 f.); 122, 316 (334); 123, 132 (141); *Elsner/Kaltenborn* JA 2005, 823 (826); *Jochum* StuW 2006, 134 (136 f.); *Germelmann* GewArch 2009, 476 (477); *Schoch* Jura 2010, 197 (199 ff.); ähnlich *Markus Heintzen*, in: v. Münch/Kunig, GG III, Art. 105 Rn. 26; anders *Waldhoff*, in: HStR V, § 116 Rn. 94, der die Ausgleichsabgaben als eigene Abgabenart ansieht.

1292 BVerfGE 108, 108, 186 (219); *Sebastian Müller-Franken*, in: Friauf/Höfling, GG, Art. 105 (2008) Rn. 138 ff.; *Jochum* StuW 2006, 134 (137).

1293 BVerfGE 55, 274 (298 ff.); 67, 256 (275 ff.); 108, 186 (217 ff.); 110, 370 (389 ff.); *Sebastian Müller-Franken*, in: Friauf/Höfling, GG, Art. 105 (2008) Rn. 154 ff.; *Lang*, in: Tipke/Lang, Steuerrecht, § 3 Rn. 24 ff.; *P. Kirchhof*, in: HStR V, § 119 Rn. 78 ff.; *Wendt*, in: HStR VI, § 139 Rn. 56; *Jochum* StuW 2006, 134 (138); *Germelmann* GewArch 2009, 476 (477 f.).

1294 BVerfGE 108, 186 (218); 110, 370 (393); *Wendt*, in: HStR VI, § 139 Rn. 56; *Jochum* StuW 2006, 134 (138).

Zweck nicht die Finanzierung einer besonderen Aufgabe ist, sondern der *wirtschaftliche Ausgleich* für die Nichterfüllung einer *öffentlich-rechtlichen Pflicht.*[1295] Sie wird denjenigen auferlegt, die diese primäre Pflicht - aus welchen Gründen auch immer - nicht erfüllen und dadurch Vermögensvorteile gegenüber anderen Personengruppen erlangen.[1296] Dadurch grenzt sich die Ausgleichsabgabe vom „Ersatzgeld" ab, welches dem Pflichtigen die Wahl überlässt, sich von einer ihm auferlegten Leistungspflicht durch Zahlung eines Geldbetrags „loszukaufen".[1297]

Zweck der Wehrabgabe ist der *Ausgleich* für die Nichterfüllung des primär zu erfüllenden Wehrdienstes. Während die wehrdienstleistenden Wehrpflichtigen ihrer Pflicht nachkommen müssen, können nicht wehrdienstleistende Wehrpflichtige ungestört ihrer persönlichen Lebensplanung nachgehen. Daher sollen sie zumindest finanziell zu einem Ausgleich herangezogen werden. Auch wenn mit einer Wehrabgabe notwendig eine staatliche Einnahmequelle einhergeht, handelt es sich wegen der primären Ausgleichsfunktion lediglich um einen „Finanzierungs*effekt*"[1298] und nicht um einen Finanzierungs*zweck*. Denn schon Art. 12a Abs. 1 GG verlangt grundsätzlich eine „Dienst"-Pflicht und keine Zahlungspflicht. Die Wehrabgabe ist daher eine außersteuerliche Abgabe in Form der Ausgleichsabgabe.[1299]

bb. Qualifizierte Anforderungen

Eine Ausgleichsabgabe unterliegt weiteren *qualifizierten Anforderungen*. Einigkeit besteht, dass wegen der untergeordneten Finanzierungsfunktion eine wesentlich *geringere Konkurrenz zur Steuer* entsteht als bei Sonderabgaben im engeren Sinn.[1300] Dadurch verringert sich die Umgehungsgefahr finanzverfas-

---

1295 *Sebastian Müller-Franken*, in: Friauf/Höfling, GG, Art. 105 (2008) Rn. 166 ff.; *Waldhoff*, in: HStR V, § 116 Rn. 94; *P. Kirchhof*, in: HStR V, § 119 Rn. 90; *Kluth* JA 1996, 260 (261); *Jochum* StuW 2006, 134 (141 ff.); *Staudacher*, Sonderabgaben, S. 116 f.; *Waechter* ZG 2005, 97 (98) spricht von „Sondervorteilsabgaben", die er - wie alle Sonderabgaben - den Vorzugslasten zuordnet.

1296 BVerfGE 92, 91 (117); *Jochum* StuW 2006, 134 (141).

1297 BVerfGE 13, 167 (172); *Sebastian Müller-Franken*, in: Friauf/Höfling, GG, Art. 105 (2008) Rn. 181; *Jochum* StuW 2006, 134 (141).

1298 *Jochum* StuW 2006, 134 (141).

1299 *Bihr*, Wehrsteuer, S. 82; wohl auch schon *Oeftering*, Wehrsteuer, S. 15 („Sondersteuer").

1300 BVerfGE 57, 139 (167); 67, 256 (278); 108, 186 (216 f.); BVerfG (1. Kammer des Zweiten Senats) NVwZ 2009, 837; *Sebastian Müller-Franken*, in: Friauf/Höfling, GG, Art. 105 (2008) Rn. 167; *Monika Jachmann*, in: v. Mangoldt/Klein/Starck, GG III, Art. 105 Rn. 16; *Markus Heintzen*, in: v. Münch/Kunig, GG III, Art. 105 Rn. 26; *Els-*

sungsrechtlicher Vorgaben. Die für Sonderabgaben im engeren Sinne entwickelten Maßstäbe gelten daher lediglich eingeschränkt. Inwieweit diese Zulässigkeitsvoraussetzungen auf eine Ausgleichsabgabe übertragbar sind, ist bislang nicht umfassend geklärt.

(1) Besonderer Belastungsgrund

Erforderlich ist jedoch gleichfalls ein *besonderer Belastungsgrund.*[1301] Die Wehrabgabe hat die Funktion, einen Ausgleich zwischen den Personen herzustellen, die den Wehrdienst leisten und denen, die ihn nicht leisten. Für die nicht erfüllte Primärpflicht wird eine Sekundärpflicht begründet. Dadurch soll eine erhebliche Mehrbelastung von wehrdienstleistenden Wehrpflichtigen verhindert werden. Denn die nicht Wehrdienstleistenden erhalten etwas, was ihnen nach der Sachlogik der Wehrdienstgleichheit (S. 71 ff.) an sich nicht zusteht, sie aber aus anderen Gründen (S. 71 ff.; S. 106 ff.) dennoch erhalten. Dieser „Sondervorteil“[1302] führt letztlich zur Verfassungswidrigkeit des gesamten Wehrpflichtgesetzes (S. 130 ff.). Insoweit wird Belastungsgleichheit dadurch wiederhergestellt, als der Wert des Vorteils abgeschöpft wird. Dadurch entsteht eine Nähe zum Rechtsgedanken der Eingriffskondiktion nach § 812 Abs. 1 S. 1 Alt. 2 BGB.[1303] Ein besonderer Belastungsgrund liegt also vor.

(2) Verfassungsgemäße Primärpflicht

Erforderlich ist zudem, dass die Auferlegung der *Primärpflicht* selbst verfassungsgemäß ist.[1304]

Die allgemeine Wehrpflicht ist zwar wegen des Verstoßes gegen die Wehrgleichheit derzeit nicht verfassungsgemäß (S. 130 ff.). Eben *diesen* Verfassungsverstoß soll die Auferlegung einer entsprechenden Zahlungspflicht beheben. Unter *freiheitsrechtlichen* Aspekten ist die allgemeine Wehrpflicht trotz

ner/Kaltenborn JA 2005, 823 (826); *Jochum* StuW 2006, 134 (138 f., 142); *Henneke*, Finanzverfassung, Rn. 447, 454.

1301 BVerfG (1. Kammer des Zweiten Senats) NVwZ 2009, 837 (838 f.); *Sebastian Müller-Franken*, in: Friauf/Höfling, GG, Art. 105 (2008) Rn. 167.

1302 *Waechter* ZG 2005, 97 (112); umgekehrt spricht *Fleischhauer*, Wehrgerechtigkeit, S. 205 von einem „Sonderopfer“.

1303 *Waechter* ZG 2005, 97 (112).

1304 BVerfGE 13, 167 (170 f.); 57, 139 (158 ff.); 92, 91 (119); BVerfG (1. Kammer des Zweiten Senats) NVwZ 2009, 837 (838); *Sebastian Müller-Franken*, in: Friauf/Höfling, GG, Art. 105 (2008) Rn. 167; *Staudacher*, Sonderabgaben, S. 116.

vereinzelter Kritik[1305] nach überwiegender Auffassung noch immer verfassungsgemäß.[1306]

(3) Inanspruchnahme einer homogenen Gruppe

Zu der Frage, ob die Abgabepflichtigen auch eine *homogene Gruppe* bilden müssen, scheint bisher wenig geklärt.

In der Sache hat sich das Bundesverfassungsgericht *für* dieses Merkmal entschieden, indem es verlangt, dass die öffentlich-rechtliche Pflicht auch in der Rechtswirklichkeit bestehen müsse, also eine in der gesellschaftlichen Wirklichkeit vorfindliche Gruppe treffen müsse.[1307] Damit stützt das Gericht die entsprechenden Stimmen in der Literatur.[1308]

Diese in der gesellschaftlichen Wirklichkeit vorfindliche („homogene“) Gruppe waren die Schuldner einer Feuerwehrabgabe/Feuerschutzabgabe nicht, wie der Beschluss des Bundesverfassungsgerichts vom 24. Januar 1995 klarstellte. Denn in der Rechtswirklichkeit wurde seit Jahrzehnten kein Bürger mehr zur Primärpflicht, der Feuerwehrdienstpflicht, herangezogen.[1309] Letztlich bestand also nur noch eine Abgabenpflicht und keine Naturalleistungspflicht mehr.

Anders ist die Sachlage bei der Wehrdienstpflicht: Denn diese wird in der Praxis, wenn auch von einer Minderheit (S. 130 ff.; 140 ff.), noch regelmäßig erfüllt.[1310] Andererseits erfüllt ein Großteil der Wehrpflichtigen diese Pflicht nicht, auch wenn sie nach der Wehrdienstgleichheit dazu grundsätzlich verpflichtet ist (S. 71 ff.). Deren innere Verbindung ergibt sich also aus der Nichter-

1305 *Baldus* NZWehrR 1993, 92 (95); *Böttcher* ZRP 1998, 399 f.; *Schmidt-De Caluwe/Heselhaus* NJW 2001, 2680 (2681 f.); *C. Grimm*, Allgemeine Wehrpflicht und Menschenwürde, S. 110 f.; *Wahsner*, Erfassung und Integration als System, S. 249; *Klümper*, Legitimation für die Wehrpflicht?, S. 52 ff.; *Tetzlaff*, Vom (un)möglichen Zustand des Wehrpflichtrechts, S. 151 ff.

1306 BVerfGE 12, 45 (50 ff.); 38, 154 (167); 48, 127 (160 f.); 69, 1 (22); 105, 61 (72 f.); *Wolfram Höfling*, in: Sachs, GG, Art. 1 Rn. 44; *Heike Krieger*, in: Friauf/Höfling, GG, Art. 12a (2006) Rn. 21; *Jörn Ipsen*, in: BK, Art. 12a (2010) Rn. 21; *Rupert Scholz*, in: Maunz/Dürig, GG, Art. 12a (2001) Rn. 14; *Werner Heun*, in: Dreier, GG I, Art. 12a Rn. 13; *Gilbert Gornig*, in: v. Mangoldt/Klein/Starck, GG I, Art. 12a Rn. 21; *Stern*, Staatsrecht II, S. 882; *Dieter Walz*, in: Steinlechner/Walz, WPflG, Einleitung Rn. 56; *Dreist* BWV 2004, 150 (154 f.); *Fleischhauer*, Wehrgerechtigkeit, S. 36 ff.

1307 BVerfG (1. Kammer des Zweiten Senats) NVwZ 2009, 837 (839).

1308 *Jochum* StuW 2006, 134 (142); *Germelmann* GewArch 2009, 476 (479).

1309 BVerfGE 92, 91 (118 ff.).

1310 *Fleischhauer*, Wehrgerechtigkeit, S. 266.

füllung der öffentlich-rechtlichen Pflicht.[1311] Daher ist die gleichheitswidrig befreite Gruppe homogen.

Etwas anderes würde sich freilich nach der Abschaffung der allgemeinen Wehrpflicht ergeben. Dann würde in der Rechtswirklichkeit keine öffentlich-rechtliche Pflicht mehr bestehen, so dass die Erhebung einer Wehrabgabe für deutsche Männer - etwa zur Deckung der Kosten einer hochspezialisierten Armee - verfassungswidrig wäre.

(4) Finanzierungsverantwortung/Belastungsgleichheit

Zur Frage der Übertragbarkeit einer möglicherweise erforderlichen „Finanzierungsverantwortung" der homogenen Gruppe auf Ausgleichsabgaben, ergibt sich ein ähnliches Bild wie bei der „homogenen Gruppe". Denn das Bundesverfassungsgericht hat sich auch hier in der Sache dafür entschieden. Es spricht allerdings nicht von einer „Finanzierungsverantwortung", sondern von einer „Belastungsgleichheit". Diese hat das Gericht in einem Kammerbeschluss vom 5. März 2009 zwar *lediglich intra-circulär*, also zwischen den Naturalleistungspflichtigen und den Abgabeschuldnern, überprüft.[1312] Es ist aber kein Grund ersichtlich, warum die Belastungsgleichheit nicht auch intercirculär, also zwischen den Naturalleistungspflichtigen und Abgabeschuldnern einerseits und den übrigen Bürgern andererseits, gelten soll.[1313]

Intra-personell liegt der für die Belastungsgleichheit erforderliche Unterscheidungsgrund in der Ausgleichsfunktion zu Gunsten der Wehrdienstleistenden. Umgekehrt liegt darin auch die Finanzierungsverantwortung der nicht Wehrdienstleistenden. Deren besondere Sachnähe resultiert aus der Wehrdienstgleichheit, welche zunächst alle Wehrpflichtigen verpflichtet. Die Höhe der Abgabe hat sich an dem ersparten Aufwand auszurichten, bei dessen Festlegung dem Gesetzgeber ein Einschätzungsspielraum zur Verfügung steht.[1314]

Inter-personell kann die Frage, ob Wehrpflichtige ein irgendwie geartetes besonderes Interesse an der Landesverteidigung haben, offen bleiben. Denn Verfassunggeber und Gesetzgeber haben sich rechtmäßig für die Befreiung, etwa von Frauen und Ausländern, entschieden (S. 45 ff.; 59 ff.). Diese bleiben somit auch von einer Wehrabgabe befreit. Im Ergebnis besteht daher eine Finanzierungsverantwortlichkeit bzw. Belastungsgleichheit.

1311 Vgl. *Jochum* StuW 2006, 134 (141).

1312 BVerfG (1. Kammer des Zweiten Senats) NVwZ 2009, 837 (839).

1313 Im Ergebnis für eine Anwendbarkeit bei Ausgleichsabgaben *Germelmann* GewArch 2009, 476 (479).

1314 Vgl. BVerfG (1. Kammer des Zweiten Senats) NVwZ 2009, 837 (839); *Staudacher*, Sonderabgaben, S. 117.

(5) Gruppennützige Verwendung des Aufkommens

Umstritten ist die Frage, ob die *Verwendung* der aus der Ausgleichsabgabe vereinnahmten Mittel Einschränkungen unterliegt.

Teilweise wird verlangt, dass das Aufkommen „funktionsgleich" für solche Maßnahmen verwendet werden müsse, die geeignet sind, die Nichterfüllung zu kompensieren.[1315] Könnten die erzielten Einnahmen nämlich beliebig verwendet werden, wäre die Verteilungs- und Ordnungsfunktion der Finanzverfassung berührt und die Budgethoheit des Parlaments gefährdet.[1316] Somit dürfen die Einnahmen nur in dem sachlichen Rahmen Verwendung finden, in dem der Gesetzgeber zuvor in verfassungsmäßiger Weise eine öffentlich-rechtliche Pflicht angeordnet hat.

Dagegen wird vorgebracht, dass die Abgabe bereits als Ersatzgeld für die nicht in natura erfüllte Pflicht lastengleichheitsgemäß sei.[1317] Für einen Entzug der Abgabe vom Haushalt bestehe daher kein Grund.

Das Bundesverfassungsgericht lässt die Frage ausdrücklich offen.[1318]

(6) Haushaltsrechtlich vollständig zu dokumentieren und periodisch zu überprüfen.

Nicht entschieden hat das Bundesverfassungsgericht zudem, ob das Erfordernis einer haushaltsrechtlich vollständigen Dokumentation und periodischen Überprüfung durch den Gesetzgeber auch für Ausgleichsabgaben gilt.[1319]

Für Ausgleichsabgaben gilt zudem das Erfordernis zur periodischen Überprüfung durch den Gesetzgeber und einer haushaltsrechtlichen Dokumentation.[1320]

Die Angemessenheit der Zeitabstände, innerhalb deren der Gesetzgeber die Fortdauer der sachlichen Rechtfertigung einer nichtsteuerlichen Sonderabgabe zu überprüfen hat, lässt sich nicht generell und abstrakt, sondern nur nach den besonderen Umständen der konkreten Sonderabgabe und den ihr zu Grunde liegenden Verhältnissen festlegen.[1321]

1315 *Wendt*, in: HStR VI, § 139 Rn. 58; *Jochum* StuW 2006, 134 (142 f.); *Voßkuhle*, Kompensationsprinzip, S. 222 f.

1316 *Jochum* StuW 2006, 134 (142).

1317 *Staudacher*, Sonderabgaben, S. 117.

1318 BVerfG (1. Kammer des Zweiten Senats) NVwZ 2009, 837 (839, aber eher abl. 838).

1319 Ausdrücklich offen lassend BVerfG (1. Kammer des Zweiten Senats) NVwZ 2009, 837 (839 f.).

1320 *Germelmann* GewArch 2009, 476 (479)

1321 BVerfGE 108, 186 (231); 110, 370 (392).

4. Ergebnis

Eine Wehrabgabe könnte daher verfassungsgemäß gestaltet werden.[1322]

1322 Im Ergebnis *Roman Herzog*, in: Maunz/Dürig, GG, Art. 4 (1988) Rn. 213; *Rupert Scholz*, in: Maunz/Dürig, GG, Art. 12a (2001) Rn. 138; *Werner Heun*, in: Dreier, GG I, Art. 12a Rn. 15; *Gilbert Gornig*, in: v. Mangoldt/Klein/Starck, GG I, Art. 12a Rn. 13; *Hans D. Jarass*, in: Jarass/Pieroth, GG, Art. 12a Rn. 3.

4. Teil Zusammenfassung der Arbeit in Thesen

- Der Terminus „Wehrgerechtigkeit“ ist wegen seiner Unbestimmtheit und disziplinübergreifenden Überfrachtung abzulehnen. Stattdessen ist juristisch greifbar und subjektivrechtlich vom „Grundrecht auf Wehrgleichheit“ zu sprechen.
- Anders als in Art. 12a GG wurde die Wehrgleichheit bereits in § 109 Verf. Norwegen 1814 und § 137 Abs. 7 FRV normiert.
- Die Dogmatik des Grundrechts auf Wehrgleichheit lehnt sich an die Dogmatik zum allgemeinen Gleichheitssatz an: Dabei ist dem „Eingriffsmodell in der Variante der Anerkennung eines abwehrrechtlichen Schutzgegenstandes“ zu folgen.
- Der Schutzgegenstand der Wehrgleichheit schützt vor einer Verschiedenbehandlung, die nicht in der Verschiedenheit der Personen liegt. Davon abweichende hoheitliche Bestimmungen sind Eingriffe in die Wehrgleichheit. Eine Rechtfertigung ist mangels Gesetzesvorbehalts nur durch ein Gesetz aus im Verfassungsrecht angelegten Gründen zulässig. Hinzu kommen besondere Anforderungen an Grundrechtsbeeinträchtigungen (Verbot des Einzelfallgesetzes, Zitiergebot, Verhältnismäßigkeit, Wesensgehaltgarantie).
- Das Grundrecht auf Wehrgleichheit verpflichtet zu einer gleichheitsgerechten Ausgestaltung der Wehrpflichtausnahmen und der Wehrdienstausnahmen.
- Wehrpflichtausnahmen befreien von der Wehrpflicht, Wehrdienstausnahmen befreien lediglich von der Hauptpflicht, der zum Wehrdienst, nicht aber von entsprechenden Nebenpflichten. Dementsprechend ist von Wehrgleichheit in Form der Wehrpflichtgleichheit und der Wehrdienstgleichheit zu sprechen.
- Verfassungsrechtliche Wehrpflicht- und Wehrdienstausnahmen müssen mit den Vorgaben des Art. 79 GG vereinbar sein.
- Gesetzliche Wehrpflicht- und Wehrdienstausnahmen müssen mit Art. 3 Abs. 1 GG vereinbar sein, welcher die Wehrgleichheit mangels spezieller Bestimmungen normiert.
- Die verfassungsrechtliche Beschränkung der Wehrpflicht auf Männer ist aus biologischen und soziologischen Gründen mit der nach Art. 79 Abs. 3 GG änderungsfesten Basisgleichheit vereinbar. Auch das Demokratie- und Rechtsstaatsprinzip stehen dem nicht entgegen.
- Die gesetzlichen Wehrpflichtausnahmen zu Gunsten von Ausländern, sog. „Auslandsdeutschen“ und Personen ab dem 45. bzw. (im Verteidigungsfall) 60. Lebensjahr sind schon tatbestandlich keine Ungleichbehandlung.

- Die verfassungsrechtliche Wehrdienstbefreiung für Personen unter 18 Jahren ist mit Art. 79 GG vereinbar. Die gesetzliche Konkretisierung in § 5 Abs. 1a S. 2 WPflG, welcher den Dienst in den Streitkräften abweichend von dieser Altersgrenze zulässt, ist aus freiheitsrechtlichen Gründen verfassungswidrig.
- Die gesetzlichen Wehrdienstbefreiungen für Wehrdienstunfähige, sog. „Wehrunwürdige“, Unabkömmliche i. S. d. § 13 WPflG, sog. „Mehrstaater“, Bedienstete bei internationalen Behörden, Dienstleistende im Zivilschutz oder Katastrophenschutz sowie den Wehrbeauftragten des Deutschen Bundestages sind mangels Ungleichbehandlung mit der Wehrdienstgleichheit vereinbar.
- Die Befreiung von Wehrdienstunfähigen ist zudem mit Art. 3 Abs. 3 S. 2 GG vereinbar.
- Die gesetzliche Befreiung von Geistlichen verstößt mangels im Verfassungsrecht angelegten Rechtfertigungsgrundes gegen die Wehrdienstgleichheit. Bemerkenswert ist, dass in diesem Sinne § 2 can. 289 CIC/1983 (abweichend von can. 121 CIC/1917) Klerikern lediglich vorschreibt, von Ersatzdiensten zum Wehrdienst Gebrauch zu machen.
- Mangels im Verfassungsrecht angelegten Rechtfertigungsgrundes sind zudem die Befreiungen vom Wehrdienst auf Grund eines familiären Todesfalls infolge einer Wehr- oder Zivildienstbeschädigung, von Helfern im Entwicklungsdienst sowie von Vollzugs- und Bundespolizisten verfassungswidrig.
- Die Befreiung dritter Söhne verstößt gegen Art. 3 Abs. 3 S. 1 GG (Abstammung).
- Den gesetzlichen Befreiungen zu Gunsten von Verheirateten, eingetragenen Lebenspartnern, Vätern, Abgeordneten sowie bei besonderen Härten aus persönlichen Gründen, bei Unentbehrlichkeit im Betrieb und bei Unabkömmlichkeit liegen verfassungsrechtliche Begrenzungen der Wehrdienstgleichheit zu Grunde, die den Eingriff in die Wehrdienstgleichheit verhältnismäßig beschränken.
- Die Wesensgehaltgarantie des Art. 19 Abs. 2 GG verlangt bei der Wehrdienstgleichheit, dass die Wehrdienstausnahmen insgesamt überschaubar sein müssen. Dafür ist allein die sog. „Wehrdienstpflichtigenquote“ maßgebend, die sich aus allen Wehrpflichtigen abzüglich der gesetzlichen Wehrdienstausnahmen ergibt.
- Die Befreiung von 70, 5 % der Wehrpflichtigen ist mit der Wesensgehaltgarantie der Wehrdienstgleichheit unvereinbar. Das gesamte Wehrpflichtgesetz ist daher verfassungswidrig.
- Als Rechtsfolge würde das Bundesverfassungsgericht lediglich die Unvereinbarkeit des Wehrpflichtgesetzes mit dem Grundgesetz erklären. Eine Nichtigerklärung des Gesetzes wäre mit der Aufhebung der allgemeinen

Wehrpflicht verbunden, was zu einer Reduzierung der Verteidigungsfähigkeit der Bundesrepublik Deutschland führen könnte.

- Die Wehrdienstgleichheit verlangt von der Exekutive, nach Abzug der Wehrpflicht- und Wehrdienstausnahmen alle Personen zu verpflichten.
- Mit dieser Bindung der Exekutive ist eine „Auswahlwehrpflicht", welche die Heranziehung allein am Bedarf der Streitkräfte orientiert, unvereinbar.
- Mangels gesetzlicher Grundlage sind alle administrativen Befreiungen rechtswidrig.
- Bestehen administrative Befreiungen fort, können verpflichtete Wehrpflichtige ihre Heranziehung mit einer Anfechtungsklage nach § 42 Abs. 1 Alt. 1 VwGO aufheben lassen.
- Grundsätzlich kann eine solche rechtswidrige Verwaltungspraxis wie im Steuerrecht auf die gesetzliche Regelung durchschlagen. Die Voraussetzungen liegen jedoch noch nicht vor, da durch die gegenwärtige Heranziehungsquote von 87, 4 % über die Hälfte der grundsätzlich Pflichtigen ihrer Pflicht nicht nachkommt.

- Die Kompensation der Verstöße gegen die Wehrdienstgleichheit durch ein soziales Pflichtjahr greift in Art. 12 Abs. 2 GG ein.
- Art. 12 Abs. 2 GG hat einen eigenständigen, von Art. 12 Abs. 3 GG unterscheidbaren, Schutzgegenstand. Zur Abgrenzung ist auf den verpflichteten Adressatenkreis (konkret-individuell) abzustellen.
- Eine teleologische Reduktion des Schutzgegenstands kommt, anders als bei Art. 4 Abs. 2 EMRK, nicht in Betracht.
- Die Gesetzgebungskompetenz des Bundes für die Einführung eines sozialen Pflichtjahres ergibt sich aus der ausschließlichen Gesetzgebungskompetenz nach Art. 73 Abs. 1 Nr. 8.
- Die qualifizierte Anforderung einer „allgemeinen" Pflicht würde bei einer Reduzierung auf Männer oder Deutsche nicht erfüllt.
- Die qualifizierte Anforderung einer „öffentlichen" Pflicht verlangt lediglich eine Tätigkeit zum Wohle des Gemeinwesens.
- Die gesetzliche Einführung eines sozialen Pflichtjahres ist mit der qualifizierenden Anforderung der „Herkömmlichkeit" unvereinbar.
- Weder Art. 12a Abs. 1 und 2 GG noch das Sozialstaatsprinzip nach Art. 20 Abs. 1 GG können ein soziales Pflichtjahr rechtfertigen.
- Art. 79 GG steht einer Verfassungsänderung zur Einführung eines sozialen Pflichtjahres ebenso wenig entgegen wie Unions- und Völkerrecht.
- Die Kompensation der Verstöße gegen die Wehrdienstgleichheit durch eine Wehrabgabe greift in Art. 2 Abs. 1 GG, nicht aber in Art. 14 Abs. 1 GG, ein.

- Zur Bestimmung der Gesetzgebungskompetenz bedarf es der Zuordnung der Wehrabgabe zu einer Abgabenart.
- Eine Wehrabgabe ist weder eine Vorzugslast noch - mangels Fiskalzwecks - eine Steuer. Es handelt sich um eine Sonderabgabe in Form der Ausgleichsabgabe.
- Die Gesetzgebungskompetenz ergibt sich aus Art. 73 Abs. 1 Nr. 1 GG.
- Die qualifizierten Anforderungen einer Ausgleichsabgabe werden durch eine Wehrabgabe erfüllt.